教育部高等学校旅游管理类专业教学指导委员会规划教材

酒店运营管理

JIUDIAN YUNYING GUANLI

◎**主 编** 李伟清

◎**副主编** 黄 崎 沈文娟

重庆大学出版社

内 容 提 要

　　本书是一部以当今酒店管理的成熟理论体系为基础,主要介绍酒店运营与管理的书籍。本书有两个特点:一是将酒店管理的一般原理与酒店业的运营管理紧密结合起来,使其具有很强的针对性和实践指导意义;二是根据学生的学习要求,以酒店管理知识介绍和能力培养为主。本书在正文中穿插了大量的资料和案例,既有助于学生对重点、难点的理解和把握,又锻炼了学生发现问题、分析问题和解决问题的实际应用能力。

　　本书可作为高校旅游管理及酒店管理专业的教材,也可作为相关专业的参考用书。

图书在版编目(CIP)数据

酒店运营管理/李伟清主编.--重庆:重庆大学
出版社,2018.3(2024.2 重印)
教育部高等学校旅游管理类专业教学指导委员会规划
教材
ISBN 978-7-5689-0772-9

Ⅰ.①酒… Ⅱ.①李… Ⅲ.①饭店—运营管理—高等
学校—教材　Ⅳ.①F719.2

中国版本图书馆 CIP 数据核字(2017)第 203449 号

教育部高等学校旅游管理类专业教学指导委员会规划教材
酒店运营管理
主 编　李伟清
副主编　黄 崎　沈文娟

策划编辑:范 莹
责任编辑:李桂英　姜 凤　　版式设计:范 莹
责任校对:关德强　　　　　　责任印制:张 策

＊

重庆大学出版社出版发行
出版人:陈晓阳
社址:重庆市沙坪坝区大学城西路 21 号
邮编:401331
电话:(023) 88617190　88617185(中小学)
传真:(023) 88617186　88617166
网址:http://www.cqup.com.cn
邮箱:fxk@ cqup.com.cn(营销中心)
全国新华书店经销
重庆升光电力印务有限公司印刷

＊

开本:787mm×1092mm　1/16　印张:23　字数:531千
2018 年 3 月第 1 版　　2024 年 2 月第 8 次印刷
印数:22 001—25 000
ISBN 978-7-5689-0772-9　定价:55.00 元

编委会

总序

一、出版背景

教材出版肩负着吸纳时代精神、传承知识体系、展望发展趋势的重任。本套旅游教材出版依托当今发展的时代背景：

一是坚持立德树人，着力培养德智体美劳全面发展的中国特色社会主义事业合格建设者和可靠接班人。深入贯彻落实习近平新时代中国特色社会主义思想，以理想信念教育为核心，以社会主义核心价值观为引领，以全面提高学生综合能力为关键，努力提升教材思想性、科学性、时代性，让教材体现国家意志。

二是世界旅游产业发展强劲。旅游业已经发展成为全球经济中产业规模最大、发展势头最强劲的产业，其产业的关联带动作用受到全球众多国家或地区的高度重视，促使众多国家或地区将旅游业作为当地经济的支柱产业、先导产业、龙头产业，展示出充满活力的发展前景。

三是我国旅游教育日趋成熟。2012 年教育部将旅游管理类本科专业列为独立一级专业目录，下设旅游管理、酒店管理、会展经济与管理、旅游管理与服务教育 4 个二级专业。截至 2016 年年底，全国开设旅游管理类本科的院校已达 604 所，其中，旅游管理专业 526 所，酒店管理专业 229 所，会展经济与管理专业 106 所，旅游管理与服务教育 31 所。旅游管理类教育的蓬勃发展，对旅游教材提出了新要求。

四是创新创业成为时代的主旋律。创新创业成为当今社会经济发展的新动力，以思想观念更新、制度体制优化、技术方法创新、管理模式变革、资源重组整合、内外兼收并蓄等为特征的时代发展，需要旅游教材不断体现社会经济发展的轨迹，不断吸纳时代进步的智慧精华。

二、知识体系

本套旅游教材作为教育部高等学校旅游管理类专业教学指导委员会(以下简称"教指委")的规划教材，体现并反映了本届"教指委"的责任和使命。

一是反映旅游管理知识体系渐趋独立的趋势。经过近 30 年来的发展积累，旅游管理学科在依托地理学、经济学、管理学、历史学、文化学等学科发展基础上，其知识的宽度与厚度在不断增加，旅游管理知识逐渐摆脱早期依附其他学科而不断显示其知识体系成长的独立性。

二是构筑旅游管理核心知识体系。旅游活动无论作为空间上的运行体系，还是经济上的产业体系，抑或是社会生活的组成部分，其本质都是旅游者、旅游目的地、旅游接待业三者的交互活动，旅游知识体系应该而且必须反映这种活动的性质与特征，这是建立旅游知识体系的根基。

三是构建旅游管理类专业核心课程。作为高等院校的一个专业类别，旅游管理类专业需要有自身的核心课程，以旅游学概论、旅游目的地管理、旅游消费者行为、旅游接待业作为旅游管理大类专业核心课程，旅游管理、酒店管理、会展经济与管理、旅游管理与服务教育4个专业再确立3门核心课程，由此构成旅游管理类"4+3"的核心课程体系。确定专业核心课程，既是其他管理类专业成功且可行的做法，也是旅游管理类专业走向成熟的标志。

三、教材特点

本套教材由教育部高等学校旅游管理类专业教学指导委员会组织策划和编写出版，自2015年启动至今历时3年，汇聚了全国一批知名旅游院校的专家教授。本套教材体现出以下特点：

一是准确反映国家教学质量标准的要求。《旅游管理类本科专业教学质量国家标准》既是旅游管理类本科专业的设置标准，也是旅游管理类本科专业的建设标准，还是旅游管理类本科专业的评估标准，其重点内容是确立了旅游管理类专业"4+3"核心课程体系。"4"即旅游学概论、旅游目的地管理、旅游消费者行为、旅游接待业；"3"即旅游管理专业（旅游经济学、旅游规划与开发、旅游法）、酒店管理专业（酒店管理概论、酒店运营管理、酒店客户管理）、会展经济与管理专业（会展概论、会展策划与管理、会展营销）的核心课程。

二是汇聚全国知名旅游院校的专家教授。本套教材作者由"教指委"近20名委员牵头，全国旅游教育界知名专家和教授，以及旅游业界专业人士合力编写。作者队伍专业背景深厚，教学经验丰富，研究成果丰硕，教材编写质量可靠，通过邀请优秀知名专家和教授担纲编写，以保证教材的水平和质量。

三是"互联网+"的技术支撑。本套教材依托"互联网+"，采用线上线下两个层面，在内容中广泛应用二维码技术关联扩展教学资源，如导入知识拓展、听力音频、视频、案例等内容，以弥补教材固化的缺陷。同时也启动了将各门课程搬到数字资源教学平台的工作，实现网上备课与教学、在线即测即评，以及配套老师上课所需的教学计划书、教学PPT、案例、试题、实训实践题，以及教学串讲视频等，以增强教材的生动性和立体性。

本套教材在组织策划和编写出版过程中，得到了教育部高等学校旅游管理类专业教学指导委员会各位委员、业内专家、业界精英以及重庆大学出版社的广泛支持与积极参与，在此一并表示衷心的感谢！希望本套教材能够满足旅游管理教育发展新形势下的新要求，能够为中国旅游教育及教材建设开拓创新贡献力量。

教育部高等学校旅游管理类专业教学指导委员会
2018年2月

前言

　　我国的酒店业是改革开放后与国际接轨最早、国际化程度最高的行业之一。作为旅游业的三大支柱产业之一，我国的酒店业30多年来取得了长足的发展。目前，全国仅旅游星级酒店数量已近15 000家，其中五星级酒店就达六七百家。除了旅游星级酒店之外，还出现了客栈、民宿、精品酒店等新型旅游住宿业态。我国的旅游酒店住宿业出现了欣欣向荣、蓬勃发展的新气象。

　　近年来，我国酒店住宿业在经历了高速成长期后，已经开始进入成熟期，市场竞争日趋激烈。尤其是2008年世界金融危机后，全球经济似乎正在告别增长的年代，开始进入一个动荡调整期。

　　对中国经济来说，在"中等收入陷阱"的挑战下，高速增长的时代即将结束，中国旅游业发展的大背景已发生了巨大变化，而身处其中的酒店企业，在迎来新的发展机遇的同时，将面临新的发展挑战。

　　在全球经济一体化的背景下，国内市场国际化、国际竞争国内化的态势将进一步加剧。面对国内日趋激烈的竞争现状和国际竞争的强大压力，面对日益多样化和个性化的消费者需求，面对以互联网、知识经济、高新技术为代表，以满足消费者的需求为核心的21世纪新经济的迅速发展，如何掌握和运用现代酒店管理的理念和手段，提升酒店管理的水平，增强酒店在新形势下生存和发展的能力，将是我国任何一家酒店都无法回避且迫切需要解决的重要课题。

　　现代酒店管理是一门内容广泛、理论性与实践性均较强的专业课程。在课堂教学中既要强调学科的理论性和科学性，又要注重实践中的实用性和可操作性，使学生既能学到本门课程系统的理论知识，又能在技术和方法上适应现代酒店经营管理运作的需要。在教学内容上，既要注重管理理论与方法，以满足现代酒店管理的需要，又要重视酒店功能性和实务性的管理与操作，以满足现代酒店实际营运的需要；既要对酒店系统的产、供、销运作进行宏微观管理，又要对酒店各种资源进行有效的开发、利用和管理。这些都应成为"酒店管理"课程教学用书编写的指导思想。

　　本书的编写内容根据当前酒店管理的成熟理论体系逐层展开,从基本概念和原理入手,围绕酒店管理活动的内在逻辑层次逐步推进。本书有两个特点:一是将酒店管理的一般原理与酒店业的经营特点紧密结合起来,使其有很强的针对性和实践指导意义;二是根据学生的学习要求,以酒店管理知识介绍和能力培养为主。除此之外,本书在正文中穿插了大量的资料和案例,既有助于学生对重点、难点、知识点的理解和把握,又可锻炼学生发现问题、分析问题和解决问题的实际应用能力。

　　由于编者的水平与能力有限,书中不足之处在所难免,恳请读者提出批评与建议,以便日后改正和完善。

编　者

2018 年 1 月

目 录

第1章
概述

【学习目标】

1.理解酒店的概念与定义。

2.掌握酒店产品的特点及作用。

3.掌握酒店的分类与等级。

4.了解世界酒店业的发展历程。

5.了解中国酒店业的发展历程。

6.了解进入21世纪后,我国旅游酒店业态发生了哪些变化?

案例导入

旧上海酒店业的经典之作,新上海老酒店涅槃重生的典范
——上海和平饭店的发展历程

上海和平饭店原名华懋饭店,位于上海市南京东路20号,处于上海具有百年历史的著名的金融、商业中心——外滩。历史悠久,声誉日盛,欧式建筑风格的大楼风姿绰约,犹如镶嵌在外滩万国建筑博览群中的明珠,熠熠生辉。

和平饭店分南楼和北楼,北楼原名华懋饭店,也称"沙逊大厦",建于1929年,属芝加哥学派哥特式建筑。由当时富甲一方的英籍犹太人爱丽斯·维克多·沙逊建造。南楼原称汇中饭店,1908年竣工,由玛礼逊洋行的建筑设计师高脱设计。和平饭店整个建筑属芝加哥学派哥特式建筑,楼高77米,共12层。外墙采用花岗岩石块砌成,由旋转厅门而入,大堂地面用乳白色意大利大理石铺成,顶端古铜镂花吊灯,豪华典雅,有"远东第一楼"的美誉。

饭店落成以后,名噪上海,以豪华著称。华懋饭店的经营特点是以豪华饭店身份自居,无论建筑设计还是装潢艺术,在当时都是无与伦比的。它那摄人心魄的魅力,表现在它所营造的那种无时无刻不在散发着的、欧洲古典宫廷艺术的气韵。最令人叫绝的是在几个餐厅和会客室里镶嵌着若干块尺半见方的拉利克艺术玻璃饰品。有花鸟屏风、飞鸽展翅、鱼翔浅底,站在边上,恍若置身于一个水晶世界。

华懋饭店当时主要接待金融界、商贸界和各国社会名流,如美国的马歇尔将军、司徒雷登,剧作家诺埃尔·科沃德(Noel Coward)的名著《私人生活》就是在华懋饭店写成的。20世纪三四十年代,鲁迅、宋庆龄曾来饭店会见外国友人卓别林、萧伯纳等。改革开放后,华懋饭店曾接待过英国女王伊丽莎白二世、法国前总理密特朗、美国前总统克林顿等政要。

中华人民共和国成立后,饭店于1956年重新开业,取名和平饭店。近年来,和平饭店和国际知名高端酒店品牌费尔蒙特(Fairmont)合作,对客房、餐厅等进行了更新改造,焕然一新,而建筑风格仍保持了当年的面貌,使下榻于此的宾客仿佛置身于时间隧道,在现代与传统、新潮与复古的融合、交错中浮想万千。和平饭店已成为上海老酒店中的杰出代表。百年老店,犹如凤凰涅槃,再获新生。

案例思考:

    1.分析和平饭店前身华懋饭店的特点。

    2.判断华懋饭店具备世界酒店发展历程中哪个阶段的鲜明特征。

    3.结合和平饭店的发展历程,谈谈高端酒店在社会社交领域中的作用。

1.1 酒店的概念和含义

酒店又称为饭店或宾馆等,作为旅行者和当地居民食宿、娱乐、休闲的重要场所,是旅游活动的主要载体之一,因而成为旅游经济的支柱行业。酒店也是所在地政治经济活动的中心,成为服务业乃至整个国民经济和社会生活的重要组成部分。

一般认为,酒店业是在传统的饮食和住宿业基础上发展起来的,主要由餐饮业(也称饮食业)和住宿业(也称旅馆业)两大部分构成,故又称餐旅业。

1.1.1 酒店的概念

1)酒店的称谓

酒店业从其本质上讲是异地性甚至是国际性的。随着异地贸易和商业的扩展,频繁的异地联系无疑对酒店业的发展产生了积极的促进作用。

酒店一词来源于法语,原指招待贵宾的乡间别墅,后来欧美国家沿用了这一名称。在汉语里表示住宿设施的名词有很多,如旅馆和宾馆等,近年来又引进了新加坡、中国香港等国家和地区的"酒店"这一名称。这些名称在汉语里是可以通用的。随着旅游业的发展,各种类型的酒店应运而生。无论一个酒店的设施是简单还是豪华,它都必须具备提供餐厅和住宿的能力,否则其就不能称为酒店。现代化酒店是由客房、餐厅、宴会厅、多功能厅、酒吧、歌舞厅、商场、邮电所、银行、美容美发厅、健身房、游泳池、网球场等组成,能够满足宾客吃、住、行、游、购、娱、通信、商务、健身等各种需求的多功能、综合性建筑设施。

我国大部分地区,尤以北方为代表,把这种现代化、商业化的综合服务场所称为饭店。酒店,在我国国家标准中也称为饭店,同时在我国还有着多种(如宾馆、旅馆等)名称,也曾把接待海外游客为主的饭店称为"涉外旅游饭店"。此外,由于历史以及功能的原因,又有招待所、旅游饭店、疗养院、休养院、公寓、山庄、度假村等不同的名称。而在南方地区,由于受新加坡、中国香港和中国台湾等华语地区称谓的影响,习惯称为"酒店"。"酒店"一词遂逐渐被大众接受。

2)酒店的概念与定义

对于酒店的概念,曾有多种定义,国外的一些权威辞典是这样界定的:

"酒店一般地说是为公众提供住宿、膳食和服务的建筑与机构。"(《科利尔百科全书》)

"酒店是装备好的公共住宿设施,它一般都提供膳食、酒类与饮料以及其他的服务。"(《美利坚百科全书》)

"酒店是在商业性的基础上向公众提供住宿,也往往提供膳食的建筑物。"(《大不列颠百科全书》)

酒店是指"为公众提供住宿设施与膳食的商业性的建筑设施。"(《简明不列颠百科全书》)

根据上述这些定义,我们认为,作为一个酒店,应具备以下4个基本条件。

(1)酒店是由建筑物及装备好的设施组成的接待场所

作为酒店它可以是一个或多个建筑群组成的接待设施,具有接待应具备的硬件设施,如客房、餐厅、前厅、娱乐中心等场所,而且这些服务部门应配备一系列相关设备、用品。

(2)酒店必须提供餐饮、住宿或同时提供食宿以及其他服务

酒店业是一种服务性行业,酒店除提供满足宾客饮食旅居的基本物质需求外,也要给宾客一种精神和心理的满足,而体现无形产品的服务是一种直接提供客人享受的活动。

(3)酒店的服务对象是公众

有的主要以外地旅游者为主,同时也包括本地居民和其他消费者,也有的主要接待对象就是本地消费者。还有部分特殊的接待所和接待顾客的家庭住宅尽管在酒店业中占很小的比例,但其提供住宿、膳食与其他服务的公用性决定了其作为广泛意义上的住宿、餐饮设施的性质,只是其一般规模较小并具有接待人员的一定局限性。

(4)酒店主要是商业性的,以盈利为目的,所以使用者要支付一定的费用

酒店是从事饮食旅居接待活动,为客人提供综合服务的,就要占有社会劳动,为社会产生效益,创造经济效益,以营业收入来抵补支出、上缴税收,平衡整个酒店的收支,继续发展。当然,政府事业、慈善公益等性质的食宿单位,其经营支出和收入核算的区别则另当别论。

综上所述,现代意义的酒店是指获得官方批准,以建筑实体为依托,主要通过客房、餐饮等向公众提供住宿、饮食以及康乐休闲等系列综合服务,从而收取费用的经济性组织。

1.1.2 酒店产品的特点

1)酒店产品价值的时效性

一般商品的买卖活动会发生商品的所有权转让,而酒店出租客房、会议室和其他综合服务设施,并同时提供服务,也不发生实物转让。宾客买到的只是某一段时间的使用权,而不

是所有权。使用权与所有权相脱离的交易行为,导致酒店产品和很多旅游产品一样具有价值的时效性。例如,以每晚房价 200 美元的酒店客房为例,如果此房全天租不出去,那么这 200 美元的价值就无法实现。也就是说,它的价值具有不可储存性,价值实现的机会如果在规定的时间内丧失,便一去不复返。它不同于一般商品,一时卖不出去,可以储存起来以后再销售。因此,酒店业的行家把客房比喻为"寿命极短的商品",即只有 24 小时寿命的商品。

2) 酒店产品的生产与消费同步性

一般商品由生产到消费要经过商业这个流通环节才能到达消费者手中。商品的生产过程与宾客的消费过程是分离的,宾客看到的和感受到的只是最终产品。而酒店出售的产品却不存在这样"独立"的生产过程,它要受宾客即时需要的制约,其生产过程和消费过程几乎是同步进行的。只有当宾客购买并在现场消费时,酒店的服务和设施相结合才能成为酒店产品。

3) 酒店产品的空间不可转移性

酒店产品通常以相应的建筑为依托,由此决定了酒店无法将自己的产品做空间上的转移。这也是酒店业的经营先驱斯塔特勒说"酒店经营成功的三大法宝,第一是位置,第二是位置,第三还是位置"的原因。由此也说明地理位置因素对酒店经营成功的重要性。

4) 酒店产品经营的易波动性

酒店产品经营的易波动性主要表现在两个方面:一方面是酒店顾客、酒店员工的情感、心理易波动性;另一方面是酒店在季节上的经营易波动性。

酒店的经营受人的心理因素影响较大。人的心理因素具有难以捉摸性。酒店服务是无形的,服务质量的好坏不能像其他商品那样用机械或物理的性能指标来衡量。来自不同国家、地区的不同类型的宾客,由于他们所处的社会经济环境不同,民族习惯、经历、消费水平和结构不同,对服务接待的要求也不尽相同,因此,宾客对服务质量的感受往往带有较大的个人色彩和特点。酒店提供产品服务质量的好坏在一定程度上也受到宾客各自的需要和心理情绪状况的影响。

酒店产品在季节上的经营易波动性更显而易见。现代旅游是一种高级消费形式,酒店必须提供和满足宾客的吃、住、行、购、娱等多种产品和服务。酒店产品往往同时具有生存、享受和发展三种功能,酒店产品必须是能够满足宾客多层次消费的综合性商品。旅游受季节、气候等自然条件和各国休假制度的影响较大。在国际上,各国的休假大多在夏季和秋季,因此,酒店产品的销售具有明显的季节性。淡旺季宾客多寡差别很大,造成宾客住店大起大落的差异。

1.1.3　酒店产品的作用

酒店最基本、最传统的作用就是提供住宿、餐饮及相应服务。由于客源及其需求的变化,酒店的作用也在逐渐增加。现代酒店的作用是随着社会的变化和客人的需求不断完善起来的,其作用日益多样化,也逐步朝自动化、智能化、特色化的方向发展。现代酒店主要有如下作用。

1)食宿作用

这是现代酒店最基本的作用。酒店为客人提供各种客房,以舒适、清洁的环境和周到、热情的服务,使客人在旅途过程中得到充分的休息,获得"家"的感受。同时,酒店设有不同的、各具特色的餐厅,以精美的菜肴、温馨的环境、安全的卫生条件和规范的服务为客人提供包餐、风味餐、自助餐、点菜、小吃、饮料,以及酒席、宴会等多种形式的餐饮服务。

2)商务作用

这是现代酒店的衍生作用。特别是商务酒店,为商务客人提供各种方便快捷的服务。酒店设置商务中心、商务楼层、商务会议室与商务洽谈室,为客人提供计算机、打印机、国际互联网、国际国内直拨电话和传真等。现代酒店更是出现了客房商务化的趋势,传真机、两条以上的电话线、与电话连接的打印机、计算机互联网接口等都逐步安装。有的酒店还在发展电子会议设备,设有为各种网络所需要的终端。未来的酒店将通过高科技的武装而更加智能化、信息化,从而使商务客人的需求得到最大限度的满足。

3)休闲娱乐作用

随着收入的不断增多和生活水平的不断提高,人们对文化、娱乐、康体、休闲等精神生活的要求越来越高。现代酒店作为文化交流和社会活动的高级场所,通过开展健康向上的高质量的文娱体育活动,既可满足客人和当地公众的文化需要,又可拓展经营范围,酒店在获得良好社会效益的同时又能获得可观的经济效益。

4)会务作用

酒店可为各种从事商业、贸易展览、科学讲座等客人提供会议、住宿、膳食和其他相关的设施与服务。酒店内有大小规格不等的会议室、谈判间、演讲厅、展览厅。专门的会议酒店还配备有各种召开大型会议和国际会议必需的音响设施和同声传译设备,可供召开远距离的电视会议、电话会议,多国语言同声传译的国际会议,各类企业的新产品推介会、业务洽谈会和新闻发布会等使用。

5)经济作用

现代酒店是创造收入,尤其是创造外汇收入的重要部门。改革开放初期,我国外汇收入的很大一部分来源于酒店收入;而在旅游收入中,酒店收入占据了半壁江山。酒店业的大量创收,为我国社会主义现代化建设和旅游业的快速、健康、持续发展作出了极其重要的贡献。

6)就业作用

现代酒店建设是创造社会就业的重要途径。据研究,每增加1间酒店客房,可提供1.5

人的直接就业机会和 2 人的间接就业机会。同时酒店的带动作用很强,它还能刺激国民经济其他部门的发展,间接地解决就业问题。

7)社交和形象作用

一个城市的标志性酒店,往往是这个城市的社交活动中心。一个国家酒店的发展水平,往往标志着该国旅游接待事业的发展水平,也反映了一个国家国民经济的发展水平及其社会的文明程度。因此,酒店设施设备完备与否、水平高低,酒店服务质量的高低优劣,不仅影响着旅游者的旅游经历和体验,同时还影响着一个城市、一个地区,乃至一个国家的总体形象。

1.2　酒店的分类与等级

1.2.1　酒店的分类

酒店的分类一般根据酒店的经营特色、位置、等级、体制、客源市场、管理方法、规模等多种因素而定,没有统一的标准,也没有严格的界限。在酒店实践中,一个酒店可以选择一个或几个类型标准作为分析和决策的依据。国际上流行的分类方法以及由此划分的酒店类型主要有以下 4 种。

1)根据酒店的经营特色分类

(1)商务型酒店

商务型酒店也称暂住型酒店。此类酒店主要为从事商业贸易活动的客人提供住宿、餐饮和商务服务,多位于城市的中心或商业区。由于商务客人一般文化层次、消费水平较高,商务酒店的设施、设备也就比较豪华,一般为四星级、五星级酒店,为满足商务活动需求而提供的各种设施和通信系统一应俱全,如国际直拨电话、互联网、传真、商务中心、洽谈室、会议室,甚至提供秘书和翻译服务等,并配备供客人娱乐、健身和交往的设施及场所,如健身房、游泳池、网球场、桑拿浴室和康乐中心等。

(2)度假型酒店

度假型酒店多位于交通便利的海滨、山区、温泉、海岛、森林等地,一般都远离嘈杂的大都市,设有各种体育娱乐项目,如滑雪、骑马、狩猎、垂钓、划船、潜水、冲浪、高尔夫球、网球等,并以阳光充足、空气新鲜等良好的自然环境条件来吸引游客。由于度假型酒店受制于当地旅游季节客源的变化,经营季节性非常强,无形中酒店的经营风险相对增大,一般一年中有近半年的时间是酒店经营的淡季,而在旺季则由于经营压力大增,容易造成设施设备的超负荷运转,带来巨大的损耗。

目前,我国这类酒店很多,主要分布在青岛、大连、深圳、秦皇岛、三亚、深圳、上海等地。

同商务型酒店相比,度假型酒店除提供一般酒店的服务项目以外,还要尽量满足客人休息、娱乐、健身等方面的需要,为此,酒店要有足够多样的娱乐设施。由于客人需求的多样性,度假型酒店提供的服务除了标准化外,更重要的是提供人性化服务,所以酒店服务员要努力创造轻松、和谐、方便的环境。

（3）会议型酒店

会议型酒店是接待各种会议（包含交流会、学术会议、展销会、展览会在内）的一种特殊酒店。会议酒店不仅可以设在繁华的大都市,还可以设在风景秀丽的城市郊区。由于其特殊的目标市场,会议酒店除了要提供酒店的基本服务项目外,还要提供满足会议需要的各种会议室、演讲厅、音响设备、谈判间等设施,同时,会议酒店尤其需要一支能快速完成接待任务的服务员队伍。由于会议客人到来特别集中,所以会议酒店为降低经营风险,对酒店的建筑设施往往独具匠心,使得酒店会议室可以在很短的时间内快速分合,根据需要分隔成不同的空间。接待国际会议的酒店还要求配备同声传译设备及装置。会议型酒店一般都配备了工作人员帮助会议组织者协调和组织会议各项事务,为其提供高效率的接待服务。

（4）长住型酒店

长住型酒店也称为公寓型酒店。此类酒店一般采用公寓式建筑的造型,适合住宿期较长、在当地短期工作或休假的客人或家庭居住。长住型酒店的设施及管理较其他类型的酒店简单,酒店一般只提供住宿服务,并根据客人的需要提供餐饮及其他辅助性服务。酒店与客人之间通过签订租约的形式,确定租赁的法律关系。长住型酒店的建筑布局与公寓相似,客房多采用家庭式布局,以套房为主,配备适合宾客长住的家具和电器设备,通常都有厨房设备供宾客自理饮食。在服务上讲究家庭式氛围,特点是亲切、周到、针对性强。

（5）汽车酒店

汽车酒店常见于欧美国家的公路干线上。早期,此类酒店设施简单,规模较小,相当一部分汽车酒店只有客房而无餐厅和酒吧,以接待驾车旅行者投宿为主。现在,汽车酒店不仅在设施方面大有改善,趋向豪华,而且多数可提供现代化综合服务。

欧美的"假日集团""华美达酒店集团"等均拥有大量的汽车酒店,而国外的霍华德·约翰逊公司则号称"公路东道主"。

（6）经济型酒店

自 20 世纪六七十年代以来,经济型酒店在欧美地区发展较为迅速。以美国为例,经济型酒店数量从 40 多万间增加到 70 多万间,增幅超过了 70%,而同一时期,高档酒店的增长率仅为 25% 左右。除了希尔顿、凯悦和最佳西方等少数主要经营高档酒店的联号以外,世界上规模最大的酒店公司基本上在其品牌系列中都包括一个甚至多个经济型酒店品牌。圣达特、巴斯、马里奥特、雅高、普罗姆斯等几家排名在世界前 10 位的酒店公司都拥有众多的经济型酒店。

自 20 世纪 90 年代中期,我国第一家经济型酒店锦江之星开业以来,经济型酒店在我国也有了很大发展。以"如家快捷""锦江之星"为代表的一大批经济型酒店日益受到国内旅游者的青睐。目前,"如家快捷"已超越"锦江之星"成为我国最大规模的经济型酒店连锁集团。根据《中国旅游涉外酒店经营统计及排序》中统计数据的计算,国内经济型酒店的平均房价为 110~160 元/晚,可以被相当部分的国内旅游者接受。随着国内旅游的进一步发展,经济型酒店市场有着极其广阔的发展空间。

最新的一批经济型酒店或汽车旅馆,通过标准化的建筑设计,降低了最初的建造成本;为客人提供淋浴器而不是浴缸能提高客房部的劳动效率;取消餐厅是减少劳动成本的一种方法;精心选择饭店的地段,适当降低客房面积的标准,这一切都给经济型酒店带来了良好的效益。

(7)全套房酒店

罗伯特·伍利创建了第一家全套房连锁企业——格兰那达·罗伊艾尔家庭旅馆(Hometel)。后来,假日酒店兼并了格兰那达·罗伊艾尔家庭旅馆,并重新命名,成为美国最大的全套房连锁企业。全套房酒店已成为投资者的宠儿,其高房价与高出租率,源于顾客所理解的高标准。

分开的起居室和卧室、配套的小厨房,是全套房酒店的魅力所在,吸引着需要更多私人空间的客人和寻求经济膳宿的夫妇和家庭旅游者。与其他类别的酒店一样,全套房酒店也分为经济型、中档与高档酒店,有的全套房酒店实行品牌特许经销。

(8)博彩型酒店

在国外,随着合法化博彩娱乐的蔓延,有迹象表明这种特殊酒店会成为国外酒店业最重要的角色。博彩型酒店的营业情况与传统酒店不同,其主要收入来源是博彩业收入,而不是客房销售额。因此,出租客房比出租客房的价格对博彩型酒店更重要。为了扩大博彩人数规模,国外博彩型酒店的房价较低;单人或双人同住一间房价格相同,食品和饮料经常是为了吸引顾客而亏本出售的商品。

2)根据酒店计价方式分类

(1)欧式计价酒店

欧式计价酒店的客寓价格仅包括房租,不含食品、饮料等其他费用。世界各地绝大多数酒店均属此类。

(2)美式计价酒店

美式计价酒店的客房价格包括房租及一日三餐的费用。目前,尚有一些地处偏远地区的度假型酒店采用美式计价法。

(3)修正美式计价酒店

修正美式计价酒店的客房价格包括房租、早餐以及一顿正餐(午餐或晚餐)的费用,以便宾客可以自由安排白天的活动。

(4)欧陆式计价酒店

欧陆式计价酒店客房价包括房租及一份简单的欧陆式早餐,即咖啡、面包和果汁。此类酒店一般不设餐厅。

3）根据酒店规模大小分类

判断酒店的大小没有明确的标准，一般是以酒店的房间数、占地面积、销售额和纯利润为标准来衡量的，其中主要以房间数为标准。根据目前国际上通用的划分标准，酒店规模主要有以下 3 种类型。

（1）大型酒店

大型酒店是指拥有 500 间以上标准客房的酒店。大型酒店由于客房数量多，客流量大，每个客人的消费需求不同，所以大型酒店的服务项目非常齐全，服务的标准化程度高。大型酒店由于投资大，回收期长，经营风险较大，一般应定位于豪华酒店，建筑位置一般选在城市的商业中心。

（2）中型酒店

中型酒店是指拥有 200~500 间的标准客房的酒店。这种酒店由于规模适中，适用于商业、会议、度假等多种类型的酒店经营。它可以是豪华酒店，也可以是中档酒店（多数为中档酒店）。中型酒店价格合理、服务项目比较齐，设施相对现代化，所以其目标市场为大众化消费者。

（3）小型酒店

小型酒店是指拥有 200 间以下的标准客房的酒店。一般酒店内的设施和服务能基本满足旅游酒店的标准和要求，由于规模小，服务设施有限，提供一般性服务，价格比较低廉，多数属于经济型酒店。

4）根据其他标准分类

（1）按酒店的隶属及经营形式划分

酒店可分为独立经营酒店（Independent Hotel）和集团连锁经营酒店（Chain Operated Hotel）两大类型。

（2）按酒店的营业时间划分

酒店可分为全年性营业酒店及季节性营业酒店两种类型。

（3）按酒店的星级划分

酒店可分为一星级、二星级、三星级、四星级、五星级（具体将在酒店等级和星级标准中陈述）。

以上是以酒店各种特点为依据的基本分类，但由于一家酒店常常具有多种特点，因而往往同时可以被归入上述任何一类。因此，要确定一家酒店的类型，必须根据该酒店的主要特点归类，即最能将其区别于其他酒店的特点来定。

1.2.2　酒店的等级

酒店的等级是相对于一家酒店的豪华程度、设备设施水平、服务范围和服务质量而言的。对客人来说,酒店分等定级可以使他们了解某一酒店的设施、服务情况,以便有目的地选择适合自己要求的酒店。因而,酒店等级的高低实际上反映了不同层次宾客的需求。

在一般情况下,对于同规模、同类型酒店来说,客房平均房价是酒店等级高低的客观标志。

1)国际上的酒店等级制

目前世界上有80多种酒店等级制。这些等级制度,有的是各地酒店协会制定,有的是各国政府部门制定。由于各地区、国家间酒店业发达程度和出发点不同,各种等级制度所采用的标准不尽相同。酒店分等制在欧洲国家较为普遍。法国的酒店分为"1~5星"五级,意大利的酒店采用"豪华、1~4级"制,瑞士的酒店分为"1~5级",奥地利的酒店使用"A1,A,B,C,D"级,而有的国家和地区则采用"豪华、舒适、现代"或"乡村、城镇、山区、观光"或"国际观光、观光"等分等制,可谓形形色色。但在美国,由于复杂的政治和社会结构以及酒店业的千姿百态,至今尚未有统一的、被普遍接受的酒店等级标准,较有影响的则是美国汽车协会及美国汽车石油公司分别制订并使用的"五花"和"五星"等级制。

如前所述,世界各地各种酒店分等制所采用的标准不尽一致,但各地酒店分等制的依据和内容却十分相似。通常都从酒店的地理位置、环境条件、建筑设计布局、内部装潢、设备设施配置、维修保养状况、服务项目、清洁卫生、管理水平、服务水平等方面进行评价确定。

2)我国酒店星级评定标准

我国酒店星级评定标准汲取了国际上星级制度的成功经验,并结合了中国酒店的实际情况,是一个全方位考核评价酒店的标准,这个标准从酒店的硬件和软件两个方面对酒店进行综合评价,是一个完整的标准体系。其主要内容包括以下5个部分。

(1)酒店星级划分条件

酒店星级划分条件又称酒店必备条件,是酒店要达到某一个星级所必须具备的条件,它对1~5星级酒店所必须具备的硬件和应设立的服务项目作了详尽的规定。

一、二星级,从酒店的布局、公共信息符号图形、采暖和制冷设备以及前厅、客房、餐厅、厨房、公共区域8个方面来规定所应具备的条件。

三星级,除了上述8个方面外还增加了计算机管理系统,并设置了选择项目,要求三星级酒店至少能在规定的79个选择项目中,具备11项。79个选择项目中主要有客房10项、餐厅及酒吧9项、商务设施及服务5项、会议设施10项、公共及健康娱乐设施42项、安全设施3项。

四星级,在三星级的基础上又增加了酒店内外装修、背景音乐系统两个必备的考核内容,对其他方面也提出了更高的要求,79个选择项目中,要求至少具备28项。

五星级,在大项上与四星级内容基本相同,但其各项内容的内涵更丰富,豪华程度要求更高,服务项目更多,规范也更详尽,79个选择项目中,要求至少要具备35项。

(2)设施设备评定标准

设施设备评定标准是评价酒店硬件水平的考核标准,它反映了一个酒店必备的硬件设施的好坏程度,这一项目是通过打分的形式来评价的,标准设置满分为 610 分。通常,一个酒店所得分数越高,说明这个酒店的硬件水平越好。评分标准对每一个星级规定了应得分数的最低线。在 610 分中,一星级至少应达到 80 分,二星级至少应达到 130 分,三星级至少应达到 230 分,四星级至少应达到 330 分,五星级至少应达到 390 分。标准 610 分的具体分布如下:地理位置、环境、建筑结构、功能布局 34 分;共用系统 20 分;前厅 48 分;客房 190 分;餐厅 85 分;商务中心 9 分;会议设施 26 分;公共及健康娱乐设施 186 分;安全设施 6 分;员工设施 6 分。

(3)设施设备的维修保养及清洁卫生评定标准

设施设备的维修保养及清洁卫生评分属于软件考核的内容,它是评价酒店所有的设施设备维护状态和清洁卫生状况的标准。这两个项目从酒店环境和建筑物外观到前厅、客房、餐厅(酒吧)、厨房、楼梯走廊等公共场所、公共洗手间和公共娱乐及健身设施 8 个大项来实施考核评分。评分标准规定了 8 个大项、近 200 项的项目检查分数。检查评分时,按照项目标准的要求,完全达到要求者为优,略有不足者为良,明显不足者为中,严重不足者为差。然后计算出得分与项目规定分数的综合得分率,各星级综合得分率必须达到规定的得分率。同时,各星级在达到规定得分率后,前厅、客房、餐厅(酒吧)、厨房、公共卫生间这 5 个部分也应达到相应的得分率,如果其中任何一个部位达不到所申请星级规定的得分率,就不能获得所申请的星级。各星级规定得分率如下:一、二星级必须达到 90% 以上;三星级必须达到 92% 以上;四、五星级必须达到 95% 以上。

(4)服务质量评定标准

服务质量评分是对酒店运作质量的综合评分,采取综合得分率的形式检查打分。服务质量评分共分 8 个大项:服务人员的仪容仪表、前厅服务质量(态度、效率)、客房服务质量(态度、效率、周到)、餐厅(酒吧)服务质量(态度、效率、周到、规格)、其他服务(态度、效率、周到、安全)、酒店安全印象、酒店声誉、酒店综合服务效果。各星级综合得分率要求一、二星级必须达到 90% 以上;三星级必须达到 92% 以上;四、五星级必须达到 95% 以上。

(5)宾客意见评定标准

客人满意程度评分是通过发放客人意见表的形式来进行的。参加星级评定的酒店必须在星级评定期间,向客人发放统一印制的客人意见表,并定期回收。酒店回收客人意见表的数量不应低于发放数的 30%,并且各星级必须达到规定的最低客人满意率,即一星级为 70%,二星级为 70%,三星级为 75%,四星级为 85%,五星级为 90%。

1.3　中外酒店的发展历程

史可明鉴,现代酒店业的从业人员和每个准备从事酒店业的人应该对酒店业的发展史感兴趣。酒店的产生和发展过程源远流长,关于酒店业的历史渊源,将追溯到好几千年以前。

1.3.1　世界酒店业的发展历程

1)中古时期的世界酒店业

（1）世界酒店的起源

关于古代酒店的起源,最早与西亚两河文明相关,这是当今较为普遍认同的一种说法。据历史记载,大约在公元前4000年的美索不达米亚地区,生活在底格里斯河和幼发拉底河两河流域的苏美尔人很多是农民,他们出色的农耕技术在当地肥沃的土地上种植和收获了足够的粮食,除了食用外,剩余的可用作交易。苏美尔人还有酿酒技术和烘焙面包技术,啤酒成为苏美尔人社会各阶层最普遍的消费品。当地的苏美尔小酒馆就是提供周围居民喝酒并聚会谈论时事的场所,这要算人类最早的酒店了。记载有苏美尔人涉及酒店税收的巴比伦第一部法典——汉谟拉比法典,距今约3 700年。

（2）古埃及的酒店

古埃及在公元前2700年建造了著名的金字塔,这些金字塔成为旅游胜地,吸引人们前去观赏。古埃及旅行很普遍,人们除了参加观看金字塔等观光活动外,还从事贸易和参加宗教活动。这些旅行活动的兴起促发了旅行者食宿的需求,于是提供旅行者吃、住的旅店在古埃及出现了。

（3）古希腊的客栈

古希腊人为了经商、为了航海探险、为了求学去旅行。古希腊时期更是世界旅游史上宗教旅游最鼎盛的时期,古希腊各个城邦都建有神庙,每当神庙举办节庆活动时,人们便从四面八方赶来,渐渐地一些节庆活动覆盖了整个希腊。古希腊的提洛岛、特尔斐和奥林匹斯山是当时重要的宗教圣地,最重要的宗教仪式和节日主要在这些地方举行,届时有音乐、体育竞技等活动。为了寻求圣人的教海而到特尔斐阿波罗神殿旅行的人很多,政治家、将军和其他一些大人物也去那里寻求神示。奥林匹亚节是最负盛名的盛典,节庆期间举行持械竞走、战车竞赛和角斗等体育活动,前来参加者不绝于道,每次参加奥林匹亚节的人数虽不尽相同,但平均每次都有四五万人参加。

旅行和旅游当然离不开客栈,有充分证据证明,至少早在公元前6世纪时,古希腊就已经出现了专门接待游客的地方,被称为"大众接待者"或"大众接待所"。除了前面提到的众多皇宫成了旅行者和游客的安息之所外,各地都有小客栈供旅行者吃住。古希腊的客栈一般只为旅行者提供一晚的休息时间,客人可以带着毛巾到最近的公共浴室洗澡,其实浴缸就是一个大盆子,游客斜着身子站在那里,由服务人员往身上泼水。

（4）古罗马帝国的驿站

古罗马帝国建立了地跨欧、非、亚的大帝国,修建了2 000多千米的御道系统和公路网络,所以就有"条条道路通罗马"这句话。古罗马时期,酒店主要是在罗马帝国所设驿站的基础上发展起来的。古罗马道路上每30千米就有一个类似的驿站设置。道边有国王驿馆和设备较完备的驿站。设立驿站的最初目的是为皇帝公使以及其他公务人员提供免费住宿,后来也接待往来的民间旅客。

罗马帝国的驿站一般都较大,面积有 200 平方米以上,并设有餐厅,可为旅客提供很多美食,也为古罗马人出行提供了较舒适的旅途休息场所。

随着海上丝绸之路的兴起,古罗马商务旅行相当活跃,极大地推进了酒店业的发展。在今天意大利南部的庞贝城遗址,还保存着目前可能是世界上最古老的酒店遗址。人们可以据此窥见距今 2 000 余年前欧洲的酒店状况。

(5)中世纪时的欧洲酒店业

中世纪是欧洲历史上较为黑暗落后的一个时期,其供旅行者旅途中住宿、饮食的设施以较为简陋的客栈为主。这些客栈主要只是个歇脚的地方,规模都很小,建筑简单,设施简易,价格低廉,只提供简单的食宿,客人往往挤在一起睡觉,吃的是和主人差不多的家常饭,基本上无其他服务。

客栈以官办为主,也有一些民间经营的小店,即独立的家庭客栈,是家庭住宅的一部分,家庭是这类客栈的拥有者和经营者。

随着社会的发展和旅游活动种类的增加,欧洲客栈的规模日益扩大,种类也不断增多。如英国的客栈逐渐改善,到 15 世纪,有些客栈已拥有 20~30 间客房,较好的客栈还拥有酒窖、食品仓库和厨房。许多古老客栈还有花园、草坪、带壁炉的宴会厅和舞厅。到 18 世纪,英国客栈已是人们聚会交往、交流信息的地方。这时,世界许多地方的客栈不仅仅是过路人寄宿的地方,还是当地社会、政治与商业活动的中心。

2)近代的豪华酒店时期(18 世纪末—19 世纪末)

近代的豪华酒店时期,又称大酒店时期,起源于欧洲,共同兴盛于欧、美两地。

(1)近代欧洲的豪华酒店时期

文艺复兴的深入开始影响社会的各个方面。随着欧洲工业革命的渐渐兴起,资本主义经济的产生和发展,欧洲资产阶级革命最大的后果是确立了资本主义制度,促进了社会生产力的快速发展,社会财富的增多,出现了自由而富有的有闲阶层,逐渐滋生并形成休闲的观念。旅游开始成为一种经济活动,于是专为上层有闲阶级服务的豪华酒店就应运而生。

在欧洲大陆上,无论是豪华的建筑外形、奢侈的内部装修,还是精美的餐具以及服务和用餐的程序,无不反映出王公贵族生活方式的商业化。为酒店的宾客提供食宿服务实质上是一种奢华的享受。为此,这个时期被人们称为"豪华酒店时期"(又称大饭店时期)。欧洲第一个真正可称为饭店的住宿设施是在德国的巴登建起的巴典国别墅(Der Badische Hof),随后,欧洲颇具代表性的饭店有 1850 年建成的巴黎大饭店,1876 年开业的法兰克福大饭店,1889 年开业的伦敦萨沃伊酒店在豪华酒店时期具有特殊的地位,它雇用享有世界声誉的酒店管理奇才恺撒·里兹和一代名厨埃斯考菲尔,他们在这里创造了极其豪华、非常时髦的酒店服务氛围以及精美绝伦、无可比拟的佳肴。

(2)近代美国的豪华酒店时期

19 世纪是美国酒店业发展的高峰时期。铁路运输网络的扩展促进了旅行,从而诞生了许多优秀的城市酒店和度假酒店。许多重要的酒店就是在这一时期发展起来的,可以说 19 世纪是旅行和酒店业蓬勃发展的时期,其发展速度远远超过了以往任何时期,美国许多大酒店纷纷建立。由于缺少王室宫殿作为"社交"中心,美国人在社区旅馆内营造了类似的环境。饭店通常是慷慨大方的私人娱乐中心(这里的活动受到公众的瞩目),也是最重要的公开庆祝活动中心。旅馆大堂像皇宫的外殿一样,成为人们消磨时间的去处、汇集流言蜚语的中心,以及展示身份、富有和权利的首选地点。在美国许多城市,大酒店成为城市中最优雅、最光彩夺目的建筑,成了"大众殿堂"。闻名世界的纽约广场酒店(Grand Hotel)可以说是美国"大众殿堂"理念的典范,至今一直以豪华酒店形式经营。美国第一个真正的大酒店是位于波士顿的特里蒙特酒店(The Tremont Hotel),其于 1829 年 10 月开张。它创造了很多酒店业的第一,如设立前台员工、行李员、客房门锁、免费肥皂、单人间和双人间、室内盥洗室等,被认为是美国的第一个现代酒店。7 年后,1836 年开张的纽约阿斯特酒店(The Astor Hotel)同样堪称美国早期酒店的代表。

3)商业酒店时期(20 世纪初—20 世纪中叶)

开始于 20 世纪初期的商业酒店时期,以美国的酒店业最具代表性。20 世纪上半叶是美国酒店历史上最为重要的时期。20 世纪初至 20 年代,美国酒店业出现了前所未有的巨大发展,但 1930 年左右的经济大萧条也导致美国许多酒店破产。

著名的 E.M.斯塔特勒(E.M.Statler)建立的酒店就是开创于 20 世纪早期并迅速成长起来的,它成功地度过了经济萧条期,最终在以后的数年间得以繁荣兴旺起来。纽约布法罗的布法罗斯塔特勒(Buffalo Statler)酒店是一家拥有 300 间客房的酒店,于 1908 年 1 月 18 日开业,它被看成酒店业历史上的一座里程碑。

布法罗斯塔特勒酒店是首批现代商业性酒店,其主要顾客是商务旅行者,提供下列服务:每间客房都有私人浴室;每间客房都有电话;每间客房都有带照明设施的衣柜;每天早上都为客人送去一份免费报纸等。在 1908 年,这些特征非同小可,如电话在当时尚属新生事物,只有豪华酒店的客房才有大的衣橱。因此,按当时的标准来看,布法罗斯塔特勒已属现代。这家酒店当时的广告词是:"1.5 美元即可享用带有浴室的房间",对旅行者来说这简直是物超所值、不可思议。布法罗斯塔特勒获得了成功,斯塔特勒继续使用他的名字增开其他酒店。在 1928 年斯塔特勒去世时,其名下控制的酒店超过了酒店业历史上的任何人。

商业酒店的基本特点如下:

①商业酒店的服务对象是一般的平民,主要以接待商务客人为主,规模较大,设施设备完善,服务项目齐全,讲求舒适、清洁、安全和实用,不追求豪华与奢侈。

②实行低价格政策,使顾客感到收费合理,钱花所值。

③酒店经营者与拥有者逐渐分离,酒店经营活动完全商品化,讲究经济效益,以营利为目的。

④酒店管理逐步科学化和效率化,注重市场调研和市场目标选择,注意训练员工和提高工作效率。

4) 现代新型酒店时期(20 世纪中、后期至今)

20 世纪 50 年代至今是现代新型酒店时期。在 20 世纪 50 年代,随着欧美国家战后的经济复苏,人们在国内、国际间的旅行和旅游活动日益频繁,空中交通及高速公路日益普及。在大中城市里,大型高层的酒店数量倍增,公路两旁的汽车旅馆更是星罗棋布。一些有实力的酒店公司,以签订管理合同、授让特许经营权等形式,进行国内甚至跨国的连锁经营,逐渐形成了一大批使用统一名称、统一标志,在酒店建造、设备设施、服务程序、管理方式等方面实行统一标准,联网进行宣传促销、客房预订、物资采购与人才培训的酒店联号公司。其中最早崛起,并在 20 世纪七八十年代相当活跃的大型豪华酒店的酒店联号公司有:希尔顿酒店公司(Hilton Hotel Corp.)、希尔顿国际酒店公司(Hilton International)、喜来登酒店公司(Sheraton Corp.)、凯悦国际酒店公司(Hyatt International)、威斯汀酒店公司(Westin Hotels)等;拥有中小型酒店或汽车旅馆的酒店联号公司有:假日酒店集团(Holiday Inns Corp.)、华美达酒店集团(Ramada Inns)、雅高集团(Accord Corp.)、百威国际酒店集团(Best Western International)等。进入 20 世纪 90 年代后,经过大规模的兼并和收购,又出现了更大型的、拥有各种档次、系列品牌的酒店联号集团,如巴斯公司(Bass)、万豪集团(Marriott)等。

现代新型酒店的特点除了注重规模效益、连锁经营外,还表现在为满足现代人的需求,其功能日益多样化。酒店不再是仅仅向客人提供吃、住的场所,还要满足客人对娱乐、健身、购物、通信、商务等多种需求,酒店也是当地社交、会议、展览、表演等活动的场所;在经营管理上,注重用科学的手段进行市场促销、成本控制、人力资源管理等;在设备设施上,注意运用适合客人需求的酒店服务及运行的各种高新科技产品。在社会上,为酒店行业配套服务的专业公司也日臻完善,有酒店管理咨询公司、酒店订房代理公司、酒店会计事务所、酒店建筑事务所、酒店设备用品公司,开设酒店服务与管理专业的各类院校等。

在现代酒店时期,酒店业发达的地区并不仅仅局限于欧美,而是遍布全世界。值得一提的是亚洲地区的酒店业从 20 世纪 60 年代起步发展至今,其规模、等级、服务水准、管理水平等方面毫不逊色于欧美的酒店业。

在美国《机构投资者》(Institutional Investor)杂志每年组织的颇具权威性的世界十大最佳酒店评选中,亚洲地区的酒店往往占有半数以上,并名列前茅。由中国香港东方文华酒店集团管理的泰国曼谷东方大酒店,十多年来一直在世界十大最佳酒店排行榜上名列榜首。在亚洲地区的酒店业中,已涌现出较大规模的酒店集团公司,如日本的大仓酒店集团(Okura Hotels)、日本的新大谷酒店集团(New Otani Hotels)、中国香港东方文华酒店集团(Oriental Mandarin)、中国香港丽晶集团(Regent Hotels)、新加坡香格里拉酒店集团(Shangrila Hotels)、新加坡君华酒店集团(Meritus Hotels & Resorts)等。这些酒店集团公司不仅在亚洲地区投资或管理酒店,并已扩展到欧美地区。

亚洲地区酒店的崛起及迅速发展,举世公认。究其原因,一是,得益于 20 世纪 60 年代以来这个地区的经济腾飞、发展及繁荣;二是,引进了欧洲酒店业的良好传统和经营丰富的专业人才,借鉴了美国酒店业科学管理的原则和经验;三是,在酒店服务与管理中糅合了东方民族悠久的富有人情味的好客传统,并充分发挥亚洲民族勤勉好学的长处和具有丰富人

力资源的优势。

1.3.2 中国酒店业的发展历程

中国是世界上最早出现饭店的国家,数千年来,中国的唐、宋、明、清四朝被认为是饭店业得以较大发展的时期。19 世纪末,中国饭店业进入近代饭店业阶段,但此后发展缓慢。直到 20 世纪 70 年代末,中国推行改革开放政策以后,饭店业才开始快速发展。

在中国现代化饭店中,有一些是经过改造的旧饭店,还有一些是中华人民共和国成立以后建造的宾馆、饭店和招待所,而大部分是 20 世纪 90 年代以后兴建的现代化的新型饭店。这三类饭店组成了中国饭店业的主要接待力量。与中国的现代经济发展类似,中国酒店业现代化的起步较晚,也落后于世界酒店业的先进水准,但中国酒店业正如中国的现代经济一样,以一种后来者居上的态势,赶超着世界的先进水平。

1)古代中国酒店业

最早的住宿设施可追溯到殷商时期的驿站,当时这是一种官办住宿设施,主要是为传递官方文书往来人员提供膳食和驻马的场所。出于朝代更迭、政令变化等原因,不仅在名称上出现了传舍、驿舍、驿馆、邮亭等不同称谓,而且其功能也在不断地改变。秦汉以后,驿站的接待对象范围开始扩大,一些过往官吏也可以在邮亭或传舍食宿。到了唐宋时期,由于经济的发展,对外贸易的扩大,在都城长安和口岸城市广州、泉州、宁波、扬州等不断涌现出供各阶层人士居住的、不同等级和性质的驿站,还有专门接待外宾的"四方馆""蕃坊"。元代时,一些建筑宏伟、陈设华丽的驿站除接待信使、公差外,还接待过往商旅及达官贵人。由此可见,驿站虽起源于驿传制度,开始时是专门接待信使、邮卒的住宿设施,但后来逐渐扩大用途范围,也为过往商旅及民间旅行者提供食宿服务。同时,由于官办的驿站在初始时只接待公务人员,所以为民间提供了沿驿道及在驿站附近大量开设旅店的机会,在一定程度上促进了民间旅店业的产生和发展,据意大利旅行家马可·波罗叙述,这样的驿站在当时已达到10 000余处。明清时期,官方为了接待外国使者和外民族代表开办了"会同馆"(清末称"迎宾馆")。中国古代的驿站和迎宾馆作为一种官办接待设施,适应了古代民族交往和中外往来的需要,它对中国古代的政治、经济和文化交流起到了不可忽视的作用。

古代民间旅店被称为"逆旅",是专门供人在旅途中休息食宿的场所,在几千年前的商周时期就已出现,从古籍中可以读到不少有关当时商旅活动及商人投宿旅店的记载。

春秋战国时期,农业生产的进步,促进了手工业和商业的发展,所谓"士农工商""行商坐贾",商人不仅被正式列为行业之一,而且还出现了分工。从事商贩贸易的人越来越多,频繁的商贸活动增加了对食宿设施的需求,为民间旅店的发展提供了市场。至战国时期,随着商业中心的出现和交通运输的发展,民间旅店业已初步形成。秦、汉两代 400 余年,是中国古代商业较为兴旺发达的时期,民间旅店业因此也有了发展。"牛马车舆,填塞道路""船车贾贩,周于四方""逆旅整设,以通贾商"等,正是对当时商贸活跃、旅店兴旺的描述。两汉以前,由于当时历史条件下城市功能的局限,商业活动迟迟未进入城市内部,虽然后来随着城市功能的变化,商业交换活动逐渐扩大到城市内,但仍受到市场制度在时间与地点方面的限

制。"朝市朝时而市,商贾为主;夕市夕时而市,贩夫贩妇为主"描写的是交易者需按规定时间聚散,而他们并不居住在城市中,因而以接待商贩旅客为主的民间旅店一直都只能分布在城外郊区及通衢大道两旁。汉代以后,诸多城市逐渐发展成为商业都市,城市的管理制度及城区布局也发生了变化,从而使民间旅店进入城市,出现在靠近市场的繁华地段。隋唐时期,由于结束了连年战争造成的长期分裂局面,社会生产力得到了恢复和发展,社会安定,市场兴旺,交通发达,丝绸之路空前繁荣,旅店业也得到了大发展。两宋时期,社会生产力有了进一步提高,商业和手工业兴盛,世代相袭的城市管理制度也发生了变化。各行店铺包括民间旅店遍布城内繁华街道,北宋汴梁和南宋临安便是如此。明、清两代,特别是明初洪武、永乐两朝及清乾隆、嘉庆年间,社会经济迅速发展,农业和手工业生产日益进步,商业更加繁荣,民间旅店业也因此更加兴旺。同时,由于明清时期中国封建社会科举制度的进一步发展,在各省城和京城出现了专门接待各地赴试学子的会馆,成为当时旅馆业的重要组成部分。

2) 近代中国酒店业

鸦片战争之后,由于西方列强的入侵,酒店业受西方的影响较深。当时的酒店业除传统的旅馆之外,还出现了西式酒店和中西式酒店。

西式酒店是 19 世纪初由外国资本家建造和经营的酒店统称。这类酒店在建筑式样、设施设备、内部装修、服务与经营对象及方式等方面都与中国的传统旅馆不同。西式酒店的规模宏大、装饰华丽、设备先进,管理人员皆来自英、法、德等国,接待对象主要是外国人,也包括当时上层社会人物及达官贵人。客房分等经营,按质论价,是这些西式酒店客房经营的一大特色,其中又有美国式和欧洲式之别,并有外国旅行社参与负责介绍客人入店和办理其他事项。西式酒店向客人提供的饮食均是西餐,大致有法国菜、德国菜、英国菜、美国菜和俄国菜等。酒店的餐厅除了向本店宾客供应饮食外,还对外供应各式西餐、承办西式宴席。早期著名的西式酒店主要有上海的理查饭店、北京的六国饭店以及天津的利顺德酒店等。

西式酒店的服务日趋讲究文明礼貌、规范化、标准化。一方面,西式酒店是西方列强侵入中国的产物,为其政治、经济、文化侵略服务;另一方面,西式酒店的出现在客观上对中国近代酒店业的发展有一定的促进作用。

西式酒店的大量出现,刺激了中国的民族资本向酒店业投资,因而从"中华民国"开始,各地相继兴建了一大批具有半中半西风格的新式酒店。这类酒店多以"旅馆""酒店""宾馆"为名,如"华洋旅馆""中西旅馆"。这类酒店在建筑式样、店内设备、服务项目和经营方式上都受到了西式酒店的影响。传统的中国旅店大多为庭院式或园林式设计,并且以平房建筑为多,宋代时虽已出现 3 层酒楼式的客店,但这类建筑在中国古代并不普遍。由中国资本开办的这类中西式酒店却多为楼房建筑,有的则是纯粹的西式建筑,有的虽不如外国租界内的洋酒店那般豪华,但同传统的中国客店比,却显得十分高耸,格外引人注目。早期著名的中西式酒店有上海的金门酒店、静安宾馆、东方饭店和华懋饭店等。其中又以华懋饭店（又称沙逊大厦）,即今天的上海和平饭店最为知名。

中西式酒店不仅在建筑上趋于西化,在设备设施、服务项目和经营方式上接受西式饭店

的影响,而且在经营体制方面也多有仿效,实行酒店、交通、银行等行业联营。这是西式酒店对旧中国酒店业具有深远影响的一个方面,与中国传统的酒店经营方式形成鲜明的对比。从此,中西式酒店将欧美酒店的经营观念、方法与中国酒店的实际经营环境相融合,为中国近代酒店业进入现代新型酒店时期奠定了良好的基础。

3) 现代中国酒店业

我国现代酒店业的发展历史不长,但速度惊人。自1978年我国开始实行对外开放政策以来,大力发展旅游业,这为我国现代酒店业的兴起和发展创造了前所未有的良好机遇。

1978年,我国国际旅游业刚刚起步时,能够接待国际旅游者的酒店仅203座,客房3.2万间。酒店业规模小、数量少,难以满足国际旅游客源迅速增加的形势下对酒店业的要求。同时,由于这些酒店大都为中华人民共和国成立前遗留下来或20世纪五六十年代建造的,酒店功能单一,设备陈旧,难以达到国际旅游所要求的水平。20世纪80年代初期至中期,我国通过引进外资,兴建了一大批中外合资、中外合作的酒店,又利用内资陆续新建和改造了一大批酒店,使我国酒店业进入了一个较快发展时期。到1984年,酒店数量达505座,客房7.7万间。这个规模和数量,比1980年翻了一番,初步缓解了酒店供不应求的矛盾和硬件差、管理差的状况。1985年,国家提出了发展旅游服务基础设施,实行国家、地方、部门、集体和个体一起上的方针,调动了各方面的积极性,从而使酒店业发展势头蓬勃高涨。到1988年,酒店数量达1 496座,客房22万间。1992—1995年,随着全国各地改革开放的进一步深入以及经济建设的热潮,酒店业从数量上到质量上都得到了进一步的发展。到1995年,全国的酒店数量达3 720座,客房49万间。20世纪90年代中后期,我国酒店业的总量急骤增加,到2000年末,全国旅游涉外酒店业的规模为:酒店10 481座,客房94.82万间。与此同时,酒店业档次结构也发生了明显变化,20世纪80年代初,那种只提供一食一宿的招待型酒店,已被当今各种档次、多种类型的酒店所取代。可以说,20年来我国酒店建设速度和发展规模超过了同时期世界上的任何其他国家。

在行业规模扩大、设施质量提升的同时,我国酒店业的经营观念也发生了质的变化,经营管理水平得到了迅速提高。从1978年至今,我国酒店业大体经历了4个发展阶段。

第一阶段(1978—1983年),由事业单位招待型管理走向企业单位经营型管理。

这一时期的酒店,很大部分是从以前政府的高级招待所转变而来的,在财政上实行统收统支、实报实销的制度,基本没有上缴利润,没有任何风险,服务上只提供简单的食宿,谈不上满足客人要求的各种服务项目;经营上既没有指标,也没有计划,因此,作为一个酒店也就既没有压力,也缺乏活力,与满足国际旅游业发展和为国家增加创汇的要求极不相称。1978—1983年,旅游行政管理部门重点围绕3个方面,即如何使我国酒店业从招待型管理转轨为企业型管理,如何提高酒店管理水平和服务水平,如何提高管理人员素质以使之掌握现代化酒店管理知识,做了大量工作。

在总结和推广当时一些酒店先进经验的基础上,提出了酒店应实现经营、管理的企业化,建立岗位责任制,增加服务项目,开展多种经营。在管理队伍建设方面,着手抓管理人员的培训和知识更新。经过几年的努力,一大批原来的事业单位初步实现了企业化,酒店经营

水平有了明显变化,服务质量有了显著提高。

第二阶段(1984—1987 年),由经验型管理走向科学管理。

1984 年,我国酒店业在全行业推广北京建国酒店科学管理方法,走上与国际接轨的科学管理的轨道,这是我国酒店业在发展中迈出的第二步。建国酒店是北京第一家中外合资、聘请外国酒店管理集团管理的酒店,开业时间不长,就以符合国际水准的服务蜚声中外,并取得了良好的经济效益。1984 年 3 月,中央和国务院领导同志指示,国有酒店也应按照北京建国酒店的科学办法管理。国家旅游局在认真总结该酒店经营管理办法的基础上,在全国分两批选定 102 家酒店进行试点。试点的主要内容是:第一,推行总经理负责制及部门经理逐级负责制;第二,推行岗位责任制,抓好职工培训;第三,推行严格奖惩制度,打破"大锅饭"和"铁饭碗",调动职工积极性,保证服务质量稳步提高;第四,推行充分利用经济手段,开展多种经营,增收节支,提高经济效益的方法。通过推行这套管理方法,全国酒店业在 102 家试点单位的带动下,在管理上、经营上、服务上都发生了深刻变化。其效果概括起来讲就是:企业化管理进程加快了,科学管理体系开始形成了,经营方式灵活了,管理队伍活力增强了,服务质量进步了,经济效益和社会效益提高了。从此,我国酒店业迈上了科学管理之路。

第三阶段(1988—1994 年),采取国际上通行做法,推行星级评定制度,我国酒店业进入了国际现代化管理新阶段。

20 世纪 80 年代中后期,我国的酒店业经过持续的高速发展,到 1988 年,已拥有旅游涉外酒店 1 496 座,客房 22 万间。为使我国迅速发展的酒店业能规范有序地发展并与国际酒店业的标准接轨,1988 年 9 月,经国务院批准,国家旅游局颁布了酒店星级标准,并开始对旅游涉外酒店进行星级评定。我国酒店星级标准是在对国内外酒店业进行大量调查研究的基础上,参照国际通行标准并结合我国实际情况,在世界旅游组织派来的专家指导下制定出来的。1993 年,经国家技术监督局批准定为国家标准。酒店星级是国际酒店业的通用语言。我国酒店业实行星级制度,可以促使酒店的服务和管理符合国际惯例和国际标准。评定星级既是客观形势发展的需要,也是使我国酒店业进入规范化、国际化、现代化管理的新阶段的需要。

第四阶段(1994 年至今),我国酒店业在经营管理上,逐步向专业化、集团化、集约化经营管理迈进;在业态上,我国酒店业也由传统的星级酒店,逐步向民宿、客栈、精品酒店、经济型酒店、星级酒店等多种业态并存的多元化发展迈进。

20 世纪 80 年代以来,国际上许多知名酒店管理集团纷纷进入中国酒店市场,向我国酒店业展示了专业化、集团化管理的优越性以及现代酒店发展的趋势。1994 年,我国酒店业已形成了一定的产业规模。经国家旅游局批准,我国成立了第一批自己的酒店管理公司,这为迅速崛起的中国酒店业注入了新的活力,引导我国酒店业向专业化、集团化管理的方向发展。另外,20 世纪 90 年代中后期,我国酒店业的总量急骤增加。由于受到国际国内经济环境变化的影响,酒店业的经营效益出现滑坡,"走集约型发展之路"越来越成为酒店业的共识,要求酒店业应从单纯追求总量扩张、注重外延型发展,向追求质量效益、强化内涵型发展转变。

进入 21 世纪,随着民宿、客栈、精品酒店等新型住宿业态的大量兴起,旅游酒店业逐步向旅游住宿业过渡,已逐步成为业内共识。统一的、标准的星级酒店不再是唯一的饭店业态。新兴旅游住宿业态的支配性力量正日益凸显。旅游住宿业的关注焦点经历了从星级标准酒店到品牌标准酒店,再到最近的非标准住宿业态的过程,目前旅游住宿业已经形成了星级标准、品牌标准和非标准住宿三种形式并存的住宿业格局,即广义的旅游住宿业态已经形成。旅游住宿业发展进入新常态,亟须借机加快转型与创新,谋求更大发展。

本章小结

- 现代酒店业在中国的发展历史并不长,但在中国强大的经济发展基础上,中国现代酒店业也获得了快速的发展。本章阐述了酒店的基本定义、特点、作用、等级分类等基础性知识,并详细介绍了中外酒店业的发展历程,让大家对酒店的基本常识和发展历史有了一个系统的认识,有助于后面的酒店经营管理内容的学习。

第2章
酒店管理理论及运营管理模式

【学习目标】

1.了解酒店管理的基本概念及理论基础。

2.理解酒店经营中"CI""CS""CL"及"ES"的理念。

3.掌握"CS""CL"及"ES"理念在酒店经营管理中的应用。

4.掌握酒店连锁经营的主要模式。

5.理解酒店连锁经营的优势。

6.分析比较各种酒店连锁经营管理的模式,选出你所认为的最佳模式,并陈述理由。

案例导入

香格里拉的营销理念

香格里拉酒店集团是亚洲酒店业的龙头,世界酒店业的后起之秀,其骄人业绩的获得与其自始至终坚持的营销理念息息相关。香格里拉酒店集团创始于20世纪70年代,自1972年首家酒店在新加坡正式归属郭氏集团以来,20年间其酒店规模已有40多家,经营范围覆盖东南亚、东亚及北美地区,尤其令人称颂的是在每年评选的世界十大酒店排行榜上,每次都有多家香格里拉酒店入围。

在香格里拉的经营哲学中,顾客为重、员工利益为重及领导行业潮流是其重要组成部分。为了使其经营理念融入经营体系中,酒店集团开展了系列化的培训活动和服务体系的完善活动,包括超值服务、殷勤好客亚洲情及新近推出的金环计划等。配合这些理念,酒店又针对住店客人需求,进一步推出了服务中心的概念,将原来的分散服务变为高效便捷和顾客亲切化的集中服务。同时,推出了许多针对回头客的常客优惠计划,包括给予常客的价格优惠、客房升级优惠、免费机场接送、免费洗衣服务等。

在香格里拉的营销理念中,保持与顾客的联系,建立长期稳固的业务关系是其最根本的层面。香格里拉酒店集团认为,当顾客的合理需求与酒店现行的服务程序和政策发生矛盾时,酒店应该以顾客的需求满足为原则;当满足顾客的需求将给酒店带来一定的经济损失时,酒店员工应该考虑的不仅是客人此次能为酒店创造的利益,而且更主要的在于赢得顾客忠诚而带来顾客的终身价值。

案例思考:

1.案例中提到的香格里拉的经营哲学体现了酒店经营管理中的什么理念?

2.为何香格里拉的营销理念将建立长期稳固的业务关系看作其最根本的层面？

3.培育忠诚顾客对酒店具有怎样的意义？

2.1 酒店管理的概念及理论基础

2.1.1 酒店管理的基本概念

1)酒店管理

酒店管理,实际上是酒店经营管理的简称,包括经营和管理两个方面,是指酒店管理者在了解市场需求的前提下,为了有效实现酒店的规定目标,遵循一定的原则,运用各种管理方法,对酒店所拥有的人力、财力、物力、时间、信息等资源,进行计划、组织、指挥、协调和控制等一系列活动的总和。

酒店管理的概念表明了酒店管理的目的、方法、要素和职能。

(1)酒店管理的目的

衡量酒店管理成效的主要依据就是酒店预定目标的实现程度,因此,酒店管理的目的就是实现酒店的预定目标——取得一定的社会效益和经济效益。

酒店是一个开放系统,它和社会有着广泛的联系,它在向社会提供特定的使用价值的同时也担负着一定的社会责任。酒店的社会效益就是指酒店的经营管理活动带给社会的功用和影响,它表现为社会对该酒店和酒店产品的认可程度。如酒店的知名度、美誉度、酒店利用率、酒店和社会的各种关系等。

酒店的经济效益是指酒店通过经营管理所带来的投资增值额,在市场经济条件下,追求酒店利润最大化正是酒店管理的动力所在。对酒店而言,社会效益是经济效益的基础,社会效益不好的酒店,其经济效益必然会受到极大影响,所以酒店业是非常看重自身形象的。

另外,随着人类环境问题的日益严重、环境保护意识的日益普及和可持续发展观念的深入人心,酒店还应考虑环境效益,尽量使酒店的经济效益、社会效益与环境效益达到完美统一。

(2)酒店管理的方法

酒店管理的方法就是酒店管理者在管理过程中要遵循一定的管理原则,把酒店管理的基础理论、原理等通过一定形式和方法转化为实际的运作过程,以提高酒店管理成效,达到酒店管理目标。具体方法主要有经济方法,行政方法,法律方法,数量方法,社会学及心理学方法等。

①经济方法。它是指酒店运用价格、成本、工资、奖金、经济合同、经济罚款等经济杠杆,用物质利益来影响、诱导企业员工的一种方法。

②行政方法。它是指酒店依靠企业的各级行政管理机构的权力,通过命令、指示、规章

以及其他有约束性的计划等行政手段来管理企业的方法。

③法律方法。它是指以法律规范以及具有法律规范性质的各种行为规则为管理手段，调节酒店企业内外各种关系的一种方法。

④数量方法。它是指运用数学的概念、理论和方法，对研究对象的性质、变化过程以及它们之间的关系进行定量的描述，利用数量关系或建立数量模型等方法对企业的经济活动进行管理的方法。

⑤社会学及心理学方法。它是指酒店企业借助于社会学和心理学的研究成果与方法，协调处理员工与员工之间、员工与酒店之间的关系，以调动员工的工作积极性，提升企业效益的方法。

（3）酒店管理的要素

酒店管理的要素就是指酒店所拥有的人力资源、财力资源、物力资源、时间资源和信息资源等。

在酒店管理所有要素中，人力资源最为重要，它是酒店的主体、酒店管理成功的关键，也是酒店两个效益的创造者，所以酒店必须具有一批管理素质良好的管理者和行业素质良好的从业人员。在"以人为本"的酒店管理中，不仅应考虑酒店所需要的人的数量和质量问题，即酒店需要多少人和需要什么样的人，更为关键的是管理者自身的素质。实际上，一家酒店管理水平、服务质量的高低都取决于酒店管理者的水平。

财力是指酒店的资金运作状况。只有具备一定的财力，酒店才可以购置运转中所需的各种设施设备和原材料，才能支付员工工资及其他各种管理费用等，所以财力是酒店正常运转的基本保证。

酒店的物力资源主要是指酒店运转所必需的物资以及各种技术设备，如酒店的建筑物、电梯、空调、锅炉、客用品、服务用品、原材料等。物力资源是酒店运转的基础，所以也是酒店管理要素之一。物力和财力是紧密地联系在一起的，因为物力通常以固定资金和流动资金的形式表现出来。

信息是酒店管理者制订计划的依据和决策的基础，也是酒店组织的重要手段、质量控制的有效工具。随着宾客需求的不断变化和酒店之间竞争的日趋激烈，酒店常处于瞬息万变的经营环境之中，因此，信息的取得、整理和利用日益受到酒店管理者的重视，并成为酒店管理的一个要素。

另外，在市场经济条件下，时间的价值越来越被重视。在"时间就是金钱"的今天，时间也成为酒店中一种不可忽视的资源，而管理者对时间价值的认识则决定其对时间资源的有效管理。管理者对时间资源的有效管理可以提高酒店的工作效率、降低员工的劳动强度，也有利于提高酒店的服务质量。

（4）酒店管理的职能

在酒店管理的概念中，管理职能是管理者与酒店实体相联系的纽带，是其必不可少的组成内容之一。酒店管理的职能就是计划、组织、指挥、协调和控制这五大项企业的主要职能。酒店管理就是管理者通过执行这些不同的管理职能来实现酒店内外要素，不断调整并取得

和谐的动态过程,缺少任何一种职能,酒店管理就难以奏效。因此,酒店管理的本质就是管理者科学地执行管理职能。

2)酒店经营与管理的关系

酒店经营管理通常被简称为酒店管理,它既包括经营又包括管理。酒店经营和管理有着不同的内涵,侧重点也各不相同,但在现实中两者又是密不可分的。

(1)酒店经营

经营是指企业以独立的商品生产者的身份,面向市场,以商品生产和商品交换为手段,满足社会需要并实现企业目标,使企业的经济活动与企业生存的外部环境达成动态均衡的一系列有组织、有计划的活动。酒店经营即在国家政策指导下,根据市场经济的客观规律,对酒店的经营方向、目标、内容、形式等作出决策。

酒店经营的主要内容有:市场调查和状况分析、目标市场的选择与定位、酒店产品的创新与组合、巩固与开拓客源市场、从市场角度来运用资金和进行产品成本、利润、价格分析等。经营的侧重点在于市场,是根据市场需求的变化,努力使酒店经营的内容适应宾客的需求,积极面对竞争,从而使酒店得到更大的发展。

(2)酒店管理

管理的侧重点在于酒店内部,针对酒店具体的业务活动,即酒店管理者通过计划、组织、督导、沟通、协调、控制、预算、激励等管理手段,使酒店人、财、物等投入最小,但又能完成酒店的预定目标。酒店管理包含的主要内容有:按科学管理的要求组织和调配酒店的人、财、物,使酒店各项业务正常运转;在业务运转过程中保证和控制服务质量,激励并保持员工工作积极性以提高工作效率,加强成本控制,严格控制管理费用等,并通过核算工作保证达到酒店经营的经济目标,即要以最小的投入实现最大的产出。

总之,酒店经营所面对的是市场,在了解市场、掌握市场趋势的前提下进行各种酒店经营活动,参与市场竞争,提高酒店利用率和市场份额。而酒店管理所面对的主要是酒店内部的各要素,只有通过管理职能的有效执行,使要素合理组合,方可形成最大、最佳的接待能力,也才能在市场竞争中处于有利地位。因此,在酒店业处于买方市场的条件下酒店若不了解市场,闭门造车,其内部各要素组合得再好,管理得再出色,也会毫无成效。同时,还会造成酒店资源的极大浪费。这就要求酒店必须进行经营性管理,面向市场进行管理。事实上,经营决定和制约着管理,管理又是经营的必备条件;经营中蕴涵着管理,管理中也蕴涵着经营。

2.1.2 酒店管理的理论基础

酒店管理是将酒店行业自身业务特点和一般企业的经营管理原理相结合而形成的一门学科。它作为一门独立的学科,是以管理学的一般原理和理论为基础的。把管理学的一般原理及其方法,运用于酒店管理实践,形成了酒店管理理论。酒店管理者要进行有效的管理,就必须了解人类管理思想的发展过程,了解酒店管理的理论来源。

1) 古典管理思想

19 世纪末、20 世纪初产生的科学管理思想,使管理实践活动从经验管理跃升到一个崭新的阶段。对科学管理思想的产生发展作出突出贡献的人物主要有泰罗、法约尔、韦伯,他们分别对生产作业活动的管理、组织的一般管理、行政性组织的设计提出了成体系的管理理论。

(1) 泰罗的科学管理理论

美国的弗雷德里克·泰罗是最先突破传统经验管理格局的先锋人物,被称为“科学管理之父”。泰罗出生于美国费城一个富裕的律师家庭,从小醉心于科学研究和科学试验。他18 岁进入钢铁厂当工人,任过技工、工头、车间主任、总工程师等职。长期的亲身经历使泰罗认识到:落后的管理是造成生产率低下、工人“磨洋工”和劳资冲突的主要原因。他在 1911年出版的《科学管理原理》一书中提出了通过对工作方法的科学研究来改善生产效率的基本理论和方法。在这本书中,泰罗总结出了 4 条基本的科学管理原理:

①通过动作和时间研究法对工人工作过程的每一个环节进行科学的观察分析,制订出标准的操作方法,用以规范工人的工作活动和工作定额。

②细致地挑选工人,并对他们进行专门的培训,使他们能按照规定的标准工作法进行操作,以提高生产劳动的效率。

③真诚地与工人们合作,以确保劳资双方都能从生产效率的提高中得到好处。为此,泰罗建议实行“差别工资制”,对完成工作定额的工人按较高的计件工资率水平来计算和发放工资,对完不成工作定额的工人则按较低的计件工资率来计算和发放工资。通过金钱激励,促使工人最大限度地提高生产效率。而在生产效率提高幅度超过工资增长幅度的情况下,雇主也就从“做大的馅饼”中得到了更多的效益。

④明确管理者和工人各自的工作和责任,实现管理工作与操作工作的分工,并进而对管理工作也按具体的职能的不同而进行细分,实行职能制组织设计,并贯彻例外管理原则。

泰罗提出科学管理思想,目的是要改变传统的一切凭经验办事(工人凭经验操作机器,管理人员也凭借经验进行管理)的落后状态,使经验的管理转变成为一种“科学的”管理。泰罗的主张被认为是管理思想史上的一次“革命”。它使劳资双方关注的焦点从盈余的分配比例转到了如何设法通过共同努力把盈余的绝对量做大,从而使盈余分配比例的争论成为不必要。同时,泰罗还提出了如何提高劳动生产率的一系列科学的作业管理方法。

(2) 法约尔的一般管理理论

当泰罗及其追随者正在美国研究和倡导生产作业现场的科学管理原理和方法时,在大西洋彼岸的法国诞生了关于整个组织的科学管理的理论,被后人称为“一般管理理论”或“组织管理理论”。与泰罗等人主要侧重研究基层的作业管理不同,“一般管理理论”是站在高层管理者角度研究整个组织的管理问题。该理论的创始人是亨利·法约尔,他是法国一家大矿业公司的总经理。以自己在工业领域的管理经验为基础,法约尔在 1916 年出版了《工业管理与一般管理》一书,提出了适用于各类组织的管理 5 大职能和有效管理的 14 条

原则。

法约尔将工业企业中的各种活动划分成6类:技术活动、商业活动、财务活动、安全活动、会计活动和管理活动。管理活动是企业运营中的一项主要的活动。法约尔认为,管理活动本身又包括计划、组织、指挥、协调、控制5个要素。管理不仅是工业企业的有效运营所不可缺少的,它也存在于一切有组织的人类活动之中,是一种具有普遍性的活动。法约尔认为,管理的成功不完全取决于个人的管理能力,更重要的是管理者要能灵活地贯彻管理的一系列原则。这些原则如下:

①劳动分工。法约尔认为,实行劳动的专业化分工可提高雇员的工作效率,从而增加产出。

②权责对等。即管理者必须拥有命令下级的权力,但这种权力又必须与责任相匹配,不能责大于权或者权大于责。

③纪律严明。雇员必须服从和尊重组织的规定,领导者以身作则,使管理者和员工都对组织规章有明确的理解并实行公平的奖惩,这些对于保证纪律的有效性都非常重要。

④统一指挥。指组织中的每一个人都应该只接受一个上级的指挥,并向这个上级汇报自己的工作。

⑤统一领导。每一项具有共同目标的活动,都应当在一位管理者和一个计划的指导下进行。

⑥个人利益服从整体利益。任何雇员个人或雇员群体的利益不能够超越组织整体的利益。

⑦报酬。对雇员的劳动必须付以公平合理的报酬。

⑧集权。集权反映下级参与决策的程度。决策制定权是集中于管理当局还是分散给下属,这只是一个适度的问题,管理当局的任务是找到在每一种情况下最合适的集权程度。

⑨等级链。从组织的基层到高层,应建立一个关系明确的等级链系统,使信息的传递按等级链进行。不过,如果顺着这条等级链沟通会造成信息的延误,则应允许越级报告和横向沟通,以保证重要信息的畅通无阻。

⑩秩序。无论是物品还是人员,都应在恰当的时候处在恰当的位置上。

⑪公平。管理者应当友善和公正地对待下属。

⑫人员稳定。每个人适应自己的工作都需要一定的时间,高级雇员不要轻易流动,以免影响工作的连续性和稳定性。管理者应制订出规范的人事计划,以保证组织所需人员的供应。

⑬首创性。应鼓励员工发表意见和主动地开展工作。

⑭团结精神。强调团结精神将会促进组织内部的和谐与统一。

法约尔提出的一般管理要素和原则,实际上奠定了后来在20世纪50年代兴盛起来的管理过程研究的基本理论基础。

(3)行政组织理论

行政组织理论是科学管理思想的一个重要组成部分,它强调组织活动要通过职务或职位而不是个人或世袭地位来设计和运作。这一理论的创立者是德国社会学家马克斯·韦

伯,他从社会学研究中提出了所谓"理想的"行政性组织,为 20 世纪初的欧洲企业从不正规的业主式管理向正规化的职业性管理过渡提供了一种纯理性化的组织模型,对当时新兴资本主义企业制度的完善起了划时代的作用。因此,后人称韦伯为"组织理论之父"。

韦伯是德国柏林大学的一位教授。他认为,理想的行政性组织应当以合理—合法权力作为组织的基础,而传统组织则以世袭的权力或个人的超凡权力为基础。所谓合理—合法权力,就是一种按职位等级合理地分配、经规章制度明确规定,并由能胜任其职责的人依靠合法手段而行使的权力,通称职权。以这种权力作为基础,韦伯设计出了具有明确的分工、清晰的等级关系、详尽的规章制度和非人格化的相互关系、人员的正规选拔及职业定向等特征的组织系统,称为"行政性组织"。

韦伯甚至以工业生产的机械化过程来比喻组织机构的行政组织化过程,认为一个组织越是能完全地消除个人的、非理性的、不易预见的感情因素或其他因素的影响,那么它的行政组织特征也就发展得越完善,从而越趋于一种"理想的""纯粹的"状态。而这种状态的组织和其他形式的组织相比,犹如机械化生产与非机械化生产之比,在精确性、稳定性、纪律性和可靠性方面具有绝对的优势。正因如此,行政组织后来被人们通称为"机械式组织"。

以上介绍的 3 种管理理论,虽然研究各有不同的侧重,但它们有两个共同的特点:一是都把组织中的人当作"机器"来看待,忽视"人"的因素及人的需要和行为,所以有人称此种管理思想下的组织实际上是"无人的组织"。二是都没有看到组织与外部的联系,关注的只是组织内部的问题,因此是处于一种"封闭系统"的管理时代中的。由于这些共同的局限性,20 世纪初在西方建立起来的这三大管理理论,都被统称为古典管理思想。

2) 行为管理思想

古典管理思想把人看成简单的生产要素,即像机器一样的"工具人",只考虑如何利用人来达成组织的目标,忽视了人性的特点。20 世纪 20 年代中期以后产生的人际关系学说和行为管理理论开始注意到"人"具有不同于"物"的因素的许多特殊方面,需要管理当局采取一种不同的方式来加以管理。对"人"的因素的重视,首先应归功于梅奥和他在霍桑工厂所进行的试验。

(1)梅奥的霍桑试验与人际关系学说

霍桑试验是在美国西方电气公司的霍桑电话机厂进行的。试验最初开始于 1924 年。当时试验的目的是根据科学管理理论中关于工作环境影响工人的劳动生产率的假设,进行照明度与生产效率关系的研究,试图通过照明强弱变化与产量变化之间关系的研究来为合理设定工作条件提供依据。结果却发现,工作环境条件的好坏与劳动生产率的提高并没有必然的联系,因为无论照明度是升是降还是维持不变,参与试验的人员的劳动生产率都未获得明显提高,这是已有的管理理论所无法解释的。梅奥基于这种结果,进行了一系列的后续调查、试验和采访,结果表明人的心理因素和社会因素对生产效率有极大的影响。梅奥在 1933 年出版的《工业文明中的人的问题》一书中,对霍桑试验的结果进行了系统总结。其主要观点如下:

①员工是"社会人",具有社会心理方面的需要,而不只是单纯地追求金钱收入和物质条

件的满足。例如,在照明度试验中,参加试验的人员就是因为感到自己受到了特别的关注,所以表现出了更高的生产效率。因此,企业管理者不能仅着眼于技术经济因素的管理,而要从社会心理方面去鼓励工人提高劳动生产率。

②企业中除了正式组织外还存在非正式组织。正式组织是管理当局根据实现组织目标的需要而设立的,非正式组织则是人们在自然接触过程中自发形成的。正式组织中人的行为遵循效率的逻辑,而非正式组织中人的行为往往遵循感情的逻辑,合得来的就聚在一起,合不来的或不愿与之合的就被排除在组织外。哪些人是同一非正式组织的成员,不取决于工种或工作地点的相近,而完全取决于人与人之间的关系。非正式组织是企业中必然会出现的,它对正式组织可能会产生一种冲击,但也可能发挥积极的作用。非正式组织的存在,进一步证实了企业是一个社会系统,受人的社会心理因素的影响。

③新的企业领导能力在于通过提高员工的满意度来激发"士气",从而达到提高生产率的目的。

梅奥的这些结论导致人们对组织中的"人"的一种全新认识。在此之后,人际关系运动在企业界蓬勃开展,致力于人的因素研究的行为科学家也不断涌现。其中,有影响的代表人物及其主张包括亚当斯的公平理论、马斯洛的需要层次论、赫茨伯格的双因素理论、麦克雷戈的 X-Y 理论等。

(2)亚当斯的公平理论

公平理论是由美国的斯达西·亚当斯于 1965 年提出的一种激励理论。这一理论从工资报酬分配的合理性、公平性对职工积极性的影响方面,说明了激励必须以公平为前提。亚当斯的公平理论认为,人们能否获得激励,不仅取决于他们得到了什么,而且取决于他们看见或以为别人得到了什么。人们在得到报酬之后会做一次社会比较,不仅比较自己的劳动付出与所得报偿,而且要将自己的劳动付出与所得报偿之比与他人的劳动付出与所得报偿之比相比较,如果二者比例相等,就会感到公平,从而具有激励作用;如果自己的劳动付出与所得报偿之比低于他人,就会感到不公平,从而产生不满,形成负激励。亚当斯提出的社会比较公平关系模式是:

自己所得报酬÷自己劳动付出 = 他人所得报酬÷他人劳动付出

心理学的研究表明,不公平感会使人的心理产生紧张不安状况,从而影响人们的行为动机,导致生产积极性的下降和生产效率的降低,旷工率、离职率会相应增加。根据公平理论,在管理中必须充分注意不公平因素对人心理状态及行为动机的消极影响,在工作任务、工资、奖励的分配以及对工作成绩的评价中,应力求公平合理,努力消除不公平、不合理的现象,才能有效地调动职工的积极性。

(3)马斯洛的需要层次论

马斯洛认为,对人的鼓励可以通过满足需要的方法来达到。他把人的需要分为 5 种:生理的需要、安全的需要、社交的需要、尊重的需要和自我实现的需要。上述这 5 种需要是分层次的,对一般人来说,在较低层次需要未得到满足以前,较低层次的需要就是支配他们行为的主要激励因素,一旦较低层次的需要得到了满足,下一层次的需要就成为他们新的主要激励因素了。根据这种理论,管理者应当了解下属人员的主要激励因素(即未满足的需要)是什么,并设法把实现企业的目标和满足职工个人的需要结合起来,以激发职工完成企业目标的积极性。

(4)赫茨伯格的双因素理论

赫茨伯格通过对200名工程师、会计师的询问调查,研究出在工作环境中有两类因素起着不同的作用。一类是保健因素,诸如公司的政策,与上级、同级和下级的关系,工资,工作条件以及工作安全等。在工作中,如果缺乏这些因素,工人就会不满意,就会缺勤、离职。但这些因素并不起很大激励作用。

另一类是激励因素,它们主要包括工作本身有意义,工作能得到赏识,有提升机会,有利于个人的成长和发展等。保健因素涉及的主要是工作的外部环境,激励因素涉及的主要是工作本身。

赫茨伯格双因素理论把激励理论与人们的工作和工作环境直接联系了起来,这就更便于管理者在工作中对职工进行激励。

知识链接

赫茨伯格的调查

20世纪50年代末,赫茨伯格和他的助手们在美国匹兹堡地区对200名工程师、会计师进行了调查访问。访问主要围绕两个问题:在工作中,哪些事项是让他们感到满意的,并估计这种积极情绪持续多长时间;又有哪些事项是让他们感到不满意的,并估计这种消极情绪持续多长时间。赫茨伯格以对这些问题的回答为材料,着手去研究哪些事情使人们在工作中感到快乐和满足,哪些事情造成不愉快和不满足。结果他发现,使职工感到满意的,都是属于工作本身或工作内容方面的;使职工感到不满意的,都是属于工作环境或工作关系方面的。

——资料来源:林志扬.管理学原理[M].4版.厦门:厦门大学出版社,2009.

(5)弗鲁姆的期望值理论

弗鲁姆认为,人们从事某项活动、进行某种行为,其积极性的大小、动机的强烈程度是与期望值和效价成正比的,这个理论可用下列公式来表示:

$$激发力量=期望值×效价$$

在这里,激发力量是指对员工为了达到某个目标(例如,涨工资、提升、工作上的成就)而进行的行为的激励程度。期望值是该员工根据个人经验判断能够成功地达到该目标的可能性,即概率。效价是指达到该目标对于满足该员工个人需要的价值。

根据这个理论,管理者为了增强员工对做好工作的激励力量,就应当创造条件,使员工有可能选择对他来说效价最高的目标,同时设法提高员工对实现目标的信心。

(6)斯金纳的强化理论

斯金纳认为,强化可分为正强化和负强化两种。如果对某个人的行为给予肯定和奖酬(如表扬、提升或发奖金等),就可以使这种行为巩固起来、保持下去,这就是正强化。相反,如果对某个人的行为给予否定或惩罚(如批评、罚款或处分等),就可以使这种行为减弱、消退,这就是负强化。这种理论认为通过正、负强化可以控制人们的行为按一定方向进行。

(7)麦格雷戈的 X 理论和 Y 理论

麦格雷戈认为,管理者在如何管理下属的问题上基本上有两种做法:一种是专制的办法;另一种是民主的办法。他认为,这两种不同的做法是建立在对人的两种不同假设基础上的。前者假设人先天就是懒惰的,他们生来就不喜欢工作,必须用强迫的办法才能驱使他们工作;后者假设人的本性是愿意把工作做好,是愿意负责的,问题在于管理者怎样创造必要的环境和条件,使工人的积极性能真正发挥出来。麦格雷戈把前一种假设称为 X 理论,把后一种假设称为 Y 理论。

如果按 Y 理论,管理者就要创造一个能多方面满足工人需要的环境,使人们的智慧和能力得以充分的发挥,以更好地实现组织和个人的目标。

(8)超 Y 理论和 Z 理论

在麦格雷戈提出了 X 理论和 Y 理论之后,美国的洛尔施(Joy Lorsch)和莫尔斯(John Morse)对两个工厂和两个研究所进行对比研究后发现,采用 X 理论和采用 Y 理论都有效率高的和效率低的结果,便由此推断出 Y 理论不一定都比 X 理论好。那么,到底在哪种情况下应选用哪种理论呢?他们认为,管理方式要由工作性质、成员素质等来决定,并据此提出了超 Y 理论。其主要观点是,不同的人对管理方式的要求不同。有人希望有正规化的组织与规章条例来要求自己的工作,而不愿参与问题的决策去承担责任,这种人欢迎以 X 理论为指导的管理方式。有的人却需要更多的自治责任和发挥个人创造性的机会,这种人则欢迎以 Y 理论为指导的管理方式。

此外,工作的性质、员工的素质也影响管理理论的选择,故不同情况应采取不同的管理方式。

Z 理论是由美国日裔学者威廉·大内(William Ouchi)提出的,其研究的主要内容是人与企业、人与工作的关系。大内通过对以美国为代表的西方国家的价值观和以日本为代表的东方国家的价值观对管理效率的不同影响进行了对比研究,他把由领导者个人决策、员工处于被动服从地位的企业称为 A 型组织,并认为当时研究的大部分美国机构都是 A 型组织,而日本的 J 型组织则具有与其相对立的特征。

大内不仅对 A 型和 J 型组织进行了系统比较,还通过对美国文化和日本文化的比较研究指出,每种文化都赋予其人民以不同的行为环境,从而形成不同的行为模式。

超 Y 理论和 Z 理论的实质在于权变,管理方法的选择和运用必须符合企业自身的特点,才能收到满意的效果。

总之,行为管理思想的产生改变了人们对管理的思考方法,它使管理者把员工视为是需要予以保护和开发的宝贵资源,而不是简单的生产要素,从而强调从人的需求、动机、相互关系和社会环境等方面研究管理活动执行结果对组织目标和个人成长的双重影响。

行为管理思想之所以会产生,是因为前期的科学管理思想尽管在提高劳动生产率方面取得了显著的成绩,但由于它片面强调对工人进行严格的控制和动作的规范化,忽视了工人的情感和成长的需要,从而引起工人的不满和社会的责难。在这种情况下,科学管理已不能适应新的形势,需要有新的管理理论和方法来进一步调动员工的积极性,从而提高劳动生产率。毕竟组织是由一群人所组成的,管理者是通过他人的工作来达成组织的目标,因此,需要对人类工作的行为进行研究,由此说明了行为管理思想提出后为什么很快会在实践中得到广泛的重视和应用。但现实中由于人的行为的复杂性,使得实际中对行为进行准确的分析和预测非常困难,因此,行为科学的研究结论从某种程度上说还是与现实有一定的距离。再一点,行为科学的研究更多是围绕个体或群体进行的,对个体或群体的过度重视有时使人不免感到行为管理思想虽然是在强调"组织中的人",但实际中往往容易出现"无组织的人"的片面做法。

3) 管理科学理论

管理科学理论是继科学管理理论、行为科学理论之后,管理理论和实践发展的结果。这一理论是运用现代科学技术和方法研究生产、作业等方面的管理问题,使管理的定量化成分提高,科学性增强,尤其是一些数学模型的建立,使部分管理工作成为程序化的工作,从而使这部分管理工作效率大大提高。管理科学理论可以更好地运用于酒店的投资策划和酒店投资的前期可行性研究。

管理科学的理论特征有以下 3 点:以决策为主要着眼点,以经济效果标准作为评价的根据,依靠数学模型和电子计算机作为处理问题的方法和手段。

流行的管理科学模型主要有以下 7 种。

(1)决策理论模型

这一模型的目标是要在制订决策的过程中减少艺术成分而增加科学成分。决策理论的集中点在于对所有决策通用的某些组成部分,提供一个系统结构,以便决策者能够更好地分析那些含有多种方案和可能后果的复杂情况。这类模型是规范性的,并含有各种随机的变量。

(2)盈亏平衡点模型

这一模型主要帮助决策者确定一个公司的特定产品生产量与成本、售价之间的关系,得到一个确定的盈亏平衡点,在这个水平上总收入恰好等于总成本,没有盈亏。这类模型是确定性的描述性模型。

(3)库存模型

这类模型回答库存有多少,什么时候该进货与发货的问题。因此,这类模型就可以使库存适合生产与销售的需求,同时又要考虑减少仓储费用。这类模型的可行解便是经济订购批量(EQC)。

(4)资源配置模型

这一模型中的资源主要指自然资源和实物资源,常用的资源配置模型就是线性规划模型,在给定边界约束条件的情况下,考虑产出、利润最大或者成本最小。这类模型是规范性的模型,变量是确定性的。

（5）网络模型

两种主要的和最流行的网络模型就是 PERT（计划评审技术）和 CPM（关键路线法）。PERT 是计划和控制非重复性的工程项目的一种方法。CPM 这种计划和控制技术用于那些有过去的成本数据可查的项目。网络模型是随机性的规范模型。

（6）排队模型

在生产过程中，员工们排队等待领取所需的工具或原料所花费的时间是要计入成本的。在给顾客服务的过程中，如果顾客们需要排队等候很长时间，就会使顾客失去耐心而一走了之，但如果开设很多服务台或售货柜，却很少有人光顾，则又会导致成本提高。因此，排队模型试图解决这类问题，以便能找到一个最优解。

（7）模拟模型

模拟是指具有与某种事物相同的外表和形式，但不是这种真的事物。由于真实事物所具有的复杂性，以及对其管理作用的不可重复性，为了得到预计成果，就有必要建立模拟的模型，在此模型上探讨最佳行动方案或政策，以便最后能用于实践的操作之中。模拟模型是描述性的，含有各种随机性的变量。

4）当代管理理论的发展

当代管理理论是指 20 世纪 70 年代开始的管理理论，这一时期，国外的管理理论有了新的发展。

（1）20 世纪 70—90 年代的理论发展

①权变管理理论。20 世纪 70 年代，面临复杂多变的周围环境，人们越来越感到不可能找到一个以不变应万变的管理模式。管理的指导思想上出现了强调灵活应变的"权变观点"。

权变管理的基本含义：成功的管理无定式，一定要因地、因时、因人而异。这种观点是针对系统管理学派中的学者们建立万能管理模式的偏向而提出的。它强调针对不同情况，应采用不同的管理模式和方法，反对千篇一律的通用管理模式。

②战略管理理论。如果说在 20 世纪 50 年代以前，企业管理的重心是生产，60 年代的重心是市场，70 年代的重心是财务，那么，自 80 年代起，重心便转移到战略管理。这是现代社会生产力发展水平和社会经济发展的必然结果。企业依靠过去那种传统的计划方法来制订未来的计划已显得不合时宜，而应该高瞻远瞩，审时度势，对外部环境的可能变化作出预测和判断，并在此基础上制订出企业的战略计划，谋求长远的生存和发展。

③公司文化理论。20 世纪 80 年代，管理理论的另一个新发展是注重比较管理学和管理哲学，强调的重点是"企业文化"。通常认为，"企业文化热"的直接动因是美国企业全球统治地位在受到日本企业威胁的情况下人们对管理的一种反思。企业文化的研究主要集中在把企业看成一种特殊的社会组织，并承认文化现象普遍存在于不同组织之中，这些文化代表着组织成员所共同拥有的信仰、期待、思想、价值观、态度和行为等，它是企业最稳定的核心部分，体现了企业的行为方式和经营风格。

(2)20 世纪 90 年代后的管理理论的新发展

①学习型组织理论。企业组织的管理模式问题一直是管理理论研究的核心问题之一。20 世纪 80 年代以来,随着信息革命、知识经济时代进程的加快,企业面临着前所未有的竞争环境的变化,传统的组织模式和管理理念已越来越不适合新的环境。因此,研究企业组织如何适应新的知识经济环境,增强自身的竞争能力,延长组织寿命,成为世界企业界和理论界关注的焦点。

美国人彼得·圣吉于 1990 年出版了《第五项修炼——学习型组织的艺术与实务》。圣吉认为,要使企业茁壮成长,必须建立学习型组织,也就是将企业变成一种学习型的组织,以增强企业的整体能力,提高整体素质。

学习型组织是指通过培养弥漫于整个组织的学习气氛,充分发挥员工的创造性思维能力而建立起来的一种有机的、高度柔性的、扁平的、符合人性的、能够持续发展的组织。通过培育学习型组织的工作氛围和企业文化,引领人们不断学习、不断进步、不断调整新观念,从而使组织更具有长盛不衰的生命力。

学习作为学习型组织的真谛,一方面可以使企业组织具备不断改进的能力,提高企业组织的竞争力;另一方面,可以实现个人与工作的真正融合,使人们在工作中体会到生命的意义。当然,建立学习型组织并非易事,这需要突破以往线性思维的方式,排除个人及群体的学习障碍,重新就管理的价值观念、管理的方式方法进行革新。因此,圣吉提出了建立学习型组织的 5 项修炼。

第一项修炼:自我超越。它是学习型组织的精神基础,要求学习者不断深入学习并加入个人的愿望,集中精力,培养耐心,并客观地观察现实。自我超越需要不断认识自己,认识外界的变化,不断赋予自己新的目标,并由此超越过去,超越自我,迎接未来。

第二项修炼:改善心智模式。心智模式是在心中根深蒂固的,它决定我们如何了解这个世界,以及如何采取行动的许多假设、成见,甚至图像、印象等。个人和组织往往不了解自己的心智模式,故而对自己的一些行为无法认识和把握。第二项修炼就是要把镜子转向自己,先修炼自己的心智模式。

第三项修炼:建立共同愿景。共同愿景是指一个组织中各个成员发自内心的共同目标。如果有一项理念能够一直在组织中鼓舞人心,那么这个组织就有了一个共同的愿景,就能够保证企业组织充满活力,长久不衰。

第四项修炼:团队学习。团体的智慧总是高于个人的智慧。当团体真正在学习时,不仅团体能产生出色的效果,其个别成员的成长速度也比其他学习方式更快。

第五项修炼:系统思考。企业和人类的其他活动一样都是系统,都受到细微且息息相关的行为的牵连,并彼此影响着,因此,必须进行系统思考修炼。系统思考修炼是建立学习型组织最重要的修炼。

学习型组织的出现不是简单地依靠各项修炼,而是 5 项修炼整合而成的新质。其基本理念不仅有助于企业的改革与发展,而且它对其他组织的创新与发展也有启示。人们可以运用学习型组织的基本理念,去开发各自所置身的组织创造未来的潜能,反省当前存在于整个社会的种种学习障碍,思考如何使整个社会早日向学习型社会迈进,或许,这才是学习型组织所产生的更深远的影响。

②企业再造理论。企业再造也译为"公司再造""再造工程"。它是 1993 年开始在美国出现的关于企业经营管理方式的一种新的理论和方法。企业再造是指为了在衡量绩效的关键指标上取得显著改善,从根本上重新思考、彻底改造业务流程。其中,衡量绩效的关键指标包括产品质量、服务质量、顾客满意度、成本、员工工作效率等。

企业再造在欧美的企业中已经受到高度重视,因而得到迅速推广,带来了显著的经济效益,涌现出大批成功的范例。企业再造理论顺应了通过变革创造企业新活力的需要,这使得越来越多的学者加入流程再造的研究中来。作为一个新的管理理论和方法,企业再造理论仍在继续发展。

2.2　酒店经营管理理念的提升

现代酒店企业销售的最基本的要素是什么?不是那些看得见的产品,而是那些看不见的企业经营者的理念和思想。

纵观世界著名的企业家,无不是以一种独创及全新的理念来引导企业,适应市场发展,从而使企业迈上一个个更高台阶的。在世界酒店业发展史上,正是希尔顿的"七大信条"、里兹·卡尔顿的"黄金标准"、马里奥特的"经营哲学"、喜来登的"十诫"等全新的经营思想和理念,引导这些企业进入了世界最著名的酒店行列。

2.2.1　"CI"到"CS"的演变,从注重企业形象到注重顾客满意的变化

如果你是一位酒店企业的经营者,你是否经常在思考这样一些问题:

①谁是我们的顾客?

②我们了解顾客的需求吗?

③顾客为什么会表现出满意或不满意?

④顾客满意或不满意对企业意味着什么?

⑤如何才能使顾客满意?

在今天,几乎所有酒店经营者都认识到,只有使顾客满意,企业才能生存和发展,但这种顾客满意的理念,是在企业生存发展环境、社会消费习惯、产品概念以及企业经营战略等发生深刻变化的背景下逐步确立起来的。

1)从"CI"到"CS"

"CI(Corporate Identity)"即为企业形象,是一种以塑造和传播企业形象为宗旨的经营战略,其成型于 20 世纪 50 年代,70 年代风靡全球,80 年代中后期导入我国企业界,并为国内酒店业所接受。

CI 也是指企业为了使自己的形象在众多的竞争对手中让顾客容易识别并留下良好的印

象,通过对企业的形象进行设计,有计划地将企业自己的各种鲜明特征向社会公众展示和传播,从而在市场环境中形成企业的一种标准化、差异化的形象活动。

实践证明,CI 对酒店企业加强市场营销及公共关系发挥了非常直接的作用。随着市场竞争日益激烈和人们对市场经济规律认识的深化,CI 也逐渐暴露出它的局限性。CI 的整个运作过程完全是按照企业的意志加以自我设计(包装),通过无数次重复性地向社会公众展示,"强迫"顾客去加以识别并接受企业自己的形象。因此,CI 的经营战略依旧停留在"企业生产什么、顾客接受什么"的传统经营理念上。

随着市场从推销时代进入营销时代,在 CI 的基础上产生了 CS。"CS(Customer Satisfaction)"即顾客满意理念,是指企业为了不断地满足顾客的要求,通过客观地、系统地测量顾客满意程度,了解顾客的需求和期望,并针对测量结果采取措施,一体化地改进产品和服务质量,从而获得持续改进的业绩的一种企业经营理念。

CS 理念及其在此基础上形成的 CS 战略,在 20 世纪 80 年代末超越了 CI 战略,在世界发达国家盛行,并于 90 年代中期,被我国企业界认识和接受。尽管构成顾客满意的主要思想和观念方法很早就有企业实践过,但是作为一种潮流,则发生于 20 世纪 90 年代。

CS 经营战略关注的焦点是顾客,核心是顾客满意,其主要方法是通过顾客满意度指数的测定来推进产品和服务,满足顾客的需求,其目标是赢得顾客,从而赢得市场,赢得利润。CS 理念实现了从"企业生产什么,顾客接受什么"转向"顾客需要什么,企业生产什么"的变革。

2)"CS"理念在酒店中的运用

CS 经营理念强调要从顾客视角出发来开展企业的一切经营活动,以实现顾客满意和企业目标实现的目的。那么,现代酒店企业如何吸引顾客呢?

(1)"让客价值"理论的提出

近年来,美国市场营销学家菲力普·科特勒提出了"让客价值(Customer Delivered Value,CDV)"的新概念。其主要含义:顾客购买一种商品或服务,要付出的是一笔"顾客总成本",而获得的是一笔"顾客总价值",而"顾客总价值"与"顾客总成本"的差值就是让客价值,即:

让客价值=顾客总价值-顾客总成本

顾客在购买时,总希望把有关成本降到最低限度,而同时希望从中获得更多的实际利益,以使自己的需要得到最大限度的满足。因此,顾客在选购商品时,往往在价值与成本两个方面进行比较分析,从中选择价值最高,成本最低,即让客价值最大的商品作为优先选购的对象。让客价值中的顾客总价值主要由产品价值、服务价值、人员价值、形象价值等要素构成;让客价值中的顾客总成本主要由货币成本、时间成本、体力成本等要素构成。

酒店要在竞争中战胜竞争对手,吸引更多的顾客,就必须向顾客提供比竞争对手具有更多"让客价值"的产品,这样,才能使自己的产品进入消费者的"选择组合"之中,最后使顾客购买本企业的产品。因此,酒店可从两个方面改进自己的工作:一是通过提高酒店的产品、服务、人员及形象的价值,从而提高产品的总价值;二是通过降低生产和销售成本,减少顾客购买产品或服务的时间、精神和体力的耗费,从而降低货币与非货币成本的耗费与支出。凡是需要顾客付诸体力的活动,就会使顾客支付体力成本。

(2)提高让客价值的途径

酒店企业可从以下 5 个方面来设法提高让客价值。

①确定目标顾客。酒店要十分清楚地掌握顾客的动态和特征,首先应区分哪些是对本酒店有重要影响的目标顾客。要将有限的资金和精力用在刀刃上,到处撒网只能枉费资源。同时,做到以真正的顾客为中心。大多数企业面对顾客都是尽量拉拢,不敢得罪,然而美国的一家市场研究公司(CRI 公司)却将原有顾客砍掉了一半。美国市场研究公司发展到第 14 个年头时,生意越来越好,不少商界巨头也列入了不断增长的顾客名单之中,但令人奇怪的是该公司却首次出现了利润大幅下降的情况,着实让该公司的决策者纳闷。在根据顾客对公司贡献重要程度进行分析后,情况一下子明朗了,原来该公司将太多的精力及人力投入到一些对自己根本没有利润的顾客上了。这种无谓的消耗将公司的业务带入不景气的阶段。一些名气大但贡献微薄的公司,让人难以拒绝。但为重新获得发展,该公司必须无情地放弃很大一部分现有顾客,同时再去争取有利可图的新顾客。这种决定是戏剧性的,因为,这意味着公司一方面要砍掉收入的一部分来源,另一方面又要积极地寻找增加收入的途径。这种策略很独特,而且效果不错。不过,这种做法在有些情况下让人感到痛苦。该公司的财务经理在对一个顾客进行分析后发现这个顾客应被列入“拒绝服务”清单,便对上级抱怨:“拒绝这样的客户真是太令人难过了!”但他得到的回答是:“当你在努力开拓市场的时候,你一定不希望新的生意会给以后更多的生意带来阻碍吧? 放弃有时也是一种积极的策略。”

②降低顾客成本。顾客成本是顾客在交易中的费用和付出,它表现为金钱、时间、精力和其他方面的损耗。企业经常忘了顾客的交易过程中同样有成本。酒店对降低自己的交易成本有一整套的方法与规程,却很少考虑如何降低顾客的成本。酒店要吸引顾客,首先要评估顾客的关键要求。然后,设法降低顾客的总成本,提高让客价值。因此,分析和控制成本,不能只站在酒店的立场上,还要从顾客的角度,进行全面、系统、综合的评价,才能得到正确的答案。为此,酒店应鼓励从事顾客服务工作的员工,树立顾客总成本的概念和意识,不要把眼光只盯在酒店的成本上。

③理顺服务流程。酒店要提高顾客总价值、降低顾客总成本而实现更多的让客价值,使自己的产品和服务满足并超出顾客的预期,就必须对酒店的组织和业务流程进行重新的设计,认真分析酒店的业务流程,进行重新规划和整理,加强内部协作,建立一个保证顾客满意的企业经营团队。要实现这种业务流程重组,必须首先以顾客需求为出发点来确定服务规范和工作流程;然后,以此为标准重新考虑各个相关部门的工作流程应如何调整,以相互配合,达到预期的目标。让酒店所有经营活动都指向一个目标,就能为顾客获得更多的让客价值。

④重视内部顾客。顾客的购买行为是一个在消费中寻求尊重的过程,而员工在经营中的参与程度和积极性,很大程度上影响着顾客的满意度。据研究,当企业内部顾客的满意率提高到 85% 时,企业外部顾客的满意度高达 95%。一些跨国企业在他们对顾客服务的研究中,清楚地发现员工满意度与企业利润之间是一个“价值链”关系,即利润增长主要是由顾客

忠诚度刺激的;忠诚是顾客满意的直接结果;满意在很大程度上受到提供给顾客的服务价值的影响;服务价值是由满意、忠诚和有效率的员工创造的;员工满意主要来自企业高质量的支持和激励。

提高内部顾客满意度绝不能仅仅依靠金钱,开放式交流、充分授权以及员工教育和培训也是好办法。特别注意要赋予一线员工现场决策权。对许多企业来说,控制权掌握在中层管理人员手中,但直接面对顾客的是一线员工,为使顾客满意,应当赋予一线员工在现场采取行动的决策权。因此,高层管理人员应让中层管理人员承担新的角色,他们必须由原来的政策控制者和严格执行者变成政策执行的疏通者,使一线的行动更加便捷,冲破束缚,使顾客满意。

⑤改进绩效考核。成功和领先的酒店都把顾客满意度作为最重要的竞争要素,经营的唯一宗旨是让顾客满意。因此,他们评价各部门的绩效指标和对管理人员、营销人员的考核指标都是顾客满意度以及与顾客满意度有关的指标。如果管理人员和营销人员的目的只在于"成交",成交又意味着顾客的付出,这使买卖双方站在了对立的立场。以顾客满意度作为考核的绩效指标,便使双方的关系发生了微妙的变化。他们的共同点都在于"满意"。而利益的一致使双方变得亲近,服务也更发自内心,这样酒店的销售量自然就会不断提高。

2.2.2　"CS"到"CL"的发展,由顾客满意到顾客忠诚的进化

随着商品经济的不断发展和完善,市场竞争逐渐加剧、升级,酒店企业的经营理念和管理理念也随之变化和升华。

1) 从顾客满意到顾客忠诚的延伸

20 世纪 90 年代末,正当我国企业界在强调 CS 理念时,CS 经营理念又开始向更高的境界拓展和延伸,这就是"CL(Customer Loyal)",即"顾客忠诚"。需要说明的是,企业经营理念几次跨越相互间的关系是一种包容而非排斥的关系,前者是后者的基础,即顾客满意需要良好的企业形象,顾客忠诚必须建立在顾客满意的基础之上,缺一不可。

图 2.1 描绘了半个世纪以来企业经营理念变革发展的轨迹。

图 2.1　酒店经营理念的进化轨迹

从 CI 到 CS,从 CS 到 CL,这是人类经济发展和社会进步的一种反映,是市场经济发展规律的体现。每一家酒店企业,都需要遵循这个规律,不断提高顾客满意度,培育一大批忠诚的顾客。

（1）"CL"理念的基本含义

CL 的基本含义：企业以满足顾客的需求和期望为目标，有效地消除和预防顾客的抱怨和投诉，不断提高顾客满意度，在企业与顾客之间建立起一种相互信任、相互依赖的"质量价值链"。

"CL"侧重于企业的长远利益，注重于将近期利益与长远利益相结合，着眼于培养一批忠诚顾客，并通过这个基本消费群去带动和影响更多的潜在消费者接受企业的产品与服务。以顾客忠诚度为标志的市场份额的质量取代了市场份额的规模，成为企业的首要目标。"顾客永远是对的"这一哲学被"顾客不全是忠诚的"思想所取代。

（2）顾客忠诚度的衡量标准

顾客忠诚度的高低，一般可从 6 个方面进行衡量。

①顾客重复购买的次数。在一定时期内，顾客对某一品牌产品重复购买的次数越多，说明顾客对这一品牌的忠诚度越高；反之，则越低。酒店企业产品的特性等因素会影响顾客重复购买的次数，因此，在确定这一指标的合理界限时，需根据不同产品的性质区别对待，不可一概而论。

②顾客购买挑选的时间。消费心理研究者认为，顾客购买商品都要经过挑选这一过程。但由于依赖程度的差异，对不同产品，顾客购买时的挑选时间不尽相同。因此，从购买挑选时间的长短也可以鉴别其对某一品牌的忠诚度。一般来说，顾客挑选时间越短，说明他对这一品牌的忠诚度越高，反之，则说明他对这一品牌的忠诚度越低。

③顾客对价格的敏感程度。顾客对企业的产品价格都非常重视，但这并不意味着顾客对各种产品价格的敏感程度相同。事实表明，对于顾客喜爱和信赖的产品，顾客对其价格变动的承受能力强，即敏感度低；而对于他所不喜爱和不信赖的产品，顾客对其价格变动的承受能力弱，即敏感度高。因此，可根据这一标准来衡量顾客对某一品牌的忠诚度。

在运用这一标准时，要注意产品对于顾客的必需程度。产品的必需程度越高，人们对价格的敏感度越低；而必需程度越低，则人们对价格的敏感度越高。当某种产品供不应求时，人们对价格不敏感，价格的上涨往往不会导致需求的大幅度减少；当供过于求时，人们对价格变动就非常敏感，价格稍有上涨，就可能滞销。

产品的市场竞争程度也会影响人们对产品价格的敏感度。当某种产品市场上替代品种多了，竞争激烈，人们对其价格的敏感度高；如果某种产品在市场上还处于垄断地位，没有任何竞争对手，那么，人们对它的价格敏感度就低。在实际工作中，只有排除上面几个方面因素的干扰，才能通过价格敏感指标来科学地评价消费者对一个品牌的忠诚度。

④顾客对竞争产品的态度。人们对某一品牌的态度变化，在大多数情况下是通过与竞争产品的比较而产生的。所以根据顾客对竞争产品的态度，能够从反面判断其对某一品牌的忠诚度。如果顾客对某一品牌的竞争产品有好感、兴趣浓，那么就说明对某一品牌的忠诚度低，购买时很有可能以其取代前者；如果顾客对竞争产品没有好感，兴趣不大，则说明其对某一品牌的忠诚度高，购买指向比较稳定。

⑤顾客对产品质量问题的承受能力。任何一种产品都可能因某种原因出现质量问题，

即使是品牌产品也很难避免。若顾客对某一品牌的忠诚度高,则对出现的质量问题会以宽容和同情的态度对待,不会因此而拒绝购买这一产品。若顾客对某一品牌的忠诚度不高,产品出现质量问题(即使是偶然的质量问题),顾客也会非常反感,很有可能从此不买该产品。当然,运用这一标准衡量顾客对某一品牌的忠诚度时,要注意区别产品质量问题的性质,即是严重问题还是一般性问题,是经常发生的问题还是偶然发生的问题。

⑥购买周期。我们用"购买周期"来描述两次购买产品间隔的时间。购买周期是一个非常关键的因素。因为,如果购买周期较长,顾客就可能淡忘原有的消费经历,竞争对手就会乘虚而入。企业可以通过有效的方式,保持与老顾客的联系。

显然,顾客忠诚度的高低是由许多因素决定的,而且每一因素的重要性以及影响程度也都不同。因此,衡量顾客忠诚度必须综合考虑各种因素指标。

(3)培育忠诚顾客的意义

忠诚的顾客是成功企业最宝贵的财富。美国商业研究报告指出:多次光顾的顾客比初次登门者,可为企业多带来 20%~85% 的利润;固定客户数目每增长 5%,企业的利润则增加 25%。对酒店企业来讲,培育忠诚顾客的意义可以归纳为以下 3 点:

①有利于降低市场开发费用。任何企业的产品和服务都必须为市场所接受,否则这个企业就不可能生存下去,而市场开发的费用一般是很高的。由于酒店产品与服务的相对固定性,建立顾客忠诚度更有特殊意义。如能达到引导顾客多次反复购买,就可大大降低市场开发费用。

据美国管理协会(AMA)估计,保住一个老顾客的费用只相当于吸引一个新顾客的费用的 1/6,而且由于老顾客对企业的忠诚、对该企业产品与服务高度的信任和崇尚,还会吸引和带来更多的新顾客。在企业推广新产品时,也由于忠诚顾客的存在,可以很快打入市场、打开销路,从而节省新产品的开发费用。

②有利于增加酒店经营利润。越来越多的酒店企业认识到建立起一批忠诚顾客是企业的依靠力量和宝贵财富。正如美国商业报告的调查结论指出的那样,多次惠顾的顾客比初次登门者可多为企业带来利润;随着企业忠诚顾客的增加,企业利润也随之大幅增加。

③有利于增加酒店竞争力。酒店企业之间的竞争,主要在于争夺顾客。实施 CL 战略,不仅可以有效地防止原有顾客转移,而且有助于酒店赢取正面口碑,树立良好形象。借助忠诚顾客的影响,还有助于化解不满意顾客的抱怨,扩大忠诚顾客队伍,使酒店企业走上良性循环的发展之路。

2)"CL"理念在酒店中的运用

"CL"理念侧重于企业的长远利益,注重于营造一批忠诚顾客。那么,现代酒店经营者如何培养忠诚顾客队伍呢?

(1)"消费者非常满意"理论的提出

美国营销大师菲力普·科特勒曾提出了"消费者非常满意(Customer Delight)"的理论。该理论认为,顾客在购买一家企业的产品以后是否再次购买,取决于顾客对所购产品消费结果是否满意的判断。如果产品提供的实际利益低于顾客的期望,顾客就会不满意,就不会再购买这一产品;如果产品提供的实际利益等于顾客的期望,顾客就会感到满意,但是否继续购买这一产品,仍具有很大的不确定性;如果产品提供的实际利益超过了顾客的期望,顾客就会非常满意,就会产生继续购买的行为。因此,顾客的购后行为取决于他的购买评价,而购买评价又源于购买结果。企业要创造出重复购买企业产品的忠诚顾客,就要使顾客感到非常满意。

一般来说,顾客对产品的期望来源于他们过去的购买经历、朋友和同事的介绍以及企业的广告承诺等。因此,要超越顾客期望值,关键在于酒店企业首先要将顾客的期望值调节到适当的水平。在调整好顾客期望值的同时,设法超越顾客期望值,给客人一份意外的惊喜。

①做好顾客期望管理。酒店可通过对所作承诺进行管理,可靠地执行所承诺的服务,并与顾客进行有效的沟通来对期望进行有效的管理。

A.保证承诺反映现实。明确的服务承诺和暗示的服务承诺这两项都完全处在酒店的控制中,对这些承诺进行管理是一种直接的可靠的管理期望的方法。但仍有许多酒店企业避开了这种方法,而喜欢通过过分地承诺来引诱顾客。通过切实可行的努力以确保对顾客所作的承诺能够反映真实的服务情况,将使酒店从中获益。而过分地进行承诺则将会损害顾客的信任,破坏顾客的容忍度。顾客对服务的期望是相当关键的。很明显,酒店应将精力集中在他们的基本服务项目上,并用明确的描述(如广告和人员推销)和暗示性的方法(如服务设施的外观和服务价格)为服务提供反映客观现实的说明。

B.重视服务可靠性。可靠的服务有助于减少服务重现的需要,从而限制顾客的期望。

C.与顾客进行沟通。经常与顾客进行沟通(理解他们的期望和所关心的事情,对他们所接受的服务进行说明,或者只简单地对顾客与你做生意表示感激),会鼓励顾客的容忍,并借此可以作为一种管理期望的有效方式。酒店通过与顾客进行经常的对话,加强与他们的联系,就可以在问题发生时处于一个有利的地位上。酒店积极地发起沟通以及对顾客发起的沟通迅速地表示关心,都传达了一种合作的感情,而这又是顾客经常希望却又很少得到的。与顾客进行有效的沟通,有助于在服务问题发生时减少或避免顾客的挫折感,从而使顾客树立对企业的信任和容忍。

②设法超越顾客期望。期望管理为超出期望铺垫了道路。期望管理失败的一个主要原因是无法超出期望。受到管理的期望为超出顾客的期望提供了坚实的基础,可利用服务传送和服务重现所提供的机会来超出顾客的期望。

A.优质的服务传送。在服务传送过程中,顾客亲身经历了提供的服务技能和服务态度,有助于保持更低的期望和更大的容忍,从而使超出这些期望变得更为可能。每一次与顾客的接触都是一次潜在的机会,可使顾客感到他得到了比经验期望更好的服务。而那些只是机械地执行服务,对顾客十分冷淡的员工就会浪费这些机会。

B.利用服务重现。服务重现工作是一个绝好的超出顾客期望的机会。在处理这些服务问题时,过程方面尤其重要。虽然在服务重现期间顾客对结果和过程方面的期望都会比平时更高一些,但过程方面提供了更大的超出期望的机会。同样,顾客在服务重现期间将比在日常服务期间更加注意服务的传送过程。以全身心的投入来对待顾客并且反应灵敏,能使顾客安心,企业可利用重现来使顾客感到惊奇并通过特别的服务超出他们的期望。

(2)顾客关系管理的推行

在现代市场竞争中,酒店企业的生存不再是靠一成不变的产品来维持,而是要靠为顾客创造全新服务、全新价值来换取长期的顾客忠诚,形成竞争者难以取代的竞争力,并与顾客建立长期的互惠互存关系,才能得以生存。在当今竞争激烈的市场环境中,越来越多的酒店企业开始通过"顾客关系管理(Customer Relationship Management,CRM)"来赢得更多的顾客,从而提高顾客忠诚度。

①顾客关系管理的概念。顾客关系管理是一个通过详细掌握顾客有关资料,对酒店企业与顾客之间关系实施有效的控制并不断加以改进,以实现顾客价值最大化的协调活动。顾客关系管理源于"以顾客为中心"的新型经营模式,它是一个不断加强与顾客交流,不断了解顾客需求,不断对产品及服务进行改进和提高,以满足顾客需求的连续过程。它要求向酒店的销售、服务等部门和人员提供全面的、个性化的顾客资料,并强化跟踪服务和信息分析能力,与顾客协同建立起一系列卓有成效的"一对一关系",以使酒店企业得以提供更快捷和更周到的优质服务,提高顾客满意度,吸引和保持更多的顾客。

②顾客关系管理的运作流程。要做好顾客关系管理,首先要形成完整的运作流程,其流程主要包括以下 5 个方面:

A.收集资料。利用新技术与多种渠道,将收集的顾客的个人情况、消费偏好、交易历史等资料储存到顾客资料库中,并且将不同部门的顾客资料库整合到单一顾客资料库内。将各部门的顾客资料库整合后,有助于将不同部门的产品销售给顾客,也就是交叉销售。这样,不但可以扩大企业利润,减少重复行动和营销成本,还可以巩固与顾客的长期关系。

B.对顾客进行分类。凭借分析工具与程序,将顾客按消费特征进行分类,这样可以预测在各种营销活动情况下各类顾客的反应。例如,凭借分析可知,哪些顾客对哪一类的促销活动有所偏好,哪些潜在顾客已经不存在了。这些前期工作,能够帮助经营者有效地找到适当的营销目标,降低营销活动成本,提高营销效率。

C.规划与设计营销活动。根据对顾客的分类,为各类顾客设计相应的服务与促销活动方式。传统上,企业对顾客通常是一视同仁,而且定期与顾客进行活动,但在顾客关系管理实务中,这是不经济的。钱要花在刀刃上,以产生更大的效益。

D.例行活动的管理。由于酒店与顾客之间建立并保持着长期关系,双方越是相互了解和信任,交易越是容易实现,并可节约交易成本和时间,由过去逐次逐项的谈判交易发展成为例行的程序化交易。这样,酒店与顾客间的交易活动便是例行活动。

要利用过去营销活动资料的分析结果,配备电话作业与网络服务中心,及时进行活动调整。例如,在执行一项营销活动后,通过打进来的电话频率、网站拜访人次或各种反应的统计,营销部门可以随时调整人力和资源的配置,以免顾客产生抱怨和资源的浪费。而通过电话或网络系统与资料库的整合,便可及时进行交叉营销。

E.建立标准化分析与评价模型。通过对顾客资料的综合分析,建立一套标准化的模型,对经营状况和绩效实施分析和评价。目前,顾客关系管理的技术已经可以对处理顾客关系的每一项活动或过程作出评价,而在出差错时,标准化模型可自动、实时地显示出问题发生在哪个部门、哪个人员、哪个环节,以便迅速采取措施加以解决。

以上各个环节必须环环相扣,形成一个不断循环的运作流程,从而以最适当的途径,在正确的时点上传递最适当的产品和服务给真正有需求的顾客,创造企业与顾客双赢的局面。

③顾客关系管理的重点。现代酒店企业为了提高顾客关系管理的水平,应重点抓好以下4个方面。

第一,不断识别顾客,分析顾客的变化情况,具体做法如下:

a.将更多的顾客资料输入数据库中;

b.采集顾客的有关信息;

c.验证并更新顾客信息,删除过时信息;

d.分析顾客发生变化的状况和趋势;

e.研究顾客消费行为有何变化,有没有规律性。

第二,识别不同顾客对酒店的影响,抓住重点顾客或"金牌顾客"。

不同顾客对酒店有不同影响,酒店必须识别这些顾客对企业的影响。例如:

a.哪些顾客是酒店的"金牌"顾客(即对酒店的贡献和影响较大的顾客)?

b.哪些顾客导致了酒店成本的较大变化?

c.酒店本年度最想和哪些顾客建立业务关系?选出几个这样的顾客。

d.上年度有哪些大客户对酒店的产品或服务多次提出了抱怨?列出这些大客户名单。

e.去年最大的客户今年是否也作了许多预订?找出这个客户。

f.是否有些顾客在你的酒店只预订一两次,却会在其他地方多次预订?找出这些顾客。

g.客户对本酒店的效益影响如何?根据客户对于本酒店的价值(如市场花费、销售收入、与本酒店有业务交往的年限等),按重要程度分为A,B,C 3类,以进行分类管理。

第三,加强与顾客接触,分析联系通道的质量和接触效果,以下做法均可有选择地采用:

a.给自己的顾客联系部门打电话,看得到问题答案的难易程度如何;

b.给竞争对手的顾客联系部门打电话,比较服务水平的不同;

c.把顾客打来的电话看成一次销售机会;

d.测试顾客服务中心的自动语音系统的质量;

e.对酒店内记录顾客信息的文本或纸张进行跟踪;

f.分析哪些顾客给酒店带来了更高的价值,与他们更主动地对话;

g.通过信息技术的应用,使得顾客与酒店做生意更加方便;

h.了解对顾客抱怨的处理效果。

第四,根据分析的结果,提出改善顾客关系的对策。这些对策通常可从以下7个方面进行考虑:

a.改进顾客服务过程中的纸面工作,节省顾客时间,节约企业资金;

b.使发给顾客的邮件更加个性化;

c.替顾客填写各种表格;

d.询问顾客,他们希望以怎样的方式、频率获得酒店的信息;

e.找出顾客真正需要的是什么;

f.征求名列前10位的顾客的意见,看酒店究竟还可以向这些顾客提供哪些特殊的产品或服务;

g.争取企业高层对顾客关系管理工作的参与。

推行顾客关系管理,可以使现代酒店企业在培育顾客忠诚度的同时,促进企业组织变革,以适应新时代企业管理的需要。

2.2.3 "CS"到"ES"的升华,从顾客满意到员工满意的升华

20世纪末,随着"服务利润链"理论研究的深入,企业的经营理念又开始向更深的层次演变,那就是"ES"战略(即"员工满意"战略)的实施。

1) 从顾客满意到员工满意的拓展

赢得顾客,最终赢得企业利润,是现代企业的经营目的。但越来越多的研究表明,员工满意与顾客满意有着不可分割的联系,满意的顾客源于满意的员工,企业只有赢得员工的满意,才能赢得顾客的满意,因此,企业从"CS"理念又向"ES"理念升华。

(1)"ES"理念的基本含义

"ES(Employee Satisfaction)"理念的基本含义:现代企业只有赢得员工满意,才会赢得顾客满意。因为面向顾客的员工是联系企业与顾客的纽带,他们的行为及行为结果是顾客评估服务质量的直接依据。服务企业必须有效地选择、培训和激励与顾客接触的员工,在他们满意的同时营造满意的顾客。

ES战略注重企业文化建设和员工忠诚度的培育,把人力资源管理作为企业竞争优势的最初源泉,把员工满意作为达到顾客满意这一企业目标的出发点。

(2)员工满意的内涵

世界最豪华酒店公司"四季集团"的主席夏奕斯有一句名言:"我们怎样地尊重自己的员工,他们就会以同样的尊重回报我们的客人。这始终是四季成功的驱动力!"现代酒店重视员工满意的理念,主要体现在下面6个"两"字:

①两个第一。对内员工第一,对外顾客第一。只有做到对内员工第一,才有可能做到对外顾客第一。

②两个之家。即酒店是"员工之家"和"宾客之家"。只有使酒店成为"员工之家",才有可能使酒店成为"宾客之家"。

③两个理解。即管理者理解员工,员工理解顾客。只有做到管理者理解员工,才有可能使员工理解顾客。

④两个微笑。即管理者对员工露出真诚微笑,员工对顾客露出真诚微笑。只有管理者对员工露出真诚微笑,才会有员工对顾客的真诚微笑。

⑤两个服务。即管理者服务于员工,员工服务于顾客。要让员工对顾客提供好的服务,管理者首先要对员工提供好的服务。

⑥两个满意。即员工满意,顾客满意。只有赢得员工满意,才能最终赢得顾客的满意。

（3）员工满意的意义

员工满意理念的强化,源于"服务利润链"理论研究的结果。"服务利润链"理论认为,在企业利润、顾客忠诚度、顾客满意度、提供给顾客的产品与服务的价值、员工满意度、员工忠诚度及效率之间存在直接相关的联系,如图2.2所示。

图 2.2　服务利润链构成因素图

①顾客忠诚度决定企业获利能力。顾客忠诚度的提高能促进企业获利能力的增强。忠诚顾客所提供的销售收入和利润往往在企业的销售额和利润总额中占有很高的比例。这些收入不仅是企业所有利润的主要来源,同时还弥补了企业在与非忠诚顾客交易时所发生的损失。因此,忠诚顾客的多少决定了市场份额的质量,这比用实际顾客的多少来衡量市场份额的"规模"更有意义。

②顾客满意度决定顾客忠诚度。顾客忠诚度是由顾客的满意度决定的。顾客之所以对某企业的产品或服务表现出忠诚,视其为最佳和唯一的选择,首先是因为他对企业提供的产品和服务满意。在经历了几次满意的购买和使用后,顾客的忠诚度就会随之提高。1991年,施乐公司曾对全球48万个用户进行调查,要求他们对公司的产品和服务给予评价。评分标准从1分到5分,分别表示其满意程度。结果发现,给4分(满意)和5分(非常满意)的顾客,其忠诚度相差很大:给5分的顾客购买施乐设备的倾向性高出给4分顾客的6倍!

③消费价值决定顾客满意度。顾客满意度由其所获得的价值大小决定。顾客获得的总价值是指顾客购买某一产品或服务所获得的全部利益,它包括产品价值、服务价值、人员价值和形象价值等。顾客的总成本是指顾客为购买某一产品所耗费的时间、精力、体力以及交付的货币资金等。顾客的价值是指顾客获得的总价值与顾客付出的总成本之间的差距。顾客在购买商品时,总希望成本越低,利益越大,以使自己的需要得到最大限度的满足。因此,顾客所获得的价值越大,其满意度越高。

④员工工作效率决定消费价值。高价值源于企业员工的高效率。企业员工的工作是价值产生的必然途径,员工的工作效率直接决定了其创造价值的高低。美国西北航空公司便是以高工作效率创造出高服务价值的一个典范。公司在进行岗位设计时尽可能使每个员工独立负责更多的工作以提高工作效率,该公司14 000位职员中有80%是独立工作,而飞机利用率则比其主要竞争对手高出40%;其驾驶员平均每月飞行70小时,而其他航空公司只有50个时;每天承运量比竞争对手高出3~4倍。事实证明,顾客因员工的高效率而获得更高的价值。

⑤员工忠诚度决定员工工作效率。员工忠诚度的提高能促进其工作效率的提高。员工的忠诚意味着员工对企业的未来发展有信心,为成为企业的一员而感到骄傲,关心企业的经

营发展状况,并愿意为之效力。因此,忠诚度高的员工自觉担当起一定的工作责任,为企业努力地工作,工作效率自然就提高了。

⑥员工满意度决定员工忠诚度。正如顾客的忠诚度取决于对企业产品和服务的满意度一样,员工的忠诚程度同样取决于员工对企业的满意程度。根据 1991 年美国一家公司对其员工所作的调查,在所有对公司不满意的员工中,30%的人有意离开公司,其潜在的离职率比满意的员工高出 3 倍。这一结果显示出员工忠诚度与其满意度之间的内在联系。

⑦内在服务质量决定员工满意度。企业的内在服务质量是决定员工满意度的重要因素。员工对企业的满意主要取决于两个方面:一是企业提供的外在服务质量,如薪金、红包、福利和舒适的工作环境等;二是内在的服务质量,即员工对工作及对同事持有的态度和感情,若员工对工作本身满意,同事之间关系融洽,那么内在服务质量是较高的。

服务利润链所揭示的一系列因素相互之间的关系表明,一个企业要获得顾客满意,首先必须赢得员工满意。

2)"ES"理念在酒店中的运用

"ES"理念注意员工忠诚度的培育,将员工满意作为达到顾客满意目标的出发点。那么,现代酒店经营者应如何提高员工满意度呢?

(1)内部营销理论的提出

"内部营销(Internal Marketing)"是指成功地选择、培训和尽可能激励员工很好地为顾客服务的工作。它包括两个要点:一是服务企业的员工是内部顾客,企业的部门是内部供应商。当企业员工在内部受到最好服务而向外部提供最好服务时,企业的运行可以达到最优;二是所有员工一致地认同本企业的任务、战略和目标,并在对顾客的服务中成为企业的忠实代理人。

对大多数服务来说,服务人员与服务是不可分的。会计师是财会服务的主要部分,医生是健康服务的主要部分。在现实中顾客购买服务,实际上在"买"人,服务首先是一种行为,这种行为又是劳动密集型的。因此,服务企业,特别是劳动密集型的酒店企业,员工的素质影响服务的质量,进而影响市场营销的效率。为了成功地实现市场营销,现代酒店首先必须进行成功的内部营销,必须向企业的员工和潜在员工推销。对待内部顾客要像对待外部顾客一样,其竞争同样激烈、富于想象力和挑战性。

内部营销是一项管理战略,其核心是发展对员工的顾客意识。在把产品和服务通过营销活动推向外部市场之前,应将其对内部员工进行营销。任何一家企业都应认识到,企业中存在着一个内部员工市场。内部营销作为一种管理过程,能以两种方式将企业的各种功能结合起来。首先,内部营销能保证企业所有级别的员工理解并体验企业的业务及各种活动;其次,它能保证所有员工能够得到足够的激励并准备以服务为导向进行工作。内部营销强调的是企业在成功实现与外部市场有关的目标之前,必须有效地完成组织与其员工之间的内部交换过程。

内部营销颇具吸引力。企业通过向员工提供让其满意的"工作产品",吸引、发展、促进和稳定高水平的员工队伍。内部营销的宗旨是把员工当作顾客看待,它是创造"工作产品",

使其符合个人需求的策略。

内部营销的最终目标是鼓励高效的市场营销行为。建立这样一个营销组织,其成员能够而且愿意为企业创造"真正的顾客"。内部营销的最终策略是把员工培养成"真正的顾客"。

从管理角度看,内部营销功能主要是将目标设定在争取到自发又具有顾客意识的员工。从策略层次上看,内部营销的目标是创造一种内部环境,以促使员工之间维持顾客意识和销售关心度。从战术层次看,内部营销的目标是向员工推销服务、宣传并激励营销工作。

(2)企业文化的培育

现代酒店的"ES"战略注重企业文化。所谓企业文化,就是企业员工在长期的生产经营活动过程中培育形成并共同遵守的最高目标、价值标准、基本信念以及行为规范。主要包括企业的最高目标和宗旨、共同的价值观、作风及传统习惯、行为规范和规章制度、企业环境和公共关系、企业形象识别系统、培育和造就杰出的团队英雄人物。

知识链接

希尔顿酒店的企业文化

美国希尔顿酒店创立于1919年,在不到90年的时间里,从1家扩展到100多家,遍布世界五大洲的各大城市,成为全球高端酒店之一。希尔顿酒店生意如此之好,财富增长如此之快,其成功的秘诀在于牢牢确立了自己的企业理念,并将这个理念贯彻到每一个员工的思想和行为之中。酒店创造"宾至如归"的文化氛围,注重企业员工礼仪的培养,并通过服务人员的"微笑服务"体现出来。希尔顿酒店成功的关键在于以下4个方面:

1.企业的形象第一,树立优秀品牌

在员工自我形象的塑造中,企业的一贯礼仪又直接影响员工形象的塑造效果。例如,希尔顿酒店总公司董事长唐纳·希尔顿就十分重视企业礼仪和通过礼仪塑造企业形象。为此,他制订和强化能最终体现出希尔顿礼仪的措施,即"微笑服务"。为了能发挥微笑的魅力,他不辞辛苦,奔波于设在世界各地的希尔顿酒店进行视察。由于希尔顿对企业礼仪的重视,下属员工执行得很出色,并形成了自己的传统和习惯。

2.志向要远大、想法要宏伟与做法要大方

企业想要有多大的发展,取得多大的价值和成就,就得树立多大的志向和理想,企业家对自己的前途应该把目标定得大一些,以实现自己的最大价值。梦想是一种具有想象力的思考,是以热忱、精力、期望做后盾的。希尔顿一生做过许多梦,可以说他的事业就是寻梦的历程,从银行家梦到跻身酒店业后的酒店大王梦,他那充满想象力的梦想成了他行动的先导。随着事业的发展,他的梦也越来越多,把一个个美梦变成了现实。

3.发掘出自己独到的才智

人的才智各有不同,每个人从事的职业可以相同,别为了要花时间找立足之处而烦恼。希尔顿说,他就花了32年的时间去发掘自己的长处,开始还是个小职员,但这没有什么可耻的。华盛顿起初也不过是个验货员,他们最终都找到了能充分发挥自己才能的事业,从而走向成功。不要因为长辈或薪金的原因被纳入一条固定的轨道,失掉应当属于自己的天地。别为暂时不知道自己的长处而犹疑不决,勇敢地开拓吧! 你就会发现自己到底能干什么。

4.带有企业家烙印的热忱与执着

热忱是完成任何一件事必不可少的条件。或许你确有才华,但才华也必须借助热忱的精神,才能发挥尽致。热忱是一种无穷的动力。

——资料来源:职业餐饮网

①企业文化内涵。

A.企业文化是一种经济文化。企业是通过一定的资源投入获得产出的基本经济单位,因此,企业文化必然反映企业的最高经营目标、经营思想、经营哲学、发展战略以及有关制度等。换句话说,没有企业的经营活动就没有企业文化的产生。另外,企业文化会伴随着内外环境的变化而动态地运行,有时需要局部的调整,有时则要做较大的变动,根本原因在于企业文化是为经营目标服务的;反之,企业文化也会成为企业变革的障碍。企业文化一经确立,就会有持久的稳定性,从而与环境的动态性发生矛盾,抵制新观念、新思想。最后,企业经营活动中的物质形态也会折射出企业文化的不同层面,产品的特色反映了企业的经营观和顾客观,工作环境折射出企业的审美观和对员工的情感。总之,企业文化会渗透到酒店生产、经营、管理、技术等经济活动的方方面面,影响经济活动的效果。

B.企业文化是一种管理文化。管理是通过有效配置企业的资源,以达到组织目标的过程。人是管理中最核心、最复杂的要素,只有人才能调动、利用其他资源;只有人创造性的活动才能使企业的管理有条不紊。因此,管理中的核心内容就是如何发挥人的主动性、积极性、创造性,并与其他资源有机结合起来,提高资源的配置效率,从而为实现企业的目标服务。企业文化对调节管理中人的因素将发挥巨大的作用,通过群体意识的软约束机制,可以在酒店内部形成互相尊重、互相关心、人际关系和谐、团结一致的人文主义氛围,使管理效能得到有效的发挥。

C.企业文化是一种组织文化。为了实现既定的企业目标,经由分工与合作以及不同的权力层次和责任制度构成的组织,必须要设置一定的组织原则、组织结构、组织过程以及规章制度作为保障,这是组织的外在保障体系;而内在的约束机制则是企业文化,通过它可以形成共同的群体意识及行为标准,使组织内部权力、责任明确,利益均衡,团结互助气氛强烈。双层的约束机制可以有效保证组织目标的实现。另外,企业文化产生于特定的组织,当组织原则、组织结构、组织过程以及组织环境发生变化时,企业文化的动态性就要表现出来,否则企业文化将制约组织目标的实现。

②企业文化的功能。

A.引导功能。企业文化以各种方式暗示企业中提倡什么、崇尚什么、员工应追求什么,以此来引导员工为实现企业的目标而自觉努力。一方面是直接引导员工的性格、心理、思维和行为,这是浅层次的导向功能;另一方面是通过整体价值观的认同,引导员工进行自我约束,调整公私之间的平衡,这是深层次的导向功能。良好的企业文化应当引导员工自觉投身于企业的发展和建设中,而使烦琐的硬性规章制度显得不是那么重要。

B.整合功能。在社会系统中,凝聚个体的主要力量来自心理的作用。企业文化以微妙的方式来沟通与员工的感情,在无形中将群体的不同信念、理想、作风、情操融合在一起,形成群体的认同感,将组织成员团结在一起。员工通过亲身的感受,产生对企业的归属感,从而自觉地将自己的思维、感情和行为方式与企业的目标联系起来,形成使命感,以最大限度地发挥自己的能动性。

C.激励作用。激励是通过外部的刺激,使个体的心理状态迸发出进取、向上的力量。在企业中,对员工最好的激励是尊重的气氛和自我发展的空间。企业文化通过创造人文主义的氛围,使员工感受到企业对他们的尊重,从而激发出极大的创造热情。另外,企业文化通过塑造一种和谐、宽松的气氛,为员工创造自由发挥的空间,使他们把自我实现的心理需求与企业的崇高目标有机地结合起来,从而产生一种极大的激励作用。激励功能的深层次含义是一种精神的促进作用,其效果是长久的。

D.约束功能。企业要正常运转,需要约束机制将不同个性员工的思想和行为统一化,企业文化在这方面发挥着巨大的作用。酒店中有店规店纪、奖惩制度、文件命令等文字形式的管理制度,这是企业文化的表层约束机制。企业文化更注重深层次的约束,即通过社会文化亲和力来实现约束功能。人生活在一定的社会文化环境中,受特定文化的熏陶与感染,会不自觉地向群体靠拢,接受组织文化的约束以期获得组织成员的认同;反之,则会产生心理的挫折感。

E.辐射功能。在企业发展的初始阶段,企业文化的影响力较小,仅限于组织内部。当企业实力逐渐增强之后,企业与外界交往日渐增多,强势企业文化开始向外扩展,通过公共关系、业务关系、企业形象等渠道,将丰富的文化内涵展现在公众面前,这种辐射力作用会传递到周围区域,使某些社区带上企业文化的特征。

F.稳定功能。企业文化是一代甚至几代人努力的结果,其精神内容会逐渐渗透到企业的各个层面,一旦确立就很难在短期内改变,其作用的发挥将持续较长时期,甚至当外界环境发生变化时,都不会轻易改变。稳定功能可以使企业文化中的精华长久地保存下去,促进企业健康地发展;但其也有不利的一面,即企业文化中保守的东西会排斥新文化,阻碍变革的实施。

③企业文化的建设。现代酒店企业文化建设是一项长期的任务,需要广泛而持久的行动计划的支持。其做法包括:

A.确立服务战略。根据市场竞争的需要确立服务导向战略,战略主要反映在服务理念、工作宗旨和人际关系、用人哲学上,由此引导企业文化的建立。

B.优化组织结构模式。它主要反映在组织结构的改进上。组织结构设计因素必须同服务的生产和输送相配合。组织结构越复杂、传递的环节越多,遇到的问题也会越多,不利于酒店快捷服务和灵活决策。通过组织的扁平化减少管理层次,实现人力资源结构的合理配置,充实直接面向顾客的服务队伍,保证服务组织的有效性,同时进行运作体系、日常规程和工作流程的改进。

C.提高领导能力。通过建立服务导向的领导体系可以促进良好服务的实现,领导的作用主要反映在训导、沟通、组织方面。酒店的服务宗旨、制度的实现需要领导以身作则。领导要与员工沟通、关心员工,由此形成融洽的工作氛围,促进企业文化成为所有员工的"共同愿景"。

D.服务培训引导。自上而下的培训是形成企业文化的重要保证,对员工进行必要的知识和态度的培训,可以促进优良服务的实现。如果期望高层管理、中层管理及相关工作人员都以服务导向为动机去思考和行动,就要让他们掌握以下知识:组织如何运作,顾客关系由什么构成,以及对个人希望做些什么。如果一个人不了解企业正在进行什么以及为什么这样,他就不可能主动地做好工作。知识的培训和态度的培训应相辅相成。

2.3　酒店的主要经营管理模式

酒店,以大类来划分,其实就是单体酒店和连锁集团酒店两大类。单体酒店,通常是指业主自己拥有单个酒店并管理酒店。酒店连锁经营(chain operation)是指在本国或国际间直接或间接地控制两个以上的酒店,以品牌或资产为纽带形成酒店联号(hotel chain),以先进和成熟的经营管理模式和服务技术,进行规模化的联合经营。

实行连锁经营的现代酒店集团(公司)产生于第二次世界大战后,国际旅游业迅速发展,国际酒店业的竞争日趋激烈,酒店企业主意识到单一酒店独立经营的形式难以应付竞争局势,而扩大经济规模、联合经营则容易在竞争中获胜,因而产生了酒店企业的兼并或产权转让。同时,其他行业,特别是航空公司以购买酒店股份的方式介入酒店业并逐步扩大股权,形成了对酒店企业的控制。例如,泛美航空公司通过购买洲际酒店的产权,控制了洲际酒店而进入酒店业。此后,许多酒店以及介入酒店业的企业为了本身的发展和开辟新的市场,纷纷在各地建造酒店、购买酒店或以其他形式控制酒店。这样,以美国为发源地的酒店集团在短时期内迅速地发展起来。

在半个世纪的时间里,酒店集团化连锁经营的形式得到了迅速的推广,国际性的酒店联号已达 270 个左右,著名的酒店联号的品牌也层出不穷。随着酒店业竞争的日益激烈,通过收购、兼并和资产重组,不少酒店联号公司已发展成规模庞大、购买力雄厚的跨国集团公司,在世界酒店行业中起着支配性的作用。如作为地产投资信托商的喜达屋(Starwood)集团兼并了威斯汀、喜来登等 6 个酒店集团后,目前在世界 77 个国家拥有和经营着 700 多家酒店,雇员达 12 万多人。万豪(Marriott)集团则进入了《财富》杂志世界 500 强之列,而洲际集团(IHG)所管辖的酒店数量,已居全球之首。

2.3.1　酒店连锁经营的主要模式

1)酒店并购经营

并购是酒店企业取得外部经营资源、寻求对外发展的战略。酒店企业实施扩张策略时,可以并购方式来实现。首先,并购方式能使酒店企业迅速进入新的区域。其次,通过并购方式,酒店企业能拥有被并购酒店的营销网络、知名度与商誉等无形资产,这些无形资产对酒店集团在新市场构建竞争优势具有重大意义。最后,并购方式不仅能使酒店集团规模迅速得以壮大,并且对酒店整体的资产重组、业务优化具有重要作用。

随着酒店业的全球化发展,业内的主要品牌成为酒店业主和投资者追逐的目标。大批酒店集团采用兼并与收购策略,使酒店业成为当代世界最具影响力与竞争性的产业之一。如法国雅高集团对 CLUB 6 的收购,英国福特集团并购 Travelodge 与 Viscount 等。当前,世界主要的酒店联号都将目标投向了欧洲、北美与亚太地区,作为其追求更多利益与更大发展的渠道。由于产品过剩和某些酒店集团无止境的扩张欲望,酒店企业之间的竞争日趋白热化,结果是一些大型国内或国际性企业及超级集团在市场上占主导地位。通过并购的方式,一些主要的酒店巨头往往能够拥有提供不同价位产品及服务的不同品牌,这使得小型竞争者几乎难以与其进行竞争。由于强势酒店集团的竞争力明显,一些小型酒店开始考虑相互合作起来,以此与大型酒店集团抗衡。

国际酒店集团频繁的并购活动对酒店业的发展必然产生深远的影响。分析当前国外酒店集团的并购活动,可发现以下特点:

①频次多,价值大。如马里奥特集团以 10 亿美元并购了 Renaissance 品牌。

②中高档品牌的酒店并购案多于低档酒店。

③强强联合。大多数并购活动发生在全球酒店集团排行榜的前 40 名之间。

④并购形式多样化,如现金并购、杠杆并购等。

并购方式的不足,在于酒店企业在并购过程中往往会遭到被并购方高层管理人员的强烈反抗,因而并购经常伴随有很高的交易成本。同时,并购后的整合工作十分复杂,对酒店企业经营层的管理能力要求是非常高的。为了使集团扩张获得成功,酒店并购方就必须对被并购方的发展前景、经营风险、获利能力、资产负债等方面进行系统的评估,并采取科学的取舍原则。

知识链接

成功并购的原则

根据美国著名管理学家彼特·德鲁克(Peter Drucker)在《管理的前沿》一书中提出的成功并购的原则,结合酒店产业的特点,酒店集团并购时应特别注意以下几点:

1. 酒店并购方只有全盘考虑了其能够为被并购方作出什么贡献,而不是被并购方能为并购方作出什么贡献时,并购才有成功的可能。

2. 并购与被并购酒店之间需要有团结的内核,有共同语言,从而结合成一个整体。或者说双方在企业文化上有一定的联系。

3. 并购必须得到双方的认同。并购方需尊重被并购方的产品、员工与顾客。

4. 酒店并购方必须能向被并购方提供高层管理人员,帮助对方改善管理。

5. 在并购的第一年内,要让双方企业中的大批管理人员得到晋升,使得双方的管理人员相信,并购为他们提供了更多的发展机会。

6. 并购涉及文化、流程、制度、业务等方面,其中文化与流程的整合是关键。

7.以集团扩张为目的的并购,要强化被并购方对并购方的品牌形象与品牌塑造方式的认同,确保被并购方的理念与行为不会对并购方的品牌造成损害。

——资料来源:李伟清.酒店经营管理原理与实务[M].北京:中国旅游出版社,2012.

2)特许经营

特许经营是指企业附属于某一业已经营成功的连锁集团并同时保持一定水平的所有权。特许经营的核心是特许经营和受特许人之间的特许权转让。在特许经营中,双方的关系是合同契约关系,不是上下级关系。特许经营的基础是一整套经营模式或某项独特的商品、商标等。

特许经营主要有两种方式:一是"产品和品牌"特许经营,这一类在特许经营中占主导地位;二是"企业经营模式"特许经营,受特许权人通常获得使用特许权人的品牌名称、形象、产品、经营程序和营销系统,加入集团营销体系。

酒店业的特许经营最早出现在1907年,当时,恺撒·里兹先生允许纽约、蒙特利尔、波士顿、里斯本和巴塞罗那的一些豪华酒店使用其著名的里兹品牌,这是特许经营的开端。酒店业中的特许经营在20世纪五六十年代才得到大规模发展。从运作方式看,特许经营的出让方提供品牌、生产及经营中必须遵循的方法和标准,提供组织及预订、营销帮助,从而确保业务有效运行,并定期对受让方进行检查,以保证市场中同一品牌的酒店产品保持质量的一致性。出让方通过以品牌为主要纽带的方式将受许酒店吸收到酒店联号之中,而受让方的财产权和财务仍保持独立,不受酒店联号的控制。

"拥有你自己的企业",作为一种个人成就的象征使得许多企业家走上独立经营之路,但是,独立经营既可能获利,也潜伏着失败的风险。据美国的相关统计,约77%的新独立企业在5年内经营不成功,第1年约38%的独立企业经营失败。为规避经营风险,许多新建独立企业纷纷加入特许经营联号之中。采用特许经营的优势是:特许权人可利用极少投资迅速渗透市场,提高企业创业和扩张效率,极快地以同一品牌占有市场,稳定地获取特许经营权益费。从管理的角度看,由于总部和加盟店之间只有一级管理层次,缩短了信息流通距离,管理复杂程度大大降低,减少了管理层次,提高了管理效率,而且大多数酒店集团都采用管理信息系统,实现了动态管理。从经济效益看,成员酒店自负盈亏,总部不承担直接投资,不负担人员工资,不投入过多的监督费用,这些均加速了特许经营酒店的扩张速度。受特许权人利用集团企业成功的销售网络,参与集团营销,直接借鉴和利用集团企业的管理经验和运作模式,减小了经营风险。

美国特许经营授权企业必须准备一份被称为"特许经营授权函(Uniform Franchiser Offering Circular)"的法律文本。该文件包括23个部分,需要详细说明特许经营公司的背景和特许经营的性质。此项文件的目的在于使被转让方清楚地了解特许经营方以及成为被特许方的具体要求,它保护受特许权人获得特许权人对未来销售及利润所作的承诺。在总部和加盟店之间,还需要签订一份特许经营协议,作为他们之间商业关系的有效文件。该协议内容涉及双方之间的权利义务关系,明确合作期限和支付给特许权人的费用,酒店合作的房间数和服务设施数,以及合作终止的相关事宜。

特许经营函要求包括的条文如下:阐明特许权人信息,特许权人人员的经历,诉讼经历,企业倒闭历史,受特许权人的开办费用,其他应付费用,受特许权人初期投资,受特许权人从指定途径购买或租赁的权利,受特许权人根据特许权人特别要求进行购买或租赁的权力,财务金融协议,特许权人的义务,土地权利和义务,商标、服务标志、品牌名称、标志和商业符号,专利和版权,受特许权人参与实际商业业务运作的权力,受特许权人提供产品和服务的限制,续签、终止、重新购买、修改和签署特许经营协议及相关信息,数据公布安排,实际、平均、预计或预测的受特许权人销售额、利润,与特许权人有关的受特许权人资料,财务报表,合同,受特许权人的发展说明等。特许经营函实际上等于一份完整的法律文本及其规范要求。

3) 管理合同经营

管理合同经营又称委托管理,它是一种非股权式的运营方式,指业主委托管理公司代为管理酒店。业主与管理公司通过签订管理合同来实现这一运作方式。采用管理合同进行运作的 3 个主要原则是:第一,经营者有权不受业主干扰管理企业;第二,业主支付所有的经营费用并承担可能的财务风险;第三,经营者的行为受到绝对保护,除非他具有欺诈或严重的失职行为。管理合同保证经营者获得管理费,其余所得则由业主支付税收、保险并偿还贷款等。业主将所有经营责任授权给经营者并不得干涉其日常业务运作。业主通常采用收益提成激励经营者,经营者以获得高回报的收益提成来提高自己在管理企业中的风险意识和盈利意愿。

由于委托管理市场竞争越来越激烈,更多的经营者将收益贡献作为获得报酬的重要筹码,甚至有的经营者以采用减少管理费的办法,提高收益贡献比例来获得管理合同。

酒店集团采用这种方式既可以较少的资本投入、较低的风险迅速扩张酒店集团规模,又可令没有管理经验的酒店业主分享行业所带来的丰厚回报。管理合同广泛应用于酒店业,世界上各著名酒店集团,几乎无一例外地通过这种方式进行企业扩张。酒店管理集团在采用管理合同时,既可以提供一揽子服务,也可以提供单项服务(如技术服务协议)。管理合同通常包括下列内容:

①可行性研究报告和市场前景分析;

②提供在规划、设计、建筑和内部装潢方面的咨询和技术支持;

③提供设备选择、布局和安装建议;

④提供合同、采办和建筑协作;

⑤帮其开业运行与管理;

⑥帮其进行营销、广告、促销;

⑦帮其进行招聘和培训;

⑧提供技术咨询;

⑨帮其进行物资采购;

⑩提供酒店预订服务;

⑪提供管理及管理人员;

⑫总部办公室督导与控制。

采用委托管理,酒店集团收取管理费。一般来说,管理费按照管理公司提供的服务来计算,可分为固定费用、系统使用费、技术服务费及开业管理费4种。第一种,固定费用。按营业额比例计算,按净利润比例计算或混合式计算。一般为营业额的 2%~4% 提成或净利润的 5%。计算管理费的方法对业主和经营者都有很大的影响,管理费的结构必须使经营者、业主和出租方感到公平和可接受。第二种,系统使用费。经营者通常向业主收取有关经营系统使用费,如市场营销、广告、销售、财务、培训、采购和预订费,以及管理公司人员到饭店视察时的旅行、住宿等差旅费。这些费用通常将占管理费之外的营业收入的 1%~3%。第三种,技术服务费。经营者通常要求业主对其在设计和规划方面的服务支付技术服务费。咨询服务通常包括可行性分析、建筑设计、内部设计、设备安装、食品设备布局、建筑督导及其他领域的督导,如工程系统、娱乐设施、保安和财务系统等。第四种,开业管理费。由业主支付给管理者在开业筹划、制订开业预算、督导开业活动,包括招聘、培训、运营系统确立、酒店促销、筹办物品和以业主名义进行租赁谈判等的费用。开业预算一般为工程项目额的 1.5%~1.9%。开业管理费根据酒店规模、地点、提供服务类型和开业准备时间长短的不同来收取。

20 世纪 90 年代以来,采用管理合同进行酒店经营管理的情况发生了显著的变化,合同已从有利于经营者向有利于业主转化。这是因为酒店管理合同市场竞争更加激烈,业主对该行业具有越来越多的知识和了解,对酒店管理集团的依赖越来越低。这一结果导致酒店经营者必须更多地分担经营风险,更强调提取收益奖励。

案例 2.1

<h1 style="text-align:center">洲际酒店在中国</h1>

进入中国 24 年后,洲际酒店集团于 2008 年首度通过特许经营模式开始推广其假日快捷酒店。洲际酒店这家英国酒店业巨头,是全球客房总数最大的一家酒店,其在美国的酒店特许经营店高达 9 成,可它却迟迟未在中国引入特许经营。一是希望运用国际化管理方式在中国树立自己的品牌形象;二是判断与美国相比较,中国业主因为缺乏管理经验,更加希望酒店由酒店集团来管理。不过随着中国酒店业的不断成熟,特许经营模式也得到了比较好的发展时机,因此洲际酒店拟在华推广该模式。

案例思考:

1.结合洲际酒店的这一转变,讨论在选择连锁经营形式时,选择特许经营还是管理合同经营应考虑哪些因素。

2.比较特许经营与管理合同经营的不同。

4) 战略联盟

战略联盟是指企业为了保持和加强自身的竞争力自愿与其他企业在某些领域进行合作

的一种经营形式。这是一种契约性的战略合作,不必进行一揽子的资源互换或股权置换,也不必形成法律约束的经营实体,仅仅依托契约关系进行合作。

战略联盟分竞争对手联盟、顾客伙伴联盟和供应商伙伴联盟。竞争对手联盟指竞争对手之间为了减少无谓竞争并促进共同发展而自愿形成的联盟,以实现资源、市场和技术共享。酒店集团化经营发展过程中,传统的"收购"方式逐步退出,以市场营销为基础的战略联盟形式越来越多,包括许多小的酒店集团希望加入大集团,利用其全球预订系统扩大客源市场。顾客伙伴联盟则是企业与顾客之间的一种契约,以实现顾客的忠诚。供应商伙伴联盟是指企业与供应商企业(含上下游产品)之间的联合,如酒店与航空、旅行社的联合促销,与各类物资供应企业的联合等。

酒店业实行战略联盟的范围涉及营销联合、新技术研究开发联合、技术交换联合、供应联合、单项技术转让等领域。采用战略联合形式对我国酒店业集团化具有重要的现实意义,尤其适合于我国酒店业的产权交易相对困难、资产并购又需要大量资金的窘况。

2.3.2　酒店连锁经营的优势

西方发达国家的酒店集团化连锁经营来源于工业时代的大生产思想,即以标准化、专业化的手段进行规模化的生产,可以有效地降低成本;以成熟的产品及在市场上有号召力的品牌进行扩张,求得更大的规模;以规模取得分散经营所不能达到的规模效益。在其发展的几十年过程中,又不断融入新的经营管理理念,如营销网络的建立、人力资源的开发、品牌经营、集团化的形象策划、跨国经营等,逐步形成了完整、有效的集团化经营优势。归纳起来,酒店的集团化连锁经营优势主要表现在以下几个方面。

1)经营管理和技术上的优势

酒店集团公司一般多具有较为先进、完善的经营管理模式,因而能为所属酒店制订统一的经营管理方法和程序,为酒店的建筑设计、内部装饰和硬件设施规定严格的标准,为服务和管理订立统一的操作规程,这些标准和规范被编写成经营手册分发给各所属酒店,以使各企业的经营管理达到所要求的水平。同时,根据经营环境的变化,确保酒店集团经营管理的先进性。

酒店集团公司总部定期派遣巡视人员到所属酒店去指导和检查,他们的主要责任是监督所属酒店是否达到各项经营指标,在检查过程中对酒店经营中的问题、不合格的服务提出建议和指导。

酒店集团有能力向所属酒店提供各种技术上的服务和帮助,这些服务和帮助通常是根据所属酒店的需要有偿提供的。例如,集团性经营能为所属酒店提供集中采购服务。由于酒店集团要求所属酒店实现设备、设施和经营用品标准化、规格化,因而一些大酒店集团专门设立负责酒店物资供应的分公司或总部采购部,向各酒店提供统一规格和标准的设备和经营用品,如家具、地毯、餐厅和厨房用具、棉织品、灯具、文具、食品饮料等,从而形成比较完善的集团物资供应系统。而集中大批量购买又能获得较大价格的折扣,使酒店经营成本降低。

酒店集团性经营也为生产和技术的专业化及部门化提供了条件。例如,在食品生产加工、设备维修改造、棉织品洗涤等方面都可进行集中管理,以达到降低酒店经营成本的目的。技术上的帮助还包括酒店开发阶段或更新改造所需的可行性研究等服务。例如,原假日集团拥有自己的专业建筑师和内部装饰设计专家,专门为所属酒店提供这方面的技术服务。

2) 品牌优势

经过几十年的经营和积淀,进行连锁经营的国际酒店集团公司往往都拥有一个或多个国际知名度高、市场占有率高的品牌,这是酒店连锁化运作的一个非常关键的因素。酒店的品牌不仅包含了酒店产品的档次、水平和质量的实用价值,而且也包含了酒店对顾客的精神感召力及顾客对酒店的忠诚度和信赖度。不少国际酒店管理集团公司十分注重品牌的经营,在跨国扩张中实施输出品牌的经营战略。输出品牌是成本最低、手段最隐蔽、作用和影响最久远的经营战略。因此,它们十分注重培育品牌、经营品牌,在发展中整合品牌。近几年,还出现了品牌向多样化、系列化发展的趋势。当年巴斯公司(Bass Hotels & Resorts)在收购兼并假日酒店集团后,将假日(Holiday Inn)作为一个中档酒店的品牌保留下来,还保留了假日酒店原先的皇冠(Crown Plaza)作为高档酒店的品牌,又收购了洲际酒店集团的洲际(Inter-Continental)品牌作为豪华酒店的品牌。曾经喜达屋(Starwood)在兼并喜来登后,喜来登(Sheraton)也作为一个品牌被保留下来,还拥有了包括圣瑞吉(St. Regis)、威斯汀(Westin)、福朋(Four Point)、至尊精选(Luxury Collection),W 酒店(W Hotel)等著名品牌的品牌系列。万豪酒店集团则拥有 23 个品牌,形成了从豪华到中档等各具特色的品牌系列。

名牌的高知名度及其良好的声誉和形象是酒店集团化连锁经营的最大优势。

3) 市场营销优势

单一酒店通常缺乏足够的资金大力进行广告,尤其是国际性广告。而酒店集团则可以集合各酒店的资金进行世界范围的大规模广告,有能力每年派代表到世界各地参加旅游交易会、展览会,并与旅游经营商直接交易,推销各所属酒店的产品。这种联合广告可使集团中的每一酒店的知名度得到大大提高。

同时,酒店集团在国际互联网上设有网站和进行网上预订的界面,有较为先进的中央预订系统(CRS),配备高效率的计算机中心和直通订房电话,为集团成员酒店处理客房预订业务,并在各酒店间互荐客源。酒店集团在各地区的销售办公室和精明的销售队伍,不仅向各酒店及时提供市场信息,而且还在各大市场为各酒店招揽团队和会议业务,大大有利于酒店开发国际市场。

4) 人力资源上的优势

酒店管理集团往往是以自身的品牌、文化及声望在世界范围内,通过市场,广罗酒店职业经理人才,并在培训和使用过程中,对其不断灌输自身的企业文化、经营理念、管理模式等,使他们尽快融入本集团之中,形成一支推进集团化发展的职业经理队伍,并以此为骨干力量,组成管理团队(management team)进入集团直接管理酒店。

近年来,国际性酒店管理集团在人力资源开发上采取本土化(localization)的方针,在所属酒店的所在地区,以优厚的待遇以及提供培训和事业发展的机会,来吸引本土的优秀职业人才,并起用本土的优秀人才任职于重要的管理岗位。

酒店集团还为所属酒店进行员工培训。大的酒店集团有自己的培训基地和培训系统。例如,原假日集团在其总部所在地美国孟菲斯有一所假日大学,希尔顿集团在美国休斯敦大学设立了自己的酒店管理学院。酒店集团内部还设有培训部门,负责拟订培训计划并提供酒店经营管理专家,如工程技术、内部装饰、财务会计、市场营销、计算机等方面的专业人员,对所属酒店在职员工进行培训,同时也接受所属酒店派遣员工到集团的总部酒店或培训基地实习。

5)资金和财务优势

一般来说,独立的酒店企业不易得到金融机构的信任,在筹措资金时有可能遇到困难。参加酒店集团则可使金融机构对其经营成功的信任度增加,从而愿意为其提供贷款,因为酒店集团以其庞大的规模、雄厚的资本和可靠的信誉提高了所属酒店的可信度。同时,酒店集团还能为所属酒店提供金融机构的信息,并为其推荐贷款机构。

酒店管理集团往往能凭借自身的品牌及声誉得到大财团的资金支持。有了较雄厚的资金作后盾,有时在接受委托管理项目时,可应业主要求注入一定的资金;也可在业主资金困难时,对有良好发展前景的酒店注入资金,成为其股东,甚至处于控股地位;也可收购、兼并和投资建造有发展潜力的酒店,以扩大连锁经营的规模。

本章小结

- 酒店的经营管理是在企业管理的基础上发展起来的,一般的企业管理理论成为酒店经营管理的理论基础。泰罗、法约尔等的科学管理理论,梅奥等的行为科学理论以及其他的一般管理理论,都是酒店经营管理的基础理论。但酒店业特有的服务性质,又使它与普通的企业在经营管理上有明显的不同。酒店业如何将"CI""CS""CL""ES"等理念的变换运用到自身的经营管理上,将影响酒店经营管理的成效。在具体的酒店经营管理中,是选择自营还是选择连锁经营,连锁经营中是选择特许经营还是选择委托管理经营,这些也都将极大地影响酒店最终的经营成果。本章即对上述内容作了较为详尽的叙述。

第3章
酒店的投资与建设管理

【学习目标】

1.了解酒店投资可行性分析。

2.掌握酒店投资可行性研究步骤和具体内容。

3.掌握酒店投资与经营的决策方法。

4.掌握不同酒店设计的理念和设计原则。

5.具备酒店的空间结构、功能布局的规划与设计基础知识。

6.了解酒店的施工建设、开业准备与试营业涵盖的工作内容。

案例导入

这样的筹建算不算成功？

在一个中型的迅速发展的城市里,某老板打算建一个酒店。首先,酒店附近都是企业单位,应该说是商机无限。他先把自己的全部家当抵出去得了贷款400万元,自己也进行了考察,决定投资建一家4 000平方米左右的中档酒店。他先花20万元贷款买了辆车,然后将自己多年商场上的朋友都叫来,笼络了一个建筑设计院的朋友,以朋友名义感化,只交了点管理费就做好了酒店的建筑设计,按每平方米20元计,省了8万元。然后选了一家知名建筑建造单位为酒店施工,以市场价每平方米450元左右的价格打包给这家单位建造,条件是建筑建成一年后付剩余40%的费用。当然在施工期间由于拨款不及时,工人半年没发工资等因素,一个4 000平方米的建筑盖了一年多。当工程进行到第8个月时,出现排风管道由于过梁太粗和层高太低无法安装等问题,第9个月时开始内装饰招标,当然是自己的关系,让这些朋友亲戚来投标装饰,条件是免费设计,40%的工程款在完工一年后支付,节省了设计费。

为了给亲戚朋友面子,将预计投入170万元的装饰项目分成4个标段,由4家公司分别施工。在第11个月时建筑工程尚未结束的情况下,装饰公司进入工地。第12个月,工地因资金不足一度停工,装饰工人没有活做,除了留下看门的人,其余基本走光,同时这个老板意识到设计问题很多,请专人来做设计修改,并聘请管理公司展开招聘与培训,预计两个半月后完成施工开业。由于建筑工期迟迟不能完成,一直到冬季过后装饰公司重新进入工地,此时已是工程进度的第16个月了,装饰工地终于忙碌起来了,期间建筑安装收尾的同时,装饰公司也在忙着拆除不合理的墙体,整改不合理的门,重新布置强电等。由此废弃的无法安装的排风系统就达10万元,更不用算那些因又粗又笨的过梁和柱子浪费的钢材了。

此时工地开始出现材料大量丢失现象,不过老板只看到商机浪费这一大项。在这期间,由于老板每隔数日要到清华大学学习管理,不能及时签字拨款,装饰公司停工3次,又因很多主要材料业主提供不及时而耽误装饰公司进度,又停工数次,当然主要材料的供应商大都是老板的亲戚朋友和在清华学习的同学。当工程进行到第18个月时,装饰公司和业主关系紧张,施工进度缓慢。到第19个月时,酒店管理公司退出酒店,解除与这位老板的合作,培训好的员工已经换了走、走了换,全是新面孔了。第20个月装饰基本进入尾声,老板招来亲信负责采购酒店用品,中间出现采购质量不合格退换数次耽误工期现象。第21个月酒店终于开业了。

一个仅仅4 000平方米的酒店,从开工到开业一共经历了1年零9个月。这个老板充分利用了自己的亲戚朋友资源,把预计400万元的项目做到了1 000万元。而对手比他起步晚却基本与之同时进入市场。当他在忙碌筹建时也看到了问题所在,但他看见的是局部的,再让他重新来也不一定能成功,因为这其中的奥妙可不是他一个人猜得透的。他连基本的环节都没弄清楚,更不用说各环节的搭配了。

案例思考:

1.分析以上案例,这样的酒店筹建是成功的还是不成功的?

2.该酒店在筹建中发生了哪些失误?

3.成功的酒店筹建应包括哪些内容?

3.1 酒店的投资决策

3.1.1 酒店投资的可行性分析

酒店投资的可行性研究是酒店投资建设前期工作的重要组成部分,是对酒店某一建设项目在建设必要性、技术可行性、经济合理性、实施可能性等方面进行综合研究,推荐最佳方案,为酒店建设项目的决策和设计任务书的编制、审批提供科学的依据。

1)酒店投资可行性研究的主要内容

酒店投资可行性研究的主要内容有:酒店建设项目概况;开发项目用地的现场调查及动迁安置;酒店市场分析和确定建设规模;酒店规划设计影响和环境保护;资源供给;环境影响和环境保护;酒店项目开发组织机构、管理费用研究;酒店开发建设计划;项目经济及社会效益分析;结论及建议。

2)酒店投资可行性研究的阶段与层次

按可行性研究的内容及深度,酒店投资可行性研究的阶段与层次可分为以下几个阶段:

（1）第一阶段：酒店投资机会研究

该阶段的主要任务是对酒店投资项目或投资方向提出建议，即在一定的地区或区域内，以资源和市场的调查预测为基础，寻找最有利的投资机会。投资机会研究比较粗略，主要依靠笼统的估计而不是依靠详细的分析。该阶段投资估算的精确度为±30%，研究费用一般占总投资的 0.2%～0.8%。如果酒店投资机会研究认为可行，就可进行下一阶段的工作。

（2）第二阶段：酒店项目初步可行性研究

初步可行性研究，也称"预可行性研究"。在酒店投资机会研究的基础上，进一步对酒店项目建设的可能性与潜在效益进行论证分析。初步可行性研究阶段投资估算的精确度可达±20%，研究费用占总投资的 0.25%～1.25%。

（3）第三阶段：酒店项目详细可行性研究

详细可行性研究，即通常所说的可行性研究。详细可行性研究是酒店开发建设项目投资决策的基础，是分析项目在技术上、财务上、经济上的可行性后作出投资与否决策的关键步骤。这一阶段对建设投资估算的精确度为±10%，所需研究费用，小型项目占投资的 1.0%～3.0%，大型复杂的项目占投资的 0.2%～1.0%。

（4）第四阶段：酒店项目的评估和决策

按照国家有关规定，对大中型项目和限额以上的项目及重要的小型项目，必须经有权审批的单位委托有资格的咨询评估单位就项目可行性研究报告进行评估论证。未经评估论证的建设项目，任何单位不准审批，更不准组织实施。

3）酒店投资可行性研究的步骤

酒店投资可行性研究按 5 个步骤进行，即接受委托、调查研究、方案选择与优化、财务评价和效益分析、编制酒店投资可行性研究报告。

4）酒店投资经营策划与可行性论证的类型及内容

酒店投资经营策划与可行性论证有 4 种类型，类型不同，策划与分析论证的内容也不同。

（1）酒店投资策划

酒店投资策划是对酒店项目的投资进行可行性分析与论证，撰写投资可行性论证书。通常业主在进行酒店投资项目决策前，都需要委托专业策划人士进行投资可行性分析。策划者通过对委托的项目的区位、市场、资金等方面的分析与论证，提交投资可行性论证书供业主作投资决策。

（2）酒店筹建策划

酒店筹建策划是对拟建设的酒店项目进行策划，撰写筹建策划方案说明书，供酒店项目的设计单位进行酒店建筑设计时参照和考虑。酒店筹建策划是酒店经营管理者从酒店经营管理角度对酒店建筑设计在空间布局、功能项目设置、水电动力系统、环境氛围、装潢装饰等方面的要求说明。建筑设计单位根据筹建策划方案说明书的这些要求说明进行酒店的建筑和装饰设计,以满足酒店经营管理者对经营管理的需要。

（3）酒店承运策划

酒店承运策划是酒店经营管理者对拟承接经营管理的酒店的各项事宜进行策划,并通过承接与开业筹划书来体现。酒店承运策划内容包括承运标的选择、承运方式选择、承运介入时段确定等承运前期的策划;承运关系策划、承运责任议案、承运合同制订等酒店承运的责任与合同策划;酒店章程拟订、证件办理计划、保险计划、组织机构议案、定岗定编和人员招聘议案、劳工制度、设备用品配备与采购计划等承运过程的策划;资金管理与运作策划、岗前培训与开业准备议案、运作程序和制度建立议案、开业前营销计划、开业典礼策划等承运后期的策划。

（4）酒店经营管理策划

酒店经营管理策划是酒店经营管理者进行酒店日常运作的经营管理方案书。此部分内容在许多酒店经营管理书籍中都有阐述,本章不再赘述。

5) 酒店投资可行性分析的具体内容

酒店投资策划就是对酒店项目的投资进行可行性分析,撰写投资可行性论证书。通常业主在进行酒店投资项目决策前,都需要委托专业人士进行投资可行性分析。

酒店投资可行性分析包括以下几个方面的分析与论证。

（1）项目概况及用地情况说明

酒店投资可行性分析首先应对业主投资的酒店项目概况及用地情况进行详细的说明。项目概况包括拟投资酒店的类型、规模、等级、地理位置等基本情况。用地情况包括用地的类型、地形地貌和地形图等。

（2）区位分析

区位对于酒店的投资决策起着决定性的作用,它是指酒店所处的位置,以及该位置所处的社会、经济、自然的环境或背景。这个位置包括宏观位置、中观位置和微观位置。宏观位置指酒店所位于的城市或地区;中观位置指酒店在该城市里处在什么区域方位;微观位置则指酒店的左邻右舍,即酒店所在的社区。区位分析主要包括以下几个方面的内容:地理位置、社区环境、自然条件与气候等。

①地理位置。地理位置与拟投资的酒店类型关系密切,酒店是处于旅游景区、中心城市、工业区,还是处于度假地等不同的地理位置,都将影响酒店的投资类型,进而影响酒店的设施及服务项目的设置。例如,当地理位置为度假地时,则投资的酒店多为度假型酒店,那么,该类型的酒店所配备的设施和提供的服务主要是以适应度假型的旅游者为主。对于不同类型的度假地,如海边度假地、森林度假地、草原度假地的酒店,其建筑风格、建筑材料及装修风格也都会有较大的区别。

②社区环境。酒店的位置和周围环境的好坏对酒店的经营有极大的影响,周围环境对客人有无吸引力也将影响酒店的营业额。优美舒适的周边环境、高品质的社区氛围不仅能

大大降低酒店的投资成本,还能增加酒店的市场吸引力。社区环境主要包括交通状况、社区经济、民俗风情以及酒店周边的环保与绿化情况。

A.交通状况。任何酒店都受交通的影响,交通方便与否直接影响客人对酒店的选择。商务酒店必须在市中心,机场酒店必须在机场附近,汽车酒店必须在公路旁等。因此,拟投资的酒店一定要选择在交通发达、便利的地方,交通越发达,酒店的生意越兴旺。

B.社区经济、文化水平、居民素质与态度。社区经济、文化水平对于酒店的规模、档次、等级具有重要的影响。不同经济和文化水平区域的酒店,设施设备配套、服务项目设置、规模以及档次的选择都会有所区别。例如,地处北京的四星级酒店,它的软硬件大都优于西北地区的四星级酒店;处于国际化大都市的酒店,其建筑风格大都豪华气派,而处于文化氛围浓厚的历史名城的酒店,其建筑风格则更讲究文化气息。

除了社区经济、文化水平会对酒店的建筑风格、服务项目以及特色产生影响外,社区居民的素质与态度对酒店的经营以及顾客对该酒店形象的形成至关重要。当居民对新建酒店有较高的热情时,会大大减少酒店投资建设过程的难度。例如,酒店在旧房拆迁、市场调查时会获得大量民众的支持,从而保证工期的顺利进行,倘若居民对新建酒店不支持,则难免会出现拆迁难、调查难的现象,更有甚者还会出现破坏建设工程的现象。

C.民俗风情。社区的民俗风情对酒店的筹建与经营有着重要意义。利用社区的民俗风情来提高酒店对顾客的吸引力已成为时尚。酒店业主与经营者应将当地的民俗风情经过艺术化处理与加工引入酒店的外观设计、装修(大堂、客房、餐厅等)、服务项目设置(如民俗歌舞表演、地方特色饮食、特色工艺品等)中,通过充分展示当地民俗风情来实现"人无我有"的投资策略和经营策略。

D.环保与绿化。环保与绿化的投资对酒店业主来讲需要不少的资金,由于目前环保方面的管制较松,因此酒店业主有可能会采取不负责任的态度,花较少的资金投资于酒店的环保设备与绿化环境。社区的环保与绿化观念对酒店的环保与绿化投资有较大的影响。在环保与绿化观念强的社区里投资酒店,有利于酒店的清洁建设、清洁生产和绿色经营,酒店在投资建设时会在污水处理管道、垃圾处理设备、节水节能设施设备等方面作更大的投资,同时会对酒店范围内、外以及所属的公共场所进行绿化和美化。当社区的环保意识较薄弱,社区的绿化水平较差时,酒店的吸引力也会大大降低。

③自然条件与气候。自然条件与气候和酒店所处的地理位置密切相关。自然条件与气候一方面影响酒店类型的确定,同时也影响酒店建筑材料、装饰材料的选择。例如,处于风景优美的山体度假区,则该酒店在风格、材料的设计上应与周围环境相协调;海边度假区则应考虑建筑与装饰材料的防腐蚀性;处于地震多发区的酒店应考虑其抗震度。不考虑社区自然条件与气候,会大大提高酒店的投资成本,并给酒店今后的经营带来不必要的损失。

(3)市场分析

市场是有维度的,市场的规模与消费水平也是有限的,市场的供给与需求规模的大小决定了拟投资酒店的营业额与利润额。因此,酒店的投资建设必须经过充分的市场分析与论证。市场分析与论证内容应包括以下几方面。

①竞争对手分析。酒店的竞争对手主要包括现实存在的酒店及替代性产品、新的市场

进入者以及潜在市场进入者。竞争对手分析是为确定和分析竞争者与互补者的地位及优势所进行的研究。竞争对手的经营思想和理念、目标市场、住客率、日均房价、可利用率和服务的种类、设施的年限和运作状况、人力资源状况、市场份额和公司的从属关系都是竞争对手分析的内容。通过竞争对手分析,可使酒店投资者找到自身的优劣势,并通过彰显优势,规避劣势做好市场定位,并在市场定位的基础上进行酒店产品设计与市场开发。每一个企业或组织都拥有一个价值网(value net)。价值网由组织的供给者、顾客以及竞争者和互补者组成。竞争观念的改变使竞争者有时会成为互补者,因此,酒店在投资时要客观地看待竞争对手,以长远的发展战略眼光,寻求能够与竞争者合力开拓市场的机遇。

②市场规模与消费水平分析。市场规模与消费水平对酒店规模和档次的确定至关重要。一般来说,市场规模越大、消费水平越高,则酒店的规模也就相对越大、经营档次也就越高,但这种情况也不是绝对的。市场规模与消费水平分析的考察指标主要有人流量、人均消费水平以及平均停留天数等。

A.人流量。人流量的大小决定了市场规模的大小。在投资前应进行人流量的调查,通过对商务流、会议流、观光流、探亲流、当地客源流等人流量的调查来确定酒店所在区域的市场规模。

B.人均消费水平。市场消费水平的高低决定了拟投资酒店的档次,酒店市场的消费水平可用人均消费水平来反映。当市场消费水平较高时,酒店在装修设计、设施设备配置以及服务项目的设置上则要求较高,投资的酒店应主要开发中高档价位的产品;当市场的消费水平较低时,投资者在酒店档次定位时则应侧重于中低档、经济型产品,否则,会出现市场与产品的错位。目前酒店业出现的盲目追求高星级、超豪华,导致酒店客房入住率低,经营无法维持的现象比比皆是,这与没有进行或重视消费水平的调查有不可分割的联系。

C.平均停留天数。游客的平均停留天数决定了拟投资酒店的规模。平均停留天数多,意味着消费规模大,市场需求量大,拟投资酒店的规模就可以相对大一些;反之,则应小一些。

③消费群体(市场)分析。酒店的消费群体根据其规模大小可分为目标消费群体、辅助消费群体和潜在消费群体。消费群体分析主要考察以下 4 个变量,即人口属性(包括年龄、性别、宗教、受教育程度、职业、家庭规模与结构等)、心理图式变量(性格、社会阶层及生活方式等)、购买行为变量(利益追求、购买动机、时机、频率、品牌忠诚度等)以及地理环境变量(区域、气候、地理环境等)。在以市场为导向的竞争年代,消费者的需求、行为特征对酒店经营的成功与否具有举足轻重的作用。因此,拟投资的酒店应对消费群体进行分析,并根据自己的经营目标和资源能力,确认自己的目标市场,即确认自己的主流消费群体、辅助消费群体和潜在的消费群体。

A.目标消费群体。该群体是酒店的主流消费群体,也是维持酒店经营发展最重要的群体。酒店投资者应根据自己的资源、技术、能力和特长,选择自己的主流消费群体,并为主流消费群体提供他们需要的产品或服务。目前,许多酒店在客房、餐厅、大堂的装修风格、设施设备和服务项目的设置上根据目标消费群体的需要来确定。

B.辅助消费群体。该群体指酒店必须拓展的消费群体,是酒店目标市场的重要和有益补充。由于酒店消费需求的多变性,酒店难以培养忠诚度较高的消费群体。因此,酒店在注重目标市场培育的同时,还应开拓一些辅助消费群体,作为酒店将来拓展的市场方向。随着经济的发展和人们消费观念的转变,酒店的消费群体在不同时期和阶段也会产生不断的变化。原来的辅助市场可能会变为酒店的目标市场,目标市场也会因形势的变化而成为辅助市场。

C.潜在消费群体。该群体指具有潜在消费需求的群体。酒店可通过了解潜在消费者的需求,开发适销对路的产品或采取有效的市场营销策略,引导消费来挖掘潜在消费群体,使潜在消费群体变成辅助消费群体甚至成为目标消费群体。

④市场定位。酒店市场定位是以消费者的需求和利益为出发点,充分考虑酒店目标市场的竞争形势和酒店自身的优势与特点,确定酒店在目标市场中的地位,亦即酒店为使其产品在目标市场顾客心目中占据独特的地位而作出的营销策略。市场定位是在考察了竞争对手规模及主要产品、市场规模及消费需求特征等要素的基础上作出的。处于筹备期的新酒店主要依据酒店所属的地理位置及投入营业后的设施、服务、经营理念与特点等自身富有竞争力的定位要素进行市场定位。新酒店的市场定位包括以下几个步骤。

a.确定酒店的目标市场,进而研究目标市场顾客的需求和愿望,以及他们的利益偏好。

b.充分考虑竞争对手的优劣势,发掘自身的竞争优势,突出酒店自身与众不同的特色。

c.设计酒店的市场形象。

d.通过各种营销手段和宣传媒体向目标市场有效而准确地传播酒店的市场形象,以使酒店形象深入顾客的心目中,从而确立酒店的竞争地位。

（4）酒店产品规模和档次的分析与论证

酒店产品规模和档次的分析与论证,具体包括以下几个方面的内容。

①酒店产品类型分析。其主要分析论证酒店向市场提供何类产品,产品风格如何等产品理念问题。如同其他任何新产品一样,当市场中存在以下一个条件的话,那么投资酒店产品很可能成功。

a.该产品现在不存在,但对该产品的潜在需求可能非常大。

b.该产品存在,但是需求很大且竞争不太激烈。

c.该产品存在,但目前需求不大,不过预计未来对它的需求会越来越大。

d.该产品存在,但现存产品地处偏远且设施设备的质量较差,管理不当。

酒店可根据以上产品理念来进行酒店投资,也应遵循以下原则。

A.主流市场（目标群体）原则。该原则要求酒店应根据所要接待的主流客源市场的特点、喜好及对酒店产品的要求来进行酒店类型的确定,并决定所要提供的设施和服务的类型。例如,酒店以商务客人为目标市场,那么酒店就应在建筑风格、功能项目设置以及设施设备购置等方面体现商务特色,以满足商务客人的需要。

B.竞争对手缺失原则。该原则是指目前市场上该产品还不存在,只要企业能够提供这种产品,就会产生大量的消费者。采用竞争对手缺失原则进行酒店类型的确定需要投资者具有较强的观察力、敏感度和创新精神,善于发现日益发生变化的市场需求。按竞争对手缺失原则确定的酒店类型能够使酒店在创办初期取得垄断地位。国外出现的"监狱"酒店、"死人"酒店、"出气"酒店等一些极富个性化的酒店经营业绩不断上升就是最好的说明。竞争对手缺失原则的实质是要投资者创造新需求,成为市场的引领者。因为创造新需求的成功机会远远大于迎合需求的机会。

C.潜在市场原则。该原则是通过发掘市场上尚未出现的新市场或是某一具有发展潜力的市场来确定酒店类型。一种情况是当酒店对竞争者的市场位置、消费者的实际需求和自己的产品属性等进行评估分析后,发现有市场存在缝隙或空白,而且这一缝隙或空白有足够的消费者,则酒店可针对这一缝隙或空白的消费者来确定投资的类型。另一种情况是指虽然该产品存在而且竞争很激烈,但预计未来它的需求会越来越大。酒店可通过开发满足潜在市场群体需要的产品来获得发展。这种酒店类型定位原则需要投资者具有长远和善于发现市场机会的战略眼光,通过适销对路的产品来创造需求、引导需求。

②酒店产品规模分析。该规模分析主要分析论证拟投资酒店的产品规模,即确定酒店的建筑面积、客房数量、餐位数以及其他设施设备的产品规模。酒店作为一种固定资产投资,应考虑一定的超前性并具有前瞻性,在产品规模确定的过程中除了应考察酒店现有的客源市场外,还应分析当地的经济发展水平、客人需求的变化以及潜在客源市场的产品规模对酒店产品规模的影响。酒店产品规模对酒店的经营与发展是十分重要的,科学合理的产品规模能使酒店在今后的经营中充分利用资源,避免因淡季过淡造成的设施设备与人员闲置和因旺季过旺而造成的设施设备和人员的超负荷运转等情况发生。酒店产品规模分析内容主要包括以下内容。

A.酒店的建筑规模。它主要考虑酒店的建筑面积、建筑布局、主体楼层高度、外围辅助建筑格局与规模、酒店建筑风格、周围环境公共区域规模以及景观设计和绿化美化环境等。酒店建设的固定投资较大,且一旦确定就较难更改,因此,酒店规模的确定必须具有一定的预见性和前瞻性。在建筑风格的选择上,应充分与当地文化、地域特点、民俗风情相结合,为了节省开支应主要采用当地建筑原料。

B.酒店的功能项目规模。它主要指酒店提供的房间类型、数量等客房规模,餐厅类型、餐厅面积与厨房数量等餐厅规模以及娱乐项目与设施规模。

a.客房规模:包括楼层设置(标准楼层、豪华楼层、行政商务楼层等)、客房类别(标准客房、商务客房、无烟客房、豪华套房、度假套房等)、房间数量等方面的确定。

b.餐厅规模:包括餐厅的种类(中餐厅、大堂酒廊、咖啡厅、宴会厅、会议室、包厢以及西式餐厅等)、餐厅与厨房的数量和面积以及餐饮设施等方面的确定。

c.娱乐项目与设施规模:包括KTV/RTV包厢、夜总会、健身中心、游泳池、棋牌室、桑拿、室内网球场、高尔夫球场以及保龄球馆等娱乐项目与设施的确定。酒店娱乐项目与设施规模的确定应根据酒店的类型来确定,不同类型酒店的娱乐项目与设施的规模档次也不相同。

C.酒店的主要设备规模。它包括供配电系统、给排水系统、供热系统、制冷系统、通风系统、空调系统、通信系统、共用天线电视接收系统、音响系统、计算机管理控制系统、消防报警系统、闭路电视监视系统、垂直运送系统、厨房系统、洗衣系统、清洁清扫系统、办公系统等方面的设备规模。现代酒店设备投资量大,一般要占全部固定资产投资的35%~55%。酒店设备前期规划的好坏将决定90%以上的设备寿命周期费用,决定设备装置的技术水平和系统功能,决定设备的实用性、可靠性和未来维修量。因此,酒店设备配置规划方案应从酒店的整体利益出发,根据酒店的规模、档次来规划。规划方案应包括设备的市场状况和前景、设备与所需能源和原料的关系、设备的环境条件、技术方案、环境保护、对运行操作人员和管理人员的要求、设备投资方案的经济评价、不确定分析、方案的实施计划以及可行性研究报告等。设备选择应遵循适应性、安全可靠性、方便性、节能性、环保性、配套性的原则。

③酒店产品档次分析。拟投资酒店档次的确定主要根据现实和潜在目标市场的消费水平并结合投资者的经济实力来确定。目前,酒店的档次大多以国家制定的《旅游涉外酒店星级划分与评定》以及酒店服务行业的《酒家(酒店)分等定级规定》(GB/T 13391)为标准。在投资可行性分析中,酒店档次的确定可采取一次到位原则或阶段性到位原则。

A.一次到位原则。该原则指酒店在投资筹建时,业主根据酒店档次的定位,按星级划分与评定标准要求一次性投资到位。一次性到位的投资原则虽初期投资成本高、风险较大,但能够避免因多次投资产生的时间成本以及其他有形与无形成本而被许多投资者采用。

B.阶段性到位原则。该原则指酒店业主通过分阶段投资而使酒店最后达到所要达到的档次。例如,酒店的一期投资只能达到准四星级档次,通过二期和三期的投资建设才能达到四星级档次。阶段性投资能够分散酒店初期投资的压力,但也会带来一些不必要的成本损失,如因二、三期工程施工引起的顾客投诉以及由此造成的客源流失等问题。

(5)投资回报分析

投资回报分析也称为收益分析,是投入与产出的分析,这是酒店投资者最为关心的问题。投资回报分析包括投资额估算、投资回收期计划、年营业额预算、效益分析等内容。分析方法有保守分析法与乐观分析法两种。

①投资额估算。投资额也即投资建设酒店所需支付的成本,主要是初期开发成本(包括建造酒店购买设施设备以及进行酒店装修等)和酒店的经营成本。初期开发成本还包括向所在社区提供基础设施所需的设备,诸如公用事业设备,建设停车场和车库,建设围墙等方面所需的成本。酒店类型、规模、档次、地理位置不同,投资成本也不同。一般而言,投资者会花费总预算成本中的 10%~30% 用于购买土地,50%~53% 用于建设,13%~14% 用于购买家具,13%~18% 用于杂项费用。

②投资回收期计划。投资回收期又称还本期,指某一个新建酒店方案,其投资总额以该酒店开业后的利润来补偿的时间。投资回收期的值越小,酒店投资的经济效益就越大,其计算公式如下:

$$投资回收期 = \frac{投资额}{每年的盈利 + 税金}$$

酒店应根据收益、费用分析来预测酒店的投资回收期,并制订相应的实现计划。投资回收期计划为酒店确定了利润目标和还本期限,对酒店日后的经营具有较大的参考价值和指导意义。

③年营业额预算。必须包括客房收入、餐饮收入及其他部门的收益,这些预算只有在对每年的住客率和客房价格进行正确估计之后才能进行。

④效益分析。其又称经济评估,也就是酒店投资的可行性分析,分析投资者从所投资的酒店经营活动中获得的总收入与投入总成本相比是否有盈余。目前酒店大多数采用内在收

益率(IRR)的方法来分析项目的可行性。收益率是一种根据投资所产生的回收率对资本预算决策进行评估的方法。

案例 3.1

寂寞的五星级酒店

巴勒斯坦西南部最大城市加沙坐落着当地的首座五星级酒店——马希塔尔酒店。该酒店是由当地的亿万富翁马希塔尔投资兴建的。尽管地处权力冲突的中心地带，又面对以色列的长期封锁政策，但酒店在克服了重重难关后终于营业，总投入 2 900 万美元，兴建耗时13 年，酒店内共有 220 个房间。自 2011 年营业以来，该酒店入住率不足 10%，更多的时候200 多个房间无一人入住。

案例思考：

马希塔尔酒店的经营尴尬是由于在投资可行性分析时忽视了哪些内容？

3.1.2　酒店投资与经营的决策方法

1) 酒店投资与经营的决策分类

按照不同的分类标准，酒店的投资与经营决策可作如下分类：

（1）以决策的条件分类

①确定型决策。在这类决策中，系统状态或环境条件是明确的。确定型决策的问题应具备以下 4 个条件：一是有一个决策者希望达到的明确目标；二是有两个或两个以上可行的行动方案可供选择；三是只有一个确定的自然状态；四是每个可行方案在确定状态下的损益值可以计算。

②风险型决策。在这类决策中，系统状态或环境条件不明确，但可估计出发生各种结果的概率。风险型决策问题应具备以下 5 个条件：一是决策者达到的目标明确；二是有两个或两个以上可行的方案可供选择；三是存在着两个或两个以上的不以决策者意志为转移的自然状态；四是不同的行动方案在不同的自然状态下的损益值可以计算；五是在几种自然状态下，每种自然状态出现的可能性可以估计，但决策者无法肯定未来究竟出现哪种状态。

③不确定型决策。在这类决策中，系统状态或环境条件是不明确的。不确定型决策应具备的条件除了状态出现的可能性无法估计外，其他条件与风险型决策的条件相同。

（2）以决策的模型分类

①结构型决策。所涉及的问题能够用一元函数的数学模型来表示，且在约束条件下有最优解。

②非结构型决策。所要解决的问题无法全部满足结构型决策基本条件。

③边际型决策。所要解决的问题具有多元目标，但可归纳为一元目标函数数学模型来解决。

（3）以决策的规律性分类

①常规类型决策。这类决策一般都有章可循,并有一定的决策程序,如库存决策、销售计划等一些经常反复出现的决策问题。

②非常规类型决策。这类问题的决策没有一定的章法和决策程序,属于那些不经常出现的决策问题,这些问题往往比较重要。这类问题的决策在很大程度上需要决策者利用经验来解决。

2）主要的决策方法

（1）确定型决策方法

确定型决策具备 4 个条件,它的自然状态是一种既定情况。因此,它的决策问题是在已知未来可能发生情况的条件下选择较优的决策方案问题。针对这种情况,决策者只需对各种方案所提供的不同效益加以比较,就可选出较优的决策方案。

（2）风险型决策方法

风险型决策就是对事件在几种不同自然状态下可能发生的概率进行决策。因为风险型决策系统状态或环境条件不明确,所以对未来可能发生的结果只能进行概率估计。概率是衡量一个事件出现的可能性。由于在决策中引入了概率的概念,因此,在依据不同概率所拟订的各种决策方案中,不论选择哪种方案,都要承担一定的风险。

①风险型决策标准。从上述决策分类中可知,风险型决策具备 5 个条件,由于风险型决策在所具备的条件中存在不同自然状态下不可控制的因素,所以统一决策方案在执行中会出现几种可能的结果。而且,由于风险型决策中存在自然状态的不确定性,决策者对各种自然状态的概率及其损益情况只能进行大致的估计。因此,风险型决策便存在一个选择决策方案的标准问题。选择风险型决策方案有很多标准,应用较为普遍的标准是采用最优损益期望值标准,简称损益期望值标准。损益期望值标准就是根据不同自然状态下的概率,计算出各种方案的期望值,并以此为标准,选择受益最大的或损失最小的决策方案为最佳决策方案。因此,在具体应用中,又可分为最大期望收益值标准和最小期望损失值标准。

②风险型决策分析方法。以损益期望值为标准,根据各种不同的自然状态和所计算的各种数据分析,风险型决策分析方法主要有:决策表分析法、决策树分析法和矩阵分析法。具体有 3 种方法:一是采用最大期望收益值标准来选择最佳决策;二是采用最小期望损失值标准来选择最佳决策;三是采用最大可能准则分析法来选择最佳决策。

A.决策表分析法。该分析法即运用统计分析,通过有关表格计算出各种方案的损益期望值,然后经过比较,按照最优期望值标准来选择最佳决策的方法。

实际上,最大可能准则分析法是将两个或两个以上的自然状态的风险型决策简化为一个自然状态的确定型决策问题来进行决策的,用最大可能准确分析法的最大的特点是比较简单和稳定。但应提醒注意的是,最大可能准则分析法只能适用于若干自然状态,有某个状态出现的概率比其他状态出现的概率大,而且在该状态下,各方案的收益值或损失值差别不太大的情况。若自然状态概率都很小且相差不大（即失去可能性大的这一优势）,采用最大可能准则分析法进行决策的效果就不好,甚至会产生错误。

B.决策树分析法。该分析法因运用树状图形分析和选择决策方案而得名,它是一种以图解为辅助进行风险型决策的方法。

决策树图形是对某个决策问题分析和计量过程在图上的反映。决策树图形的内容包括:决策点,用方框表示。决策点是对几种可能方案选择的结果,即最后选择的决策方案。方案枝,由决策点起自左向右画出的若干条直线,每条直线代表一种备选方案,方案枝的枝数表示可行方案的个数。机会点,画在各方案枝末端的一个圆圈,代表备选方案经济效果,通过比较机会点的经济效果,就可选出最佳决策方案。概率枝,由机会点向右画出的若干条直线,代表各备选方案不同自然状态下的概率,其作用是根据不同自然状态下的收益值和概率,计算出各备选方案在不同状态下的期望值,以便制订出机会点的备选方案。期望值,各备选方案在不同自然状态下的收益值乘以概率的计算结果,是为制订各机会点的备选方案提供数据的。期望值一般放在各概率枝的最右端。

应用决策树分析法的步骤:

第一步,画出决策树图形。

第二步,确定概率值。

第三步,计算各自然状态的期望值。期望值为各种自然状态下的收益值分别乘以概率之积。将计算的各备选方案在不同自然状态下的期望值填写在决策树形图中各概率枝的末端。

第四步,计算各备选方案的期望收益值。期望收益值是备选方案在各自然状态下的期望值之和。将各备选方案的期望收益值填写在决策树形图中的机会点圆圈上。

第五步,选择最优决策方案。根据决策树形图,对图中各机会点的备选方案进行比较衡量,选择受益最大的方案为最佳方案,将该方案的最大期望收益值填入图中的决策点方框上方,并在劣于最佳方案的其他方案之上打上"×"号。同时,进行一定的定性分析,确定最后的决策方案。

采用决策树进行决策有许多优点:一是,它构成一个简单的决策过程,使决策者可以按顺序有步骤地进行决策分析;二是,决策树以其直观的图解,使决策者形象地明了事态发展中可能出现的自然状态、其可能性大小、各种自然状态的风险结果以及可以互相代替的方案,从而有助于决策者进行科学的分析、思考与决策有关的各种因素;三是,在画出决策树图形后,便于集体讨论和共同分析,有利于权衡利弊,作出决策。

③矩阵分析法。该分析法是通过矩阵形势分析来达到最优方案选择的方法。它适用于处理分析数据很多、计算不便的风险型决策问题。

(3)不确定型决策方法

不确定型决策问题是对未来各种自然状态可能出现的概率无法进行预测和估计的决策问题,因此,不确定型决策在很大程度上取决于决策者的主观臆断。

对不确定型决策问题的决策,不同的决策者会运用不同的决策标准来进行决策分析,下面是常用的几种分析方法(决策标准)。

①最大最小收益值分析法(小中取大标准法)。最大最小收益值分析法是在计算出各方案在各种自然状态下可能最小收益的基础上,以最大最小收益值为标准,从这些最小收益值方案

中选择最大的一个方案作为决策方案。这种方法,实际上是把最小收益的自然状态假定为必然出现的自然状态,并在这几个最小收益的自然状态下寻找最大值,以确定最佳方案的方法,因此称为小中取大标准法,这种方法的主导思想是对客观情况持悲观态度,认为事情的结果总是向着不利的方向发展。既然万事都不如意,为保险起见,决策时只求在最坏的情况下找一个结果较好的方案,这是一种保守的分析方法。因此,有时也将此方法称为悲观准则法。

②大中取大标准法。大中取大标准法与最大最小收益值分析法正好相反。它是从各个自然状态最大收益值中选择最大的一个方案。这种方法实际上是一种好中取好的方法,其主导思想是对客观情况持乐观态度,所以有时也称为乐观准则法。

③最小最大后悔值分析法(大中取小标准法)。最小最大后悔值分析法是计算出在某种自然状态下,由于未采用最佳方案造成的最大"后悔"损失值,再经过比较,从各自最大的后悔损失值中选出最小的一个后悔值作为选择最佳决策方案的标准。这种方法的主导思想是根据决策时所选择方案在实施中未能符合实际情况而产生后悔的假设,把各自然状态下最大收益值与各方案在该状态下的收益值相减的差值称为"后悔值",并以后悔值最小的方案为最佳方案。

在实现决策的过程中,当某一种自然状态出现时,才会明白哪个方案的收益值最大,即这才是最佳决策方案。这时由于决策者在决策时没有采用这个方案而采用其他方案,便产生后悔。

④折中分析法。折中分析法实际上是一种指数平均方法,是介于最小收益值和最大收益值之间的一种评选标准。折中的方法是采用折中系数(用 a 表示),计算出最大收益值和最小收益值之间的折中收益值,然后选择最大的折中收益值为最佳决策方案。

折中收益值的计算公式为:

$$折中收益值 = a \times 最大收益值 + (1-a) \times 最小收益值$$

其中,折中系数 a 的值为 $0 \leq a \leq 1$。当 $a = 0$ 时,为保守标准;当 $a = 1$ 时,为冒进标准。a 的取值没有理论标准,是由决策者经过对历史资料的分析或根据个人经验和认识加以判定的。

上述介绍的4种分析方法所得到的决策结论不完全相同,是由于评选标准不同所致。最大最小收益值标准,其指导思想放在选择何种方案可取得最低限度收益值,属于悲观的标准。大中取大标准,其指导思想放在选择何种方案可使收益值最大,属于乐观的标准。最小最大后悔值标准,其指导思想则放在选择何种方案可使最大后悔值最小的标准上。折中标准则在最大收益值与最小收益值之间选择。因此,对于同一个决策问题,不同的评选标准会得出不同的结论。实践中,对于不确定型的决策问题,在理论上还未能证明哪种标准是最合理的。因此,究竟运用哪种分析方法,采用何种评选标准为好,则完全取决于决策者对待风险的态度和魄力。

根据国外经验,决策过程中最好采用各种标准进行计算比较,综合分析,将其中被确认为最佳方案次数最多的方案作为最佳决策方案。

3)酒店投资与经营决策的准则及步骤

(1)准则

现代酒店的经营决策适宜以美国管理学家西蒙创立的现代决策理论作为决策的理论准

则。现代决策理论的主要论点如下:

①决策是管理的核心与基础,是事关企业和全局的事。任何人,无论其职务高低,在工作中都要遇到决策问题。

②合理的决策不一定是最优的决策。决策的效果应从经济、社会、心理3个方面来进行综合评价,有限合理性原则是决策的标准。

③影响决策的因素是多方面的。决策者的情绪、需要、思想、性格、学识及联想力是不可忽视的因素。

④企业经营管理的活动可划分为常规化和非常规化两类。前者是可以程序化的,是不必经过决策过程选择的活动,后者则是不可程序化的。因此,非常规化的经营管理活动是决策的主要对象。

⑤涉及创新的决策过程应先确定总目标,通过手段—目的分析,找出完成总目标的手段和措施,然后将这些手段和措施当作新的次级目标,再寻找一套详细的完成方法。

(2)步骤

按照现代决策理论,决策的全过程如图3.1所示。

图 3.1　决策过程图

一般来说,决策的全过程应包括以下3个步骤。

①确定经营决策目标。决策的目的是为了达到一定的经营目标,确定明确的决策目标才能使所作出的决策将经营管理引向预定的目标。决策理论注重于定量分析与定性分析相

结合,因此,确定目标应力求做到定量化。例如,某项新的酒店产品的投资获利指数、回收年限等。确定决策目标时应注意到目标实现的可能性,必须将目标建立在确实有可能实现的基础上。目标确定后要有一定的稳定性和持久性,不能因个别原因更换或放弃。

②拟订实现目标的行动方案。拟订行动方案是进行科学决策的关键和基础工作。酒店经营决策所要解决的问题客观上都存在着多种途径和方法,所以应拟订出几种可行的行动方案以供选择,没有选择的方案就不存在决策问题。

行动方案的拟订应充分鼓励酒店各级管理人员和全体员工参加,应向全体员工征求方案,以便从众多的方案、想法中概括提炼出若干个可供选择的方案。

拟订方案时,应注意考虑各种可能存在的,对方案有影响的因素,并对这些因素进行定量分析,使之量化、具体化。

③方案评估和优选。方案的评估是对所拟订的方案内容、实施条件、效率和问题 3 项进行分析论证,衡量利弊,为选择最优方案提供各种参数的定量数据。

3.2　酒店的设计

设计是一门涉及科学、技术、经济和方针政策等多方面的综合性艺术,是基建程序中必不可少的一个重要组成部分。它对项目建设中的经济性和建筑使用时能否发挥生产能力或效益起着举足轻重的作用。

酒店的设计绝不仅仅是布局和装饰的问题,而且是包含多项新理念、新技术的综合性系统工程。优秀的酒店规划设计能为酒店整体系统的科学性、环保性、舒适性和良性经营运行打下完好的基础,有利于将来酒店营业时增加营业收入和降低营业成本,会使酒店未来的经营和管理更加得心应手。

3.2.1　酒店设计概述

1)酒店设计的概念

酒店设计包括整体规划设计、建筑设计(方案设计、结构设计等)、功能设计、景观设计、室内装修与装饰设计、配套设计等,也可扩大概念至酒店特色设计、文化设计等。简单地说,酒店设计包括功能规划、建筑装修、文化定位 3 项主要内容。

从酒店筹建的流程来看,酒店设计包括酒店概念设计、图纸深化(扩出)设计、图纸优化设计等。

从酒店筹建的设计内容来看,酒店设计可分为主设计和辅设计两大类。主设计包括建筑设计(地基设计、结构设计、抗震设计等)、内部装潢设计(室内设计)等。其中,结构设计包括混凝土结构设计、钢结构设计、砌体结构设计、木结构设计等。辅设计包括灯光设计、家具设计、艺术/附属设施设计、服务流程设计、超高结构设计、综合机电设计、室内外园景设计、特别灯光与声学设计、后勤区设计及品牌标识设计等。

从酒店设计的基础对象来看,酒店设计可分为新建酒店设计、翻新改造设计两大类。

从酒店设计的工作类别来看,可分为综合设计、分项设计、局部设计、细节设计。

酒店设计是理性设计与感性设计的高度统一,它的第一个切入点就是为经济效益这一目标服务。酒店设计的目的是为投资者和经营者实现持久利润服务,要实现经营利润,就需要满足客人的需求。

酒店可以为顾客创造多种文化,包括建筑文化、服务文化、管理文化、产品文化等。比如建筑文化,可以体现在建筑设计的个性美,"内方外圆""几何斜面""旋转球体""自然曲线",设计的独特文化体现,能大大加深顾客对酒店的印象。

2)酒店设计的理念

(1)适度性设计

为了迎合消费行为越来越理智的消费者,酒店普遍采用更加完善的设施设备来应对同类产品和市场产生的竞争,以便保持竞争实力,但这样做容易出现"过度设计"。因此,酒店的设计无须过分华丽,而功能舒适才是首要任务。

(2)与时俱进创新设计

当前世界酒店设计的潮流是在注重本土文化的同时,风格日趋现代、简约和时尚,形式上去繁从简,以清洁现代的手法隐含复杂精巧的结构,在简约明快、干净的建筑空间里发展精美绝伦的家具、灯具和艺术陈设。要让酒店保持时尚,酒店设计师就要独立创新和标新立异。设计师要有新思想、新创意,追求新技术和时尚。新设计要与国际接轨,具有一定的超前性。不能做一些过时的、老套的设计,如客房已经不用窗帘盒了,前台已经不用封闭式高台了,而改用独立式、开放式的更为人性化的柜台。

(3)精益性设计

精益性设计力求精品。其中,文化定位、环境塑造、空间营造是精益设计的关键。

(4)低成本高效果

设计一开始就要努力体现以比较低的成本达到最好的效果。如城市中的酒店就可以减少仓库面积和数量,充分利用社会上的物资配送力量和资源。

(5)客房设计是重中之重

客房是酒店的主体,客房的入住率将直接影响酒店的经济效益。客房是客人使用效率最高,停留时间最长的地方。因此,客房的艺术效果、硬件设施、装修材料、家具、艺术品的配置将影响酒店的规模和档次。客房也是最能体现酒店对客人的关照和态度的地方,客人入住以后,这种感觉会给客人留下深刻的印象,这一印象决定其是否再次入住该酒店。在酒店产业链中,先进的卧室和浴室的设计所带来的营业收入是最高的。因此,新建或改扩建的高星级酒店的设计主要关注床铺的舒适性以及房内的装修水平和浴室设施的完善程度,以求在客房设计和改善宾客感受上略胜一筹。但是,一流的装修和华丽的外表并不能保证能够获得较高的消费者满意度。

（6）绿色环保设计

要通过绿色设计建成绿色建筑,进而建造绿色酒店。

绿色设计也称为生态设计(Ecological Design)、环境设计(Design for Environment)等。其基本思想是在设计阶段就将环境因素和预防污染的措施纳入设计全过程,将环境性能作为设计目标和出发点,力求使设计结果对环境的影响最小。绿色设计的核心是"3R",即Reduce、Recycle、Reuse,不仅要减少物质和能源的消耗,减少有害物质的排放,而且要求相关产品及材料能够被方便地分类回收并再生循环或重新利用。

绿色建筑又称生态建筑、可持续建筑,是指建筑设计、建造、使用中充分考虑环境保护的要求,把建筑物与种植业、养殖业、能源、环保、美学、高新技术等紧密地结合起来,为人们提供健康、舒适、安全的居住、工作和活动的空间,同时在建筑安全寿命周期内(物料生产、建筑规划、设计、施工、营运维护及拆除过程中)实现高效率地利用资源(能源、土地、水资源、材料等),最低限度地影响环境的建筑物。绿色建筑是一种理念,它运用于酒店的设计、施工、运行管理、改造等各个环节,使酒店获得最大的经济效益和环境效益。

绿色酒店(Green Hotel)是指运用环保、健康、安全的理念倡导绿色消费,保护生态和合理使用资源的酒店。其核心是为顾客提供舒适、安全、有利于人体健康要求的绿色客房和绿色餐饮,并且在生产经营过程中加强对环境的保护和资源的合理利用。其内容除遵守国家法律法规和标准、证照外,还有节约用水、能源管理、环境保护、垃圾处理、绿色客房、绿色餐饮和绿色管理等方面的内容。

（7）人性化设计

酒店是消费者的食、宿、娱、商等方面的主要活动场所,其设计均要以满足消费者的正当需求为目标。对特殊客人的需求也要重视。

（8）文化性设计

成功的酒店设计不仅要设计新颖,要满足其使用的功能的需要,更重要的是要具备独特的地域性和文化性。酒店的设计在功能上要满足使用,这是必须与国际接轨的,也是具有同国际相同的规范、相同的标准,以满足不同国度及不同民族的消费权及使用权,而酒店的精神取向及文化品位则要考虑地域性及文化性的区别。这是现代酒店的一个成功所在。酒店设计师要研究新酒店项目所在地"文化",包括地域文化、民族文化、历史文脉,在最初方案设计中如能准确、合理地定位好酒店的文化内涵,酒店就具有了深厚的文化底蕴和无穷的魅力,从而带给客人不仅仅是生理上和情绪上的,并且是心灵上的享受。

（9）主题设计

新酒店的所有设计都要围绕一个主题进行,从风格、用材到细节等都要统一协调。多方面的设计不能各自为政,各搞各的,否则最后就成了"大杂烩""四不像"。如海滨度假酒店可围绕海洋这个主题进行设计。

（10）前后台并重

总体设计时要正确处理好酒店前台(即对客服务)部分和后台(即后台生产、加工、仓储、办公、安全管理等保障)部分的空间关系、总体比例、面积大小等。要改变过分重视前台而忽视后台的习惯性错误做法。

3) 酒店设计的原则

(1) 围绕和迎合满足客人的心理需求

每一位客人来到酒店之前,心里会对酒店有一种潜在的期待,渴望酒店能够具备温馨、安全的环境,甚至渴望这个酒店会给他留下深刻印象,最好有点惊喜,并使这一次经历成为他生活的一部分。营造一种温暖、松弛、舒适和备受欢迎的氛围,实现客人心理需求就是酒店设计者的天职。

(2) 服务和服从于经营定位的设计原则

市场定位是设计的基础,目标营销市场决定设计形式和经营方式。市场决定设计,设计反过来影响市场。

(3) 总体设计应遵循分区明确、关系密切、前后台分开的原则

现代酒店不论类型、规模、档次、外观如何,其内部功能均应遵循分区明确、关系密切、前后台分开的原则。

(4) 绿色环保的设计原则

现在,生态价值观越来越规范着人们的社会行为,酒店设计中更多的是积极提倡人文环境与自然环境的融合与共生,室内空间再创造的同时也应是人类生态环境的继续和延伸。新酒店设计要对生态系统和生物圈内不可再生资源建立循环资源系统,充分考虑诸因素彼此之间的相互作用、气候与建筑方位、昼光的利用等设计因素、建筑外表面与体系的选择以及经济准则和居住者的活动等诸多因素,积极利用再生资源、充分利用自然光、太阳能,积极组织被动式的自然通风,节约能源,加强天然资源的利用和保护,积极开发和使用真正环保型的装饰材料,建设绿色酒店。

(5) 轻装修重装饰原则

慎用反光材料:不锈钢、玻璃、壁画、水晶灯。酒店室内装饰的几个重要观点:要有凹和凸的空间;整体比例设计要合适。两种趋向:选用真品和仿制品;会议室色彩不应太乱。酒店建议要有一个主题墙。

(6) 要便于服务和维修的原则

设计需考虑能便于服务人员和工程维修人员完成工作。如管口的检修口安排也不能干扰客人的生活,而且不能破坏酒店室内建筑的整体性。凿开墙壁来维修管井是非常愚蠢的行为。

4) 酒店设计的关键点

(1) 酒店总体设计的关键点

①建筑外观的亲和感。进出路线、出入口等要方便客人;虚(如窗户)实(如柱子、墙体)结合;比例适中,三段式:群楼、主体、顶部,要注意符合黄金比例 1∶0.618,与周边环境相融合。设计要充分考虑酒店的文化底蕴等。

②建筑内部的人居感。要减少中间回廊,注意垂直交通,电梯选择(包括客梯和货梯),设计电梯尽量在一起,方便客人选择,电梯和客房的配比为1:70,群楼建议选择扶梯,防火梯(货梯)要与主梯分开。楼梯的独立交通,大空间的安排,屋檐散水(防止雨水流到楼面上),要合理设计内部交通与各类活动流线,各个功能面积的配比,机房和客用的面积关系,卫生间的布局和面积,客房门要错开。

(2)酒店结构设计应注意的问题

①星级对建筑净尺寸要求。

②客房面积和柱距的关系。五星级酒店客房开间和进深以 4.2 米×8 米的尺寸为宜,这样设计客人感觉比较舒适,也有利于地下车位的布置。

③电机井道的尺寸。

④投物井道的考虑。

⑤管道井的安排要分开,有一定空间。

⑥多功能厅活动隔断的承重。

⑦电梯门出口的高度要求。

⑧厨房地面不做沉降。因排水沟无法做。

⑨考虑安装振动设备时对服务区域的影响等。

(3)酒店水、电、空调的初步设计

酒店水、电、空调的二次设计一般为水电装修设计,应请相关专业设计院进行。

酒店供水要求净化、软化、消毒、稳压、直饮水。酒店内管网的材料首先要优先选用铜材(包括上水主管),其次考虑选用 PPR 管(利用率高,接头较贵),下水管不宜采用铸铁管。水平管道每 70 米要有一补偿装置(减少水锤),供水设计时要有两路为好(建议进行环网设计)。有必要进行净化和软化(去碱)和消毒处理,以避免人们的高血压、肾结石等病出现,可采用在管道中间有一段透明外加紫外线灯(消毒)办法;供水系统须设计合理的稳压装置。采用中水处理系统,做好水的二次利用,如浇花和冲马桶。

电气部分要选用可行的双路供电,须设计有备用发电机组。客房控制的配电盘安装位置要以方便客人为中心,方便维修次之(应考虑)。客房开关面板的选择要求:省力、手感好、简单明快,最好两只,不宜多。客房部分不集中控制电源,如手机充电(包括计算机上网)插座、冰箱电源插座、空调风机盘管电源等。清洁(扫)电源的合理布局。客用电源的设计高度要以超过桌面 10~15 厘米为好。布线与弱电管线的距离要注意,但按照目前的技术手段,不必刻意要求;设备启动电流与变压器选择的关系,80%的变压器符合配置效率最高。变频器设备的合理选用,以有效节能为目的进行考虑。各功能供电系统的有效分离。重视分区电量(包括水量、汽量、油量等)计量,区分以各系统为单位和以各部分为单位的两种情况。

(4)酒店的二次设计要点

①确认主题是前提。确认二次设计主题的前提是要注重文化内涵,考虑本土特色与旋律性的表现(设计的始末都要突出中心主题)。设计的作品由后来人进行评判。

②二次结构设计是重点。二次结构设计材料的选用应考虑其寿命等。对于预埋件应在

前期考虑。厨房设计单向通道以分离客用和服务通道,避免服务人员和客人接触,但厨房的服务通道距离不能过长,应把后厨加工制作和客人消费区域尽量设计在同一层面上。

③公共区域的二次设计是关键。附属功能区要有合理的缓冲面积,相同功能、相互有联系的尽量设计在一起;客用走廊宽度不小于1.8米,管道间门的位置应予以重视;附属信道(服务信道)要与客用通道分开;公共区域卫生间要重视大堂、餐厅等区域,不同区域内的卫生间面积设计应不同;店内水景的设计应慎重,尽量不采用固定式,因为水景增加了大堂区域的湿度,对装修物不利,也增加了大堂区域的噪声,且循环水的异味需要进行水处理,还需考虑水面以下灯具、连接线路的影响等;平面布局的调整要以客人为本,要注意人流、噪声、功能、空气污染等与平面布局的关系。

④酒店艺术品的设计。酒店艺术品的设计要与酒店的文化内涵相协调。要正确对待个人的爱好和客人欣赏角度的关系。艺术品的种类不宜繁杂。艺术品要体现"重装饰、轻装修"原则。酒店的色彩数量要有所控制。

⑤酒店背景音乐的作用。不同场合的音乐选择不同,民族音乐与西洋音乐应合理使用。

3.2.2 酒店的空间结构与功能布局的规划与设计

酒店的设计不但要新颖,有吸引力,更要有实用价值。除客房外,还要有足够的空间,即供客人活动的公共场所,使客人能在工作、旅游之余有休息和娱乐的地方。恰当的空间结构和合理的功能布局,既能给客人带来舒适愉悦的享受和体验,更能充分利用空间,节约酒店建设投资和运营费用,为酒店创造良好效益,也为酒店的"可持续发展"奠定良好基础。

1)有关建筑—人—空间的理念

空间感是建筑体面的虚实围合给人的心理感受。

人和空间环境有着奇妙的互动关系,人对空间与环境的感受和体验直接影响人的心理状态。酒店是给离开家的客人提供住宿及其他辅助性产品的地方。酒店服务的无形性、不可分割性、易逝性、易变性决定了服务产品的体验本质。因此,酒店从规划设计开始就要处理好建筑、空间与人的关系,最佳境界是天地人合一。

客人购买的酒店产品,主要是对一定的空间(如客房、会议室、餐厅包房等)在一定的时间内拥有了相对所有权。客人在此空间活动的过程中,舒适的消费体验在很大程度上源于酒店空间的合理性,即符合人体工程学。建筑的舒适空间是通过对景物、声音、方向、表面、高度、光线和行走的地面有所变化所造成的,如有过渡空间的房屋比径直通向户外空间的房屋要宁静得多,而且它具备私密的领域感。人通过建筑空间所产生的实体变化而产生了心理变化,"最重要的是景物的变化",而达到了舒适的感觉体验。同时注意形成空间视觉观察的层次,外空间成为内空间的"天然背景",而透过次天然的背景可看到更好的远景。如花园、露台、街道、公园、公共户外空间、庭院、绿荫街道都必须使其具备分明的层次,这样才能够使舒适生活具备可能性。

建筑的有效空间也在于建筑与空地之间进行的规划同构,而往往过多的建筑忽视空地与建筑的关系而导致空间失效。

土地有其区位价值,也有其自身价值以及组成价值的各种成分,其中生态价值是一个稀有的成分。

在建筑内部的有效空间必然接纳阳光,空间天然光是室内空间必不可少的。循环不已的阳光对维持人体生理节奏有着决定性的作用,太多的光线扰乱了人的生理机能。同时,建筑的形状对于内部清净或拥挤相对起着很大的作用,对人们的舒适与安宁有着决定性的作用。建筑物室内方形形态彼此干扰使得室内空间模糊,舒适的室内空间是安静与喧嚣的结合体。而狭长形态却能够解决这个矛盾,其长条形状扩大了建筑内部点到点之间的距离(房与房之间的距离),增加了人们在一定的区域内能获得相对安静的舒适性居住条件,人也只有逃离了某种限制方能追求这种对舒适空间的享受。

针对新酒店项目,要特别重视对项目的人性、自然和文化内涵的关注和挖掘,正确处理好人与酒店建筑空间的关系,努力让人(包括客人和员工)与自然环境、建筑本身和谐统一。在规划设计酒店、空间处理、环境设计时都要进行系统的思考,努力使酒店不仅具有完善的物理功能,同时还具有体验、激励等心理功能。目前有一种错误的做法就是孤立地看待酒店建筑,过分关注视觉的冲击(如外立面的强势与华丽、内装饰的过分奢华等)与概念的渲染,而忽视对人的活动及其规律的研究,急功近利、重表轻里。

2)酒店的空间结构

酒店的空间结构包括 6 个方面的因素:空间形象因素、空间环境因素、空间尺度因素、空间风格因素、空间功能因素、空间应用相关规范因素。其中,形象因素包括建筑物外形、内部空间形象两个方面;空间尺度因素主要指酒店建筑结构,如占地面积、长宽比例、楼高、层数与层高、进深、柱网等;空间功能因素主要指酒店的功能布局、空间分割与组合、功能配套等。

理性与感性的完美结合状态应该是将酒店设计的建筑规划与室内空间融合为一体。装修设计都是在已有建筑构架之上进行的,需要处理好空间的互融性(室内与室外空间的融合、室内空间的融合),建造空间结构和谐的酒店。

笔者认为,和谐的酒店空间结构分两个方面:一是酒店作为一个整体,与周边环境、景色、建筑物等之间的结构关系,即酒店建筑和周围环境的协调、酒店功能与周边建筑和所在社区功能的配套,这是大结构;二是酒店内部各功能区的设置、分布、面积、形状等之间的结构关系,即酒店建筑内外环境的和谐,这是小结构。通过预先设计和科学划分,力求功能与布局合理,材料与档次匹配,格调与色调吻合,立体与平面协调,酒店建设与环境保护平衡,节能、节约资源与节地结合,达到生态平衡和可持续发展。

此外,酒店的空间盈利率要占到总建筑面积的 85%,这是一个最佳的状态。现在很多酒店因为规划和设计不合理,出现大堂过大、走道过宽、无效面积过多等现象,导致空间盈利率低于 60%,造成很大的投资,但未收到实际效果。

(1)外部空间大结构

广东省番禺的长隆酒店是正确处理酒店大空间结构的一个成功的现例。酒店与整个野生动物园融为一体,气势磅礴,环境优美,坐拥 6 000 亩热带植物翠景,酒店、客人、野生动物、热带丛林相得益彰,和谐互动共生,使得酒店具有浓厚的自然生态、特色文化。其设计将富有特色的自然景观移植进酒店，与酒店建筑融为一体。建筑外形没有在高度上做文章，也没有采取垂直单体的形式，而是采用几个互相独立又互相连通的建筑组群，每个单体又有独特的设计风格，形成了一种磅礴的气势。

需要强调一点：平面布局从立体看，要正确处理平面和立体不同的视觉效果关系，如酒店室外的景色、游泳池等，不能单看平面布局图，要多从楼顶去俯视以感受空间比例关系是否合理。还有建筑物中间的中庭与自然采光的关系。

（2）内部空间小结构

①视觉空间。一个建筑、一个室内空间给人最直接的印象就是尺度感。

酒店建筑物部分与整体之间、局部与局部之间、主体与背景之间的搭配关系应能给客人一种美感。最关键的就是要注意选择最好的比例感。此外，还要考虑平衡（对称平衡、不对称平衡）、和谐等。

比例与美有着密切的联系。古希腊从公元前就知道把比例用在建筑上来取得建筑造型的美。造型如果没有优美的比例，往往不易表现出匀称的形态。相等的比例没有主次，感觉平淡；过于悬殊的比例又产生不稳定感。比例是造型上的一大难题，不仅要追求美感，还要讲究实用。室内空间中，各种空间、高度与长度等都要注重比例问题。一般采用黄金法则1:1.618或0.618:1。

酒店大堂、中/西餐厅、宴会厅内应尽量控制柱网的数量，尽量缩小柱子尺寸，还要控制天花板高度，以扩大视觉空间效果。会议室、歌舞厅、多功能厅等应无柱网。

②楼层高度。它包括两个方面的内容：一是理论设计高度，即层高；二是实际应用高度，即天花板高度。

客房标准楼层的高度，简称层高，受3个因素的影响：一是天花板高度（各室内、公共走廊、电梯间等）的设定；二是结构体、梁高及设备系统（空调、配管、消防喷淋头、音响、感应器等）所需空间的高度；三是地板、耐火层（钢骨结构）等表面材料的尺寸及施工方法。楼层高低应介于2.7~3.0米。

客房天花板的高度以2.4米为最低高度，太低了容易产生压迫感。也要防止出现房间狭小、天花板太高的空间，让人产生恐惧感。公共走廊的天花板高度最低以2.1~2.2米为限度。

③面积比例。在酒店设计中，各类设施的面积是有一定的比例配套要求的。这个比例越科学就越能符合经营需要，更有利于产生更大的每平方米产出。这个比例也要与酒店的定位、目标市场相匹配。酒店类型不同，比例差距就明显。

酒店常用两组面积数据来描述规模和状况：一是占地面积和建筑面积；二是对客服务区面积（又称为公共区面积）和后台工作区面积。第一组数据涉及建筑容积率、建筑密度等技术指标，也关系到酒店客人的舒适度。第二组数据涉及酒店的可经营面积、盈利能力等经济指标，既关系到酒店客人消费过程中的舒适度，更关系到酒店的收益与寿命。

这两组数据也都关系到酒店建设成本的合理性和投资人的利益，因此需要认真对待。目前酒店设计中出现的过分豪华、好看但不实用的设计错误现象需要引起重视和纠正。

酒店的各类面积比例决定了将来酒店收入的比例。面积构成分为营业面积及非营业面积，计算时可考虑以二者占总楼地板面积的1/2为一般原则，其中：

A.非营业面积。

a.客房的动线、门厅、电梯、电扶梯间、客用厕所等占 18%~23%；

b.客服部门、布草间、洗衣房等占 3%~5%；

c.厨房、验收、仓库、冷冻室等占 4%~7%；

d.管理部门办公室等占 3%~5%；

e.员工餐厅、更衣室、休息室等占 3%~5%；

f.机电设备室、管道、工程工作室等占 8%~12%。

B.营业面积。

a.客房营业面积为 34%~55%；

b.客房公共空间为 8%~15%；

c.餐饮面积为每一席位 1.5~3.0 平方米；

d.宴会厅面积为每一席位 1.6~1.8 平方米。

通常来说,客房的总面积占酒店总建筑面积的 50% 以上(其中,客房部门的净营业面积为客房总面积的 65%~70%),餐饮娱乐面积占 20%~25%,走道、大堂等公共面积占 15%~20%,酒店内部管理功能区占酒店总面积的 10%~15%。各部分具体的数据见表 3.1。

表 3.1　根据酒店客房总数倒算公用设施面积参考标准(欧洲酒店标准)

经营区域	可延伸的、大型	中型	小型
大堂			
餐厅、咖啡厅	1.0~1.2	0.8~1.0	0.4~0.8
酒廊/酒吧	1.4~1.8	0.8~1.2	<0.6
多功能厅	0.8~1.0	0.6~0.8	<0.4
会议室	3.0~4.0	1.0~2.0	<1
行政及后勤区域	低(a)	一般(b)	高(c)
行政			
前区办公室	0.2	0.4	0.4
其他办公室	0.3	0.6	0.9
厨房及库房	1.0	1.5	2.0
洗衣房	0.6	0.8	0.9
仓库	0.4	0.5	0.6
储藏间	0.5	0.7	0.8
员工区	0.6	1.0	1.2
工程区	1.0	1.8	2.3
系数	15%	20%	25%

注:1.经济型酒店公用面积可进一步减少;

2.500 间客房以上的酒店将适当减少。

④室内区域布局。酒店内的所有区域,包括一个小间房内或一小块区域的布局也要精心设计、合理布局。如客房卫生间靠窗还是靠门、家具的位置布局、客房的功能区域划分等,都要事先设计好,因为其涉及灯具、开关、插座、管道等的相应位置与分布。

⑤空间的专用属性。谈起酒店空间,还有一个属性概念,根据其用途可分为专用空间和混用空间。专用空间的用途单一,空间的属性内涵小,如总统套房、VIP 专用电梯、传菜电梯、消防电梯、机电设备用房等;混用空间的用途较多,空间的属性内涵大,如多功能厅、公共卫生间男女共用的盥洗台、会议中心的休息区等。

(3)土建设计

土建设计、结构设计主要由建筑设计师来牵头完成,解决新酒店建筑的布局、空间结构、造型、避难层、安全疏散等问题。

土建设计与机电设计、装修设计是息息相关的,三者的设计应在确定了酒店功能布局以及主要设备选定型后才能进行。例如,高层的酒店建筑必须设有设备转换层,而土建设计就须处理好转换层的层高;高层酒店一般要考虑裙楼的设计,没有裙楼的酒店很难合理地布局;厨房和设备用房究竟需要多少面积;多功能厅是否可以减少立柱避免影响使用效果;又比如功能布局未敲定前,厨房和客房卫生间设计就不能降板,以免造成返工。别墅型酒店在选择空调主机时应区别于高层酒店,否则浪费能耗,管理麻烦,因而在土建设计时要充分考虑不同空调机房的设置和面积;另外,若墙体采用轻质材料,在土建结构上可考虑减少钢材和水泥用量,大大节省土建造价等。

3)酒店的功能布局

室内设计师在酒店方案设计阶段要与业主、酒店筹备人员、酒店专家顾问等充分沟通,充分地进行市场调查,根据不同的酒店类型,恰当地进行功能布局与流程的合理设计,以最大限度地发挥酒店的经济效益和社会效益。

(1)功能布局概述

酒店的诸多功能在布局上分两个方面:一方面是平面布局;另一方面是立体布局(包括楼层分区、室内立体布局)。另一种分类是酒店外部布局和内部布局。在设计和考虑布局方面要注意 4 个要素,即位置、功能、面积及流程。

商务酒店多属高(多)层建筑,其建筑结构形式常由主楼和裙楼(或附楼)组成。度假型酒店的建筑结构形式多样,常见别墅或多层分散建筑。主楼分地下(一般为 1~3 层)部分和地上部分。地下部分多用于设备机房、后台设施(如员工更衣室、员工餐厅、员工活动室、洗衣房、库房等)和辅助对客服务区(如停车场、康乐中心等)。地上部分为主要对客服务区域。

酒店内部空间的使用一般分成 3 个主要功能区域:客房功能区(50%~70%)、公共功能区(20%~30%)、内部管理功能区(10%~15%)。酒店外部布局包括运动区、温泉区、观景区、停车区等。度假酒店项目包括度假区、休闲娱乐区、行政区、配套设施(宿舍、设备房等)4 个分区。

功能布局合理,包含 3 层含义:首先,服务区域的划分要合理。酒店一般分客房区、餐饮区、公共活动区、会议和展览区、健身娱乐区、行政后勤区。其次,这些区域既要划分明确,又要有机联系。最后,空间比例要恰当。除了功能区域的面积比例外,还有产品系列的比例,如房型(标准间、套房、单人房、豪华单人间等)比例、餐厅包房的比例(数量、面积、种类 3 个比例)等也要合理,符合酒店定位和目标客源市场的需求。

（2）功能的确定

在设计之前,最好根据不同的市场定位、各种空间在整个酒店所占位置及面积、比例的不同,绘出一份流程示意图。功能划分既要满足客人食、宿、娱、购、行的各种行为,还要保证酒店管理方(包括各个工种作业)的各种行为顺利进行(避免交叉作业)。对此,建筑设计人员需要与酒店投资人、筹备方、顾问方等进行认真的研究与探讨,最后确定"酒店功能流程图",以此作为酒店空间结构与功能布局设计的重要依据。

（3）客房功能区

在现代酒店总建筑面积中,客房的总面积应占到酒店总面积的 70%～75%,这是一个比较合理的比率,否则就降低了酒店的盈利空间。但也有特例,如广东的酒店的客房比率可以略低些,而餐厅的比率稍高些,这是因为广东人对饮食的要求远远大于对住宿的要求。全国酒店平均下来,餐饮收入仅占总收入的 20%,但广东的酒店可超过 50%。

酒店的主要收益来自客房,客房功能区面积占酒店总面积的 50%～75%,客房有效面积占客房功能区面积的 70%以上。设计师要在每层客房的设计中尽量节省空间,增加数量,尽可能解决垂直、水平交通的问题和保证客房的基本支持面积。

从建筑设计提供的基础条件来分析,最经济的客房空间通常是一个建筑柱距间分割成两个自然间。20 世纪 80 年代时,客房的柱距间多采用 7.2 米×7.2 米、7.5 米×7.5 米,到 90年代多采用 7.8 米×7.8 米。近几年来,五星级酒店多采用 8 米×8 米、9 米×9 米的柱距间,这使客房越做越大,标准越来越高,其空间尺度(客房开间尺寸、客房面积)越来越接近美国标准,当然舒适性也越来越好。客房部分的通道净宽度,单面客房排列时至少 1.3 米,双面客房排列时至少1.8 米。

分析客人在客房中的各种活动、停留的时间等因素,从建筑成本的经济核算与客房的舒适度的关系来看,设计时可将客房的长度延伸一些,客人在其中就会感到舒适很多。因为将客房加宽所需的建筑成本要高一些,而对客房舒适度的影响却可能会小一些。

客房有 4 个使用功能区域:睡眠区间、工作起居区间、储存及走廊区间、卫生间。一般来说,房间内各区域的净面积为:睡眠区间 6～8 平方米,工作起居区间 10～16 平方米,储存及走廊区间 3～5 平方米,卫生间 4～7 平方米。客房净面积(不包括浴厕)每间最低面积为单人房 13 平方米、双人房 19 平方米、套房 32 平方米;客房卫生间净面积最低 3.5 平方米。

酒店设计除了要处理好客房与餐饮区面积的比例关系外,还要处理好客房类型的比例关系,即单人房、双人房、套房、特色客房等在客房总间数中的分配比例。目前商务酒店的单人房需求量较大。

（4）餐饮功能区

餐厅的规模在一般情况下以客房的床位数作为计算依据,标准餐位 1 位/床,会议和度假酒店 1.2~1.6 位/床,商务和休闲酒店 0.6~0.8 位/床。餐饮面积以餐位为标准,每一个餐位平均 1.5~2 平方米(不包括多功能厅或大宴会厅),以此推算出餐厅项目群的面积。根据地理环境,如需要对店外餐饮消费者开放,则按照市场需要增加餐饮面积。按照我国《酒店的星级划分与评定》的规定,四星级、五星级酒店一定要有一个咖啡厅,即快餐厅,位置与大堂相连,方便客人用餐,并烘托大堂气氛;要有中餐厅和宴会单间或小宴会厅,较大的酒店最好还能有 1~2 个风味餐厅;在外国客人较多的大城市的酒店里最好有一个规模适当的西餐厅,有装饰高雅、具有特色的酒吧。各色餐厅最好集中一个餐饮区,餐饮区除特殊需要外,一般放在裙房的一层或二层为宜。

厨房面积一般为餐厅面积的 70% 左右,西餐占 50%。厨房与餐厅要紧密相连。从厨房把饭菜送到客人的桌上在没有保温设备的条件下,最好不超过 20 米的距离。厨房与餐厅要放在一个层面上,不到万不得已不要错层。

(5)会议功能区

随着我国现代化建设的发展和加入 WTO 以后国际经济交往的增多,会议旅游已成为不可忽视的客源市场。目前各地除有少量的专业化会议型酒店外,大部分是商务型酒店、观光型酒店和部分设有会议设施的度假型酒店。

会议设施包括大型多功能厅、贵宾厅和接见厅以及若干中小会议厅。会议室要根据酒店功能定位分别按照课堂式、剧院式、U 形桌、回形桌、宴会、酒会进行大、中、小 3 种类型的设计。会议可移动设备有各类麦克风、计算机投影仪、普通胶片投影仪、幻灯机、电视机、摄/录像机、白板、碎纸机等。会议服务内容要能提供冰水/茶、文具、毛巾,同时提供背影板、指示牌制作及文件打印/装订、请柬制作、专业摄影等服务。会议室的配套空间有盥洗室、储藏间、衣帽间、化妆间等。

多功能厅要豪华大气,拥有专业灯光、音响设备,可接待最高级别的各式宴会酒会、各类会议及展览、时装表演、演出、网络视频会议活动,集会议室、宴会厅、表演厅、展览厅等多种功能于一体。多功能厅在使用时应能灵活分隔为可独立使用的空间,且应有相应的设施和储藏间。

多功能厅要有良好的隔音和充足的灯光,除固定灯光外还要有活动灯光,以供各种表演和展览使用。多功能厅可用折叠的活动家具,根据不同的需要随时可以拼装成各种类型的台面。多功能厅一般不设固定舞台,需要时采用拼装式的活动舞台,舞池也用活动地板拼装而成。多功能厅的面积要根据市场需要和酒店的规模而定。在一般情况下最好不少于 400 平方米,大的可以到 1 000 平方米或更多一些,或另外具有 500 平方米的展厅。与多功能厅紧紧相连的部位要设有贵宾厅和接见厅,要有适量面积的厨房或备餐间和一个家具周转库房。

大型专业会议厅要具有同声传译、放映、灯光、音响、转播、控制等功能,有音响设备、投影设备、宽带网设备、电话会议设施、现场视音频转播系统等。如召开国际会议和多民族的国内会议,还要有同声传译设备(至少 4 种语言)。

各类会议室的数量应有两间以上。小会议室至少能容纳 30 人。这些会议室空间也可以多功能使用,可以开会也可以作小宴会厅和宴会单间。有条件的能够有一个相当于大型多功能厅1/2面积的中型多功能厅就更加完善了。

会议室的位置、出入口应避免外部使用时的人流路线与店内客流路线相互干扰。各类会议空间及设施应组成一个会议区,最好能放在一层或一个区域。可设在裙房的一层或二层,以方便会议客人,并避免服务设施、人员等的浪费。会议厅要有足够的公共卫生间,包括残疾人卫生间和清洁用具储藏室。

(6)康乐功能区

不同类型的酒店对健身娱乐设施有不同的要求。休闲度假型酒店和会议型的酒店的健身娱乐设施需求量大。商务和观光型的酒店则以健身设施为主,如游泳池(北方寒冷的时间长,最好是室内游泳池)、健身房、桑拿浴和按摩室、台球室和棋牌室等。设有国内会议设施的酒店可根据需要设保龄球室。这些设施组合成一个康乐区或称康乐中心。康乐区一方面与客房相通,便于客人直接到康乐区健身;另一方面又要与客房区分离,以免影响客房区的安静环境。

(7)公共功能区

公共功能区有众多的功能,其面积指标的规划要由市场分析、投资规模、经营方式和客房数量来综合确定。公共区域设计应特别遵循独特、文化性、亲和力、整体感、舒适和服务至上的原则。

公共功能区的功能设置一般在裙房或低层,这样便于酒店内外的宾客使用,也便于大量的人流、物流的调度安排和公众性与私密性空间的处理。当然,有的大酒店也将顶层设置为餐厅,这主要是经营者想制造出一个更优美的用餐环境来吸引客人,而且垂直交通得到很好的解决时才可采用这种处理方式。

无论是酒店业主、酒店经营者,还是设计师对酒店公共功能区的重视已到了无以复加的程度。酒店公共功能区直接展现出酒店的级别和豪华档次。公共功能区包括大堂、服务、餐饮中心、娱乐中心、会议中心、交通面积等,而大堂和共享空间则历来被视为重中之重。

(8)后台区设计原则

酒店能否正常经营,在很大程度上取决于酒店行政管理与后场区域的设计是否合理。其设计原则如下:

①为员工安排专用通道以便他们的其他工作活动不影响客人。酒店员工则分为两类:一类是员工面对客人提供直接服务,如前厅部、管家部、管饮部;另一类是员工间接为客人提供服务,他们保证酒店的各种设备正常运行,很少与客人见面,如工程部、厨房部。酒店设计要为这些部门的酒店人员安排好工作环境。

②总服务台是所有办公部门中最直接面对客人的部门,其布局分为前台和后面工作区,前台长度与客房数量的多少相关,一般以200间客房数为基点,也就是10米左右,客房增加,前台也相应要加长,客房减少,前台可短一些。前台与后面工作区的面积计算公式为:客房数×(0.3~0.5)平方米。

③行政管理办公区主要由7大部门构成:人力资源部、销售部、公关部、餐饮部、管家部、财务部、秘书室。这7大部门常常合在一起办公(也有分开办公的),行政管理办公室的装修

与酒店的其他两个功能区一样重要,它对增加员工士气、提高管理效率、提高酒店档次具有不可低估的作用。现代酒店总经理办公室多数设在便于与客人接触的地方,而不是设在客人不易找到的地方。财务办公室最好设在与营业部门相近的地方。党团工会和人事部门的办公室最好设在便于与酒店职工联系的地方。职工用房包括职工食堂和厨房、职工更衣、洗浴室、职工培训室、文体活动室、倒班宿舍等。这些职工用房最好集中在一个区域内,一般设在地下一层和地上与主楼相通的裙楼或配楼中。行政用房和职工用房的面积一般控制在总建筑面积的 4%~6%。

(9)楼层功能分区

划分楼层功能区域也是一个重要的工作。具体的正确的楼层分区要点如下:

①区分消费群。物以类聚,人以群分。要把一些相同的消费者、相同的功能区尽可能地设置在同一个楼层或同一个区域。例如,喜欢喝咖啡、喜欢阅读的人总的来说是需要静谧的环境氛围,与喜欢热闹的夜总会消费者恰恰相反,因此,不能把咖啡厅、阅览室与夜总会设置在同一个区域,不能把商务中心设在娱乐区域。大型及中型会议室也不应设在客房楼层。

②考虑消费客人的感受和体验。客房要尽量位于高楼层,这样视野好、户外干扰小,能满足客人私密性要求。西餐厅、封闭酒吧、风味餐厅要与桑拿健身、泳池分别在不同楼层安排,不要相隔太近,也不要安排在同一个楼层,否则,不同味道的混杂也会破坏客人的美好消费感受和体验。

③考虑客人需求的连续性。如将健身房安排在与游泳池较近的地方;西餐厅安排在与封闭酒吧、咖啡厅较近的地方;零点餐厅安排在一楼,与中餐厅、风味厅靠近;多功能厅与会议室安排在同一楼层。这些安排就是考虑了客人需求的连续性。

④尽可能集中同类项,以减少相应的物料流转、人员流动等。如把后台类空间、设施等相对集中,设立行政服务楼层、女士专用楼层、把残疾人房放在低层等。一种常见的错误做法是在功能安排上没有相互照应,只是根据面积大小来安排,结果形成同类功能过于分散,不便于客人使用。此外,餐厅、会议宜设置于低楼层以方便人流进出。

4)专业设施设备的布局

以上主要从酒店服务产品功能方面阐述了空间和布局问题,还有一类布局问题常常被设计人员和筹建人员忽视,即酒店专用设施设备的合理布局问题,它直接影响酒店的正常运行成本。

(1)设备用房的位置和联合修建

酒店设备用房包括两类:一类是机房(给排水、空调、冷冻、锅炉、热力、煤气、备用发电、变配电、防灾中心等);另一类是维修用房(机修、木工、电工等)。各种设备用房的位置应接近服务负荷中心。运行、管理、维修应安全、方便,并避免其噪声和震动对公共区和客房区造成干扰。还应考虑安装和检修大型设备的水平通道和垂直通道。

从设计上来说,应考虑利用酒店附近已建成的各种有关设施或与附近建筑联合修建,但从酒店运营管理上来说不方便,将来容易受制于人,产生过高成本且影响服务品质。消防控制室应设置在便于维修和管线布置最短的地方,并应设直通室外的出口。

(2)专业设施设备布局的合理创新

通常情况下,电话总机、计算机局域网、消防监控系统、VOD电影点播、卫星及有线电视等系统往往分设在几个房间,这样的空间布局就不合理。在满足功能需要的前提下,要合理利用政府法规和结合酒店实际,合理布局,合并同类项,大量压缩不挣钱的机电用房面积,同时可将多工种岗位合二为一、合三为一,为酒店经营留出更多的面积。例如,将自控热能锅炉的操作管理与制冷设备操作合理地布局,利用一个操作技工进行现场管理;利用场地合理地布局,将消防控制设备、治安监控设备、电视频道监视设备合三为一,统一到一个岗位进行管理操作;利用安全员巡视的机会把辖区内部门和工程部能耗管理的职责统一到人等。一般来说,中央空调、新风机组、热交换系统、全部楼宇强电控制柜、污水泵等设施的布置至少需要300平方米。某公司突破原有思路,大胆创新,先进行机电一体化整体设计,计算出各功能区域人流密度及载荷量和安全系数,再将能选定的机电设备在室内三维空间进行最优化布局,计算出管钳等维修工具的长度、旋转半径,维修人员的弯腰角度、臂长等尺寸,精确至厘米,然后加8%~10%的活动余量,保证设备主体和维修环境功能实际所必需的三维空间高度、宽度、深度,以科学计算数据为依据,计算出设备机房的实际尺寸,然后再挖地,建设备机房,使整个动力机房压缩至60平方米以内,是常规机房面积的1/5。

(3)发挥专业筹备人员的作用

设计单位往往对酒店设施设备运行、维护的边界性、运行成本等因素考虑不够,因此,需发挥好酒店运营专家、顾问、职业经理人等的作用。他们能根据自身的管理经验,合理利用建筑的格局,充分发挥专业知识,在酒店设施设备的布局和选型方面发挥"一锤定音"的作用,达到"场地节约、人员节约、管理简化、维修方便"的目的。

5)酒店空间布局设计的注意要点

(1)要根据定位符合酒店星级规范要求,不能漏项

既要满足主要功能,也要满足配套功能。如有的酒店设计了多功能厅,能摆65桌,容纳700多人开会或就餐,但没有设计用来放置桌椅等物品的杂物间,每次布台和撤台特别费事。有的酒店在客房楼层没有设置专用的洗消间和布草间。

不同类型的酒店,餐饮、娱乐、客房的设计与功能布局均有所区别。比如,入住商务酒店的团体客人,他们常以会议、专业联系、销售、培训为主,一般留宿2~4晚,大多为男性,客人对单床、双床无过多要求;而入住的单个客人一般留宿1~2晚,这种客人从事的商务活动较多,而且喜欢客房是单人床且有浴室和工作区。入住休闲度假酒店的客人,大多以夫妻或家庭为主,多以度假、观光、旅游、运动为主,客房除有双人床以外,还要有露台、进餐区、储藏间和大浴室。总体来说,商务客人喜欢单人间,会议、团体客人喜欢双人间,休闲旅游客人可以多人住一个房间。同样,酒店中餐饮的规划布局也至关重要,设计前一定要制订好具体的经营方案。如会议酒店,早餐需要量大,酒店通常都设一个大餐厅提供三餐服务,同时至少设一个特色餐厅。而较偏远的度假酒店,游客在酒店停留时间较长,一般在酒店用三餐,除了

有两三个餐厅外,还应设一些室外休息室,像早餐露台、泳池房的快餐店,还可设烧烤等休闲餐饮。因此,需按照酒店的类型、结账方式以及需要的娱乐设施等设计出不同酒店餐厅的氛围、功能和布局。

(2)空间布局要考虑流线的合理性

酒店的运营过程中,存在"四流":人流(客人、员工、供货商等相关人员的进出、活动、办公等)、物流(物品的进出、内部的运转、库房的入出、厨房的进出、产品的加工等)、车流、信息流。这些"动线"流程是酒店运转的动脉。分明顺畅的"动线"流程能使酒店的各项功能协调有序地运转,充满活力;反之,则对客人满意度、服务质量、运营成本、酒店形象、经营效益等都有着巨大的、十分重要的影响。从建筑设计开始(不能等到室内设计时),就应高度重视流线设计的合理性问题。

例如,广东某酒店建筑面积为5万多平方米,整个建筑现代时尚、气度恢宏,但由于设计师缺少酒店专业知识,导致中餐厅的包房与厨房的距离超过了150米,营业时,上菜速度极慢;多功能中餐厅面积1 600平方米,但进出厨房仅有一个通道,整个服务流程很不流畅。又如,北京某酒店是单体楼,原设计中漏了仓库位置,后加在设备夹层,货物入库出库很是费时费力。

规划时要注意:客流、员工流、物流要有专用路线和线道(如残疾人线道、员工线道、服务流线等),流线要分开(不仅仅是要求员工与客人分开,就是员工通道也要注意把人与物分开,不要人物混杂,不然既影响工作,又容易出事故;车流通道通畅,与人行道分开)。门厅里的停车点要距离大门2米以上。

(3)要注意整体布局与局部布局的和谐性与统一性

要综合考虑酒店内外的景观、功能、流程等,不能只注重店内的装潢设计,而忽略了店外景观的设计与布局。

(4)酒店功能新的调整方向

①商场商品:减少。

②酒店餐饮:萎缩。

③酒店会议室:加强。

④健身设施:增加。

⑤娱乐设施:部分增加如羽毛球场地、健身操场地等,减少保龄球设施。

⑥外协服务:计算机维护、电梯维护、空调系统维护等。

(5)局部布局的特色性或特殊性

在重视和做好大的布局后,局部布局也不容忽视。否则,也容易出现一些让经营者感到遗憾的地方。举几个例子来说明,如酒店中的餐厅通常无法与酒店以外的餐厅竞争,这里面有前期设计和空间布局不当的原因。可将餐厅安排在酒店中临街的位置,使客人容易看到,而且不必穿过酒店大堂就可进入该餐厅;餐厅的设计也很重要,一个好的设计会让客人在此用餐后留下深刻的印象,并很有可能向自己的朋友亲戚提起,这就是餐厅设计的宣传效应。后天的良好经营就会形成"好酒不怕巷子深"的局面。如果是度假型酒店,餐厅的布局要求更高。

广东某酒店的会议中心旁设计有露天小花园,便于会议客人会间休息时片刻小憩。设计本意不错,但距离厨房的烟道过近,花草全被热烟烤枯了,需要不断地更换。

北京某酒店靠近环城路,而设计者偏偏将大堂大门、多功能厅(高层)等放在了酒店的西北角,秋冬北风劲吹时酒店大堂、多功能厅温度很低,中央空调根本起不了作用,工作人员和客人都很不舒服,而且大堂的灰尘也多。

(6)其他需要特别注意之处

对一般规模的度假型酒店来说,体育类运动场馆和设施的种类、规模数量要认真研究和分析。建议室内的、小型化的可以有一些,不主张设户外足球场。

①仓库的数量、种类、面积与位置。城市中的酒店因供应充足、便利,可减少仓库数量和面积,减少库存,充分利用供货商的仓库和供应能力。景区的酒店则相反。在店内,仓库的位置很重要,既要距离厨房很近,又要方便装卸,尽量减少多次装卸和长距离搬运。

②洗衣房的设计。酒店规模不大则建议取消,充分利用社会资源,以减少投资、减少人员、减少排污、减少能耗、减少管理。但要考虑急件洗涤问题。规模较大且客人洗衣需求大的酒店可考虑配套洗衣房,如果放在地下室,就要考虑物料运输问题。

③备品库要足够。备品库应包括家具、器皿、纺织品、日用品及消耗物品等库房。备品库的位置应考虑收运、贮存、发放等管理工作的安全与方便。库房的面积应根据市场供应、消费贮存周期等实际需要确定。

④职工用房包括行政办公室、职工食堂、男女更衣室、男女浴室、厕所、医务室、自行车存放处、值夜班宿舍等类别,并应根据旅馆的实际需要设置。职工用房的位置及出入口应避免职工人流路线与旅客人流路线互相交叉。浴室淋浴头按每 30 人至少要有一个来设置。

⑤干式垃圾应设置密闭式垃圾箱,湿式垃圾应考虑设置冷藏密闭式的垃圾储藏室,并设有清水冲洗设备。

⑥每层应设服务员工作间、贮藏间、开水间、消毒间、服务人员厕所,可根据需要设置固定或移动式服务台。

3.3　酒店的施工建设、开业准备与试营业

酒店在做完前期的投资可行性分析和酒店设计后,主要的筹建工作就是酒店主体建筑的施工建设和酒店的经营定位及开业准备工作。

3.3.1　酒店的施工建设

在酒店筹建过程中,涉及大量的招投标工作。招投标工作,不仅仅是在选择设施设备、用品用具、项目承担等,也是在选择筹建的伙伴,就工程质量和水准而言,酒店工程承建商的选择至关重要,而很多单位对此不够重视,实际操作上也多有失误。在此,着重强调招投标

的重要性。

1) 招投标的必要性和重要性

酒店筹建招标,主要包括设计招标、工程招标、设备招标、用品招标、管理招标等形式,也可分为审查性招标、采购性招标等。

在酒店筹建过程中,加强招投标管理十分必要,也十分重要。在酒店筹建或改扩建过程中,无论是设计与施工力量选择、设施设备及各种物品的采购还是其他方面等,无一不是通过招投标来进行选择的。

在酒店筹建过程中,工程负责人(或筹备负责人)如何巧妙地处理各种"关系",避免与复杂的社会关系网发生正面碰撞,又能有效避免滥竽充数、淘汰劣质产品和没有实力的单位,有效地控制投资成本和控制工程质量,公开进行招投标是一个常用的好办法。

采用招标投标方式进行交易活动的最显著特征是将竞争机制引入了交易过程,与采用供求双方"一对一"直接交易等非竞争性的采购方式相比,这种方法具有明显的优越性,招标方通过对各投标竞争者的报价和其他条件进行综合比较,从中选择报价低、技术力量强、质量保障体系可靠、具有良好信誉的供货商、承包商作为中标者,与其签订采购或工程施工合同,这显然有利于节省和合理使用采购资金,保证采购或工程项目的质量。招投标活动要求依照法定程序公开进行,有利于堵住采购活动中行贿受贿等腐败和不正当竞争行为的"黑洞"。

招投标也是酒店筹建办正确行使业主权力的一个最重要的体现。招投标的质量直接影响项目的工程质量、工期、工程投资等。因此,筹建办的全体人员,特别是总负责人都要高度重视招投标工作的组织和落实。

2) 酒店施工建设合同

标准的施工建设合同是一笔总付的合同,它包括所要完成工作的完备描述(建筑文件被用于此目的);酒店管理人员、承包商以及设计公司责任和义务的描述;工程费用及付费方式;开始日期和完成日期;明确承包人工作的最后完成和验收的条件。

在签订合同之前,酒店管理人员通常会从若干个承包人那里获得投标。在私人企业中,可以挑选允许参加投标的承包人。明智的做法是预先选定有资格的承包人,列出有能力投标的公司。这个工作通过会面和评价各公司的技术及资金能力就可完成。

每个预先确定了资格的投标人会收到投标材料包,其中包括建筑文件、计划的建筑合同复印件和投标表格。投标表格要求承包人提供完成建筑文件中要求工程的费用和时间。承包人递交签字表格,证明本身能够并愿意在规定的时间内按报价进行施工,并遵守合同条款。

在签署合同时,酒店应听取相关的法律建议。合同中应包括惩罚和奖励条款以防止承包人窝工。另外还应商定相关的保险条款。这些条款可能会增加一些费用,但如果没有这些条款,开发商会很脆弱,并可能遭受严重的损失。保险条款还应包括争议解决条款,并在需要时指定一个仲裁人。使用罚款或奖金条款来鼓励承包人按时完工。这些条款以及好的设计文件可以确保工程及时完成并避免纠纷或诉讼。

3) 酒店建设施工管理

(1) 依法管理

依法管理的灵魂是施工质量管理,没有对施工质量的管理和监督,就没有合格的项目。国家颁布了《建筑装饰装修管理规定》、《建筑装饰工程施工及验收规范》(JGJ 73—1991) 和《建筑内部装修设计防火规定》等有关施工的政策法规。而酒店委托设计单位编制的各种设计、施工图纸及说明,与施工单位签订的施工合同和施工方案等也都是具有法律约束力的文件。在施工现场管理中,必须以有关政策法规和法律文件作为管理的基本依据,确保工程达到设计和合同规定的质量标准。

(2) 专项检查

酒店应强化对施工单位进行各种专项检查和监督,按施工图、工艺要求、用料标准等进行专项核查,杜绝施工单位偷工减料、以次充好、私自改变设计方案和施工工艺等。对在专项检查中发现的问题,应及时提出,责令施工单位立即纠正。对于施工工程的各个环节,如建筑面积、门窗、玻璃、墙面、楼层、涂料刷浆等要进行专项检查,完成一项,预验收一项。在整体工程完成前,应对各个单项工程的质量进行检查,并和有关部门专家、设计人员、施工单位进行会审,为最后的验收打下基础。酒店对施工单位的施工调度和质量检测进行全方位的控制和监督,以保证各施工单位按施工程序有条不紊地进行施工。

(3) 工程协调管理

酒店应成立专门的施工办公室,统筹管理和协调工程项目。每天下班后,施工办公室应召开由项目参与各方代表参加的全体会议,由当天值班巡视人员通报工程进度、质量和工程协调等情况。然后共同研究,甚至可到现场处理亟待解决和协调的问题,使第二天值班巡视人员了解工程中已发生的情况、发现的问题及采取的措施,使工程项目保质保量按时完成。

(4) 安全管理

施工队进驻施工现场前,酒店应与各施工单位负责人签订安全责任书,保证施工现场禁止吸烟,禁止施工人员袒胸露背或穿拖鞋或不戴安全帽等进入施工现场,施工人员不得进入非施工区域等。同时要求施工队把施工人员的照片和姓名等有关资料交送酒店,由酒店制作并发给每个施工人员带照片的胸卡。施工人员必须佩戴胸卡按指定通道出入施工现场。易燃易爆施工材料必须集中管理,由专人看管,并配备消防器材。施工单位动用明火必须提前申报。

施工期间,酒店应制订现场巡视制度,加强对施工现场的防火防盗工作。

4) 酒店施工建设中的注意点

施工图纸总是会发生变化的,所有变化都应记录下来,并由每一位参与者签字。这样的程序可以将冲突减到最小。

施工中有一些矛盾是不可避免的。对于设计师来说,预见所有可能出现的意外并说明施工的每个细节是人力所不及的。业主、项目经理和承包人必须明白,施工图纸虽然表达了设计师的意图,但不可能展示每一个微小的细节。设计图纸和技术规范中的任何疏漏或错误都要依靠项目的具体负责人来合理、恰当地解决。一般工程的不可预见费用为在编人员费用的5%~10%。

如果在酒店施工中的各方都能理解自己的角色并完全懂得所要完成工作的范围,那么大部分的矛盾是可以避免的。酒店管理人员必须明白,他们不能告诉承包人和分包商要做什么,除非通过指挥系统。施工人员必须懂得,他们不能为减少费用或追赶进度而任意地改变设计。如果在项目中工作的各方互相信任和理解,团结成一支队伍,那么酒店的施工工作一定可以在预算内按时、高质量地完成。

3.3.2 酒店的开业准备

酒店筹建完成后,就进入开业阶段。在筹备施工直至竣工和试营业前,通过有计划、有步骤地将酒店开业时所需要的文件证照、组织架构、管理制度、资金设备以及各类员工都安排到位,打下一个良好的资源基础,是酒店能够成功试营业的前提。按照时间的推移,前期基础工作重点是要抓好工作启动阶段、工作规划阶段和工作行动阶段的工作。

1)酒店开业准备工作启动阶段

这个阶段的任务主要是报批各类证照、确定管理模式和设计酒店组织架构。

(1)报批各类证照

每一个企业在开业前都必须经过主管部门的批准同意,办理一系列不同的证照。酒店因其经营管理的特殊性,证照的办理比较复杂,缴投的险种也不同于一般企业。

①酒店开业所需的各类证照。为保证顺利、合法的经营,酒店在申请开业登记时,需向有关主管单位和审批机关申办20多种经营许可证照,有关证照的名称和批准部门如下:

a.营业执照(工商局);

b.外商投资企业批准书(外商投资工作委员会/工商局);

c.税务登记许可证(税务局);

d.企业法人代码(技术监督局);

e.外商投资企业税务证(税务局);

f.外汇登记证(外汇管理局);

g.外汇兑换许可证(外汇管理局);

h.烟草专卖许可证(烟草专卖局);

i.卫星收视许可证(文化厅/局);

j.电梯使用许可证(劳动厅/局);

k.环保排污批准书(环保局);

l.消防验收许可证(消防队);

m.消防安全许可证(消防队);

n.锅炉使用许可证(劳动厅/局);

o.文化许可证(文化厅/局);

p.卫生许可证(卫生防疫站);

q.食品许可证(卫生防疫站);

r.从业人员健康许可证(卫生防疫站);

s.特种行业许可证、公共场所合格证、公共场所安全许可证(公安局);

t.涉外许可证(旅游局);

u.排烟合格证(环保局);

v.物价许可证(物价局)。

为减轻酒店开业前的负担,部分许可证或审批手续可由施工单位申请办理,但须在合同中明确,如电梯使用许可证、锅炉使用许可证、环保排污批准证书等。

②酒店经营所需的保险。酒店投保的保险通常有社会保险、财产险和公众责任险。

社会保险属于员工法定福利范畴,包括养老保险、医疗保险、失业保险、工伤保险和生育保险。财产险是酒店开业伊始为保障日常经营,确保酒店财产安全,向保险公司缴投的保险。公众责任险则是酒店为保障社区公众、客人的人身安全而向保险公司缴投的保险,是酒店管理者在筹备阶段就必须考虑的。

(2)确定管理模式

由于酒店投资耗费庞大,通常拥有多个股东,加上旅游市场的国际化,有财力的业主不一定有经营能力,于是出现所有权和经营权的分离,在不同程度上产生了并购经营管理、委托经营管理、特许经营管理等多种经营管理模式(详见第2章酒店管理模式内容)。

确定管理模式后,就可以开始按酒店筹建进度来组建其经营班子。通常总工程师、行政管家等经营管理人员最先介入酒店筹建过程,及早介入不仅使经营者在酒店的用途、功能、布局、平面概念设计等方面贯彻其经营思想,而且还能使经营者在酒店筹建中提出的建设性意见得到采纳,避免不必要的设计更改和资金浪费。

(3)设计酒店的组织架构(详见第4章酒店的组织计划运营管理)

总体战略确立了酒店的目标和行动方案,管理模式决定了酒店的组织形式,接下来在筹建启动阶段还应形成酒店的组织架构。酒店的组织架构必须要有利于提高酒店组织的工作效率,保证各项工作能协调有序地进行。

2)酒店开业准备工作规划阶段

这个阶段的任务是组建以管理班子为骨干的酒店筹备小组,提交开业工作计划书和费用预算;建立各级管理制度及规范运作程序;详细调查研究市场情况和定位,制订开业前的营销总体规划;制订酒店人力资源规划;制订开业前资金使用计划(含采购清单);最后确定首年度总体经营预算。

(1)开业工作计划书和费用预算

制订酒店开业计划和费用预算,是保证酒店各部门开业前工作正常进行的关键。开业工作计划书有多种形式,酒店通常采用倒计时法来保证开业准备工作的正常进行。倒计时法既可用类似甘特图的表格形式也可用文字的形式表述,见表3.2。

表3.2　酒店开业准备工作进度表

工作项目	开业前周数 30	29	28	27	26	25	24	23	22	21	20	19	18	17	16	15	14	13	12	11	10	9	8	7	6	5	4	3	2	1
1.设立临时办公室	—	—	—																											
2.制订饭店行政架构表、人员编制			—	—	—																									
3.制订人员招募日程							—	—	—																					
⋮																														
38.制订房价方案																				—	—	—								
39.落实宣传文字资料和印刷品																							—	—	—					
40.修正各部门的岗位职责和工作程序	—	—	—	—	—															—	—	—								
⋮																														
104.全面开展培训工作																							—	—	—	—	—	—	—	—
105.各部门向财务部提交首年经营预算																				—	—									
106.接收电机动力设备并进行测试																							—	—	—					
107.检查饭店大楼的消防、防盗等设备系统的安装																							—	—	—					

(2)建立各级管理制度及规范运作程序

结合酒店的实际情况和特点修订人事构架。并以此为基础建立营运制度,编写酒店各部门工作手册,提供系统全面的酒店各部门政策与程序,编制完善的工作职责和工作规范,指导员工的招聘、培训和考核工作,为日后酒店管理的标准化和规范化提供依据和基础。

(3)制订开业前的营销总体规划

在这一阶段需要详细调查研究市场情况和定位,制订开业前的营销总体规划。规划应包括形象策划、产品设计、价格制订及市场推广的具体计划和行动步骤(具体内容可参见第9章市场营销)。

（4）制订酒店人力资源规划

"人无远虑,必有近忧",今天科学技术的发展、产业结构的调整、酒店间竞争的加剧使得人力资源的转移加速,而人力资源规划能够加强酒店对环境变化的适应能力,避免职业的盲目转移;能够优化内部人力资源配置,改变人力分配不合理状态;能够帮助满足员工需求,调动员工积极性,为酒店的经营和发展提供人力保证;还有利于更好地控制人力成本。因此,在酒店的筹备规划阶段就对未来人力资源供需状况准确预测并制订一个 3~5 年的应对措施,无疑会使酒店和员工都得到长期的利益。

人力资源规划的内容通常包括 3~5 年总体规划、配备计划、补充计划、培训开发计划、绩效与薪酬方案、职业计划、劳动关系计划等主要内容。

（5）制订开业前的资金使用计划和采购清单

根据酒店的经营决策和开业预算,结合市场的最新情况,准备详细的物资采购清单和说明,提交开业前资金使用计划,并得到业主的批准。

在制订酒店各部门采购清单时,应考虑以下一些问题:

①本酒店的建筑特点。采购的物品种类和数量与建筑的特点有着密切的关系,例如,清洁设备的配置数量要考虑楼层的客房数量,餐饮部收餐车的规格要考虑能直接进到洗碗间,按摩床的尺寸要能进按摩间的门口等。

②行业标准。国家旅游局发布了《星级酒店客房用品质量与配备要求》的行业标准,是客房部经理们制订采购清单的主要依据。

③本酒店的设计标准及目标市场定位。酒店管理人员还应考虑目标客源市场对客房用品的需求,对就餐环境的偏爱,以及在消费时的一些行为习惯。

④行业发展趋势。酒店管理人员应密切关注本行业的发展趋势,在物品配备方面应有一定的超前意识,不能过于传统和保守。例如,酒店根据客人的需要在客房内适当减少不必要的客用物品就是一种有益的尝试。

⑤其他情况。在制订物资采购清单时,有关部门和人员还应考虑其他相关因素,如出租率、酒店的资金状况等。采购清单的设计必须规范,通常应包括下列栏目:部门、编号、物品名称、规格、单位、数量、参考供货单位、备注等。此外,部门在制订采购清单的同时,必须确定有关物品的配备标准。

最后,在开业计划书、人力资源规划和资金使用计划都得到确认后,制订首年度总体经营预算。

3）酒店开业准备工作行动阶段

酒店开业准备工作行动阶段是对规划阶段各项计划的落实,是决定能否成功开业的关键阶段。这个阶段的主要任务是人员的招聘和培训、设备用品的采购安装以及前期市场营销,以保证开业所需的人力资源、设备资源、市场资源和公众资源。

（1）人员招聘和开业前培训

招聘和培训是酒店的一项经常性的工作,对新建酒店尤其如此,只有拥有足够数量和质量的员工才能开张营业。

①招聘。酒店工作行动阶段的招聘工作应有计划、有目标、有步骤地展开,具体程序如下:

a.制订招聘计划。它包括部门、工种、所需员工人数、职业要求、人员来源渠道和对应的招聘方式、招聘实施的具体方案(地点、参与人员、规模、经费预算等)。新开业的酒店往往倾向于选择旅游职业学校、职介所和报纸等招聘渠道。

b.制订并公布招聘启事或简章。通常选择介绍会、报纸广告或专业网站进行宣传,效果比较显著。

c.对报名者进行初选。通过对大量个人资料的评价或约定时间的目测后,确定初次面试人员,经过简短的面试筛选和笔试淘汰,向用人部门提供初选名单。现在酒店用人比以往更加谨慎和严格,表现在不仅仅重视知识和经验的考量,更重视应聘者心理素质的测评,在选拔过程中也开始使用各种心理测验方法、评价中心技术等。

d.进行部门考核。录用部门与初选合格者进行广泛而详细的面谈,并做最后鉴定。

e.人力资源部门对部门考核合格者进行背景调查。合格者安排身体检查,通过者签订劳动合同,进入培训阶段。

②培训。酒店筹备期间的培训对开业后服务质量的提高和业务的发展都起着至关重要的作用,它要为即将开业的酒店培养一支专业知识、服务技能和工作态度均符合经营要求的员工队伍。这期间的培训按内容分为两大部分:一是迎新培训,旨在灌输酒店行业知识、企业文化理念、酒店工作人员的素质要求和职业道德、团队合作精神等,以增进员工对酒店的归属感和对工作的信心。二是专业培训,通常分部门进行,要求员工在上岗前掌握业务原则、程序、标准、技术和方法,以便立即适应并胜任开业后的工作。

(2)设备用品的采购安装

设备用品从规划选型、订购采买、安装调试到完全投入试运行,这些前期管理工作将为日后设备的运行、维修和更新改造奠定基础。在规划阶段经过诸多方案的论证和筛选后,就进入行动阶段,即购置设备的实质性阶段,工作程序如下:

①成立购置班子。酒店筹备阶段的采购工作量是巨大的,早年广州白天鹅宾馆开业时,霍英东先生曾统计出需要采购的大小设备物品不下10万种,这就要求购置班子要包括各相关部门经理,他们应密切关注并适当参与采购工作,确保所购物品符合要求。

②深入调研。直接采购人员应广泛收集货源信息,如产品目录、产品样本、产品说明书、电视广告、国内外报刊广告、展销会、订货会、产品用户、制造厂家等,并利用计算机对收集的货源信息进行整理,详细了解设备的各种性能参数、效率等是否符合酒店经营需要。

③订货。订货通常要遵循3个步骤:订货申请、询价和报价、签订订货合同。

④设备验收。验收前做好对安装、操作人员的培训,通常由设备供应商负责培训,这一点可在订货合同中注明;设备用品到店时,购置班子要进行外观及开箱检查验收,进口设备用品还须由海关开箱,按合同、报关单、品名、规格、数量进行检查,由商检局出具检验报告。对开箱检验中发现的质量缺陷和问题,应当场由买卖双方查看和确认,并如实记录,随后提出索赔。

⑤设备安装。设备安装质量直接关系到日后的运行效果,因此,从做好安装准备工作、安装地点的找平到安装后填写设备安装验收交接报告单,每一道工序都要认真对待。

⑥设备的调试和验收。设备安装完后必须进行调试,这也是对设备安装质量的检查。调试合格、试运转成功后,即可进行安装设备的最后验收。验收合格后,填写"设备移交验收单",将设备移交使用部门,将所有技术文件、图纸签收归档。固定资产记账,备件入库建账,使用设备编号归口责任管理。

(3)前期市场营销

前期市场营销工作在很大程度上决定了酒店试营业和开业后的营业收入,这部分内容将在第 9 章市场营销中详述。

3.3.3　酒店的试营业

酒店试营业的目的在于经过一段时间(半年到一年)的调试磨合,使酒店各部门达到正常的、有效的、步调一致的科学运转,初步实现内部管理科学化,并形成自己的个性化特色。成功的试营业能为酒店的顺利开业和稳健经营奠定基础,所以大部分酒店在正式开业前都会有一个试营业阶段。

酒店前期资源准备工作和市场营销工作的质量和效率对酒店的试营业有着重要的意义,由于这两项工作范围广、时间长,因此有必要在临近确定的试营业日期之前,再次集中核查各项准备工作,确保酒店顺利进入试营业阶段。

案例 3.2

艾美酒店的试营业

2010 年 1 月 26 日,厦门首家艺术主题酒店——艾美酒店开始了试营业。该酒店是福建省东南岸花园山城地区的第一家国际酒店。厦门艾美酒店拥有两间餐厅和一间酒吧,以及 10 间会议室。其中,会议空间总面积超过 2 000 平方米,包含一间占地 842 平方米、层高 10 米的自然采光无立柱豪华宴会厅。宾客们还可享受众多先进设施,例如,健身中心、室内恒温泳池、水疗中心以及仙岳山公园慢跑及徒步步道。值得一提的是,厦门艾美酒店是厦门地区唯一提供山地网球场的国际酒店。试营业期间,艾美酒店针对各种暴露出的问题不断调整酒店管理运行措施。在同地区无先例可借鉴的情况下,顺利过渡到酒店的正式经营期。

案例思考:

1.案例中的艾美酒店试营业对其正式营业意义何在?

2.如果由你来管理试营业期间的酒店,你会从哪几个角度入手?

1)酒店试营业前的工作重点

(1)确定酒店各部门的管辖区域及责任范围

试营业前,酒店各部门经理都应到岗,并根据实际情况,最后书面确定酒店的管辖区域及各部门的主要责任范围。特别是酒店的清洁工作,要按专业化的分工要求归口管理,这有利于标准的统一、效率的提高、设备投入的减少、设备的维护和保养及人员的管理。

(2)确保试营业所需的各项设备、物品到位

酒店各部门经理要定期对照采购清单,检查各项物品的到位情况,而且检查的频率应随着试营业的临近而逐渐增高。

(3)确保员工的数量和质量达到要求

不仅员工的数量要满足试营业的需要,而且员工的培训工作也必须要达到预期的效果。否则走形的工作程序和服务标准极易令刚刚营业的酒店陷入混乱。

(4)建立各部门财产档案

试营业就开始建立酒店各部门的财产档案,这对日后酒店各部门的管理具有特别重要的意义。很多酒店就因在此期间忽视该项工作而失去了掌握第一手资料的机会。

(5)酒店装饰工程验收合格

酒店各部门的验收一般由基建部(业主方)、工程部和相关部门共同参加。这样能在很大程度上确保装潢的质量达到酒店所要求的标准。在参与验收前,应根据本酒店的情况设计一份各部门验收检查表,并对参与的部门人员进行相应的培训。验收后,部门要留存一份检查表,以便日后的跟踪检查。

(6)酒店开荒工作完成

酒店开荒工作即基建清洁工作,包括酒店所有对客区域和后台区域的清洁卫生。试营业前开荒工作,直接影响着对酒店成品的保护,忽视这项工作将会留下永久的遗憾。各部门应与酒店最高管理层及管家部/客房部共同制订基建清洁计划,然后由客房部的公共区域卫生组对各部门员工进行清洁知识和技能的培训,为各部门配备所需的器具及清洁剂,并对清洁过程进行检查和指导。

(7)部门的模拟运转合格

酒店各部门在各项准备工作基本到位后,即可进行部门模拟运转。这既是对准备工作的检验,又能为正式的运营打下坚实的基础。表3.3为客房部的开业准备工作。

表3.3　客房部试营业前准备工作清单

试营业前 1 个月
1.按照饭店的设计要求,确定客房的布置标准
2.制订部门的物品库存等一系列标准和制度
3.制订客房部工作钥匙的使用和管理计划
4.制订客房部的安全管理制度
5.制订清洁剂等化学药品的领发和使用程序
6.制订客房设备设备的检查、报修程序
7.制订制服管理制度

8.建立客房质量检查制度
9.制订遗失物品处理程序
10.制订待修房的有关规定
11.建立 VIP 房的服务标准
12.制订客房的清扫程序
13.确定客衣洗涤的价格并设计好相应的表格
14.确定客衣洗涤的有关服务规程
15.设计部门运转表格
16.制订开业前员工的培训计划
试营业前 20 天
1.审查洗衣房的设计方案
2.与清洁用品供应商联系,使其至少能在开业前一个月将所有必需品供应到位,以确保饭店"开荒"工作的正常进行
3.准备一份客房检查验收单,供客房验收时使用
4.核定本部门员工的工资报酬及福利待遇
5.核定所有布件及物品的配备标准
6.实施开业前员工培训计划
开业前 15 天
1.对大理石和其他特殊面层材料的清洁保养计划和程序进行复审
2.制订客用物品和清洁用品的供应程序
3.制订其他地面清洗方法和保养计划
4.建立 OK 房的检查与报告程序
5.确定前厅部与客房部的联系渠道
6.制订员工激励方案(奖惩条例)
7.制订有关客房计划卫生等工作的周期和工作程序(如翻床垫)
8.制订所有前后台的清洁保养计划,明确各相关部门的清洁保养责任

2)试营业期间的质量管理

开业前的试营业往往是酒店最忙、最易出现问题的阶段。对此阶段工作特点及问题的研究,有利于减少问题的出现,确保酒店从试营业到正式营业的顺利过渡。酒店管理人员在开业前的试营业期间应特别注意以下问题:

（1）持积极的态度

酒店进入试营业阶段，很多问题会显露出来。对此，部分管理人员会表现出急躁情绪，过多地指责下属。正确的方法是持积极的态度，即少抱怨下属，多对他们进行鼓励，帮助其找出解决问题的方法。在与其他部门的沟通中，不应把注意力集中在追究谁的责任上，而应研究问题如何解决。

（2）经常检查物资的到位情况

前文已谈到了各部门管理人员应协助采购、检查物资到位的问题。实际中很多酒店往往会忽视这方面的工作，以至于在快开业的紧要关头发现很多物品尚未到位，从而影响部门开业前的工作。常被遗忘的物品有工作钥匙链、抹布、报废床单、云石刀片等。

（3）重视过程的控制

开业前各部门的清洁工作量大、时间紧，虽然管理人员强调了清洁中的注意事项，但服务员没能理解或"走捷径"的情况仍普遍存在，如用浓度很强的酸性清洁剂除迹、用刀片去除玻璃上的建筑垃圾时不注意方法等。这些问题一旦发生，就很难采取补救措施。所以，管理人员在布置任务后及时检查和纠正往往能起到事半功倍的作用。

（4）加强对各种设备设施及成品的保护

对酒店内地毯、墙纸、家具等成品的最严重破坏往往发生在开业前这段时间，因为这个阶段店内施工队伍最多，大家都在赶工程进度，而这时各部门的任务也是最繁重，容易忽视保护，且与工程单位的协调难度往往很大。尽管如此，各部门管理人员在对成品保护的问题上不可出现丝毫的懈怠，具体措施如下：

其一，合理安排装修顺序。对空调、水管进行调试后再开始客房的装潢，以免水管漏水破坏墙纸，以及调试空调时大量的灰尘污染客房。

其二，加强与装潢施工单位的沟通和协调。客房部管理人员要加强对尚未接管楼层的检查，尤其要注意装潢工人用强酸清除顽渍的现象，因为强酸虽可除渍，但对洁具的损坏也很快就会显现出来，而且是无法弥补的。

其三，尽早接管楼层，加强对楼层的控制。尽早接管楼层虽然要耗费相当的精力，但对楼层的保护却至关重要。一旦接过楼层钥匙，客房部就要对客房内设施、设备的保护负起全部责任。客房部需对如何保护设施、设备作出具体、明确的规定。在楼层铺设地毯后，需对进入楼层的人员进行更严格的控制，此时要安排服务员在楼层值班，所有进出的人员都必须换上客房部为其准备的拖鞋。部门要在楼层出入口处放些废弃的地毯头，遇雨雪天气时，还应放报废的床单，以确保地毯不受到污染。

其四，开始地毯的除迹工作。地毯一铺上就强调保养，不仅可使地毯保持清洁，而且还有助于从一开始就培养员工保护酒店成品的意识，对日后的客房工作将会产生非常积极的影响。

（5）加强对钥匙的管理

开业前及试营业期间部门工作特别繁杂，容易忽视对钥匙的管理工作，通用钥匙的领用混乱及钥匙的丢失是经常发生的问题。这可能造成非常严重的后果。因此，首先要对所有的工作钥匙进行编号,配备钥匙链;其次要对钥匙的领用制订严格的制度。例如,领用和归还必须签字、使用者不得随意将钥匙借给他人、不得使钥匙离开自己(不得将通用钥匙当取电钥匙使用)等。

(6)确定物品摆放规格

确定物品摆放规格的工作应该在样板房确定后就开始进行,但很多管理人员却忽视了该项工作,以至于要布置餐厅和客房时才想到物品摆放规格及人员的培训问题。而此时恰恰是部门最繁忙的时候,其结果是难以进行有效的培训,造成客房布置不规范,服务员为此不断地返工。正确的方法是将此项工作列入开业前的工作计划,尽早开始设计各类物品的摆放标准,并将其拍成照片,进而对员工进行培训。部门经理要把好质量关。

(7)注意工作重点的转移,使部门工作逐步过渡到正常运转状态

开业期间部门工作繁杂,但部门经理应保持清醒的头脑,将各项工作逐步引导到正常的轨道上。在这期间,部门经理应特别注意以下问题:

其一,按规范要求员工的礼貌礼节、仪表仪容。由于酒店还尚未开始大规模接待客人、做基建清洁时灰尘大、制服尚未到位等原因,此时管理人员可能还未对员工的礼貌礼节、仪表仪容作较严格的要求。但随着开业的临近,应开始重视这些方面的问题,尤其要提醒员工做到说话轻、动作轻、走路轻。培养员工的良好习惯。试营业期间对员工习惯的培养,对今后工作影响极大。

其二,建立正规的沟通体系。部门应开始建立内部会议制度、交接班制度,开始使用表格,使部门间及部门内的沟通逐步走上正轨。

其三,注意后台的清洁、设备和家具的保养。各种清洁保养计划应逐步开始实施,而不应等问题变得严重时再去应付。

(8)确保提供足够的、合格的客房

国内大部分酒店开业总是匆匆忙忙,抢出的客房也大都存在一定的问题。常出现的问题是前厅部排出了所需的房号,而客房部经理在检查时却发现所要的客房存在着这样或那样的一时不能解决的问题,而再要换房,时间又不允许,以至于影响客房的质量和客人的满意度。有经验的客房部经理会主动与前厅部经理保持密切的联系,根据前厅的要求及酒店的客房现状,主动准备好所需的客房。

(9)使用计算机的同时,准备手工应急表格

不少酒店开业前由于各种原因,不能对使用计算机的部门进行及时、有效的培训,进而影响酒店的正常运转。为此,有必要准备手工操作的应急表格。

(10)加强安全意识培训,严防各种事故发生

试营业期间要特别注意火灾隐患,发现施工单位在楼层动用明火要及时汇报。此外,还需增强防盗意识,要避免服务人员过分热情,随便为他人开门的情况。

(11)加强对酒店设施设备使用注意事项的培训

很多酒店开业之初常见的问题之一是服务员不完全了解客房设施、设备的使用方法,不

能给客人正确的指导和帮助,从而给客人带来了一定的不便,如房内冲浪浴缸、多功能抽水马桶的使用等。

本章小结

- 酒店的投资与建设,是一家酒店经营管理成功的非常重要的因素。可以说,一家酒店筹建是否成功,决定着这家酒店开业后的经营管理是否成功。因此,慎重立项、严谨分析、细心设计、精心施工、细致准备,才可能成功建设一家合格的酒店,也为日后这家酒店的经营管理成功,打下坚实的基础。反之,则为一家酒店的经营管理,埋下失败的隐患。

第4章
酒店的组织计划运营管理

【学习目标】

1. 掌握酒店组织机构建立设置的内容和原则。
2. 掌握酒店的基本组织结构类型。
3. 具备酒店部门设置及其职能的相关知识。
4. 了解酒店的基本制度及管理制度。
5. 掌握酒店计划工作的程序。
6. 能制订简略的酒店具体经营项目计划。

案例导入

马里奥特的组织管理之道

马里奥特又译为"万豪",是国际著名的饭店集团,马里奥特的创始人约翰·威拉德·马里奥特在集团的组织管理上形成了自己的独到之处。

1. 强调制度和标准化管理

马里奥特所属的饭店、旅馆及航空食品公司都采取典型的美国式管理方法,即一切服务、一切食品制作都强调程序化、质量标准化、工作制度化。马里奥特先生要求他的职工,每个人的衣袋里要放一本工作手册,随时对照检查自己的工作职责、工作范围以及完成任务的情况,如是否已经达到了质量标准,是否已经具备了承担该工作的知识技能和实践技能。例如,厨师衣袋里放一本食品配方和菜式配方,一切要按照标准、按照程序、按照规章要求去做,不得随意更改;服务员做房间时,规定在30分钟之内必须按照66个步骤去做等。马里奥特先生的这种制度和质量标准管理既控制了成本费用,又保证了食品和服务质量。

2. 实行集权领导

马里奥特先生从创业开始一直坚持集权领导。从食品的采购、储存、粗加工到供餐服务都实行集中领导,统一管理。虽然多少年来对集权领导一直存在着争论,但是马里奥特先生一直坚持这样做。1937年,马里奥特先生建立了统一的食品储存中心和粗加工基地,占地285 000平方尺(1平方尺≈0.111 1平方米),内设食品质量控制实验室和厨房操作检验考核实验室,其成果是有力地控制了成本和保证了食品的质量。饭店管理实行总经理领导负责制,总经理是饭店经营管理的一家之长。由他发布经营管理命令、经营战略、竞争措施,也是由他控制和检查服务质量以及决定企业的发展方向。马里奥特先生还要求,一切马里奥特饭店、汽车旅馆、航空食品公司必须按照马里奥特饭店联合公司的统一经营方针、食品质量标准、服务质量标准去经营管理。马里奥特先生的"一长集权领导负责制"的成功经验被一些饭店联合研究和效仿。

案例思考:

　　1.马里奥特酒店是如何强调制度和标准化管理的?

　　2.马里奥特酒店实行集权领导时灵活应用了哪些管理的基本原则?

　　3.试讨论马里奥特酒店的这种管理模式有哪些优势或不足。

4.1　酒店组织管理概述

　　酒店组织管理就是酒店通过制订合理的组织机构和组织形式,并建立组织的规章制度、行为规范、监督机制等将酒店的人力、物力和财力以及其他各种资源进行有效的整合利用,从而形成一个完整的系统,促进组织目标的实现。

4.1.1　酒店组织管理的内容

　　酒店组织管理的主要内容包括酒店组织机构的建立、组织机构内人员的整合与配置等。

1)酒店组织机构的建立

　　每一个组织机构都有自己的组织机构框架,酒店的组织机构通常用组织机构图表示。酒店各个部门、各部门的层次以及它们之间的相互关系共同构成了酒店的组织机构。酒店组织机构建立的主要工作如下:

　　(1)设置酒店的各个部门

　　酒店根据自己经营管理的需要将酒店分成不同的部门。通常划分为业务部门和职能部门两大类别。业务部门包括前厅部、客房部和餐饮部3大主要部门。职能部门在不同的酒店有不同的划分,通常的职能部门主要有人事部、工程部、财务部、康乐部、安保部、市场销售部及其他职能部门。各个部门有自己的职责权限和业务归属,并且在具体的酒店经营管理中相互协作配合,共同维护酒店的正常运转。

　　(2)划分酒店的各个机构层次

　　酒店组织部门都有一定跨度,有横向跨度也有纵向跨度。由于业务范围的不同,在横向跨度上就形成了部门,纵向跨度则从上至下形成不同的层次划分,层次的划分主要通过岗位的设置来确立。以酒店客房部为例,从上至下依次是部门经理、经理助理、主管、再到下面的领班、服务员,以及基层的清扫员,他们在管理范围上都有自己的权限和职责,从而形成了组织机构上的层次等级,各个层次通过等级链连接起来,从而形成了酒店的组织机构框架。

（3）建立岗位责任制

形成酒店组织机构框架后,还需要把酒店的具体业务工作落实到各个部门和岗位。需要建立岗位责任制,以明确各个岗位的工作内容、工作任务、作业规范、岗位职责、权利和义务。使酒店的各项工作都有具体的岗位负责,防止多头管理以及管理漏洞的发生。此外,酒店组织内的各个岗位和部门之间以及从上至下各个层次之间都要进行有效的衔接,以形成畅通的运作流程,并通过制订相关的规章制度进行约束和督导,从而保证酒店的业务正常运转。

2) 酒店组织机构中的人员配置与整合

酒店设立了岗位并给各个岗位分配了具体的任务,接下来的任务就是为每个岗位配备人员,因为酒店大大小小的事务都需要通过人的操作来实现,因此,确定了酒店的组织机构之后,管理人员的配备就是至关重要的事情。管理人员的配备通常是根据酒店的需要,或由酒店的上级主管直接从现有人员中任命,或通过对外招聘纳贤。无论以何种方式进行人员的配备,都需要关注以下两点。

（1）确定用人标准和用工人数

管理人员的配备要根据岗位的需要和业务量的大小确定合理的用人标准和具体的人数配备。一般来说,管理人员除了要具备过硬的专业技能,能够胜任本职工作以外,还必须具备一定的道德素质、品德素养和气质等。酒店用人有自己制订的标准,通常通过设定具体的用人标准进行考核,或考核专业知识、业务能力,或考核个人的思想品德、言谈气质和行为等。酒店的用人关系到酒店的生存和发展,人员的选拔录用非常重要,必须由专门的考核人员进行选拔考核,只有通过了考核,达到部门和岗位的要求,才能录用和上任。管理人员人数的配备则要依据部门和岗位工作量或业务量的大小来确定,不同的酒店有不同的编制定员的方法和标准,或通过定量的分析来确定人员数量,或通过岗位排班与日工作量来确定,或以班组为单位进行确定等。总之,应以适合酒店的需要为宜,配备人员过多或过少都会影响酒店的正常经营。

（2）合理地进行授权和员工的使用

合理地使用人才是酒店顺利经营运转的关键,而要使用人才,就必须先对他们进行授权。授权要以酒店明文规定的规章制度为依据,同时,对每个岗位人员赋予的权利要与其职责相一致。除了合理授权外,酒店也必须合理地使用人才。其一,要创造良好的工作环境,营造良好的工作氛围,要让每一位管理者及普通员工能满足于自己的工作岗位,满足于工作环境和薪酬待遇,愉快地工作。其二,除了将酒店的每一位工作者安排在适合的工作岗位上,做到人尽其才之外,还必须经常对员工进行考核,有针对性地培训,不断提高其专业技能和专业素质。其三,对每一位在岗的管理者和员工,在赋予他们应有权利的同时,也应给予他们一定的能力发展空间,使他们能够充分发挥自己的才智,要有创新的酒店激励机制,为酒店管理者和员工提供实现个人价值的空间。

酒店的劳动组织管理工作需要将酒店各个工作岗位有效整合,组建酒店的业务流程并协调各个岗位和部门之间的协作,这中间需要制订各岗位的作业内容、岗位服务规程、岗位的排班、业务的作业程序、信息的传递等,由于酒店的业务内容很多,各业务工作又复杂多变,因此,酒店组织形式也是一项非常复杂的工作,需要酒店各级管理者慎重对待,共同设计和维护。

4.1.2 酒店组织机构设置的原则

酒店组织机构设置的原则是指酒店组织构建的准则和要求。它是评价酒店组织结构设计是否合理的必要条件。一般情况下,酒店组织机构的设立应遵循以下几个基本原则。

1) 目标导向原则

在组织职能运作过程中,每一项工作均应为总目标服务,也就是说,酒店组织部门的划分应以企业经营目标为导向,酒店的组织形式必须要以能产生最佳效益为原则,组织层次和岗位的设置必须以切实符合酒店需要、提高经营运作效率为依据,对于任何妨碍目标实现的部门或岗位都应予以撤销、合并或改造。在总的目标导向下,组织会有许多大大小小的任务要完成,因此在组织结构设计中要求"以任务建机构,以任务设职务,以任务配人员"。同时,考虑酒店提供的服务和产品的复杂性和灵活性,在具体的酒店服务工作实践中有时会无法真正找到与职位要求完全相符的人员,因此,酒店组织在遵循"因事设人"原则的前提下,应根据员工的具体情况,适当地调整职务的位置,以利于发挥每一位员工的主观能动性。

2) 等级链原则

法约尔在《工业管理与一般管理》一书中阐述了一般管理的 14 条原则,并提出了著名的"等级链和跳板"原则,它形象地表述了企业的组织原则,即从最上级到最下级各层权力联成的等级结构。它是一条权力线,用以贯彻执行统一的命令和保证信息传递的秩序。酒店组织结构的层次性、等级性使得等级链原则成为酒店组织必须遵循的重要准则。对酒店来说,等级链原则包含 3 个重要的内容:其一,等级链是组织系统从上到下形成的各管理层次的链条结构,因此,酒店高层在向各个部门发布命令时,对酒店各部门和各管理层而言必须是统一的,各项指令之间不能有任何的冲突和矛盾,否则就会影响酒店组织的正常运行;同时,任何下一级对上级发布的命令必须严格执行,因为等级链是一环接一环,中间任何层次的断裂都会影响整个组织工作的进行。其二,等级链表明了各级管理层的权力和职责。等级链本身就是一条权力线,是从酒店组织的最高权威逐层下放到下面的各管理层的一条"指挥链",酒店组织中每个管理层以及每个工作岗位的成员都必须清楚自己该对谁负责,该承担什么义务和职责,责、权、利非常清楚明了。其三,等级链反映了上级的决策、指令和工作任务由上至下逐层传递的过程,也反映了基层人员工作的执行情况,以及将信息反馈给上一级领导的信息传递路线,等级链越明确,酒店组织的决策、信息传递以及工作效率和效果就会越好。

3) 控制跨度原则

由于个人能力和精力有限,每个管理人员直接管辖的下属人数应该有一定的范围,不可能无限多,也不能太少。控制跨度原则就涉及对特定管理人员直接管辖和控制下属人数范围的确定问题,也即是管理跨度的大小问题。跨度太大,管理人员管辖下属的人数过多,会影响信息的传递,容易造成人浮于事,效率低下;而跨度太小则容易造成组织任务不明确,工作任务执行不力,同样也会影响组织的运作效率。因此,正确控制管理跨度,是提高酒店工作效率、促进组织活动顺利开展的重要保障。现代管理学家对管理跨度问题也进行过广泛的研究,管理跨度与管理者的岗位和管理者本人的素质有关,它受到个人能力、业务的复杂程度、任务量、机构空间分布等多方因素的影响,还要考虑上下级之间接触的频繁程度,上级的交际与领导能力等多方面的因素。

一般来说,针对酒店服务和产品的特点,高层管理人员的管理跨度小于中层管理人员的管理跨度,中层管理人员的管理跨度又小于基层管理人员的管理跨度,例如,一个部门经理管理 5~6 位部门主管就不是一件容易的事情,而一个客房部主管管理 10 位客房服务员则是轻而易举的事情。因此,管理跨度的确定必须综合考虑各方面因素,且需要在实践中不断进行调整。

4) 分工协作原则

在社会化大生产中,适度的分工可以提高工作专业化程度,进而达到提高劳动生产率的目的。酒店提供的服务产品的复杂性和机动灵活性要求酒店组织对具体的工作任务进行合理分工,并进行有效的协调,分工与协作是促进组织任务顺利完成的保障,也是酒店组织要遵循的重要原则。组织分工有利于提高人员的工作技能、工作责任心,提高员工服务质量和效率。但是,分工过细往往导致协作困难,协作搞不好,分工再合理也难以取得良好的整体效益。因而在具体职责权限划分中,在依据需要设置岗位的基础上,应秉承提高工作效率的原则,灵活地进行工作分配和任务安排,给员工以足够的自我展示空间,同时也要安排中间协调机构,做好中间协调与整合工作,促进组织内部的良好合作。

5) 有效制约原则

酒店组织作为一个整体,它的各项业务的运转离不开各部门的分工与合作。在分工协作原则的基础上,还应有对由这种分工所引发出的部门与岗位彼此间的牵制与约束。适当的约束机制可以确保各部门按计划顺利完成目标任务,实现组织的总目标。有效的专约机制不仅是上级对下级的有效监督和制约,还包括下级对上级的监督和制约。上级对下级的制约可以促进员工更好地完成本职工作,提高工作效率与服务质量;下级对上级的监督和制约则是通过员工层或低一级的管理层对上级的监督,从而提高酒店管理层的决策和执行能力,如对领导人的约束机制可以避免其独断专行,对财务工作进行监督,可以避免财务漏洞等,下级对上级的有效制约必须是在下级对上级的命令坚决执行的前提下进行的,应同时遵循统一指挥,确保酒店的组织运作井然有序。

6) 动态适应原则

动态适应原则要求酒店组织在发展过程中,以动态的眼光看待环境变化和组织调整问题,当变化的外部环境要求组织进行适当调整甚至产生变革时,组织要有能力作出相应的反应,组织结构该调整的要调整,人员岗位该变动的要变动。而且反应速度要快,改变要及时,从而得以应付竞争日益加剧的外部环境。当前酒店的集团化和全球化扩张的趋势对我国酒店组织结构也提出了更新的要求,我国各大旅游酒店必须迅速适应这种市场竞争态势,尤其是组织结构的动态适应,应不断优化酒店的组织结构,提高酒店的日常经营管理能力,提供更优质的酒店产品和服务,从而不断提升酒店的核心竞争能力。

4.2 酒店的组织结构

酒店的组织结构是指酒店内各组织机构的架构体系,体现了酒店各部门职责范围、同级部门及上下级之间的关系。由于酒店所处的内外部环境的不断变化,因此,酒店的组织结构也会随之变化。酒店组织结构的设置并没有统一的标准,而是因各企业规模、类型等的不同而存在差异,各企业均应根据自身的特点和经营目标来设置组织机构,以发挥组织管理职能,保证组织目标的实现。

4.2.1 酒店组织结构类型

酒店组织结构是酒店组织管理的指挥系统。组织结构的设置合理性直接影响酒店经营管理活动的开展,因此,酒店组织结构的设置必须有利于提高酒店组织的工作效率,保证酒店各项工作能协调、有秩序地进行。酒店组织结构主要有以下4种模式。

1)直线制组织结构

直线制组织结构的特点:酒店中各种职位从最高层到最低层按垂直系统直接排列,每一个下属部门只接受一个上级部门的指挥。组织中只设业务部门,不设或仅仅设一两个职能部门,兼及多项职能。直线制组织结构如图4.1所示。

图4.1 直线制组织结构图

这种组织形式的优点:结构简单;权责分明;指挥统一,不至令出多头;信息上下传递迅速;责任明确、反应快速灵活。缺点:不利于同级部门的协调与联系,缺乏合理的劳动分工,业务部门既要承担对客接待服务工作,同时还要兼及本应属于职能部门的工作,例如,餐饮部既要对顾客提供餐饮服务,同时还要负责本部门员工的招聘、培训等工作。直线制组织结构模式对高层管理者的素质要求较高。由于管理职权的集中,使得高层管理者负担过重,甚至经常处于乱忙状态。这种形式一般只适用于小型酒店。

2)直线职能制组织结构

直线职能制组织结构将酒店部门划分为业务部门和职能部门两大类。业务部门是对客服务的一线部门,这类部门(如餐饮部、客房部、康乐部等)的工作直接影响酒店的收入;职能部门不直接与顾客发生联系,而是为一线业务部门服务的部门,如财务部、人力资源部等。各职能部门分别从事专业的管理工作,这些职能部门作为管理者的参谋部门,一般对一线业务部门并无指挥权。直线职能制组织结构如图 4.2 所示。

图 4.2　直线职能制组织结构

直线职能制组织结构模式目前被我国大多数酒店普遍采用。这种组织形式的优点:吸收了直线制组织模式的优点,权力高度集中,政令统一;工作效率高。由于增加了职能部门,使得部门分工明确,并且有利于发挥职能部门和员工的专业特长,能够弥补管理者的不足之处,并能在一定程度上减轻管理者的负担。缺点:权力高度集中,下级缺乏必要的自主权,积极性和灵活性得不到很好的发挥;高层管理者常为琐事困扰,不利于集中精力研究酒店经营决策等重大问题;各部门之间横向沟通和协调性差,容易从本部门利益出发考虑问题,而忽视酒店的整体利益。

3)事业部制组织结构

事业部制组织结构是一种适用于酒店公司或酒店集团的组织形式,其特点是集中决策、分散经营,即酒店集团按照地区或酒店星级标准等因素,成立若干个事业部,每一个事业部即为一个酒店,每一个酒店都具有法人地位,进行独立的经济核算,对本酒店内的计划、财务、销售等工作有决策权。最高领导层主要负责制订整个公司或集团的战略决策,如重要的人事决策、市场的开发、新技术的引进、经营战略的制订等,并采用一定的经济手段和行政手段对各事业部进行监督、协调、服务和控制。事业部制组织结构如图 4.3 所示。

事业部制组织结构的优点:最高管理层摆脱了日常琐事,可以集中精力制订整个企业发展的总目标、总方针及各项长远的战略决策;各事业部拥有较大的经营管理权,利于充分发挥管理者的积极性和主动性,增强环境适应能力及应变能力。这种组织形式也有明显的缺点:对各事业部管理者的素质要求很高,一旦某事业部最高管理人员决策不当,可能会影响该酒店的发展前途;职能部门重复设置,管理人员增多,成本费用增加;各事业部协调少,有独立的利益,因此,整体意识较差,可能会因为本酒店的利益而牺牲酒店集团的整体利益。

图 4.3　事业部制组织结构

4)区域型组织结构

区域型组织结构实际上是事业部制组织结构的一种变异方式。多见于国外的大型旅游酒店集团,如图 4.4 所示。

图 4.4　区域型组织结构

酒店集团因为发展的需要不断向国际市场延伸,实施全球扩张战略,酒店提供产品或服务的生产所需要的全部活动都基于地理位置而集中,因此产生了酒店的区域型组织结构模式。这种结构的设置一般针对酒店主要目标市场的销售区域来建立。区域型组织结构有较强的灵活性,它将权利和责任授予基层管理层次,能较好地适应各个不同地区的竞争情况,增进区域内营销、组织、财务等活动的协调。但该结构模式也可能增加了酒店集团在保持发展战略一致性上的困难,有些机构的重复设置也可能导致成本的增加。

以上几种组织结构形式各有利弊,采用哪种形式更为合理,要视酒店具体情况而定。总之,组织结构的设计应有利于酒店提高经营管理水平,提高工作效率,充分发挥组织管理的最大效能。

4.2.2　酒店的主要部门及职能

现代酒店的部门机构设置,因各酒店规模和性质的不同而不同,但各部门的职能基本是一致的。一般来说,酒店的部门机构是根据酒店为客人提供的产品和服务来设置的,主要有以下 10 个部门。

1) 客房部

客房是酒店的基本设施和主体,是酒店出售的主要产品之一,其营业收入是酒店经营收入的重要来源。客房部服务质量是酒店产品质量的重要组成部分,客房部的主要职能如下:

①为宾客提供整洁而舒适的客房及热情周到的服务。

②管理好客房的各项设施设备,使其保持良好的工作状态,为实现较高的客房出租率创造必备的条件。由于住店客人通常也是酒店其他部门(如餐饮部、康乐部等部门)产品的主要消费群体,因而若能保持较高的客房出租率,酒店的其他设施便能充分发挥作用。

③应搞好公共区域的清洁工作。客房部作为直接与宾客接触的部门,服务质量的好坏直接关系到宾客对酒店的评价,也是带动其他部门经营活动的关键。

2) 前厅部

前厅部是宾客与酒店接触的起点,其形象及服务质量直接影响宾客对酒店的第一印象。前厅部在酒店组织中占有举足轻重的地位,其职能可以概括为以下 3 个方面:

①前厅部作为酒店经营活动的枢纽,业务工作贯穿于酒店与宾客接触和交易往来的始终,工作内容主要有预订客房、办理入住登记手续、安排房间、提供委托代办服务、接受问询、处理投诉、结账等,业务复杂,涉及面广。

②除了对客提供服务之外,前厅部又是酒店组织客源、创造经济收入的关键部门,前厅部通过自身的有效运转能提高客房出租率,增加客房销售收入,这是前厅部十分重要的工作。

③前厅部作为酒店信息集散中心,通过提供各种市场信息、建立客户档案、反映经营情况和服务质量评价等为酒店管理者进行科学决策提供依据。

3) 餐饮部

餐饮部是酒店创收的重要部门,通过向宾客提供餐饮服务,为酒店直接创造经济效益。餐饮部的主要职能如下:

①全面筹划餐饮食品原材料采购、生产加工、产品销售及服务工作。

②通过对餐厅服务和厨房生产进行合理细致的安排,提供色、香、味、形俱全且健康、安全的食品及酒水饮料,满足顾客要求。

③对外扩大宣传,积极销售,对内提高产品和服务质量,加强管理,降低成本,力争取得最大的经济效益和社会效益。餐饮部与客房部一样,都是直接对客服务的部门,员工形象及服务质量、管理水平直接影响酒店的形象,是酒店管理工作的重要环节。

4) 营销部

营销部的主要职责是推广酒店的主要产品和服务,保证酒店在任何季节都能有充足的客源,维护酒店的声誉,策划酒店的形象,扩大酒店的市场知名度,打造酒店的品牌。营销部的规模大小也与酒店的规模大小相关,大型酒店的营销部由经理、主管、市场营销的专兼职人员组成,为保证酒店客源,酒店营销部还会不定期地组织专门人员进行市场调研,了解市场行情和游客的需求,从而指导酒店组织提供尽可能满足顾客需求的产品。

5) 康乐部

随着康乐业的发展,酒店康乐部受到越来越多的关注。消费者进入酒店除了有基本的住宿及饮食需求外,康乐需求日益增长。通常四星级、五星级酒店及度假型酒店中都设有康乐部,康乐部借助场地和各种设施设备为客人提供运动健身和休闲娱乐服务。康乐活动项目多种多样,主要有运动类(如球类、器械类活动、游泳)、保健类(如桑拿浴、美容美发)、休闲娱乐类(如棋牌、歌舞)等。

康乐部的职能主要有:通过自身服务,满足客人的运动健身需求;做好康乐中心的卫生工作;保证各种运动设施设备正常运转,做好各种器械及活动场地的安全保障工作,消除安全隐患;对于新型器械的使用及技术性很强的活动项目,给客人提供必要的指导服务等。康乐部也是为酒店直接创收的部门。

6) 工程部

酒店的设施设备是酒店经营所依托的物质基础。工程部的主要职责就是保证酒店所有设施设备,如客房和大厅的室内装修与陈设,水电、空调系统、电话系统、卫生间设备系统等的正常运转与使用。不仅要对各种设施设备出现的问题进行及时的修理,保证能正常使用,还应经常对酒店的各项设施设备进行保养和更新,使之始终处于良好的工作状态,避免顾客使用时发生故障。可以说,工程部的工作关系到酒店员工的操作安全及来店客人的使用安全,关系到客房出租率,也关系酒店服务质量的高低,是酒店重要的后台保障部门。

7) 人力资源部

酒店主要依靠人的活动完成经营管理,兑现服务产品。因此,员工的积极性、创造性、业务水平等直接决定酒店服务质量的高低,决定顾客的满意程度,也是决定酒店竞争成败的重要因素。人力资源部是酒店中的一个非常重要的部门,它一般直接受总经理的领导和制约,其主要职责是为了满足酒店经营管理的需要,协助其他部门做好酒店管理人员和服务人员的选聘、培训工作,提高员工素质和技能,使之符合各个岗位的需要;向各岗位科学配置员工,实现人与事的最佳组合,从而提高工作效率;利用各种激励措施激发员工潜能和工作的积极性、主动性,从而增强企业活力和市场竞争力,为酒店的发展发挥积极作用。

8) 安全部

在我国,酒店被列为特种行业,即易于被犯罪分子当成落脚藏身处并进行违法犯罪活动的场所。酒店是一个公共场所,来往人员复杂,同时因存放各种物资及资产,容易成为犯罪分子的作案目标,因而酒店的安全保卫工作的难度较大。酒店安全部的职责就是制订安全工作计划,完善安全管理规范,对员工进行安全教育,消除安全隐患,及时制止各种犯罪行为的发生。从而保障宾客和员工人身、财产安全及整个酒店的安全,给酒店员工一个安全的工作环境,给顾客一个安全、放心的饮食、住宿场所。

9) 财务部

财务部负责处理酒店经营活动中的财务管理和会计核算工作,主要职责包括建立各种会计账目;处理酒店的日常财务工作,稽核酒店各类营业收入和支出;制订酒店对商业往来客户的信贷政策并负责执行;负责酒店产品成本控制和定价事宜;处理各项应收、应付款事宜;配合人力资源部办理发薪事宜;编制财务预算;代表酒店对外处理银行信贷、外汇、税务、统计等事宜;定期向酒店管理层提供各种财务报告及经营统计资料,为管理层决策提供依据;审核各部门提出的采购申请计划;召集营业部门的财务分析会议。

10) 商场部

商场部即酒店所设的购物商场或购物中心。酒店商场部出售的商品有日常生活用品,主要用于满足客人的生活需求;也出售当地特有的旅游商品,以满足旅客馈赠亲友或者留做纪念的需要。商品的销售不仅能满足顾客的需要,增加酒店收入,那些刻有酒店标志的商品,对酒店又能起到一定的宣传促销作用,因此,不能忽视商场部的作用,应增强商场的经营特色,提高管理水平,更好地实现酒店的经营目标。

4.3　酒店的组织管理制度

酒店的组织管理制度主要包括酒店的基本制度与酒店的管理制度两大类。

4.3.1　酒店的基本制度

酒店的基本制度通常有以下几类。

1) 总经理负责制

总经理负责制是酒店组织管理的一项基本制度,即在酒店组织中建立以总经理为首的经营管理系统,总经理处于中心位置,在酒店人、财、物等方面拥有决定权,并根据董事会或投资者的决策,全面负责酒店业务经营管理,同时在酒店的经营成果上负有相对应的责任。总经理负责制适应酒店现代化管理的需要,符合现代酒店经营管理规律的要求。总经理的工作及权限主要包括以下4个方面。

(1)经营决策权限

对酒店负有经营决策权,制订酒店的发展计划并组织具体实施。建设酒店组织结构,制订酒店组织管理制度,全面指挥酒店各职能部门和业务部门的经营运作,能任意调派使用酒店的资金、设备、设施、物资等资源以实现组织目标,同时对酒店全部资产负有责任。

(2)人事任免权限

酒店是一个劳动密集型企业,酒店产品质量的高低在很大程度上取决于员工素质、能力的强弱及管理水平的高低。为了保证酒店能提供高质量的服务,用好人、用对人十分重要。因此,总经理应亲自督导酒店的人事任免及奖惩工作,尤其应全面负责优秀管理人才的选聘和任用,保证员工队伍素质和能力符合岗位需要,符合酒店发展的需要。

(3)财务管理权限

酒店经营管理的出发点和归宿是赢利,要实现赢利,做好财务管理工作至关重要。酒店财务管理是对酒店资金的筹措、分配、使用和回收全过程的管理,它贯穿于酒店业务经营过程的始终。总经理必须亲自监督酒店的财务运转状况,控制成本、增加利润,改善经营,以保证经营目标的实现。

(4)酒店企业文化建设职责

酒店总经理负责酒店企业文化建设,保障酒店职代会和工会的权利,支持酒店各组织的活动,不断改善酒店员工的劳动作业条件,维护酒店良好的工作环境及和谐的工作氛围。

总经理负责制赋予总经理一定的权力及权威,同时,还要求总经理对酒店经营管理所取得的经济效益及社会效益承担相应的责任。因此,酒店总经理应具有高度的责任感、良好的职业素质、出色的领导才能。酒店也应通过各种有效的制度和组织形式,保证总经理的权力和权威既能得到充分发挥,又能受到应有的监督。

2)岗位责任制

岗位责任制即在合理分工的基础上,明确规定各岗位及每个岗位上的工作人员必须完成的工作任务、作业标准、权限、工作量以及需要承担的与之相应的责任制度。具体来说,岗位责任制包含4项基本内容:第一,岗位名称、职责范围、上下级隶属关系和具体工作任务;第二,每项工作任务的基本要求、标准和操作程序;第三,应承担的责任和应遵守的制度;第四,与相关岗位的协作要求。酒店岗位责任制是一个完整的体系,它包括酒店总经理岗位责任制;各部门主管、技术人员和职能部门员工的岗位责任制;一线生产、服务人员的岗位责任制等。

岗位责任制能使每个员工都清楚地认识到自己所在的岗位要求完成哪些工作,怎样完成,应达到什么样的标准和效果。岗位责任制是酒店组织管理的基础,是酒店全体员工的工作指南及各项业务监督检查的依据,要求人人要遵守,严格执行。岗位责任制的落实,有利于确保酒店组织各部门、各层次、各级各类员工各司其职、合理分工,密切配合,从而保证酒店组织的正常运行。

3) 酒店经济责任制

酒店经济责任制是酒店的另一项基本经济制度,其核心内容是将酒店组织的经营管理目标进行逐层分解,落实到酒店的各个部门、各个岗位和具体的个人。按照责、权、利相一致的原则,将个人创造的效益与酒店整体效益相联系,并以此为基础进行按劳分配,个人创造了多少劳动价值就能分配应有的劳动所得。实行经济责任制,就是将酒店的经济责任以合同的形式固定下来的一种经营管理制度。

酒店经济责任制包括的主要内容有:

①制订酒店决策。明确酒店组织的总体经营目标。

②落实经济责任。将酒店组织的经营目标层层下放到酒店的各部门、各岗位和个人。通常实行定量化的管理,将酒店的经营目标进行分解,以指标的形式下放,利于考核和成果的评定。

③考核。考核是保证酒店目标实现的重要手段,通过考核才能了解酒店各部门、各岗位和个人的工作完成情况,检查经济责任是否完全履行。考核结果必须真实详尽并且清楚公平,它是酒店员工劳动分配的标准和依据。

④效益为本,按劳分配。根据各部门和个人所创造的效益实行按劳分配。酒店的经济责任制的分配方式有计分计奖制、浮动工资制、提成工资制等多种。

经济责任制的实施要本着公开、公平和公正的原则,严格按照效益和利益相一致的原则实施按劳分配,这样方能充分调动酒店全体员工工作的积极性和创造性,使每一位员工都能真正为酒店的利益而努力工作,从而实现酒店组织的经营目标,推动酒店的不断发展。

4) 员工手册

酒店员工手册是酒店全体员工应共同遵守的行为规范的条文文件。酒店员工手册的内容包括序言、总则、组织管理、劳动条例、计划方法、组织结构、职工福利和劳动纪律、奖励和纪律处分、安全守则等。员工手册对每个酒店都是必不可少的,它规定了酒店全体员工共同拥有的权利和义务,规定了全体员工必须遵守的行为规范,只要是酒店员工,在酒店的工作(包括外表形象、言行举止等)中都要受员工手册上的条款约束。员工手册对酒店的意义非常重大,是保证酒店有序运作的酒店组织的基本制度。员工手册的内容必须通俗易懂,便于员工操作,从而真正发挥作用。

4.3.2　酒店的管理制度

酒店的管理制度是对酒店管理各基本方面规定的活动框架,是用以引导、约束、激励集体行为的规范体系。它在整个酒店通用,要求全体员工遵照执行。按照酒店组织部门和业务划分,酒店管理制度又分为部门管理制度和业务操作规范制度。

1) 部门管理制度

部门管理制度是由酒店下属的各专业部门制订,并要求全体员工遵照执行的相关专业管理制度。酒店部门管理制度主要有人事管理制度、财务管理制度、安全保卫制度、行政性管理制度、设备设施管理制度、物品管理制度等。人事管理制度包括人事部对酒店全体员工的人事档案管理制度、劳动工资制度、人员招聘、培训制度、奖惩制度、福利制度和医疗保险制度等;财务管理制度则是根据酒店财务部门的实际情况制订的现金管理制度、信用消费政策、支付制度、营业收入管理制度、资金审批制度和部门外汇管理制度等分门别类的财务管理规章制度;安全保卫制度则是按照国家安全保卫部门的要求而制订的保卫整个酒店人身和财产安全的保卫制度,包括酒店内保卫制度、消防安全制度、工作安全制度等,其重要性不言而喻;行政管理制度是针对酒店的行政性事务而制订的制度,如行文制度、报告制度、发文制度、行政档案制度、图文资料著作权制度等;设备设施管理制度主要指的是针对酒店各种设备的特点而制订的设备使用、保养、管理等制度;物品管理制度则主要包括物品分级管理制度、物品领用使用制度、物品保管责任制度、物品盘存盘库制度等。

2) 业务操作规范制度

业务操作规范制度是酒店下属业务部门根据自身的业务及其运作特点为规范部门行为而制订的相关管理制度。它包括业务运作制度、服务质量标准、劳动考核制度等。业务运作制度主要有业务流程,服务质量检查,考评制度,排班、替班、交接班制度,卫生制度等;服务质量标准是酒店在根据自己的等级、规模以及整体管理水平定位的基础上而制订的提供产品和服务的质量标准;劳动考核制度是对酒店员工的考勤、任务分配奖惩、违规违纪处理等日常业务工作进行规范,见表4.1。

表4.1　酒店客房部作业规程

部门:客房部　　　岗位:客房服务员　　　工作:打扫整理客房		
步　骤	要　求	预期结果质量标准
A.敲门	(1)清晰地按铃,并等待反应; (2)如客人有回音,就说:"我是客房服务员,我能进来吗?"并等客人开门(等待5秒); (3)如房内没有反应,再用钥匙打开门(等待5秒),并重复说一遍:"我能进来吗?"	使房内的客人知道,服务员将要进来打扫客房,让客人作好准备
B1.打开窗帘	直接走到窗前,将薄、厚两层窗帘全部打开,让光线透进来,并检查窗帘的状态	保持良好拉关状态
B2.检查电器	(1)检查房内所有电器、过道灯、顶灯、卫生间灯、床头灯、落地灯、梳妆台上的灯、电视机、收音机等,如发现有电器坏了,立即向楼长汇报,以便及时修理; (2)如房内有异味,打开窗(从楼长处拿开窗钥匙)	(1)确保电器完好,使客人感到舒适和安全; (2)让清洁、新鲜空气进房,消除异味

续表

部门:客房部	岗位:客房服务员	工作:打扫整理客房
步 骤	要 求	预期结果质量标准
B3.将空调调至适当的温度	（1）如果是退房:在夏季调至冷与中挡之间,在冬季调至暖与中挡之间; （2）如果是住房,在客人已调至合适的温度时,就不要去调它	（1）使新住店的客人有舒适的温度; （2）调动空调开关后,客人可能会不高兴
B4.将垃圾收集起来,倒入工作车的废物袋中	在房内按顺时针方向走一圈,将地上的垃圾拾起来,然后将垃圾桶拿出去,把垃圾全部倒入工作车上的废物袋中	便于地毯吸尘
B5.把餐具和用餐车移到房外	（1）将客房供膳部的餐具和他们的用餐车移到房外,放在房门边; （2）打电话给客房用膳部,让其取走送到厨房; （3）继续工作,若打扫整理房间完毕后,仍没有人来取,则需要将这些餐具和用餐车送至楼层服务室; （4）向楼长汇报情况,并与客房供膳部领班联系	不能妨碍客人在走廊中行走,保持规定标准

4.4 酒店的计划管理

计划是指工作或行动之前预先拟订的具体内容和步骤,或者说,计划工作就是决策结果的推行。酒店计划工作的内容,是预测未来环境变化趋势,确定企业经营目标,拟订和选择经营方案,以便充分利用资源,实现企业经营目的。

4.4.1 酒店计划的作用与种类

1) 酒店计划的作用

一个好的计划,是酒店经营管理的第一步。计划的重要性,首先,表现在计划明确了酒店的发展目标,规定了酒店在计划期内经营管理活动的主要内容,使酒店的一切工作都围绕着计划预订的目标而进行。如果没有计划,没有规定的目标,酒店的经营管理活动将一事无成。

其次,计划的重要性还在于它便于酒店内部协调工作的进行。随着酒店规模的不断扩大,它要求酒店必须能统一安排各项工作,以减少重复和摩擦。各个部门将根据酒店计划,确定本部门的经营活动计划,并和酒店的总体计划相协调。由于酒店不同部门的工作人员往往只看到本部门的利益,因此,必须通过酒店的经营管理计划协调人力和物力。

最后,计划作为一种管理手段,可以提高企业经营管理水平,提高经营效益。在酒店经营管理的各项职能中,计划的职能是首要职能。计划为酒店各项职能发挥作用提供了实际的依据。同时,由于酒店计划制订了企业未来一定时期内要实现的活动指标,并提出了实现活动指标的各种措施,它可以降低劳动消耗、减少支出、增加收入,使酒店在经营管理计划的指导和控制下,不断提高经济效益。

2) 酒店计划的种类

酒店计划的种类有很多,用途各异。为了便于管理,并能使计划真正发挥作用,可根据不同的要求和特点,制订不同类型的酒店计划。

(1) 酒店的长期计划和短期计划

按照计划期的长短,酒店计划可分为长期计划和短期计划。长期计划又称作战略计划,它是酒店在较长时间如三年、五年、七年内,有关发展方向、规模、设备、人员、经济、技术等各方面的长远的纲领性计划。短期计划就是年度计划,具体规定计划期全年度和年度各时期酒店以营业为中心在各方面的目标和任务。酒店长期计划是酒店计划的基础,短期计划是长期计划的实现形式。从指导企业日常经营管理活动的作用方面来看,短期计划是酒店最重要的计划。

许多管理学家把长期计划称为"战略计划",因为它是战略性的、总体的、全面的。把短期计划称为"战术计划",因为它是战术性的、分散的、具体的。酒店的长期计划对整个酒店有指导意义,有广泛而深远的影响,关系到企业的存亡与效益。酒店的高层管理人员,应对长期计划予以充分重视,采取认真负责的态度,花大量的时间和精力,进行"战略上的部署",制订出切实可行的长期计划。酒店的中层管理人员,应在长期计划的范围内,制订出行之有效的短期计划,使短期计划与长期计划保持一致,并把短期计划付诸实施,卓有成效,为企业经营管理活动的成功打下坚定的基础。

(2) 酒店的总体计划和部门计划

按计划的范围来分,酒店计划也可分为酒店总体计划和部门计划。酒店总体计划主要是围绕整个酒店或酒店的几个重要部门而展开的,它包括酒店总体目标、策略和执行方案等。部门计划就是指酒店各个部门制订的计划,它包括部门要实现的目标及各种策略等。酒店的客房部计划、餐饮部计划和商品部计划都属于部门计划。部门计划与酒店总体计划也是相互联系的,部门计划的目标是以酒店总体计划为依据而制订的,并有助于酒店总体目标的实现。

酒店总体计划为各部门的计划提供一个基本的框架,它能否完成要依靠酒店各部门的计划。因此,部门计划的好坏将直接影响酒店总体计划的完成。

(3) 酒店的经营计划和管理计划

从酒店计划的具体内容来看,酒店计划是由经营计划和管理计划两大体系构成的。酒店经营计划包括：

①酒店经营战略计划,即酒店的长期计划。它从总体上确定了酒店未来的发展水平和标准、经营规模和接待能力以及酒店各项经济效益指标的增长水平。同时,经营战略计划还要就酒店的固定资产建设、员工培训、职工生活福利水平作出总体规划。

②酒店销售计划。它是在经营战略的基础上,根据企业未来的发展和市场的变化而制订的年度经营计划。销售计划的主要内容是确定酒店的销售目标和盈利水平。大型的酒店需分别确定客房、餐饮、商品等部门的销售额、毛利率和净盈利水平。为此,在销售计划中,要具体规定酒店销售的措施、时期、费用及控制和评估方法。

③市场营销计划。对酒店来说,酒店的市场推销活动,需要营销计划对市场进行全面、客观的分析和决策。酒店营销计划是用来指导酒店在一定时期内各种营销活动的书面文件。酒店营销计划的制订须从实际出发,规划酒店的客源结构,确定酒店的客源市场占有率;同时确定本酒店产品结构、档次、产品的组合方式等,并指出酒店市场推销的主要方向及市场营销策略。

④酒店接待业务计划。酒店接待业务安排是酒店所有经营活动的核心。酒店各个部门的所有计划都必须和接待计划所确定的接待总人数、客源的组织形式、宾客的来源和方式的安排相衔接。酒店接待业务计划分为月接待计划和重大任务接待计划两类。前者是以月为时间范围,依时序而制订的接待业务计划;后者是指酒店针对某一项重要任务而专门制订的接待计划。

酒店的管理计划主要是指酒店的各职能管理部门为保证酒店经营活动而确定的各种职能计划,主要包括：

①劳动工资计划。它是对酒店的人员及劳动报酬所作出的具体安排。劳动费用是酒店活动中最主要的成本支出。它对酒店的经济效益有着重要的影响,所以要制订较细的计划并予以实施。劳动工资计划需要确定计划期内酒店正常进程所需的职工人数构成;人员素质标准和劳动组织的基本形式;酒店全员劳动生产率和创利率以及酒店的工资总额、平均工资额、奖金、津贴和其他工资的支付额度。

②设备建设和维修计划。它是对酒店设备进行投资建设、保养和维修的计划。该计划除需确定酒店计划期内正常经营活动所需增添设备的种类、数量、资金来源和设备更新改造计划外,还需对设备归口保养、设备保养控制作出规定。根据设备的维修制度,确定日常修理方式、工作量、计划修理的周期和方法,并提出计划修理期间设备使用的替代方案、经费预算和力量安排。

③财务计划。它是根据酒店经营决策而在酒店资金使用和管理方面作出的规划和安排。财务计划要规定酒店资金使用的一些主要方面,制订出固定资产的折旧、营运资金的需用量和周转速度,收入与利润的分配及成本与费用计划。

④物资供应计划。它是为酒店各部门完成接待和供应任务而提供各种物资的计划。物资供应计划要根据酒店经营管理的要求,确定酒店各部门各种主要物资的种类、规格、特性的基本要求,规定各类物资在计划期的需求量、储备量、进货渠道、采购批量等。

⑤员工培训计划。培训计划要对一定时期内酒店员工的来源、素质要求所达到的标准

作出规划。还需具体规定员工来自社会招工、职业学校和大专院校的结构安排,确定酒店员工短期或长期的培训内容、层次、对象和时间的安排。

4.4.2　酒店计划工作的程序

计划工作的程序,一般包括以下步骤:估量机会、确定目标、确定前提条件、拟订可供选择的方案、评价各种备选方案、选择方案、拟订辅助计划、编制预算。

1)估量机会

计划工作的第一步,是对机会的估量,要在实际计划工作开始之前就着手进行。其内容包括对未来可能出现的变化和预见机会进行初步分析,形成判断;根据本酒店的长处和短处了解酒店所处的地位;了解本酒店利用机会的能力;列举主要的不确定因素,并分析其发生的可能性和影响程度;在反复斟酌的基础上,扬长避短,进行科学的决策。

2)确定目标

计划工作的第二步,是在估量机会的基础上,为酒店及下属的各部门确定计划工作的目标。要说明基本的方针和要达到的目标,提出制订战略、政策、规则、程序、规划和预算的任务,并指出工作的重点。

3)确定前提条件

计划工作的第三步,是确定一些关键性的计划前提条件,并使设计人员对此取得共识。所谓计划工作的前提条件就是计划工作的假设条件,换言之,即计划实施时的预期环境。负责计划工作的人员对计划前提条件了解得越细越透彻,并能始终如一地运用它,则计划工作也将做得更加协调,更加切合实际。按照酒店的内外环境,可以将计划工作的前提条件分为外部前提条件和内部前提条件;按可控程度,可将计划工作前提条件分为不可控、部分可控和可控的3种前提条件。外部前提条件多数为不可控的和部分可控的,内部前提条件大多数是可控的。不可控的前提条件越多,不确定性越大,就越需要通过预测工作确定其发生的概率和影响程度的大小。

4)拟订可供选择的方案

计划工作的第四步,是调查和设想可供选择的方案。通常,最显眼的方案不一定就是最好的方案。在过去的计划方案上稍加修改和略加推演也不会产生最好的方案。这一步工作需要发挥创造性。此外,方案也不是越多越好。即使可以采用数学方法和借助电子计算机的手段,还是要对候选方案的数量加以限制,以便把主要精力集中在少数最有希望的方案的分析上。

5)评价各种备选方案

计划工作的第五步,是按照前提和目标来权衡各种因素,比较各个方案的利弊,对各个方案进行评价。评价实质上是一种价值判断。它一方面取决于评价者所采用的标准;另一方面取决于评价者对各个标准所赋予的权数。显然,确定目标和确定计划前提条件的工作质量,直接影响方案的评价。

6) 选择方案

计划工作的第六步,是选择方案。这是关键的一步,也是决策的实质性阶段,即抉择阶段。选择时可能遇到同时有两个可取的方案,在这种情况下,必须确定首选方案,并将另一个方案进行细化和完善,作为后备方案。

7) 拟订辅助计划

计划工作的第七步,是总计划下的分计划,如在拟订酒店年度综合计划后,需要制订酒店各部门的计划。酒店总计划要靠部门辅助计划来保证,辅助计划是总计划的基础。

8) 编制预算

计划工作的最后一步,是将计划转化为预算,使之数字化。预算实质上是资源的分配计划,是数字化的计划。预算工作做好了,可以成为汇总和综合平衡各类计划的一种工具,也可成为衡量计划完成进度的重要标准。

本章小结

- 本章着重阐述了酒店管理的两大职能,即组织管理和计划管理。关于组织管理,主要分析了组织管理要求,介绍了组织管理内容,阐述了现代酒店组织管理制度,重点探讨了现代酒店组织机构设计原则,列举了 4 种常见的酒店组织机构设置模式,并分析了每种模式的优缺点,介绍了现代酒店设置的几个主要部门及其职责。在计划管理内容中阐明了计划管理的意义,介绍了酒店的长期计划、年度计划和短期接待业务计划,列举了酒店几种常用的计划指标,重点介绍了酒店计划的编制、实施及控制三大计划管理工作。

第5章
酒店对客服务部门的运营管理

【学习目标】

1.了解酒店客房部的组织结构与岗位职责。

2.掌握酒店客房部的主要运营管理业务。

3.了解酒店前厅部的组织结构与岗位职责。

4.掌握酒店前厅部的主要运营管理业务。

5.了解酒店餐饮部的组织结构与岗位职责。

6.掌握酒店餐饮部的主要运营管理业务。

案例导入

恪尽职守的餐饮部经理

H饭店是A市10年前唯一的一家四星级合资联营饭店,一期员工均由香港文华集团的专家培训。10年后的今天,此店早已被中方管理者接管。为了适应高度竞争的需要,董事会决定改组领导班子。

新领导上任后,着眼于人力资源的发展,他们通过某权威机构的推荐,聘请了一些旅游院校的讲师及成功饭店的培训人员入住饭店,对各部门进行客观地评估,并针对主要问题适时进行培训。为期一个月的评估与培训结束后,总经理得到一份关于餐饮部的分析报告,报告中除了指出食品质量及其他一些方面的长项外,也指出了餐饮部经理需要改进的地方。

餐饮部吴经理勤恳而尽职,一年中几乎没有节假日,每天工作15小时左右,从早上7时至晚上10时,随处可见他忙碌的身影,多功能厅、两个中餐厅、西餐厅、大厅酒吧及商务酒吧,众多的经营部门都由他一人承担着全权的责任。餐饮部不设副经理,他既要负责运营部门,又要负责3个厨房。

事实上,H饭店餐饮部的部门主管都是饭店开业时期的员工,他们热爱自己的企业,面对客人,他们依然按照开业时的标准提供服务,培训工作几乎没做。不尽如人意的是,他们的专业知识依旧停留在10年前的水准上,遇到需要自己决定的事情,他们一定要找吴经理,哪怕这件事属自己的职权范围,他们已习惯了一切由吴经理决定。新员工成长慢且流动率极高,老员工只能是"恨铁不成钢"。

另外,餐饮部的经营已是薄利多销了。平均月成本率已高达45%以上,虽然每日看来顾客盈门,但利润率已令人极不乐观。

吴经理认为,自己很敬业,说话总是理直气壮,与其他部门经理的合作也很困难,再加上总经理对他信任有限,致使他对餐饮部的控制与管理潜伏着"危机"。

案例思考:

1.案例中显示了 H 饭店餐饮部在岗位设置上的哪些缺失?

2.案例中暴露出 H 饭店餐饮部主要的日常运营管理上存在哪些不足?

3.H 饭店餐饮部应该采取什么措施进行改进?

5.1　酒店客房部的运营与管理

酒店最主要的产品是客房,它是酒店向客人提供住宿和休息的场所,是酒店经济收入的重要来源,客房经营管理的好坏,直接关系酒店的声誉,影响酒店产品的质量。客房部担负着客人住店期间的大部分服务工作,其业务范围涉及整个酒店和公共区域的清洁卫生、物资用品消耗的控制、设备的维修保养等。客房管理是连接客房产品生产和消费的纽带与桥梁。客房管理的好坏,能否根据客人类型、客人心理尽量满足客人需求,则成为直接影响客源的重要条件。同时,因客房使用低值易耗品多,物料比例大,如何最大限度地降低成本,提高利润,也是客房管理的重要任务。

5.1.1　酒店客房部的组织结构与岗位职责

1)酒店客房部的组织结构

客房部组织机构的模式,因酒店的性质、规模、管理和运行机制的不同而不同。大、中型酒店客房部规模大,机构健全,层次较多,工种齐全,各个分支机构及每一位员工的职责、分工很明确。如图 5.1 所示是大中型酒店客房部的组织结构设置模式。

2)酒店客房部的主要岗位职责

由于各酒店客房部的规模、管理体制不同,这里只介绍主要岗位的基本职责。

(1)客房部经理

全权负责客房部的运行与管理,督导下属管理人员的日常工作,确保为客人提供优质高效的住店服务。其直接管理对象是客房部助理经理和客房部秘书,并且对酒店的总经理或房务行政总监负责。工作内容包括:

第一,主持客房部工作,对上向总经理或房务总监负责。

第二,负责计划、组织、指挥及控制所有房务事宜,确保客房部的正常运转和各项计划指标的完成。

图 5.1　大中型酒店客房部的组织结构

第三,根据酒店等级,制订客房部员工的岗位职责和工作程序,确定用人标准和培训计划,并监督执行。

第四,同有关部门沟通协作,保证客房部工作顺利完成。

第五,巡视客房部管辖范围,检查卫生绿化、服务质量和设备设施运行情况,发现问题及时研究改进。

第六,提出客房更新改造计划和陈设布置方案,确定客房物品、劳动用品用具的配备选购,提供采购方案。

第七,制订房务预算,控制支出,降低客房成本,增强获利能力。

第八,处理投诉,收集客人的要求及建议,改进工作。

第九,建立合理的客房劳动组织,制订劳动定额。

第十,对员工进行考核,选拔培养,调动员工积极性。

第十一,抽查客房,检查 VIP 房。

第十二,探访病客和常住客。

第十三,监督客人遗留物品的处理。

第十四,检查各项安全工作。

(2)客房部秘书

负责信息的收发传递,辅助客房经理完成统计、抄写档案等文字性案头工作。其工作对客房部经理和助理经理负责。其工作内容包括:

第一,处理客房部经理的一切文书工作,如代表经理对外发布通知,准备文稿,每日按时收发报纸、信件,接待客人等。

第二,参加部门例会,做好会议记录及存档工作。

第三,处理客房部人事档案,包括进出员工手续办理,过失单据的分类、统计。

第四,处理办公用品的领取发放,保持办公室干净、整洁。

第五,统计考勤,每月向部门经理及人事部门提供员工考勤报告表。

第六,向新来的员工讲解客房部的有关规定。

第七,接受部门经理临时指派的工作。

(3)客房楼层主管

主管楼层的清洁保养和对客服务工作,加强服务现场的督导和检查,保障楼面的安全,使楼层服务的各环节顺利运行,对客房部助理经理负责。其工作内容包括:

第一,接受客房部经理指挥,主持所分管楼层的房务工作。

第二,督导楼层领班和服务员的工作。

第三,巡视楼层,抽查客房卫生,查看 VIP 房和走客房。

第四,处理夜间突发事件及投诉。

第五,与前厅接待处密切合作,提供准确的客房状况。

第六,负责所管楼层的物资、设备和用品的管理。

第七,处理客人的投诉。

第八,处理下属员工报告的特殊情况和疑难问题。

第九,对下属员工进行培训和考核。

第十,保持楼层的安全和服务台的安静。

第十一,负责员工每月服务质量的评估工作。

(4)客房楼层领班

楼层领班直接对楼层主管负责,负责管理一个班的接待任务和督导、检查卫生班服务按规定标准清扫房间。有些酒店不设领班,只设主管。其工作内容包括:

第一,安排指导所分管楼层的服务员和杂役工作。

第二,负责楼层物品存储消耗的统计与管理。

第三,巡视楼层,全面检查客房卫生、设备维修保养、安全设施和服务质量,确保达到规定标准。

第四,熟练掌握操作程序与服务技能,能亲自示范和训练服务员。

第五,填写领班报告,向主管报告房况,住客特殊动向和客房,客人物品遗失损坏等情况。

第六,安排客房计划卫生。

第七,随时处理楼层的突发事件,随时解决客人的疑难,组织好对客接待服务工作。

第八,掌握所属员工的工作思想情况和疑难问题,并及时向领导汇报。

(5)客房服务员

岗位职责和工作范围包括:

第一,清洁整理客房,补充客用消耗品。

第二,填写做房报告,登记房态。

第三,为住客提供日常接待服务和委托代办服务。

第四,报告客房小酒吧的消耗情况并按规定补充。

第五，熟悉住客姓名、相貌特征，留心观察并报告特殊情况。

第六，检查及报告客房设备、物品遗失损坏情况。

第七，当有关部门员工需进房工作时应为其开门并在旁边照看。

（6）客房服务中心值班员

岗位职责和工作范围包括：

第一，接受住客电话提出的服务要求，迅速通知楼层服务员，对该楼层无法解决的难题，与主管协商请总台协助。

第二，与前厅部、工程部等有关部门保持密切联系，尤其是与楼层和总台定时核对房态。

第三，接受楼层的客房消耗酒水报账，转报总台收银处入账，并与餐饮部联系补充事宜。

第四，负责楼层工作钥匙的保管分发，严格执行借还制度。

第五，受理住客投诉。

第六，负责对客借用物品的保管、借还和保养。

第七，负责客房报纸的派发，并为 VIP 客人准备礼品。

第八，负责做好各种记录，填写统计报表。

第九，负责酒店拾遗物品的保存和认领。

第十，负责员工考勤。

（7）公共区主管

岗位职责和工作范围包括：

第一，主管酒店所有公共区域的清洁卫生、绿化美化工作。

第二，督导领班和清扫员的工作。

第三，巡视公共区域，重点检查卫生。

第四，指导检查地毯保养、虫害防治、外窗清洁、庭院绿化等专业性工作。

第五，安排全面清洁工作。

第六，控制清洁物料的耗用。

第七，协助部门经理对下属员工进行培训考评。

第八，安排工作班次和休假。

（8）布件房主管

岗位职责和工作范围包括：

第一，主管酒店一切布件及员工制服事宜。

第二，督导下属员工工作。

第三，安排酒店员工量体定做制服。

第四，与客房楼面、餐饮部及洗衣房密切联系，保证工作任务顺利完成。

第五，控制布件和制服的运转、储存、缝补和再利用，制订保管领用制度，监察盘点工作。

第六，定期报告布件制服损耗量，提出补充或更新计划。

5.1.2　酒店客房部的主要运营管理业务

1) 酒店客房部的主要职能

(1) 客房部向客人提供基本的酒店产品

客房是顾客旅游投宿的物质承担者,是住店顾客购买的最大、最主要的产品。所以,酒店的客房是酒店存在的基础,没有了客房,实际意义上的酒店就不复存在了。

(2) 客房部的收入是酒店的主要收入来源

客房是酒店最主要的商品之一,客房部是酒店的主要创利部门,销售收入十分可观,一般要占酒店全部营业收入的 40%~60%。

(3) 客房部负责整个酒店的公共卫生及布件洗涤发放工作

客房部也是酒店管家部门,不仅负责整个酒店公共部分的清洁保养及绿化工作,也担负着整个酒店布件的洗涤、熨烫、保管、发放的重任,对酒店其他部门的正常运转给予不可缺少的支持。

2) 酒店客房部主要的日常运营管理业务

酒店客房部日常业务管理的主要目的是保证客人住宿期间能满足客人使用设施与享用物资的需求,为客人提供清洁卫生、设备用品齐全、舒适美观的客房,满足客人享受各种服务的要求,为客人提供物质和精神上的享受。酒店客房部日常运营管理通常包括如下业务:

(1) 客房清洁卫生管理

客房的清洁卫生工作是客房部的重要工作之一,客房卫生质量是客人最关心和最敏感的问题,也是酒店服务质量管理的重要内容,酒店必须制订严格的质量标准与操作程序进行管理。客房清洁卫生管理工作一般包括以下内容:

① 客房日常卫生管理。客房日常卫生是客房部的重要工作内容,也是衡量酒店服务质量的重要标准。卫生工作做得好,就能满足客人的需要。对客房的日常清扫,我国主要采用的是两进房制。主要内容包括 3 个方面,即清洁整理客房、更换补充物品、检查保养设备。根据酒店的具体情况,应制订相关的工作程序与质量标准。管理人员要加强监督与指导。由于客房状态的不同,清洁卫生工作会有所不同,但基本内容与基本要求是一样的,其基本程序如下所述。

第一,整理、清扫、除尘。按照酒店的规格与清洁卫生工作的要求,整理和铺放客人使用过的床铺,整理客人使用后放乱的各种用品、用具,整理客人放乱的个人衣物、用品,清扫垃圾、抹尘、吸尘。在房间整理、清扫、除尘过程中,应严格按照酒店规定的程序和质量标准进行。

第二,整理、擦洗卫生间。整理各种卫生用品及客人用具,清扫垃圾,擦洗卫生洁具及瓷砖墙面与地面。在卫生间整理、擦洗过程中,应严格按照规定的卫生标准与工作程序,杜绝一条抹布一抹到底的不道德行为。

第三,更换、补充用品。在房间整理清洁过程中,按照标准要求更换布件,补充用品。

②客房计划卫生管理。客房部除了日常卫生清洁工作外,还有诸如窗帘、地毯、房顶吸尘、顶灯除尘等卫生项目需要定期循环清洁。因此,应根据酒店的具体情况,制订切实可行的工作计划和卫生清洁标准,科学地安排时间、人员,保证酒店的服务水准。

③公共区域卫生管理。客房部除了承担客房区域的清洁卫生工作外,还承担了酒店公共区域公共卫生的清洁整理工作。由于公共区域面积大,人员分散,不利于控制与监督,因此,公共区域的清洁卫生工作要根据所管辖的区域和范围以及规定的卫生项目与标准,划片定岗,实行岗位责任制,使员工明确自己的责任与质量标准,管理人员应加强巡视检查,进行监督。

（2）客房接待服务管理

客房部接待服务工作围绕客人的到店、居住、离店 3 个环节进行,接待服务工作的管理也是以此为基础制订相应的管理程序与管理办法。

①迎客服务管理（设客房服务中心的酒店,此项服务一般仅向 VIP 客人提供）。客人到达楼层后,希望在人格上得到服务人员的尊重,在生活上得到服务人员的关心。根据"顾客至上"的原则,酒店应制订相应的程序与要求,规范与约束员工的日常行为。员工迎客彬彬有礼,会给客人留下美好的印象,使之有一个好心情,也会对酒店产生一个好印象。

②客人居住期间服务管理。客人住店期间,希望生活起居方便,他们的风俗习惯得到尊重。客人的需求变化莫测,酒店仅有规范化的服务仍然不能满足客人需求,酒店应针对不同客人的生活习惯与需求,在规范化服务的基础上,对不同客人应提供合理的个性化服务项目以满足其需求。

③客人离店服务管理。客人离店是酒店接待客人工作的结束。服务人员的良好服务,会给客人留下美好的印象。客房部员工应按酒店服务程序的规定,做好客人离开楼层前的准备工作、客人离开楼层时的送别工作和客人离开楼层后的检查工作。

（3）客房安全业务管理

客房部管理面积大,接待客人多,工作比较复杂,容易出问题。从整个酒店讲,安全保卫工作由保卫部门负责,但客房部应积极配合,保证客人人身与财产的安全。客房安全是指顾客在客房范围内的人身、财产及其正当权益不受侵害,也不存在可能导致客人受侵害的因素。

①客房安全。客房是顾客的暂居地及财物的存放处,故客房安全至关重要。客房门必须有能双锁的门锁、广角窥镜及安全链,其他凡能进入客房的入口处,均应能上锁或闩。客房内各种电器设备应确保安全,卫生间的地面及浴缸应有防滑设施,所有茶具、杯具等应按时消毒,对于家具应经常检查其牢固程度;引领客人进房的服务人员应向客人介绍安全装置的作用及使用方法,并提请客人注意阅读客房内所展示的有关安全告示及说明;客房服务人员清扫客房时,应将房门保持打开状态,不能随意将客房钥匙放在清洁车上,并检查客房内各安全装置;前厅问讯处等各部门也应严格为住客保密。

②走道安全。客房走道的照明应正常,地毯应平整;酒店保安人员应对客房走道进行巡视,注意有无外来陌生人违规进入客房区,提醒客人将门关好;楼层服务员如发现异常情况

应及时向安保部报告；配有闭路电视监视系统的酒店，可以更好地协助客房走道的安全监控。

③伤病、醉酒客人的处理。酒店一旦有客人出现伤病，应有紧急处理措施及能胜任抢救的专业医护人员或员工救护，并配备各种急救的设备器材与药品。任何员工尤其是客房部员工，在任何场所若发现伤病客人，应立即向保安或经理报告，总机也应注意伤病客人的求助电话；对一直到下午仍挂有"请勿打扰"牌的住客，应电话或进房询问；如有伤病客人，应实施急救或送医院治疗。事后由安保部写出伤病报告，呈报总经理，并存档备查，对不同类型及特征的醉酒客人，应区别对待。对轻者，要适时劝其回房休息；对重者，应协助保安使其安静，以免打扰或伤害其他客人。客房服务员应特别注意醉酒客人房内的动静，以免发生意外。

④火灾的防范。酒店应有缜密的防火安全计划，包括成立防火安全委员会，制订防范措施和检查方法，规定各岗位工作人员的职责和任务；制订火警时的紧急疏散计划，如客人及员工如何疏散及资金财产等如何保护；配备、维修、保养防火灭火设备及用具，培训员工掌握必要的防火知识和灭火技能，并定期举办消防演习；对住客加强防火知识宣传，如在客房门后张贴安全门通道示意图及在客房内放置防火宣传材料等；一旦发生火警，总机应向消防部门报警并用紧急广播系统通知客人及员工，要求他们从紧急出口和安全楼梯离开酒店建筑，电梯应放至底层并禁止使用；前厅部应在底层安全梯出口处引领疏散客人，保安人员应严密保护现场。

(4) 客房设备用品管理

客房设备用品种类繁多，在酒店固定资产中占有很大的比重。客房设备和用品是开展客房服务工作的物质基础。管理好客房的设备和物资，是客房业务管理的重要内容之一，也是降低客房营业成本的重要途径。客房部要具体制订设备、物资的管理制度，明确规定各级管理人员在这一方面的职责，合理使用设备物资，努力降低成本，力求得到最大的经济效益。客房内的各种设备应始终处于齐全、完好状态，客房服务员及管理人员在日常服务工作和管理工作中，随时注意检查设备使用情况，配合工程部对设备进行保养、维修，管理人员要定时向客房部汇报设备使用情况。房内各种供客人使用的物品和清洁用品，应备足、备齐，以满足服务工作的需要，保证服务质量。要控制好床单、毛巾等棉织品的周转，控制好消耗物资的领用，建立发放记录和消耗记录，在满足客人使用、保证服务质量的前提下，提倡节约，减少浪费，堵塞漏洞，实行节约奖励、浪费受罚的奖惩制度。

①客房设备用品采购管理。根据客房等级、种类、标准及数量，核定设备用品的品种、规格、等级及需求数量，按照各部门提出的设备用品采购计划，进行综合平衡后确定采购计划并采购。

②客房设备用品使用管理。做好设备的分类、编号及登记工作。制订分级归类管理制度，建立岗位责任制。实行客房用品消耗定额管理。

③客房设备用品更新管理。客房部应与工程设备部门一起制订固定资产定额、设备的添置、折旧、大修和更新改造计划，以及低值易耗品的摊销计划，减少盲目性。设备无论是由于有形磨损还是无形磨损，客房部都应按计划进行更新改造。在更新改造设备时，客房部要协助设备部进行拆装，并尽快熟悉各项设备的性能及使用、保养方法，投入使用。

5.2　酒店前厅部的运营与管理

酒店前厅部是酒店接待客人的重要部门,是酒店直接对客服务的起点,是客人在店消费的联络中心和客人离店的终点。其主要任务是负责销售酒店的主要产品,即客房,联络和协调酒店各部门的对客服务,为客人提供前厅部的综合性服务。前厅部工作质量的高低,不仅直接影响客房的出租率和酒店的经济效益,而且能反映出酒店的工作效率、服务质量和管理水平的高低。

5.2.1　酒店前厅部的组织结构与岗位职责

1)酒店前厅部的组织结构

前厅部的组织结构需要根据本酒店等级的不同、规模的大小、业务量的多少、饭店客源的特色而设置。一般酒店前厅部的组织结构应具备预订、接待、问讯、收银、行李、商务等服务功能,如图 5.2 所示。

图 5.2　酒店前厅部的组织结构图

2) 酒店前厅部的主要岗位职责

(1) 预订处

预订处是酒店订房业务的部门,可以说是前厅部的"心脏"。其人员配备由预订主管、领班与订房员组成。其主要职能是熟悉掌握酒店的房价政策和预订业务;接受客人的电话、互联网、传真、信函及口头等形式的预订;加强与总台接待处联系;及时向前厅部经理及总台有关部门提供有关客房预订资料和数据;参与客情预测工作,向上级提供 VIP 抵店信息;负责与有关公司、旅行社等单位建立业务关系,尽量销售客房商品;制订各种预订报表;参与前厅部对外订房业务的谈判及合同的签订;完善订房记录及客史档案等。

(2) 接待处

接待处也称开房处。它通常配备主管、领班和接待员。其主要职能是介绍、销售客房;接待入住客人,为客人办理入住手续,分配房间;掌握住客动态及信息资料,控制房间状态;制订客房营业日报表格等;与预订处、客房部等保持密切联系,及时掌握客房出租情况;协调对客系列服务工作。

(3) 问讯处

问讯处通常配有主管、领班和问讯员。其主要职能是负责回答客人问讯(包括介绍酒店服务项目及有关信息、市内旅游景点、市内观光、交通情况、社团活动等相关信息);接待来访客人;及时处理客人邮件、留言、访客等项事宜;分发和保管客房钥匙等。

(4) 总机处

总机处通常由总机主管、领班与话务员组成。其主要职能是转接电话;提供叫醒服务和"请勿打扰(DND)"电话服务;回答客人电话问讯;提供电话找人服务;接待电话预订及电话访客;接待电话投诉;并在紧急情况下充当指挥中心;播放背景音乐。

(5) 商务处

商务处也称商务中心。它通常由商务主管、领班与秘书组成。其主要职能是为客人提供打字、传真、复印、翻译、长途电话及互联网服务等商务服务;也可充当秘书、管家及翻译;提供代办邮件和特快专递服务;还可为客人提供特殊服务。

(6) 礼宾处

礼宾处也有人称作"金钥匙"。它通常由大厅服务主管(金钥匙)、领班、迎宾员、行李员、委托代办员等组成。其主要职能是在门厅或机场、车站迎送宾客;雨伞的寄存和出租;引领客人进客房,并向客人介绍服务项目、服务特色等;分送客用报纸、信件和留言;提供行李、出租和泊车服务;负责酒店大门内外的安全和秩序;负责客人其他委托代办事项。

(7) 收银处

收银处也称结账处。它通常由领班、收银员及外币兑换员组成。因其业务性质,收银处一般隶属于酒店的财务部,由财务部直接管辖。但由于收银处位于前台,与接待处、问讯处共同构成总服务台,直接为客人提供服务,因此,前厅部也对其实施管理和考核。其主要职能是受理入住酒店客人住房预付金;提供外币兑换服务及零钱兑换服务;同酒店各营业部门的收款员联系,催收、审核账单;建立客人账卡,管理住店客人的账目;夜间审核酒店营业收入及各种账目;制作营业和销售报表;负责应收账款的转账;办理离店客人结账手续等项事宜。

5.2.2 酒店前厅部主要运营管理业务

1) 酒店前厅部的主要职能

酒店前厅部的主要职能具体表现在以下 6 个方面。

(1) 立足客房销售

客房产品的销售是前厅部的中心工作,其他一切工作都是围绕这个中心进行的。客房是酒店最主要的产品,是酒店经济收入的主要来源,客房产品具有所有权的相对稳定性、地理位置的固定性、价值补偿的易逝性等特点,受时间、空间和数量的限制。因此,能否积极发挥销售作用,做好客房产品的销售,将会影响整个酒店的盈利水平。

(2) 掌握正确房态

客房状况的正确显示是酒店服务质量与管理水平的体现,也是客房产品顺利销售的基础。前厅部的客房状况显示系统包括客房预订显示系统、客房现状显示系统。只有做好客房状况的实时显示,掌握正确的房态,才能更好地开展对客服务。

(3) 协调对客服务

前厅部将通过销售所掌握的客源市场预测、客房预订与到客情况以及客人的需求及时通报给其他相关业务部门,使各部门能够相互配合协调,有计划地完成本部门应该承担的工作任务。前厅部通过对客售后服务,及时地将客人的意见反馈给有关部门,以改善酒店的服务质量。

(4) 提供各类对客服务

前厅部直接为客人提供各种服务,为住店客人办理住宿手续、接送行李、委托代办业务、记账结账等。酒店前、后台之间以及各部门与客人之间的联络、协调关系等也需要前厅部来牵头。

(5) 提供客账管理

目前,国内大多数酒店为了方便客人、促进消费,已向客人提供统一结账服务。客人提供必要的信用证明或预付账款后,可在酒店各部门签单消费,客人的账单可在预订客房或办理入住登记手续时建立。前厅部的责任是区别每位客人的消费情况,建立正确的客账,以保证酒店的良好信誉及应有的经营收入。

(6) 建立客史档案

由于前厅部为客人提供入住及离店服务,因而自然就成为酒店对客服务的调度中心及资料档案中心。大部分酒店为住店一次以上的散客建立了客史档案,记录了酒店接待客人的主要资料,这是酒店给客人提供个性化服务的依据,也是酒店寻找客源、研究市场营销的信息来源。

2) 酒店前厅部的主要日常运营管理业务

（1）前厅客房预订业务

客房预订是推销客房产品的重要手段之一。目前，随着旅游业的发展和酒店业的激烈竞争，订房已不仅是客人为了使住宿有保证而进行的单方面联系客房的活动，还成为酒店为了争取客源、保证经济效益的实现而进行的主动式推销，这是双向预约客房的行为。随着客源市场竞争的加剧，主动式推销客房越来越引起酒店管理人员的重视，订房已成为酒店重要的推销工作。客房预订的种类，一般有以下 4 种形式。

①保证类预订。这使酒店与未来的住客之间有了更为牢靠的关系。通过信用卡、预付订金、订立合同 3 种方法来保证酒店和客人双方的利益，但使用时要注意其效果。一是信用卡，客人使用信用卡，收银人员要注意信用查询，防止出现恶意透支的现象；二是预付订金，这是酒店最欢迎的，特别是在旺季，一般由酒店和客人双方商定，订金可以是一天的，也可以是整个住宿期间的；三是订立合同，指酒店与有关单位签订的供房合同，但应注意合同履行的方法、主要签单人及对方的信用，注意防止呆账的发生，明确规定最高挂账限额和双方的违约责任。

②确认类预订。客人向酒店提出订房要求时，酒店根据具体情况，以口头或书面的形式表示接受客人的预订要求。一般不要求客人预付订金，但客人必须在规定的时间内到达酒店。否则，在用房紧张的情况下，酒店可将客房出租给未经预订而直接抵店的客人，酒店可不保证提供房间。

③等待类订房。酒店在订房已满的情况下，为了防止由于客人未到或提前离店而给酒店带来的经济损失，仍然接受一定数量的客人订房。但对这类订房客人，酒店不确认订房，只是通知客人，在其他订房客人取消预订或有客人提前离店的情况下可优先予以安排。

④超额预订。在用房旺季时，酒店为防止因订房客人未到或住店客人提前离店而造成客房闲置现象的发生，适当增加订房数量，以弥补酒店经济损失。但超额预订会因为客人的全部到达而出现无法供房的现象，并可能造成酒店的经济损失和酒店形象的损坏。

客房预订业务的程序通常由以下阶段构成：

第一阶段，受理预订。接到客人的订房要求时，预订人员将客人的订房要求填写在统一规格的订房单内，以明确酒店接受预订的各种信息，如客人姓名、联系方式、抵店时间、需要房间的类别与数量等。

第二阶段，接受或婉拒预订。酒店根据客人的需求与本酒店的具体情况，确定能否满足客人的预订需求。能满足客人的预订需求时，则接受预订；否则，可婉言拒绝。

第三阶段，确认预订。酒店接受了客人的预订后应及时给客人发出预订确认书。确认书中应复述客人的订房要求；申明酒店对客人订房变更及取消预订的有关规定；向确认类预订的客人申明抵店的时间；对保证类客人申明收取订金及取消预订的有关规定。

第四阶段，记录、储存订房资料。预订人员将客人的订房资料分类整理，按客人的抵店时间顺序排列存放。

第五阶段,预订的变更、取消及客人抵店前的准备。如果已确认的预订客人要求变更或取消预订,预订人员应及时办理手续,填写订房变更与预订取消单,以防出现差错影响客房出租。客人抵店前,预订人员应及时将有关资料转交总台接待人员。

客房预订工作中应注意的问题:客人的预订一经酒店确认,就产生法律效力,所以应该注意,订房信息记录应准确无误;客人抵店前,订房信息要及时转达到相关部门,使他们及时做好接待客人的准备工作;酒店房源方面有任何变化,都应及时通知客人;酒店任何人员为他人办理预订业务,都应按所规定的程序进行,防止造成混乱与损失;把取消预订与违约的有关处理规定告诉客人。

(2)前厅入住接待业务管理

客房预订并没有完成客房产品的最终销售,它只是增加了提高客房出租率的可能性,接待服务和分房管理才是最终完成客房产品销售的程序。分房管理是直接出售客房产品,是一种艺术,分房工作管理得好,就能将高价客房或闲置客房售出,从而减少闲置,增加销售量。

前厅主要的接待业务工作如下:

①按有关规定做好入住登记工作。入住登记的过程是客人与酒店第一次面对面接触的过程。对于酒店总台来说,入住登记手续是对客服务的第一个关键阶段,这一阶段的工作效果将直接影响前厅部客房产品的销售。提供信息、协调对客服务、与客人建立正式合法的租住关系,是办理入住登记手续的目的。需要注意的是,在办理入住登记手续时应做到:遵守国家法律法规中有关户籍管理的有关规定,如没有身份证等有效证件,不办理入住登记手续;获取住店客人必需的个人资料;满足客人对房价的合理要求;建立正确的客人账户。

酒店为了维护自身和入住客人的合法权益,保障酒店和入住客人的生命财产不受伤害,可行使"拒绝入住权"。

②客房状况的实时控制。在前厅部的业务运转中,客房状况的实时控制是一项重要内容。客房状况的实时控制是确保客房状况准确的有效手段,它往往是前厅部业务运转的一个核心。掌握酒店的客房状况及其变化,应引起管理者的高度重视。在客房状况的实时控制过程中,客房状况信息的及时传递、有效信息的及时沟通是十分重要的。客房状况的变化取决于客人住宿活动。客人住宿登记后,其对应的客房状况就由原来的空房或待租状况变为住客房;客人结账后客房状况变为走客房,然后变为空房,客房状况就是这样不停地随着客人住宿的变化而变化。客房状况的变化情况主要通过3个部门沟通,即客房部、开房处和收银处,这3个部门在沟通和控制客房状况方面应负主要责任。客房部要及时、准确地向开房处报告房态,接待员以此作为接待客人、分派客房的依据。客人离店结账退房时,收银员负责通知客房部,客房部在清理完客房后,再次将最新客房状况通知开房处。准确的客房状况信息取决于这3个部门的信息及时传递。

(3)前厅日常服务管理

①迎送服务管理。迎送工作是酒店显示档次与服务质量的关键。客人抵达或离店时,迎宾员应主动相迎,热情服务,将车辆引领到合适的地方,并主动帮助行李员清点客人的行

李,以免出现差错。迎宾员还负责维持大厅门前的秩序,指挥、引导、疏散车辆,保证酒店门前的交通畅通无阻。

②问讯、邮件服务管理。客人有了疑难问题,会向酒店有关人员询问,酒店有责任与义务帮助客人排忧解难。酒店应对问讯处的工作人员进行相关知识的培训。而问讯员除必须有较广的知识面以外,还需要掌握大量最新的信息和书面材料,以保证在工作中能给客人以准确而满意的答复。

③行李服务管理。行李服务是由行李员负责进行的。行李服务中需要注意的问题是运送的行李,需要得到客人的确认,以防止行李出现差错而给客人的行程带来不必要的麻烦。团队行李的交接过程,应注意行李的检查验收,并办理必要的手续,防止行李的损坏和财物的丢失。多个团队出现时,应采取必要的方法加以区分,防止出现混乱错失现象。

④电话总机服务管理。电话总机是酒店内外信息沟通、联络的通信枢纽。绝大多数客人对酒店的第一印象是在与话务员的第一次声音接触中产生的。话务员热情、礼貌、耐心、快捷和高效的对客服务,起到了客人与酒店之间的桥梁作用。电话总机服务包括接转电话、问询服务、叫醒服务和联络服务 4 个方面的内容。

⑤客人投诉管理。投诉是客人对酒店服务工作不满而提出的意见。一般酒店前厅部设有大堂副理来接受和处理客人的投诉。通过客人的投诉,酒店可以及时了解工作中存在的问题,有利于酒店不断改进和提高服务质量和管理水平。正确处理客人投诉,可以加深酒店与客人之间的相互了解,处理好酒店与客人之间的关系,改变客人对酒店工作的不良印象。圆满处理客人投诉,可以树立酒店良好的声誉,让客人对酒店的不满降低到最低限度。酒店大堂副理应掌握接待处理客人投诉的方法、原则和技巧。

⑥商务中心服务管理。为满足客人日益增长的商务需要,酒店通过商务中心向客人提供打字、复印、传真、秘书、翻译、代办邮件、会议室出租、文件整理和装订服务。酒店商务中心除应拥有计算机、复印机、传真机、装订机、有关商务刊物和报纸、办公用品和其他必要的设备外,还要配备有一定专业知识和经验的工作人员,以提供高水平、高效率的对客服务。

⑦其他服务管理。为方便客人,满足客人多方面的需要,酒店前厅还向客人提供旅游代办、机(车、船)票预订、出租汽车预约、收发邮件等服务。这些服务可以由旅行社、出租汽车公司、邮电局等专业部门在酒店设置专业机构办理,也可以由酒店代理进行。

(4)前厅客账业务管理

前厅客账管理工作的好坏直接关系到能否保证酒店的经济效益和准确反映酒店经营业务活动的状况,也反映了酒店的服务水平和经营管理效率。前厅客账管理的时间性与业务性都很强,位于前厅的收银处,每天负责核算和整理各业务部门收银员送来的顾客消费账单,为离店顾客办理结账收款事宜,编制各种会计报表,以便及时反映酒店的营业活动情况。从业务性质来说,前厅收银处一般直接归属于酒店财务部,但由于它处在接待顾客的第一线岗位,又需接受前厅部的指挥。

①客账记录。客账记录是前厅收银处的一项日常业务工作。为了避免工作中的差错和发生逃账漏账的情况,前厅收银处的客账记录必须由一套完备的制度来保证,并依靠各业务部门的配合及财务部的审核监督。客账记录的方法和要求主要如下:

第一,账户清楚。接待处给每位登记入住的顾客设立一个账户,供收银处登录该顾客在酒店居住期内的房租及其他各项花费(已用现金结算的费用除外)。它是编制各类营业报表的情况来源之一,也是顾客离店时结算的依据。通常,酒店为零散顾客建立个人账户,为团体顾客建立团体账户。

第二,转账迅速。顾客在酒店停留时间短,费用项目多,每一位顾客的一系列消费都在几天,甚至几小时内发生,这就要求转账迅速。各业务部门必须按规定时间将顾客账单送到前厅收银处,防止跑账、漏账、错账发生,保证准时结账,准确无误。如采用计算机收银系统,只要收银员将账单输入收银机,前厅计算机就同时记下了顾客当时的应付款项,能避免漏账,大大提高工作效率。

第三,记账准确。前厅为顾客建立客账后,即开始记录顾客住店期间的一切费用。顾客的房租,采取依日累计的方法,每天结算一次,顾客离店时加上当日应付租金,即为顾客应付的全部房租,一目了然。其他各项费用,如饮食、洗衣、长途电话、电报电传、理发、书报、租车等项目,除顾客愿在发生时以现金结算外,其他均可由顾客签字认可后,由各有关部门将其转入前厅收银处,记入顾客的账卡。这就要求记账准确,顾客姓名、房号、费用项目和金额、消费时间等必须清楚,和户头账户保持一致。

②顾客结账。现代酒店一般采用"一次结账"的收款方式,指顾客在酒店花费的全部费用在离店时一次结清。这样,既能给顾客带来方便,又能留下服务态度好、工作效率高的良好印象。

顾客的结账方式一般有3种:一是现金支付,这对酒店来说是最理想的,因为酒店收取现金以后可以马上使用;二是用信用卡支付,这种支付方式比较方便,同时酒店的应收款项回收也可得到保证;三是使用企业之间的记账单来支付酒店费用。

③夜间审核及营业报表编制。在许多酒店中,收银处夜间工作人员除了上述业务,还要承担夜间审核和营业报表编制的工作。夜间审核工作是将从前一个夜班核查以后,所收到的账单及房租登录在顾客账户上,并作好汇总和核查工作。营业日报表是全面反映本酒店当日营业情况的业务报表,一般由前厅收银处夜审人员负责编制。其中,一份于次日清晨送往酒店总经理办公室,以便酒店经理及时掌握营业总情况;另一份送交财务部门作为核对营业收入的依据。

5.3　酒店餐饮部的运营与管理

现代酒店的餐饮业务管理已成为酒店企业管理的重要组成部分,现代化酒店的规模越大,管理工作专业化的程度就越高。现代化酒店的餐厅已经不仅是供应餐饮产品的场所,而且是具有休闲、宴会、交际等多重功能的场所。餐饮产品是满足客人某种需要或得到某种享受的物质形态的实体和非物质形态的服务。构成餐饮产品的物质实体称为有形产品,如餐厅的外观、餐饮产品的生产与服务设施、菜肴与酒水的外观及颜色式样等;餐饮产品的非物质形态称为无形产品,是客人对产品内涵的感受,如餐厅的声誉、特色、气氛、位置、等级等。餐饮产品的有形部分与无形部分具有同样的地位,不可相互替代,共同组成完整的餐饮产品,其核心是可食性。

5.3.1　酒店餐饮部的组织结构与岗位职责

1)酒店餐饮部的组织结构

酒店餐饮部的组织结构是确定该部门与各部门之间相互关系的结构。目的是增强实现部门经营目标的能力,更有效地协调员工与控制整体之间的活动。酒店餐饮组织结构因酒店的类型、等级规模和服务内容的不同而设置不同。餐饮部一般由餐厅部、宴会部、厨房部、管事部、采购部 5 个部门组成,如图 5.3 所示。

图 5.3　酒店餐饮部的组织结构图

2)餐饮部的主要岗位职责

①餐饮部经理(总监)的岗位职责。餐饮部经理负责餐饮部门的全面经营管理工作,在酒店的日常餐饮活动中发挥着重要作用。作为餐饮部门的经理要明确自己的重要职责,了解该项工作所必须具备的素质要求,并合理地安排自己的日常工作,只有这样才能真正发挥自己的作用。

餐饮部经理要熟悉本酒店的主要目标市场,了解消费者的餐饮需求并有针对性地开发和提供能满足他们需求的餐饮产品和服务;要与厨师长一起,进行固定菜单和变动菜单的筹划与设计。不断推出新的菜肴品种;要加强对餐饮采购、验收和储存的管理与控制,降低成本,减少浪费;要督促主厨对厨房生产进行科学管理,健全厨房组织,合理进行布局,保证菜肴质量,减少生产中的浪费,调动厨房工作人员的积极性;要加强餐厅的日常管理,提高对客服务质量,培养餐厅经理的管理督导水平;要促进宴会销售,加强宴会组织与管理,提高宴会服务质量;要每周与厨师长、采购员一起巡视市场,检查储藏室、冷库等,了解存货和市场行情;要每周召开餐饮成本分析会议,审查菜肴和酒水的成本情况;要对酒水和酒吧的销售管理进行控制,维持酒吧的经营特色;要制订餐饮推销、促销计划,扩大餐饮销售渠道,提高餐饮销售量;要发挥全体员工的积极性,监督本部门培训计划的实施,实施有效的激励手段。

②餐厅经理的岗位职责。指导和监督餐厅每天的业务活动,保证餐厅服务质量,巡视和检查餐厅营业区域,确保服务工作的高效率;检查餐厅的物品、摆台及卫生;组织安排服务员,监督制订服务排班表;选择新职工,培训职工,评估职工的业绩,执行酒店和餐厅的各项规章制度;发展良好的客际关系,安排客人预订的宴会、便餐,欢迎顾客,为客人引座,需要时向客人介绍餐厅的产品;与厨房密切联系共同提供优质的餐饮产品,及时处理客人的投诉;出席餐饮部召开的业务会议,安排好餐厅的预订业务,研究和统计菜单情况;保管好每天服务的记录,编制餐厅服务程序;根据客人的预订及客人人数制订出一周的工作计划;签发设备维修与保养单,填写服务用具和餐具申请单;观察与记录职工的服务情况,提出职工升职、降职和辞退的建议。

③餐厅厨师长的岗位职责。负责厨房生产的管理、计划和组织工作,根据生产要求安排工作班次,搞好厨房员工的培训、成绩评估、激励和奖励工作;编制菜单,开发新菜品,确定菜肴价格;配合主厨师长制订标准菜谱,进行食品生产质量控制;根据对客人人数的统计预测,做好厨房生产计划工作;现场指挥开餐时的厨房生产工作,保证菜品的质量、份额、出菜速度符合标准,协调各班组厨房的生产,协调餐厅与厨房的工作;负责提出厨房所需原料和用具的请购和请领要求;负责厨房原料的消耗和成本控制工作,杜绝厨房中餐饮成本的泄露点;负责厨房中的烹调和加工设备的管理,检查设备的保养和维修状况;负责厨房的清洁卫生和安全的管理工作;抓好食品卫生和员工个人卫生的管理工作,保证食品卫生符合标准。

④餐厅领班的岗位职责。餐厅领班应做服务员的表率,认真完成餐厅规定的各项服务工作;检查员工的仪表仪容,保证服务规范,对所负责的服务区域保证服务质量;正确使用订单,按餐厅的规定布置餐厅和摆台;了解当日的业务情况,必要时向服务员详细布置当班工作;检查服务柜中的用品和调味品的准备情况;开餐时,监督和参加餐饮服务,与厨房协调,保证按时上菜;接受顾客投诉,并向餐厅经理汇报;为客人点菜,推销餐厅的特色产品,亲自为重要客人服务;核对账单,保证在客人签字之前账目无误;下班前,为下一班布置好台面;当班结束后,填写领班工作日志;负责培训新员工和实习生。

⑤餐厅服务员的岗位职责。餐厅服务员要守时、有礼貌、服从领班的指导;要负责擦净餐具、服务用具;要负责餐厅卫生、餐厅棉织品送洗、点数、记录工作;要负责餐桌摆台,保证餐具和玻璃器皿的清洁;要负责装满调味盅和补充工作台的餐具用品;要按餐厅规定的服务程序和标准,为客人提供尽善尽美的服务;要将用过的餐具送到洗涤间分类摆放,及时补充应有的餐具;要做好翻台、餐厅营业的工作。餐厅服务员的具体工作有时很难确定,主要根据企业的经营目标、管理模式而定。许多餐厅使用实习生和服务员助手(传菜员)以协助服务员工作,如为服务台装满用具、饮料、调味品、摆桌椅、摆台、准备冰桶及冰块、清理餐桌等。

5.3.2 酒店餐饮部主要运营管理业务

1)酒店餐饮部的主要职能

餐饮产品与餐饮管理的特点,决定了餐饮管理的基本任务:加强市场调查,提高服务水平与菜肴质量,满足客人需求,有效地利用人力、物力、财力,合理组织餐饮产品生产的各项经营业务活动,争取良好的经济效益。餐饮管理的职能主要有以下 4 个方面:

(1)餐饮产品的市场定位

餐饮管理的首要任务是做好市场调查工作,选定目标市场,进行餐饮产品的市场定位,根据本酒店的具体情况策划餐饮服务项目、餐饮服务内容,并根据市场环境与酒店条件的变化,适时调整酒店的经营方针与经营策略,增强酒店餐饮产品的竞争能力。

(2)餐饮产品的生产管理

餐饮产品的生产过程是一个复杂的过程,由于参与人员多、使用原材料品种多、生产种类多,使得生产过程的控制显得特别重要。因此,必须加强餐饮管理,努力降低成本,对餐饮产品的生产过程实行全程管理。

(3)餐饮前台对客人的服务管理

在客人对餐饮产品的消费过程中,前台员工的服务质量对餐饮产品的销售起着相当重要的作用。应制订餐饮服务标准、服务程序、服务规范,为顾客提供主动、热情、耐心、周到的服务,争取更多的客源市场份额。

(4)餐饮产品的销售管理

要实现餐饮部的经营目标,保证完成经营收入计划,餐饮管理人员就应加强对市场形势的分析与研究,适时调整经营策略,采取灵活多样的营销方式开发市场。

2)酒店餐饮部主要的日常运营管理业务

(1)餐饮清洁卫生管理

酒店餐饮卫生管理的主要目的是为客人提供符合卫生标准、对人体安全有益的餐食。餐饮卫生是保证就餐者健康的首要条件,也是影响餐饮产品质量的重要因素。为了保证食品卫生,杜绝食品污染和有害因素对人体的危害,保障就餐者的身体健康,酒店应切实抓好餐饮卫生管理工作。餐饮卫生管理工作的主要内容有食品卫生管理、员工卫生管理、环境卫生管理及设备餐具卫生管理。

①食品卫生管理。酒店提供的食品必须是没有受过污染、干净、卫生和富有营养的食品。食品如果受到污染将会给顾客带来疾病危害,造成食物中毒。导致食品受到污染的来源主要是病菌、寄生虫或有害化学物质以及有毒的动植物。因此,必须做好食品污染的预防工作,保证食品卫生。

②员工卫生管理。员工卫生管理包括员工个人卫生和操作卫生管理。员工良好的个人卫生可以保证良好的健康状态和高效率的工作,而且可以防止疾病的传播,避免食物污染,并防止食物中毒事件的发生。员工在被雇用后每年必须主动进行健康检查,并取得健康证明。员工个人卫生管理除了依靠严格的上岗规章制度外,还应从根本处着手,即培养员工良好的卫生习惯。

员工操作卫生管理的目的是防止工作人员因操作时的疏忽而导致食品、用具遭受污染。员工在操作时,禁止饮食、吸烟,并尽量不交谈;员工在拿取餐具时不能用手直接接触餐具上客人入口的部位;不能用手直接抓取食品,应戴好清洁的工作手套,并且在操作结束后处理好使用过的手套;工作时不使用破裂器皿;器皿、器具若掉落在地上,应洗净后再使用;若熟食掉落在地上,则应弃置,不可再使用;注意成品的保鲜、保洁,避免污染。

③环境卫生管理。餐饮产品的卫生情况与环境卫生管理大为相关,这里所指的环境包括餐厅、厨房、所有食品加工、储藏、销售场所、洗涤间、卫生间及垃圾房等。按照餐饮产品储存、加工、生产、消费等流程,各环节的卫生管理都必须严格到位,不容忽视。

④设备餐具卫生管理。由于设备餐具卫生管理不善而污染食品导致食品中毒的事件常有发生,因设备餐具不符合卫生要求而被罚款或勒令停业整顿的餐饮企业也屡见不鲜。制订出设备卫生计划及各种设备洗涤操作规程并教育训练员工,是搞好设备、餐具卫生的关键。因此,餐饮部应格外重视加工设备及厨具、烹调设备及厨具、冷藏设备、清洁消毒设备、储藏和输送设备等各类设备与餐具卫生管理。设备及餐具的卫生管理,应能保证供应食品不受污染,符合卫生要求。

(2)餐饮生产管理

餐饮产品的生产管理是餐饮管理的重要组成部分,餐饮产品的生产水平和产品质量直接关系到餐饮的特色和形象。高水准餐饮产品的生产,既反映了餐饮的等级档次,又体现出了酒店餐饮的特色。餐饮产品的生产还影响酒店经济效益的实现,因为餐饮产品的成本和利润在很大程度上受生产过程的支配,控制生产过程的成本费用可以获得良好的经济效益。

餐饮产品生产管理的关键是菜肴生产管理。菜肴生产管理,主要是指厨房的生产预测与计划、食品原料的折损率控制、菜肴的份额数量控制以及编写标准食谱与执行标准食谱等。菜肴成本加大的原因之一是产品过量生产,预防菜肴的过量生产,可以控制无效的食品成本发生。菜肴成本加大的原因之二是食品原料的净料率控制不当,由于菜肴生产的需要,食品原料需要经过一系列的加工,才能符合制作要求,食品原料加工方法适宜,会增加它的净料率,提高菜肴的出品率,减少浪费,从而有效地降低菜肴成本。值得注意的是,提高食品原料的净料率应当在保证产品制作质量的前提下进行。另外,菜肴原料份额也会影响菜肴的成本,应给予高度的重视。

(3)餐饮推销管理

餐饮业务的经营管理者必须清醒地认识到,餐饮产品的生产销售是以市场为中心、以满足客人需求为目标。餐饮产品的市场推销是从对餐饮市场经营环境的调查与预测开始的。通过餐饮产品的推销活动,促进生产者与消费者之间的信息交流,消除障碍,刺激客人消费。推销过程实质上是一个信息传递过程,通过推销使消费者对本酒店经营的餐饮产品知晓、理解,成为潜在的消费者。推销是推动餐饮产品从生产领域向消费领域转移的过程,也是促使餐饮产品价值实现的过程。但餐饮产品要真正达到销售目的,除了推销者要选用适当的推销方式外,还要认真做好推销的思想准备,了解客源市场状况,将重心放在客人身上。

餐饮产品的推销可利用报刊、电视、广播等新闻媒介形式进行,也可采用户外广告的形式,如道路指示牌、屋顶标牌、灯箱广告牌、餐厅布告栏等。餐饮产品的推销还可通过推销人员与潜在客人面对面交谈,向客人提供本酒店的信息,说服潜在的消费者购买本酒店的餐饮产品。酒店还可采用特殊的推销方式,如利用赠券、品尝样品、套餐折扣、赠送礼品等方式进行。

在餐饮产品推销过程中,首先应注意餐厅主题设计,力求办出自己的特色,拥有自己鲜明独特的形象,使客人在消费后留下深刻的印象。餐饮产品推销中,餐饮部门的形象设计可以突出自己的个性,环境情调的不同可以给人一种新鲜的感觉。餐饮部门提供的额外服务,会吸引众多的客人,如时装表演、音乐晚会、优惠供餐等。服务人员的建议式推销也会收到意想不到的效果。有的餐厅采用现场烹饪的方法,可引起客人的极大兴趣。有的餐厅,在推出一种新的菜肴时,采用特价或奉送品尝的方式,会产生良好的推销效果。利用节假日进行餐饮产品的推销活动,是餐饮部门经常采用的一种方式。各种节假日是难得的推销时机,餐饮部门这时都会制订节日推销计划,可根据企业自身的特点,使推销活动生动活泼、有创意,争取获得良好的经济效益。

(4)餐饮成本管理

餐饮产品的成本管理是餐饮管理的关键。餐饮成本控制贯穿于餐饮产品生产的全过程,凡在餐饮产品制作与经营过程中产生的影响成本的因素,都是餐饮成本管理的对象。餐饮产品成本管理,关键的问题是作好餐饮产品的控制程序。制订并确定餐饮产品的各项标准成本;实施成本控制,对餐饮产品的实际成本进行抽查和定期评估;确定成本差异,分析造成成本差异的原因与责任;消除成本差异,找出解决成本差异的具体方法。

餐饮产品的制作是一个系统工程,餐饮产品的成本控制需要从以下3个方面努力。

①食品原料的成本控制。食品原料是菜肴制作的主要成本,包括主料成本、辅料成本、调料成本。主料成本是菜肴的主要原料成本,一般来说,主料在菜肴中占的份额最多、价格最高,是控制的重点。辅料成本又称为配料成本,在菜肴制作过程中,辅料起着衬托主料的作用,也是不可忽视的成本。调料成本是指菜肴生产过程中调味品成本,在菜肴生产过程中关系到菜肴的质量,是餐饮产品成本中一项重要的开支,有时甚至超过主料成本。食品原料的成本控制从两个方面入手:一是做好食品原料的采购保管控制,同质论价、同价论质,减少采购中间环节,入库后合理储备,努力降低成本;二是食品原料的使用控制,管理人员应做好食品原料使用的监督工作,一旦发现问题,应及时分析原因,并采取有效措施进行纠正。

②人工劳务成本控制。菜肴的制作是手工劳动,人的因素起着相当重要的作用。人工成本控制,一是用工数量的控制,尽量减少缺勤工时,控制非生产和服务工时,提高生产效率,严格执行劳动定额。二是做好工资总额的控制,人员配备比例适当,高技术岗位的人员过多,会增加人力资源成本,造成人力资源成本过高;低技术岗位的人员过多,又会影响菜肴生产质量。

③燃料能源成本控制。燃料能源成本是菜肴生产与经营中不可忽视的成本,尽管在菜肴成本中可能占有的成本比例很小,但在餐饮产品的生产中,仍有一定数量。教育员工重视节约能源、做好节省燃料的工作是非常必要的。在餐饮产品的生产过程中,管理人员应坚持对能源工作和节能效果的经常性检查,以保证燃料能源控制工作的有效性。燃料能源成本的控制方法很多,管理者可以结合本单位的具体情况加以总结,使餐饮产品的生产程序化、

标准化,把燃料能源的成本控制到最低限度。

(5)菜单筹划管理

在餐饮产品的生产销售过程中,菜单起着重要作用。餐厅的主要产品是菜肴与食品,它们不宜过久存放,许多菜肴在客人点菜之前不能制作。酒店通过菜单把本餐厅的产品介绍给客人,通过菜单与客人沟通,客人只有通过菜单来了解菜肴的特点。因此,菜单成为餐厅销售餐饮产品的重要工具。菜单还成为酒店控制成本的重要工具。菜肴原材料的采购、菜肴的生产、服务人员进行菜肴产品的推销、酒店餐饮产品的效益,基本上都以菜单为依据。

①菜单的基本类别。根据菜单的不同划分标准,菜单有以下不同的分类。

A.根据菜单价格形式分类。

a.套餐菜单:根据客人的需要,将不同的营养成分、不同的食品原料、不同的制作方法、不同类型与价格的菜肴产品合理地搭配在一起形成套餐。套餐菜单上的菜肴产品的品种、数量、价格是固定的。套餐菜单的优点是节省了客人点菜的时间,而且在价格上也较为优惠。特别是现在许多酒店在套餐菜单上增加了不同档次和标准,方便客人进行选择。

b.零点菜单:是酒店最基本的菜单。客人可根据菜单上列举的菜肴品种选择购买。一般酒店餐厅零点菜单的排列顺序按人们的进餐习惯排列,西餐是开胃菜类、汤类、沙拉类、主菜类、三明治类、甜品类等。中餐则以菜肴食品原料的内容分类,如冷盘、热菜、汤类、主食、酒水等。

B.根据菜单特点(周期)分类。

a.固定菜单:是指每天都提供相同菜品的菜单。它适用于就餐客人较多,且客人流动性大的商业餐厅。许多风味餐厅、大众餐厅、吧房、咖啡厅和快餐厅都有自己的固定菜单,这种固定菜单一般是该餐厅经过精心研制并在多年销售过程中深受客人欢迎并具有特色的菜品品种。

b.周期循环菜单:是指按一定天数周期循环使用的菜单,这些菜单上供应的品种可以是部分不同或全部不同,厨房按照当天菜单上规定的品种进行生产。它适用于企事业单位长住型酒店的餐厅。周期循环式菜单的优点是满足了客人对特色菜肴的需求,天天可以品尝新的菜肴产品,但餐厅应注意剩余食品原料的妥善处理。

c.宴会菜单:是酒店与餐厅推销餐饮产品的一种技术性菜单。宴会菜单要体现酒店与餐厅的经营特色,根据不同季节和不同客源安排时令菜肴。宴会菜单要根据宴请对象、宴请特点、宴请标准、宴请者的意见随时制订。宴会菜单还可细分为传统式宴会菜单、鸡尾酒会菜单、自助式宴会菜单等。

②菜单的设计管理。菜单作为酒店与客人沟通的媒介、餐饮产品推销的重要工具,应根据本酒店的经营特色进行精心设计,力求外观设计科学、内容清楚真实。在菜单设计中,一定要选择适合不同需求的字体,其中包括字体的大小、字体的形状。如中文的仿宋体容易阅读,适合作为菜肴的名称和菜肴的介绍,而行书体或草写体有自己的风格,使用时应当谨慎。英语字体包括印刷体和手写体。

菜单质量的优劣与菜单选用的纸张质量有很大的关系。由于菜单代表了餐厅的形象,其光洁度和手感与菜单的推销功能有直接的联系,因此,纸张的选择应引起管理者的高度重视。一次性使用的菜单应选用价格较便宜的纸张;对于使用周期较长的菜单,应选用耐用性能较好或经过塑料压膜处理过的纸张。

　　菜单的颜色具有增加菜肴推销的作用,使菜单更具有吸引力。鲜艳的色彩能够反映餐厅的经营特色,而柔和清淡的色彩使菜单显得典雅大方。除非菜单上带有图片,否则菜单上使用的颜色最好不要超过 4 种。色彩种类太多会给客人留下华而不实的感觉,不利于菜肴的营销。同时,为增加菜单的营销功能,可适当配备必要的照片与图形,这将会产生更好的效果。

　　菜肴的命名应注意贴切、易懂,特别是中文菜单要能够反映原材料的配制、菜肴的形状、菜肴产生的历史渊源、菜肴名称的寓意。如果能将一些特色菜的配料、营养成分、烹制方法加以简单的介绍,将会产生更好的效果。

　　设计菜单时应注意,有的餐厅经常只换内页而不注意更换封面,时间久了,菜单封面就会肮脏破旧,影响客人的情绪和食欲;因为许多客人会从菜单的整洁美观上来判断餐厅菜肴的质量。同时,菜单上菜肴的排列切忌按价格的高低来排列,否则客人会根据菜肴价格来点菜。按照一些餐厅的经验,把餐厅重点推销的菜肴放在菜单的首尾,或许这是一种比较好的办法,因为许多客人点的菜肴里总有菜肴排列在菜单的首尾部分。

　　菜单策划设计的关键还要货真价实,不能只做表面文章。菜单设计得非常好,但与菜肴的实际内容不相符合,菜肴质量达不到菜单所介绍的标准,只会引起客人的不满而失去客人。

本章小结

● 本章主要阐述了酒店一线对客服务部门的运营管理工作。酒店的一线服务部门主要包括客房部、前厅部、餐饮部等直接给客人提供服务的部门。酒店客房部主要以给客人提供清洁、干净的客房和保持整个酒店的清洁为主;酒店前厅部是酒店经营管理工作的中枢机构,其主要负责客人入住登记、接待等工作,以保证酒店客房产品的最终销售工作得以顺利完成;酒店餐饮部是以给客人提供美味可口的餐饮产品和优质的餐饮服务为主。这些部门工作的好坏,将直接影响整个酒店对客服务的质量,整个酒店的声誉,最终也将影响酒店的经营业绩。

第6章
酒店市场营销部的运营与管理

【学习目标】
1.了解酒店市场营销部的组织机构与岗位设置。
2.掌握酒店市场营销部在酒店中的地位与作用。
3.掌握酒店市场营销部的工作特点和范围。
4.了解酒店市场营销部的规章制度与营销预算的制订。
5.具备酒店销售人员的培训、评估与考核的相关知识。
6.掌握酒店市场细分的概念和步骤。
7.掌握酒店目标市场的选择策略。
8.掌握酒店市场营销中的不同策略组合。

案例导入

休布雷公司巧妙的定价策略

休布雷公司在美国伏特加酒的市场中,属于营销出色的公司。其生产的史密诺夫酒在伏特加酒的市场占有率达23%。20世纪60年代,另一家公司推出一种新型伏特加酒,其质量不比史密诺夫酒差,每瓶价格却比它低1美元。

按照惯例,休布雷公司有3条对策可用:

1.降价1美元,以保住市场占有率。

2.维持原价,通过增加广告费用和推销支出与竞争对手竞争。

3.维持原价,听任其市场占有率降低。

由此可以看出,不论采取上述哪种策略,休布雷公司似乎都输定了。

但是,该公司的市场营销人员经过深思熟虑后,却采取了对方意想不到的第4种策略。那就是,将史密诺夫酒的价格再提高1美元,同时推出一种与竞争对手新伏特加酒价格一样的瑞色加酒和另一种价格更低的波波酒。

这种产品价格策略,一方面提高了史密诺夫酒的地位,同时使竞争对手的新产品沦为一种普通的品牌。结果,休布雷公司不仅渡过了难关,而且利润大增。实际上,休布雷公司的上述3种产品的味道和成本几乎相同,只是该公司懂得以不同的价格来销售相同的产品的策略而已。

案例思考：

1.案例中休布雷公司采取的应对定价策略是心理定价中的什么策略？
2.在目标市场选择策略上休布雷公司发生了怎样的变化？
3.谈谈价格策略在酒店营销管理中的重要性。

6.1　酒店市场营销部的组织机构与岗位设置

酒店市场营销组织是酒店全面负责制订、实施和管理市场营销策略和行动的组织机构。在酒店业的经营实践中，对这类组织所赋予的称谓可能不尽相同，例如，市场营销部、市场销售部、市场开发部、销售部、销售公关部、营销部等。但不管其称谓如何，只要其全面负责和管理酒店的市场营销工作，都是酒店营销组织。其设置是根据酒店的具体情况及特殊需要而定的，与酒店的规模有密切的关系。一个小型酒店也许只有一个人负责营销工作，没有专职的营销部门，而一个大型酒店则需要较多的专职营销人员和营销机构，营销机构的规模可能大而齐全，下设客房销售部、餐饮销售部、公关部、广告部、营销办公室等。另外，酒店营销组织还与酒店经营范围有关，如果酒店不经营会议业务，就不必设会议推销部。

6.1.1　市场营销部在酒店中的地位与作用

1) 市场营销部在酒店中的地位

市场营销部在酒店经营管理中，通常起龙头作用。在酒店各部门中，它是总经理经营决策所必需的顾问参谋和信息中心，负责酒店对内对外形象的创立与维护，同时也是负责酒店市场调查研究和推销的职能部门。

市场营销部同一线各部门有着直接的联系。在部门之间开展具体经营活动中，常常是协调关系，在客人接待方面，是下达计划指令与执行计划指令的关系。

2) 市场营销工作的作用

在市场调查的基础上，确定目标市场。根据目标市场的需求，策划与建议酒店各部门推出适应客人需求的产品，包括创新产品。

根据市场细分，选择酒店最佳的产品组合、营销渠道，制订营销目标、阶段性营销计划和具有市场竞争力的房价，追求最大的营销量和最高的平均房价以及两者的最佳组合，使酒店获得最佳的经济效益。

及时收集旅游市场信息，注重酒店内部接待、促销过程中的信息反馈，定期向酒店营销会议报告各种发展动态，汇总情况，并作好各种市场预测。

6.1.2 酒店市场营销部的工作特点及范围

1）酒店市场营销部的工作特点

（1）贯彻总经理的营销意图

在总经理的领导下,市场营销部全面负责酒店营销工作,这就需要认真领会和贯彻总经理的营销意图,使营销策略符合酒店总体的长期经营策略。

（2）与各部门的合作性

作为酒店中一个专门招徕顾客的部门,市场营销部的工作需要依靠酒店各部门的合作,因此市场营销部必须与酒店各部门保持良好的合作。

（3）对各部门工作的指导性

由于营销活动需要关注顾客从入住登记到结账离店全过程的服务和顾客的反映,并借此来获取最全面、最详尽的信息,这便决定了营销公关部对其他各部门的工作具有指导性,围绕顾客满意这一最终目标,可帮助其他各部门随时改进和完善服务。此外,酒店营销公关部也是酒店内信息来源最为广泛的部门,通过搜集从各种渠道传来的信息对酒店经营策略的调整和正确决策也起重要的作用,从而也影响各部门的工作调整和改善等。

2）酒店市场营销部的工作范围

①与有关旅行社、旅游公司、外贸公司、金融机构、学术团体及其他社会团体、经济实体和机构进行洽谈,签订住房合同及其他各类合同。

②走访旅行社、旅游公司及其他旅游中间商,与他们保持良好的关系,积极宣传自己酒店的产品和服务,以提高酒店的知名度,为旅游者所信赖和接受。

③制订客房的标准价格、包价价格、长包房价格、淡季客房推销价格、特殊促销活动价格,制订价格的折扣、价格的调整策略,并制订预订金、佣金的标准和支付方法等。

④策划特别促销活动,如策划情人节、母亲节、成人节、父亲节、圣诞节、春节、各种食品节的促销活动等。

⑤进行人员推销,争取提高客房出租率、会议设施使用率。

⑥安排团体客人的食宿及其他事宜。

⑦参加国际、国内旅游博览会、旅游展销会,借机扩大酒店的影响,争取直接预订。

⑧建立海外营销办事处或营销代理机构。

⑨选择与加入酒店预订网络。

⑩发送往来业务信函、电报、电传、传真,回答客户关于酒店的价格、产品和服务等的询问,向旅行社报价,有可能的话,酒店自行组团等。

6.1.3　酒店市场营销部组织机构与岗位设置

1)酒店市场营销部的组织机构

（1）组织机构

一般中小型酒店销售部与公关部设置在一起,大酒店则将市场销售部和公关部单独设置。

酒店市场营销部编制为 9~10 人。文员负责客史资料、档案管理和秘书工作。公关部设 2~3 人。团体销售及散客销售视酒店实际情况而定,哪一种比较侧重就相应增加哪一方面的营销力量,如图 6.1 所示为酒店市场营销部组织机构图。

图 6.1　酒店市场营销部组织机构

（2）组织机构设置的注意事项

有些酒店将宴会营销也划归市场营销部,而有些则划归餐饮部,这并无固定模式。在实际工作过程中,如将宴会营销划归市场营销部,则对于一些既订客房,又订餐饮的顾客考虑包价更为简便易行,在完成客房、餐饮两类指标上更易协调。因为这属于内部协调,而划归餐饮部则涉及部门之间的协商。宴会营销划归餐饮部的优点是在菜肴等方面更易满足客人的要求,因为通过与厨房的内部协调即可。

2)酒店市场营销部岗位设置

（1）岗位设置

①市场营销部经理(或总监)。

②团队销售经理。

③团队销售代表。

④散客销售经理。

⑤散客销售代表。

⑥公关代表。

⑦美工。

⑧文员。

（2）岗位设置的注意事项

①根据酒店规模及市场情况,一人可兼任多职,同样,对于以团队为主的酒店,可适当增加团队方面的营销力量。根据酒店全年的营业计划,制订酒店全年的营销计划,其中包括各

个阶段具体的促销任务与战术,以保证全年营销计划的落实。

②根据酒店的具体情况,还可设置其他岗位,如有些酒店推销较多的包价项目,则可专设一名营销代表负责包价市场。他负责向总经理提出各种建议方案,其中包括广告、促销、公共关系、特殊营销、人员培训和发展客户关系等方面的建议方案。

6.2 酒店市场营销部的规章制度与营销预算制订

6.2.1 酒店市场营销部的规章制度

1)销售策划制度

销售策划制度可分为常规及非常规策划制度两种,也可分为定期和非定期策划制度两种。

(1)常规的销售策划

这是根据酒店在日常接待中的规律性而定期制订的,包括市场分析、目标、策略、控制方法这4个部分。其中具体的销售策划内容有酒店在淡、平、旺季分别对不同的市场推出的不同价格,冬季、夏季特别包价(推出包价的目标、时间、价格、内容等),餐饮部根据不同月份推出不同的餐饮促销项目。

(2)非常规的销售策划

这是指酒店根据市场的变化而及时采取的灵活多样的应变措施。如发现某一潜在市场发展很快,或酒店原定的价格不适宜当时的市场情况,应立即调头,改变经营策略。

2)宣传策划制度

宣传策划是围绕销售策划进行的,并在实施时间上超前于销售策划。因此,它也可分为常规的与非常规的两种。

(1)常规的宣传策划

这是根据酒店常规的销售策划的要求而采取的一系列宣传手段,包括宣传目的、时间、所需宣传费用、具体的做法(如广告、宣传海报、宣传单、客信等)。

(2)非常规的宣传策划

这是根据非常规的销售策划进行的。其内容也包括宣传目的、时间、所需费用和具体做法。通过销售部经理以书面备忘录的形式报总经理审阅,在通过后再付诸实施。

3)客户联络和销售报告制度

客户联络情况主要是通过销售人员按时填写有关报告来反映的,如客户资料报告、销售访问计划报告、每日销售访问结果报告、每周销售访问报告、每周宴请计划报告、销售旅行报告等。

除了上述这些日常报告以外，还可通过不定期地举行大型的客户答谢宴会等形式来深化与客户的联系。

4) 信息报告制度

通过对各种信息的收集、汇总、分析和利用，可以明确酒店在市场中所处的位置并采取相应的策略。

5) 部门办公会议制度

部门办公会议制度是销售部经理进行日常管理的重要手段，是传达上级指令、布置部门工作、听取各方汇报、检查每人工作、讲评阶段工作和督促检查的必要手段，按常规每周末开一次销售会议，参加对象是销售公关部全体员工及总经理、分管副总经理、餐饮部经理、宴会销售人员、前厅部经理、信贷主任，每天则应早晚各进行一次碰头会，了解当天工作计划及检查结果，同时进行必要的指导和协调。会议还可分成专题促销活动会议、市场销售总结会议等。会议前要作好准备，特别是对比较敏感的问题，同时，要做好记录。每次开会还要检查上次会议中讨论的有关问题的执行情况。

6.2.2　酒店市场营销预算

1) 酒店市场营销预算的类型

(1) 资本预算中的营销预算

资本预算实际上又称为中长期预算，主要包括酒店中长期的大型项目，如酒店更新改造、新楼层的开设、商务设施和健身娱乐设施的引进等。在这种预算中，营销预算所占的比重较小，许多酒店经常对此忽视。事实上，这些新的项目的推出，同样需要做相应的前期营销工作。

(2) 总体预算中的营销预算

总体预算指酒店在一定期限内各部门营业收入和支出计划，通常为年度预算。在本章中将重点阐述。

(3) 连续预算中的营销预算

连续预算又可称为滚动预算，酒店根据年度预算执行情况，对下一预算周期内的经营收入和支出所作的调整性计划。滚动预算周期通常为季度或月度。

2) 酒店市场营销预算的组成

(1) 本部门工作人员的工资福利

工作人员指本部门所有的管理人员、销售人员、公共关系人员、秘书以及临时合同工，其工资福利包括工资、奖金、工资税、保险费、养老金以及给本部门员工提供食品和饮料(员工餐)的费用,还有其他福利奖金等。

（2）部门管理和日常费用

部门管理和日常费用,指与营销部门有关的费用支出,具体包括:办公费用,如使用的印刷表格、文具办公用品、销售手册等;通信费用,如电话、电传、传真、信函及其他邮资费用;国内外销售旅行差旅费用;汇票和订阅费;酒店订房系统入网费;促销活动费;市场调研费;交际费,包括经理、销售人员和其他员工的交际费;酒店宣传资料小册子和特式菜单等费用;其他各项支出,如陪同餐费、制装费、培训费等。

（3）广告和促销费用

广告和促销费用,指酒店用于广告和促销活动的费用,具体包括:直接邮寄费,如通信录、信封、写信、签字或由其他机构代理完成这类性质工作的费用;广告费,其中包括广告制作费,以及在报纸、杂志、户外、电视和电台等媒体广告播出费,媒体费是广告中最大和最重要的部分;销售点促销用品费,如特别账单、特式菜单补充目录陈列展示品的制作费用;杂项,如复印、印刷、交通费用等。

3）酒店市场营销预算的编制方法

在编制营销预算时,收入预算与费用预算的方法各不相同。

（1）收入预算

收入预算主要是在预测销售数量与制订销售价格的基础上,编制销售收入预算。

（2）费用预算

费用预算主要有如下方法:

①根据同行业标准确定营销预算费用。根据长期调查统计以及各酒店呈报的数据,整理出各类酒店的营销费用在营业收入中所占的比例。

采用该方法,酒店只要稍微结合本酒店实际情况,参照同行业的相应费用,就可确定自己的营销预算。

在营销预算总额中,计划人员应根据各个细分市场的重要性确定人员推销与广告预算数额的比率。这个比率一般为(40:60)~(60:40)。例如,某酒店主要吸引会议市场,由于推销人员较容易识别潜在客户,因此,人员推销预算数额所占的比例就比较高。如果某酒店主要吸引暂住宾客或接待由旅行社订房的零散宾客,为了提高本酒店的市场知晓程度,广告预算数额就高一些。显然,各酒店应根据具体情况确定各项营销预算。

确定广告预算之后,营销计划人员应与广告代理商一起研究印刷费、制作费、手续费和其他有关费用的预算。广告预算中剩下的数额是广告媒介费用预算。自然,酒店也可先确定广告媒介费用预算,然后再将剩下的数额分配给印刷、制作等费用。

②目标利润计划法。使用这种方法的企业需首先预测计划期的营业收入数额,然后从营业收入数额扣减各种变动成本和固定成本,再扣除企业的目标利润数额,求出计划期的营销预算数额。最后,营销计划人员再确定各种营销活动,如广告、营业推广、营销调研的预算

数额。

③零基预算法。其特点是对于任何一个预算都不以过去和现有的基础为出发点,而是一切从零开始,将下一个预算期作为独立的经营周期,根据各项费用是否必要,是否能达到最佳的经济效果来决定其预算费用水平。但是,使用零基预算法制订营销预算时,应将各种营销费用项目分为核心成分和其他费用项目两个部分。例如,如果某酒店主要依靠推销人员和预订体系进行销售的,这两方面的费用预算就是预算中的核心成分。核心成分的预算数额不能低于某一最低数额,只有其他费用项目,才根据零基预算法确定预算数额。

采用零基预算法进行预算,大致有 3 个步骤:首先,酒店市场营销计划人员根据营销战略计划编制具体的行动方案,以及各种活动需要的费用数额;其次,对每项行动方案进行“成本效益”分析,将其花费与可能收益所得进行比较,评定各项行动方案的优劣,并据此排定优劣顺序;最后,根据排列次序,结合可动用的资金来分配营销资金。

4) 酒店编制营销预算应考虑的问题

(1) 酒店的财务经营状况

营销预算的大小必须在酒店财力所能承担的范围之内,不可能无限提高。这就需要酒店销售部门经理同财务部门一起来研究,确定营销预算的额度。

(2) 酒店的市场和竞争形势

预算资金的配置必须以市场分布特点和竞争态势为基础。酒店如果以稳定客源和提高收益为目标,则必须将营销预算资金重点分布到主要的客源市场。对于市场容量和潜力巨大且竞争激烈的市场,酒店应投入较多的预算资金开展重点促销活动,以获得竞争优势。

(3) 酒店产品的生命周期

营销预算应根据酒店产品不同的生命周期来确定。

6.2.3　酒店销售信息系统

销售信息系统是指销售部门内各种酒店销售信息的收集、储存、沟通和传播等应用功能。

1) 销售会议

(1) 销售晨会(Morning Briefing)

每日上班之前,部门总监召集全体销售员工进行 5 分钟的训话。其主要目的是传达酒店管理层的最新指示,提醒和督促员工的当日任务,保证当日的工作不偏离计划的轨道。

(2) 销售总结会(Evening Summary)

每日下班前 10 分钟,部门员工要聚在一起沟通当日重要销售信息。销售总监在当日工作的总结中,要及时发现和纠正工作中的不足之处,对特别员工还可以提出表扬或警告。

(3) 每周销售会议(Weekly Sales Meeting)

每周销售会议是关于酒店销售工作的一次战略探讨会。每周末的下午,由销售总监主

持召开,必要时也邀请总经理参加。其主要内容包括:

①销售员工汇报本周销售工作。

a.本周销售拜访的数量;

b.本周销售业绩和自我评估;

c.下周销售跟进项目;

d.下周重大促销活动;

e.本周客户反馈意见。

②本周市内重大活动回顾。

a.活动的内容;

b.对酒店产生的影响。

③公布后 3 个月的酒店预定事项。

④竞争酒店经营状况分析。

a.本周住房率;

b.本周平均房价;

c.本周重大接待。

⑤竞争酒店销售活动分析。

a.折扣策略;

b.宴会/会议促销策略;

c.实际的团队房价;

d.主要客源市场;

e.本周重大促销活动。

⑥销售部与酒店其他部门的合作关系。

a.其他部门的配合情况;

b.其他部门的意见。

⑦总经理指示。

(4)每月销售会议(Monthly Sales Meeting)

每月最后一天举行,销售部所有员工参加,并邀请总经理、财务总监、房务总监和餐饮总监等有关人员出席。会议的主要内容是总结和分析本月的总体营销状况。探讨下月的销售策略,主要内容包括以下 11 个方面:

①本月指标完成情况分析;

②本月实际销售支出报告分析;

③本月客户销售指标完成情况;

④本月餐饮销售指标完成情况;

⑤本月其他部分指标完成情况;

⑥本月酒店财务盈亏报告分析;

⑦下月或下季度酒店预定状况分析;

⑧下月或下季度市场状况分析;

⑨下月酒店总体销售指标；

⑩下月或下季度市场营销计划讨论；

⑪总经理指示。

（5）市场分析会议（Marketing Analysis Conference）

市场分析会议是市场研究人员和酒店高层管理人员召开的有关市场分析和销售策略的探讨会，也称为"智慧的聚会（Meeting of Mind）"。其内容包括：

①市场的变化情况；

②经营中的不利因素分析；

③探讨提高竞争力的方法；

④调整市场计划；

⑤讨论有关销售人事安排。

（6）年度销售会议（Annual Sales Meeting）

年度销售会议是酒店每年年底举行的全体员工销售总动员大会，基本内容包括：

①总结本年度营销状况；

②公布本年度营业收入及指标完成情况；

③表彰本年度销售业绩突出的员工；

④公布明年市场营销计划和指标；

⑤征求员工意见；

⑥激励员工的工作热情。

2）销售记录

销售员工把自己的销售活动按时间顺序所进行的文字整理和数据记录，称为销售记录。详细的销售记录能够使销售工作保持良好的连续性。销售员工所做的各种记录一般称为销售报告（Sales Report），主要种类如下：

（1）每日销售拜访报告（Daily Sales Call Report）

每日销售拜访报告，见表6.1。

表6.1　每日销售拜访报告

姓　名_____				日　期_____	
客户名称	联系人	职　务	地　点	结　果	跟进日期

（2）每周销售活动报告（Weekly Sales Activity Report）

每周销售活动报告，见表6.2。

表6.2　每周销售活动报告

日期	时间		客户名称	上次拜访日期	理由			结果			销售代表： 拜访次数： 日期：从　　　至	
	外出访问	酒店约会			新客户	定期访问	跟进访问	确认预定	争取预定	丢失预定	内　容	地　点
周一												
周二												
周三												
周四												

续表

日期	时间		客户名称	上次拜访日期	理由			结果			销售代表： 拜访次数： 日期：从　　　至	
	外出访问	酒店约会			新客户	定期访问	跟进访问	确认预定	争取预定	丢失预定	内　容	地　点
周五												

（3）每月客户产量测定报告（Monthly Market Productivity Measurment）

每月客户产量测定报告，见表6.3。

表6.3　每月客户产量测定报告

销售代表＿＿＿＿＿＿＿＿＿＿＿＿		日期＿＿＿＿＿＿＿＿	
客户名称	联系人电话	房/夜	收　入

（4）团体预订变更或丢失报告（Business Amendment/Lost Report）

团体预订变更或丢失报告，见表6.4。

表 6.4　团体预订变更或丢失报告

销售代表＿＿＿＿＿＿	日　　期＿＿＿＿＿＿
预订日期＿＿＿＿＿＿	□住房变更
更改日期＿＿＿＿＿＿	□日期变更
组织单位＿＿＿＿＿＿	□有意取消
联 系 人＿＿＿＿＿＿	□确认取消
地　　址＿＿＿＿＿＿	电话/传真＿＿＿＿＿＿

项　　目	原　　订	变　　更
人数		
客房数量		
会议地点		
价格标准		

取消原因＿＿＿＿＿＿＿＿＿＿＿＿＿＿＿＿＿＿＿＿＿＿＿＿＿＿＿＿＿＿＿＿＿＿＿

生意去向＿＿＿＿＿＿＿＿＿＿＿＿＿＿＿＿＿＿＿＿＿＿＿＿＿＿＿＿＿＿＿＿＿＿＿

意　　见＿＿＿＿＿＿＿＿＿＿＿＿＿＿＿＿＿＿＿＿＿＿＿＿＿＿＿＿＿＿＿＿＿＿＿

（5）客户信息档案（Customer Information File）

客户信息档案,见表 6.5。

表 6.5　客户信息档案

客户名称＿＿＿＿＿＿＿＿＿＿＿＿　　　　　　拜访频率＿＿＿＿＿＿＿

年＼月份	1	2	3	4	5	6	7	8	9	10	11	12

生意性质＿＿＿＿＿＿＿＿　　　企业性质＿＿＿＿＿＿＿＿＿

地　　址＿＿＿＿＿＿＿＿　　　电话/传真＿＿＿＿＿＿＿＿＿

关键联系人	职　　位	电　　话	生　　日

本年产量统计:(房/夜)　　　合计

续表

客户名称＿＿＿＿＿＿＿＿＿＿　　　　　　　　　　拜访频率＿＿＿＿＿＿＿

项目＼月份	1	2	3	4	5	6	7	8	9	10	11	12	合计
散客													
团体													
合计													

平均房价＿＿＿＿＿＿＿＿＿＿＿

备　注＿＿＿＿＿＿＿＿＿＿＿　　　　＿＿＿＿＿＿＿＿＿＿＿

（6）竞争酒店调查报告（Competitor Survey）

竞争酒店调查报告，见表6.6。

表 6.6　竞争酒店调查报告

姓　　　名＿＿＿＿＿＿＿＿　　日　　　期＿＿＿＿＿＿＿＿＿

酒店名称＿＿＿＿＿＿＿＿＿　　开业日期＿＿＿＿＿＿＿＿＿

地　　　址＿＿＿＿＿＿＿＿＿　　电话/传真＿＿＿＿＿＿＿＿＿

管理集团＿＿＿＿＿＿＿＿＿　　总 经 理＿＿＿＿＿＿＿＿＿

客房种类	客房数量	门市价	现行价	公司合同价	团本价	长住价
普通客房						
豪华客房						
标准套房						
豪华套房						

客房总数＿＿＿＿＿＿　　可售客房＿＿＿＿＿＿　　住房率＿＿＿＿＿＿　　平均房价＿＿＿＿＿＿

餐厅设施	座位数量	每月收入	特别促销

娱乐设施	每月收入

优势＿＿＿＿＿＿＿＿＿＿　　　　策略＿＿＿＿＿＿＿＿＿＿＿＿

（7）每月细分市场产量分析报告（Monthly Market Segment Production Analysis）

每月细分市场产量分析报告，见表6.7。

表6.7　每月细分市场产量分析报告

日期 市场	1	2	3	4	5	25	26	27	28	29	30	31	合计
门市价													
公司散客价													
公司团队价													
旅游散客价													
旅游团队价													
季节包价													
系列团队价													
长住客户价													
合计													

（8）每月会议销售量报告（Monthly Report of Convention Revenue）

每月会议销售量报告，见表6.8。

表6.8　每月会议销售量报告

日　期	客户名称	房/夜	人　数	客房收入	会议收入	餐饮收入	总收入	联系人	电　话

（9）销售总监每月销售报告简介（Monthly Revenue Report of Sales Director）

①本月销售综述。

A.散客市场，见表6.9。

客房产量 ＿＿＿＿＿＿（房/夜）　　　总收入＿＿＿＿＿＿元

公司产量 ＿＿＿＿＿＿（房/夜）　　　收　入＿＿＿＿＿＿元

旅行社产量＿＿＿＿＿＿（房/夜）　　　收　入＿＿＿＿＿＿元

表 6.9　散客每月销售报告

前 10 位高产客户排行榜				
序　号	客户名称	房/夜	平均房价	客房收入/元
1				
2				
3				
4				
5				
6				
7				
8				
9				
10				

B.团体市场，见表 6.10。

客房产量，其中：

海外旅行社产量　＿＿＿＿＿房/夜　　总收入＿＿＿＿元

国内旅行社产量　＿＿＿＿＿房/夜　　收　入＿＿＿＿元

会议产量　　　　＿＿＿＿＿房/夜　　收　入＿＿＿＿元

表 6.10　团体每月销售报告

前 10 位团体高产客户排行榜				
序　号	旅行社/会议组织	房/夜	平均房价	客房收入/元
1				
2				
3				
4				
5				
6				
7				
8				
9				
10				

C.长住市场。

客房产量＿＿＿＿房/夜　　　　　　收入＿＿＿＿元

D.总体分析。

客房收入＿＿＿＿＿房/夜　　　　　　　增长/减少＿＿＿＿＿%

平均房价＿＿＿＿＿元　　　　　　　　增长/减少＿＿＿＿＿%

客房入住率＿＿＿＿＿%　　　　　　　增长/减少＿＿＿＿＿%

②本月客房日销售分析报告,见表6.11。

表6.11　本月客房日销售分析报告

日　期	住房率/%	平均房价	每日收入	每日可售房	市场细分/(房·夜$^{-1}$)			每日产量/(房·夜$^{-1}$)
					散客	团体	长住	
1								
2								
3								
4								
5								
⋮								
21								
22								
23								
24								
25								
26								
27								
28								
29								
30								
31								
合计								

③公司市场销量分析报告,见表6.12。

表6.12　公司市场销量分析报告

序　号	公司名称	房/夜	人　数	收入/元	年累计产量	
					房/夜	人　数

续表

序　号	公司名称	房/夜	人　数	收入/元	年累计产量	
					房/夜	人　数
合　计						

④旅行社市场产量分析报告,见表6.13。

表 6.13　旅行社市场产量分析报告

序　号	旅行社名称	房/夜	人　数	收入/元	年累计产量	
					房/夜	人　数
合　计						

⑤每月竞争酒店市场占有率,见表6.14。

表 6.14　每月竞争酒店市场占有率

酒店名称	客房数量	市场占有率/%	销售/(房·夜⁻¹)	住房率/%	实际市场占有率%	平均房价	收　入

续表

酒店名称	客房数量	市场占有率/%	销售/(房·夜$^{-1}$)	住房率/%	实际市场占有率%	平均房价	收　入
合　计							

⑥重大预订取消报告,见表6.15。

表 6.15　重大预订取消报告

序　号	客户名称	房/夜	用房总量	房　价	预算收入

⑦员工表现评定报告,见表6.16。

表 6.16　员工表现评定报告

员工姓名	员工 A	员工 X	员工 Y	员工 Z
销售访问数量/次				
新客户数量/户				
本月销售产量/(房·夜$^{-1}$)				
本月客房收入/元				
本月餐饮收入/元				
本月其他收入/元				
备　注				

⑧新开客户名单,见表6.17。

表 6.17　新开客户名单

序　号	客户名称	联系人	地　址	合同价	生效日期	销售代表

⑨本月细分市场收入分析,见表6.18。

表 6.18　本月细分市场收入分析

细分市场	实　际		指　标		去年同期		实际与指标差率/%	
	房/夜	平均房价	房/夜	平均房价	房/夜	平均房价	房/夜	平均房价
国内公司 海外公司 国内旅行社 海外旅行社 门市价 季节价 政府合同价 包价 同行价								
散客合计								
海外旅行社 国内旅行社 国内会议 国内公司会议 海外公司会议								
团体合计								
长住客								
住房合计								
免费用房 酒店用房								

续表

细分市场	实际		指标		去年同期		实际与指标差率/%	
	房/夜	平均房价	房/夜	平均房价	房/夜	平均房价	房/夜	平均房价
可售房合计								
住房率/%								
客房收入/元								

⑩地区市场月销售分析,见表6.19。

表6.19　地区市场月销售分析

国家/地区	本　年				去年同期			
	房/夜	占有比率/%	平均房价	收入/元	房/夜	占有比率/%	平均房价	收入/元
澳大利亚 新西兰								
大洋洲地区								
中国 中国香港 印度 印度尼西亚 日本 韩国 中国台湾								
亚洲地区								
美国 加拿大 墨西哥								
美洲地区								
奥地利 丹麦 荷兰 法国 英国 德国 意大利								
欧洲地区								
其他地区								
合　计								

⑪下月客房销售指标预测报告,见表 6.20。

表 6.20　下月客房销售指标预测报告

细分市场	月　份							
	预　测				指　标			
	占有比率/%	房/夜	平均房价	收入/元	占有比率/%	房/夜	平均房价	收入/元
国内公司 海外公司 国内旅行社 海外旅行社 债务公司 门市价 季节价 使馆 会议 同行价 航空公司								
散客合计								
海外旅行社 国内旅行社 国内政府会议 国内公司会议 海外公司会议								
团体合计								
长住客户								
免费房								
住房率合计								
收入合计								
酒店用房								
可售房比率								
实际住房率								

3) 每月公关活动总结报告

(1) 本月公关活动

①促销贸易会;

②新闻采访;

③发表文章/新闻;

④社会活动；

⑤住店客人活动；

⑥差旅促销。

（2）广告制作

①公共媒体广告（电视、报纸、广播和路牌等）；

②宣传单；

③宣传告示牌；

④横幅；

⑤照片。

（3）印刷品发放

印刷品发放，见表6.21。

表6.21　印刷品发放

品　　种	收到数量	发出数量	现存数量	计划用量
酒店简介 宣传册 房价表 包价快讯				

（4）下月公关计划（略）

4）档案储存

尽管大多数酒店已经采用了计算机管理，这种先进的管理几乎可以记录客户每次住店的所有历史资料，一些先进的系统还能够自动计算出客户在酒店客房以外的一切消费情况，但是，原始的合同资料、预订确认文件及往来公函等，仍然是日常工作需要参考、修改和补充的依据。至今，我们仍然认为，科学的档案储存系统对我们的销售工作带来了双重保险。

档案储存系统（Filing System）主要包括以下5个方面：

（1）个人客户档案

每个销售员工最重要的工作之一就是建立自己的一套完整的客户档案系统（Personal Accout File System）。一种常见的卡式客户索引（Cardex）成为销售员工日常工作中放在办公桌上必备的客户记录。这些卡片按产量将客户分为几个档次，再以英文字母的顺序依次排列。每张客户卡上详细地记录着客户的联系人、联系电话、拜访频率、每月产量等重要信息。它体积小，使用方便，能时刻提醒员工要跟进的事。

（2）客户原始档案

客户原始档案（Account Original Document File）是销售部最重要、规模最大的档案部分，它记录着最初的合同和最新修改的合同，历年的产量和收入，双方重要合作项目，以及客户的意见书等。其存档方法有：

①产量分档；

②地区分档；

③英文字母顺序分档；

④数字顺序分档（计算机编号或合同编号）；

⑤细分市场分档。

（3）预订档案

预订档案（Reservation Confirm File）记录着客户预订的详细资料，如订单、变更单和取消单等。预订档案的储存一般按日期顺序排列，一些长期的预订往往可以排列到一年以后。每月的预订档案可以用不同颜色的档案夹集中分类，以便调整市场目标和销售策略，避免工作失误。

（4）文件档案

文件档案（Memo File）一般可分为两种：一种是收进文件，如集团通知、总经理指示、其他部门有关通知等；另一种是发出文件，包括汇报集团报告、汇报总经理报告、内部有关通知等。所有文件一般由秘书或文员按工作性质来发放、归类、整理、存档或销毁。

文件档案以功能划分可分为以下 11 种类型：

①销售报告；

②公关报告；

③日常报表（日收入报告和日房态报告）；

④政府有关文件；

⑤集团文件；

⑥部门财务报告；

⑦部门人事档案及培训报告；

⑧销售会议纪要；

⑨总经理文件；

⑩内部文件；

⑪酒店设施及服务资料。

（5）计算机储存系统

计算机储存系统是酒店计算机管理系统的重要功能之一。将客户的特征（Profile）、酒店信息、销售策略输入计算机，它不仅起到简单的储存功能，而且还能够帮助我们进行智能分析、统计重要数据、提供市场信息。在日常工作中，通常利用储存系统开展以下 6 个方面的工作。

①查阅每日收入状况；

②查阅每日房态和预订；

③查阅客户住店历史；

④更改或取消预订；

⑤撰写各种报告；

⑥统计销售数据。

虽然酒店计算机储存系统十分复杂而且内容丰富，但是，每位员工的操作范围也因职责和工作性质不同而受到一定的限制。

6.3　酒店销售人员管理

6.3.1　酒店销售队伍建设

1)销售队伍规模确定

酒店销售队伍规模的大小将取决于以下 6 个因素：

①酒店经营规模；

②酒店资金限度；

③酒店销售本质；

④酒店将来发展计划及执行时机；

⑤是否享受酒店集团预订系统使用权或全球客源分配系统使用权；

⑥是否容易得到酒店销售代理及外部销售服务。

2)利用工作量确定酒店销售人员

利用销售人员工作量来确定销售队伍规模时，可用下列公式计算：

$$酒店销售队伍人数 = \frac{实际和潜在客人数 \times 拜访次数}{平均每天拜访次数 \times 销售人员工作日}$$

上述公式的使用说明如下：

①根据消费者支付给酒店的费用来确定现有客人数，如根据酒店经营收入及利润表来计算客人数。

②为每个销售人员确定一个适当的工作量或拜访客人的次数。

③计算每年对现有客人的拜访次数。

④估计潜在客人数。

⑤确定对潜在客人的拜访次数。

⑥计算每年对潜在客人的拜访总次数。

⑦计算全年总的拜访次数，包括对现有和潜在客人的拜访次数。

⑧计算出销售人员人数，具体计算方法见表 6.22。

表 6.22　根据工作量大小确定销售队伍人员

第一步:计算总拜访次数		人数/人	每年拜访数/次	总拜访数/次
A	年收入在 5 万元以上者	20	12	240
B	年收入在 2.5 万~4.99 万元者	30	8	240
C	年收入在 2.5 万元以下者	60	4	240
D	潜在客人或新客户	60	8	480
全年总拜访数		1 200		
第二步:计算销售人员全年工作日				
全年天数/天		365		
减去	周末	104		
	假期	15		
	培训	5		
	病假	5		
	会议	11	140	
全年工作日/天		225		
第三步:估算销售人员平均每天拜访次数,假设为 3 次/天				
第四步:算出本店所需销售人员数为 $\dfrac{1\,200}{225\times3}=1.78$				
即该酒店只需要 2 个销售人员就足够了				

　　根据工作量来计算销售人员的人数,这种方法的主要弱点在于计算过程中出现的假设条件,即销售拜访的次数。它是创造销售量的主要因素,如果这一因素假设得不准确,那么计算出来的销售人员数也就不准确。另一个假设条件是每个销售人员每天拜访客人的次数相等。而事实上,由于每个销售人员工作能力、销售内容、身体条件等各方面存在差别,他们的拜访次数是不可能相等的。因此,假设条件越多,计算结果越不准确。

3)销售队伍结构的确定

（1）按地理区域来安排销售工作

地理区域也可称为酒店销售区域,在采用这种方法时,应注意酒店推销的是同类产品或消费者需求基本相同。

（2）按酒店产品或产品组合来安排销售工作

酒店可以根据产品和服务项目来安排销售工作。

（3）按酒店客人的类型来安排销售工作

酒店所接待的客人多种多样。因此可根据这种情况安排一部分人专门负责对商务客人的销售；另一部分人专门负责对团体客人的销售等。

4）选择销售人员

（1）销售人员选择的7个步骤

①确定销售人员招聘及销售工作的具体内容，包括目的、职务、责任和义务、所得报酬、申请要求、评估方法等内容。

②确定详细的评价标准，包括具体标准，如工作能力、文化程度、职业素质、外表形象等。

③招聘销售人员。

④初步筛选，选择较理想的候选人。

⑤对候选人进行面试和其他方面的考核。

⑥参考各候选人员的履历表。

⑦选出最佳人选，安排到所需的销售工作中去。

（2）选择销售人员的两种常用方法

①品质法。它是将销售成功的因素与每个候选人员个性特点、受教育程度、智力、形象等因素联系在一起进行推断。为了能推断出候选人员是否具备优秀的品质，酒店可以观察候选人员的想象力、动机及自我管理的能力。营销学家雷德认为，成功的销售人员应具备以下几种优秀品质：

a.好客精神，包括有礼貌、经验并关心他人；

b.良好的形象，包括得体的衣着打扮等；

c.产品知识；

d.果断，具有判断能力；

e.有独到的见解和个性。

②销售公式法。我们可用 AIDA 公式，即"注意—兴趣—愿望—行动"这一公式来推断。有人认为这4个因素是销售工作成功的主要因素。也就是说，一个对销售工作关心并希望做好销售工作的候选人员是很有可能做好销售工作的。

5）销售人员的管理对策

（1）尽快立法，确立销售人员与酒店之间的行为规范

市场经济是法制经济，因此，呼吁政府有关主管部门加快立法步伐，尽快制订销售人员管理条例、销售人员职业道德规范、销售人员执业资格考试制度、销售人员持证上岗制度等。这对于规范销售人员的市场行为、规范酒店企业对销售人员的管理行为有着极其重要的意义。

（2）酒店应设立市场督察机制

酒店要进行市场调查，了解、核实销售人员的工作情况，做到决策无误。

（3）推广销售管理"一店两制"

所谓销售管理"一店两制"是指酒店应开展全员销售。专业销售与内部推销兼顾。内部推销可以将酒店有限的客源加以扩大，因此，要充分利用内部推销的这种市场资源的作用，抢占市场，使酒店得到更多的实惠。

（4）试行"弹性"薪金制

薪金构成应强调一个"弹性"。目前月薪加提成的做法比较合理，只是提成的计算方法值得考虑。

（5）销售人员招聘应严进宽出

酒店要把住招聘关，恪守"宁缺毋滥"的信条。此外，销售人员被招聘进来以后，还要严加考查、培训，确实可用，则大胆起用。

一些销售人员常常会感到现在这家酒店无法满足自身才能发展需要，决定另谋高就，此时酒店经挽留，他还是决意要走，还是以放行为好，如果可能，最好开个欢送会，毕竟他对酒店曾有过功劳或苦劳。

6.3.2　销售人员行动标准策划

1）销售人员每日行动标准策划

决定销售人员每日行动标准的重点有以下几个内容：

①上班时间确定：几点到酒店；几点出发开展业务活动。

②上午工作指标确定：打几个电话；需要准备哪些东西；拜访几个客户；网上停留多长时间。

③下午工作指标确定：打几个电话；需要准备哪些东西；拜访几个客户；网上停留多长时间。

④下班时间确定：几点回到酒店；需要处理哪些案头工作；需要多长时间；可以几点下班回家。

⑤反省：反省当天工作中成功与不顺利的地方，哪些地方可以进一步改进；是否可以进一步提高工作效率；是否可以进一步减少不必要的无效劳动。

以下是一则酒店销售人员每日行动标准策划的实例，见表 6.23。

表 6.23　酒店销售人员每日行动标准策划

序　号	内　容
一	早晨的 70 分钟（7:50—9:00）
1	上班前 10 分钟到达酒店（7:50）
2	所有人做早操活动（7:55）
3	参加早会，接受管理者指示，记下重要事项（8:05）
4	今日工作指标确定（8:15）

续表

序　号	内　　容
5	如果是出门拜访客户,则要先确定今日的拜访路线及客户;决定今日预订推销的重点产品及数量,拟订谈话内容;检查今日应该携带的样品、宣传册、文具及其他必需品;出发前和客户通电话,或接听客户打来的电话;准备完毕,将今日的工作计划登记于黑板上后,9:00之前出发,出发时要精神抖擞地和同事道别
6	如果是留在销售部进行网上销售工作,要从数据库中寻找好适宜的促销或推销对象,准备好适当的网上销售搜索引擎,进一步查核宣传促销用品,尽量减少网上等待时间、搜索时间与无效劳动时间
7	如果是在销售部进行电话销售工作,也要从数据库中寻找好适宜的促销或推销对象,准备好适当的宣传促销用品,尽量使电话促销工作有的放矢
二	决定胜负的3个小时(9:00—12:00)
1	如果是拜访客户,则今日应拜访4家客户(每一个客户的停留时间为30分钟);拜访客户,开始洽谈,事先确定对方的需求量;介绍今日的重点产品,准备接受预订;开始预订时,确认预订期限、价格及付款条件,填写预订表或者是签约;结束洽谈后应与客户闲聊片刻,以此与客户交流资料情报,听取客户对酒店产品的意见和建议;离开时诚恳地道谢
2	如果是开展网上销售工作,则今日应完成8家客户的网上宣传促销工作(每一个客户联系的时间为30分钟);准备好E-mail,新闻组讨论的话题等,特别是对客户的网址应熟记于心;联系上以后,确定对方的需求量;介绍今日的重点产品,准备接受预订;开始预订时,确认预订期限、价格及付款条件,填写预订表或者是签约;结束洽谈后应与客户闲聊片刻,以此与客户交流资料情报,听取客户对酒店产品的意见和建议;退出时别忘了道谢
3	如果是开展电话销售工作,则今日应完成15家左右的客户联系、促销、推销工作(每家客户停留时间长短不一),电话销售应达成预约拜访、见面、签约、催款回款的目的
三	午餐时间(12:00—13:00)
	午餐时间一小时(如果在外用餐的话,用餐前应与酒店联络),此时反省上午的工作进程,拟订下午的销售策略
四	冲刺的4小时(13:00—17:00)
	开始下午的活动,完成预订的工作指标
五	内部整理的1小时(17:00—18:00)
1	在外拜访客户的销售人员,应于下午5时回酒店,无法准时回去的,要事先和酒店联络
2	如有客户主动联络的,应立刻加以处理
3	确定今日预订数量,登记今日销售额与销售量
4	填写日报表(行动管理表),报销售部经理。同时口头直接向销售部经理报告今日工作要点,接受指示
5	今日工作应全部完成(18:00时离开酒店)

2) 销售人员每周行动标准策划

销售人员每周行动标准策划要依据客户的规模、营业额、批发额、零售额、合作努力的程度或将来进一步合作的前景等,将客户按等级区分,再决定联系、讨论、拜访的频率,见表6.24。

表 6.24　不同客户每周联系与拜访行动标准策划

_____年_____月_____日　　　　　　　　　　　负责人_____

客户名称	等级	联系与拜访时间/(分钟·次$^{-1}$)	次数/次	联系与拜访日期						摘要
				一	二	三	四	五	六	
1.某旅游公司(股)	A	30	2	√			√			
2.某国际旅行社(股)	A	30	2	√						
3.某国际旅行社(股)	A	30	2	√			√			
4.某国际旅行公司(股)	A	30	2	√				√		
5.某外国旅游公司	A	30	2			√		√		
6.某外国旅游公司	A	10	2			√		√		
7.某公司	B	15	1			√				今后尽量以电话、网上的方式接受预订。只有在催款、回款时拜访。有时间应拜访 3~4 次。3 个月内能决定今后是否有交易可能
8.某公司	B	15	1			√				
9.某公司	B	15	1			√				
10.某政府机关	C	30	2			√			√	
11.某政府机关	C	30	2				√		√	
12.某进出口公司	C	60	1				√			
13.某进出口公司	C	30	1				√			
14.某大型企业	C	60	1				√			
15.某大型企业	C	60	1				√			
16.某大学外办	C	60	1				√			
合计	拜访客户数	16		4	2	4	9	3	2	
	拜访次数	24								
	洽谈时间	10 小时 35 分钟								

注:表中的 A,B,C 等级如下:A 为重点管理的客户;B 为 A 以下的客户(未重点管理的客户);C 为新开发或交易不久的客户。

3) 销售人员行动目标管理报告

表 6.25 是一张酒店销售人员行动目标管理报告表,报告中可以反映出酒店总体目标和

销售人员个别目标的对比以及销售人员个人目标和实际业绩的对比。

表 6.25　销售人员行动目标管理报告

_____年_____月　　　　　　　　　　姓名_____

	工作内容	酒店目标	实际业绩	%	摘　要
顾客管理	1.每日平均联系、拜访客户数/家	25	24	92	
	2.联系、拜访总次数/(次·月⁻¹)	360	270	89	
	3.每一客户平均停留时间/分钟	30	30		
	4.每一客户平均联系、拜访次数/次	每周两次	2.5	88	
	5.负责的客户数/家	50	42	84	
	6.每一客户每月平均客源量/人次	50	38	80	
开发新客户	7.联系、拜访客户数/(家·月⁻¹)	210	110	70	
	8.联系、拜访次数/(次·月⁻¹)	300	260	87	
	9.合同签约数量/家	每月一家	0	0	
	10.每一客户每月平均客源量/人次	250	0	0	
销售额等	11.每日平均接受预订量/人次	100	70	70	
	12.每月销售额/万元	450	400	97	
	13.毛利/%	18	16	95	
	14.每月回款率/%	90	85	86	
	其他				

4）销售人员行动标准策划应注意的问题

（1）避免销售人员联系、拜访的客户数太少

增加负责联系、拜访的客户数量，就能增加其销售量和销售额。因此，一般而言，销售人员应全力开发新客户，稳定老客户，保证有一定量的客户。

（2）避免不加区别地联系、拜访客户

在实际工作中，要分析不同的客户所拥有的不同的客源量，并把他们依照从高到低的顺序排列，或者分析、考虑其他因素，进行有区别的联系和拜访。

（3）客户平均预订量应按照 A，B，C 三个等级来确定

销售人员可按预订量把客户分成 A，B，C 三个等级，他们每个月各自的预订量大致有多少，在确定了目标标准后，销售人员就要采取必要的措施，确保不同级别的客户每月都能达到相应的销售额目标。

（4）在每一个客户处缩短停留的时间

拜访客户不要时间太长，否则不仅浪费了自己宝贵的时间，还容易引起客户排斥和讨厌

的心理。因此,销售人员有必要在工作实践中注意研究这样一个问题,即在缩短停留时间的情况下如何有效地与客户达成接受预订的问题。

6.3.3　销售人员收入管理

1)销售人员收入构成

销售人员收入构成,见表 6.26。

表 6.26　销售人员收入构成

酒店类型	销售人员薪金构成表	有无医疗及人身保险等
"三资"酒店	月薪+提成+奖金	有
地方股份制酒店	全包干(纯提成)	一般无
国有酒店	月薪+安慰奖	有

2)"适度"原则在销售人员收入制度中的灵活运用

所谓"适度"是指酒店对销售人员的收入既不能过低也不能过高。过低则导致对销售人员丧失其激励的作用,过高又会影响酒店的正常收益,并产生各种负面、消极的作用。显然,要在销售人员的收入方面体现所谓"适度"的原则,就必须在收入的标准确定上,既要考虑酒店的收益,又要注意调动销售人员的积极性,即在双方之间寻求共同的基础或一致性,以确保相互之间建立起积极、有效的互动关系。

3)销售人员收入的结构模式

从薪水(工资)与奖励(提成)的关系来看,大体上存在 4 种类型的销售人员收入模式:

(1)"高薪水—低奖励"的收入模式

这种收入模式比较适合实力较强的酒店,或具有明显竞争优势的酒店。这类酒店通常建立了良好的企业文化氛围,能为销售人员提供良好的福利和各项工作保证,使得他们的岗位工资(薪水)在同行业中居于最高或很高的水平上,也使得他们在社会公平的比较中获得明显的优越感,结果他们对于他们所为之工作的酒店普遍具有强烈的归属感和荣誉感。正因如此,尽管酒店提供的额外奖励幅度较小(通常相当于岗位工资的 20%~30%),这种收入模式也能具有较大的激励作用,更为主要的是这种收入模式能够确保酒店对销售人员的行为进行有效的控制。需要警惕的是,控制中的过度行为将使酒店销售队伍丧失其应有的活力,导致工资或奖励分配趋向平均化,从而弱化激励强度。

(2)"高薪水—高奖励"的收入模式

这种收入模式比较适合处在快速发展阶段的酒店,由于其迅速成长的特性,需要不断加强对销售队伍的刺激力度,以扩大市场的占有和击败竞争对手。同时,处于发展中的酒店又必须加强对销售人员的行为控制,以确保酒店市场竞争始终处于良性、有序、高效的状态,实现酒店经营战略目标。实行这种收入模式的酒店,其销售人员往往具有较强的凝聚力和团结作战的能力,能够达成酒店占领市场的意图。在收入方式上销售人员不仅具有丰厚的岗位工资(通常处于同行业中的领先水平,也大大高于酒店内其他岗位的员工),而且其额外奖励的幅度通常大于岗位工资的50%,甚至高出数倍。由于蓬勃发展的局面并不总是伴随着酒店,因此,在采用这种模式时,应警惕未来风险。

(3)"低薪水—高奖励"的收入模式

这种收入模式具有准佣金制的性质,通常适合处于夕阳时期的酒店;采用这种模式有助于酒店收回应有的收益,减少可能的损失。另外,在市场竞争比较激烈,而酒店又具有一定优势但销售管理力量较为薄弱的情况下,也可以采用这种模式。在收入方式上销售人员的薪水不仅低于行业水平,而且也可能低于酒店内其他岗位员工的薪水水平。他们的薪水主要用于弥补正常的生活费用,有时候甚至仅仅相当于部分促销补贴。在某些酒店,其数额仅仅相当于酒店平均工资的 1/4 ~ 2/3。但在奖励幅度上比较大,可达到销售人员销售额的3% ~ 8%。

(4)"低薪水—低奖励"的收入模式

经营状况不太好的酒店,或者正处于创业艰难时期的酒店,往往不得已而采用这种收入模式。不用说这种模式是在此所讨论的 4 种模式中处于劣势的一种,酒店在招聘销售人员时,如果能做好宣传说明工作,是会得到销售人员谅解的。另外,在当前整个酒店行业不景气的情况下,酒店普遍裁员,在求职也难的时候,这种模式也有一定的生存余地。但需要说明的是,酒店推行这种模式的时间不宜太久,在酒店经营状况改善时应适时进行调整,否则会使销售人员失去耐心而跳槽。

任何模式的销售人员收入制度都不可能是十全十美的,即便是现在酒店正在采用的、十分合适的收入模式,也会随着条件的变化而变得不合时宜。因此,酒店应定期对收入制度进行评估,以寻求改革和完善的途径。

(5)良好的收入制度的特征

①有基本工资。

②有奖励刺激因素。

③奖励能使销售人员充分发挥积极性和创造性。

④销售人员作出优异成绩时应及时给予物质奖励或精神奖励。

⑤收入制度应简明扼要,奖勤罚懒。

另外,关于非物质性收入的问题,酒店也应该努力研究,摸索总结出一套适合自己酒店的非物质性收入制度。因为销售人员的满足感不仅仅来自物质利益方面,特别是随着社会的发展,销售人员对精神生活和其他非物质性内容的追求会越来越重要,诸如尊重、公平、成长、成就、荣誉、提升、人际和谐等,都成为销售人员追求的目标。酒店可以利用这些因素来增加销售人员对酒店的认同意识,增加他们对酒店的满足感。这也提出了如何构建酒店企业销售文化的问题。事实上,在现代市场开拓难度和竞争强度日益加剧的情况下,销售文化建设越来越成为酒店制胜的法宝。

6.3.4　酒店销售人员的培训、评估与考核

1) 酒店销售人员专业培训的内容

①客户搜寻与鉴别技巧。

②销售陈述准备技巧。

③初次接触客户的技巧。

④销售陈述技巧。

⑤说服销售技巧。

⑥有效演示的技巧。

⑦处理客户异议的技巧。

⑧终结成交的技巧。

⑨客户应付款回款技巧。

⑩直接邮件广告销售技巧。

⑪电话销售技巧。

⑫数据库销售技巧。

⑬Internet 网上销售技巧。

⑭其他技巧等。

2) 酒店销售人员的评估

(1) 评估的目的

①确保销售人员完成销售指标。

②共同完成酒店整个营销目标。

③确定和解决销售人员存在的问题。

④使销售工作与酒店目标和策略始终联系在一起。

⑤使销售部经理有目的地给予销售指导和销售培训。

⑥使销售人员充分有效地利用时间。

(2) 评估项目

酒店在评估每个销售人员时,通常从以下 5 个方面来考虑:

①每次联系、拜访都应认真反思,务必精益求精。销售人员在每次推销结束后,要反省、思考以下问题:

a.这次联系、拜访的目标是否明确?

b.是否已获得客户的好感?

c.面谈是否令双方都能得到好处?

d.是否已判断清楚客户的需要?

e.推销建议是否从客户的利益着眼? 推销语言是否富有说服力?

f.处理顾客的异议是否有效？是否有充分的事前准备？

g.此次访问的预期目的是什么？是否已经达到？如何能做得更好？

h.推销工具是否准备充分？使用时是否得心应手？

②定期分析销售活动,把握市场竞争形势,力争主动。酒店应培养销售人员良好的工作习惯,即每月作一个销售情况报告分析。其内容包括:

a.本月实际工作天数。

b.推销访问的次数,分为两项:对新客户的访问次数和对老客户的访问次数。

c.每日平均推销访问次数。

d.本月总的预订量,也分为两项:新客户的预订量和老客户的预订量。

e.直接推销成本总额(包括推销人员工资、提成和差旅费)。

f.预订单份数。

g.每张预订单平均需要的直接推销成本。

③计算销售成本,测定销售实绩。

a.提高每次销售访问的效益。

b.提高每个工作日成功销售的数额。

c.集中力量开发地域内最具潜力(即能以低成本换来高效益)的销售区域。

d.制订合理的推销路线,缩短交通时间。

e.把非推销活动尽可能地安排在非推销时间进行。

④留意预订量的变化,巩固与老客户的关系。时刻注意和现有客户的关系,这是销售人员的首要任务。销售人员应定期查阅老客户的预订;查阅时,最好把每家客户近期的预订情况和以往的作比较,发现问题应立即设法纠正。

(3)评估标准

①酒店整个销售队伍是否达成酒店销售总目标？

②是否打开新市场,打开几个新市场？

③是否提高酒店市场占有份额？

④是否渗透到预计的目标市场中去？

⑤销售队伍的经营费用如何？

⑥薪水、提成与奖金的相对成本如何？

⑦销售人员是否具有较高的收入？

⑧销售管理活动和管理方式是否令人满意？

⑨销售队伍规模是否随销售量的增加而得到扩大？

⑩销售队伍是否具有较高的士气？

3)酒店销售人员的考核

(1)工作状况考核

表6.27为一张酒店销售人员工作状况考核表。

表 6.27　酒店销售人员工作状况考核表

一	专业技巧	评分(各 1~5 分)
1	了解产品知识,能够正确引导客户了解酒店	
2	熟悉业务各环节,总能抓住问题症结	
3	不断研究和掌握客户心理,以发现和培养重要客户为己任	
4	服从销售部以及酒店领导的管理,自觉接受工作考核	
5	工作日记完整,报账手续齐全	
6	能够准确无误地核清客户预订量,总能在客户回款前后收发相应的文件或表格	
7	开展具体业务工作时,力求以"最好的标准衡量自己"和接受他人的评价、考绩	
8	善于捕捉客户有价值的信息,应对自如地回答客户提出的所有自己知道或不知道的问题	
9	非常注意细节问题,记忆优良,落实及时,基本无疏漏	
10	避开市场威胁,积极寻找增加预订量的途径和机会	
11	认真领会和贯彻酒店和销售部的销售思路和政策,并能在销售工作中迅速落实见效	
12	注意学习本行业的新知识,积累新经验	
13	其他	
二	公关技巧	评分(各 1~5 分)
14	了解酒店和销售部的特点,能够主动调整、适应	
15	有效地化解工作中的矛盾,做到不转移、不推诿、不夸大问题或矛盾	
16	与上司(同事)或客户主动沟通,在愉快的气氛中开展工作	
17	有强烈的角色感	
18	谈吐清晰,仪表大方	
19	成熟且具有判断能力	
20	诚实、谦虚、热心助人,并能自我激励	
21	经常在态度上表现出对酒店、对工作正面的热情和忠诚	
22	已形成一定的推销风格并被他人认可	
23	具有广泛的兴趣、多方面的学识	
24	其他	
三	责任能力	评分(各 1~5 分)
25	敬业,有高度的责任心和较强的工作能力	

续表

26	敢于承担责任,毫无怨言地接受失败。对荣誉与指责、成功与挫折有一个正常而稳定的心态	
27	不找更多的理由来推卸工作责任,更不自怨自艾,诿过于人	
28	不过多抱怨严格的工作考核制度,正确对待经济上、行政上的处罚	
29	其他	
四	主要优点	
五	主要缺点	
六	主要贡献(包括被采纳的建设,肯定的工作方法和突出工作成效等)	
七	被评人反映: (1)是否与被评人讨论过:是_____否_____ 签名_____ (2)基本同意_____不同意_____签名_____ 日期_____	
八	得分 平均得分 总计平均得分	
九	业绩效果考核定级(A,B,C 三级) 级别:	

考核负责人签名:　　　　　　　　　　　　　　　　　　　　　　日期:

(2)酒店销售人员自我评估

酒店销售人员自我评估表,见表6.28。

表 6.28　酒店销售人员自我评估表

姓名_____　　　　日期_____

1	你自认为你主要的优点和缺点是什么?
2	在过去的工作中你认为最大的成就是什么? 最大的挫折是什么?
3	你认为个人的目标与组织的目标能否一致? 公司和销售部尚需何种配合?
4	作一个设想,描述未来一年和几年内的事业目标

(3)酒店销售人员个性分析

表6.29 为一张酒店销售人员个性分析表。

表 6.29　酒店销售人员个性分析表

项目	自评	他评	项目	自评	他评	项目	自评	他评
1.仪表			11.精力			21.成熟		
2.风度			12.合作			22.品位		
3.表达			13.自信			23.领导		
4.谈吐			14.诚实			24.质量		
5.性情			15.廉洁			25.习惯		
6.脾气			16.语言			26.准时		
7.为人			17.机智			27.上进		
8.处世			18.正直			28.平衡		
9.反应			19.幽默			29.悟性		
10.判断			20.稳定			30.协调		
自评总分： A=优秀（　）　　B=良好（　） C=合格（　）　　D=尚需改进（　） 签名：　　　　　日期：				他评总分： A=优秀（　）　　B=良好（　） C=合格（　）　　D=尚需改进（　） 签名：　　　　　日期：				

通过上述 3 个部分的评估考核,酒店管理者不妨给他们进行逐项打分。评定标准为每项 1~5 分,其间的变化幅度,视他人工作的实际情况分别打分。总分在 140 分以上者为优秀,130 分以上者为良好,120 分以上者为合格,120 分以下者则需改进。

6.4　酒店的市场营销分析、市场细分和目标市场选择

6.4.1　酒店市场营销分析

1)酒店 SWOT 分析

SWOT 分析也称营销环境分析,是指酒店经营者通过对营销环境进行系统的、有目的的诊断分析,以便清楚地明确本酒店的优势(S)、劣势(W)、营销机会(O)和威胁(T),从而确定酒店的营销战略。

酒店的经营管理及其营销活动都受到来自酒店内部和外部众多因素的影响。我们把影响酒店营销活动的内部因素和外部因素所构成的系统,称为酒店营销环境。而把有利于酒店营销活动顺利而有成效地开展的酒店内部因素,称为酒店营销优势(S),如酒店优良的组

织机构及现代化经营思想、优秀的酒店文化及雄厚的酒店资源等。反之,不利于酒店营销活动开展的酒店内部因素,如低劣的员工素质、紊乱的管理制度、不称职的管理人员、低品位的酒店文化等,称为酒店营销劣势(W)。酒店营销机会(O)是指有利于酒店开拓市场、有效地开展营销活动的酒店外部环境因素,如良好的国家经济政策、高速度增长的市场等。反之,不利于酒店开展营销活动的外部环境因素,称为酒店营销威胁(T),如竞争对手越来越多、竞争对手实力增强、经营的目标市场萎缩等。

(1)酒店优劣势的诊断

酒店组织机构、酒店文化和酒店资源是判断酒店营销优劣势的 3 个重要因素。因此,酒店经营管理者通过对这些要素的认真诊断,大致能从总体上看出酒店营销的优势和劣势,从而充分发挥本酒店的优势,不断改进本酒店的不足之处,制订出切合实际的营销战略。

组织机构是判断酒店营销优劣势的第一个要素。酒店决策层人员的经营观念素质、部门的设置和分工协作、中层管理人员的素质以及基层员工的职业形象等诸多因素是衡量酒店组织机构的具体内容。因此,通过对这些内容的分析、诊断,就可以确定酒店的组织机构是否有利于酒店营销活动顺利而有效地开展。

酒店文化是判断酒店营销优劣势的第二个要素。酒店文化是指全体员工所拥有的职业偏向、信念、期望、价值观及职业化工作习惯的表达形式。它包括酒店的精神面貌、优良传统、良好的声誉、建筑的外貌形象、内部的规章制度、奖惩制度、分配制度、员工职业道德、产品艺术设计和造型等具体内容。通常,优秀的酒店在这方面表现出良好的品位和品质,从而造成文化上的营销优势。

酒店资源是判断酒店营销优劣势的第三个要素。它包括人力、物力、财力、工作时间及管理的经验和技术等内容。一般来说,具有强大营销优势的酒店在这几个方面都具有较雄厚的实力。

(2)酒店营销机会、营销威胁的识别

酒店外部营销环境总是为酒店经营管理者提供营销机会或产生营销威胁。这是每家酒店都会面临的情况,经营管理者只有善于分析外部环境,捕捉各个重要机会,并同时善于发现各种潜在和现实的挑战,才能使酒店适应外部环境,这可谓适者生存。

(3)酒店外部营销环境包括外部微观环境与外部宏观环境

外部微观环境是指直接影响酒店经营活动的市场环境,它包括消费者、供应商、中间商、酒店竞争者等。外部宏观环境是指间接影响酒店经营活动的综合性的大环境,如自然、历史、文化、政治、法律和经济环境等。

通过 SWOT 分析,有助于酒店经营人员选择合适的营销战略,如图 6.2 所示。

(4)市场利基者及其竞争策略

在酒店行业中,那些专门关注市场上被大酒店或集团忽视的某些细小部分,在这些小市场上通过专业化经营来获得最大限度的收益,也就是在大企业的夹缝中求得生存与发展。这种有利的市场地位在西方市场营销学中被称为"niche",常译为"利基",指对一个企业来说最有利的位置,在这个位置上可取得最大限度的利益。所谓市场利基者也就是处于这种

图 6.2　SWOT 营销战略选择图

地位的企业。事实上,这种市场地位不仅对于小型企业有意义,而且对某些大酒店中的较小部门也有意义,他们常设法寻找一个或几个既安全又有利的市场位置。通常具备足够市场潜量和购买力、利润有增长潜力、对主要竞争者不具吸引力、企业有能力占据且能靠自己的信誉能对抗主要竞争者等特征,可视为最有利的市场地位。

2)STP 分析

在对酒店市场情况分析的基础上,进行市场细分(Segmenting)、市场目标化(Targeting)和市场定位(Positioning),即实行"STP"营销,是酒店营销策划的核心,也是决定营销成败的关键。

(1)S——市场细分

酒店经营者依据选定的标准或因素,将一个错综复杂的酒店异质市场划分成若干个需要和要求大致相同的同质市场(即亚市场),以便能有效地分配有限的资源,展开各种有意义的营销活动。常见的酒店市场细分法有:地理细分法,即按地理因素划分酒店市场;人口细分法,依据顾客年龄、性别、收入、职业等人口统计因素划分;心理行为细分法,即按顾客生活态度、个性、消费习惯、购买时机、寻求利益、使用状况、使用频率、忠诚程度等心理和行为因素进行市场细分;酒店使用者细分法,按旅游目的、团体规模及旅游目的地等因素划分市场;酒店购买者细分法,即按只购买而不使用酒店产品的中间商类型进行的市场细分;外出用餐顾客细分法,即按顾客用餐目的、价格敏感程度及餐厅使用方便程度等因素进行市场划分。

总之,酒店经营者若能重视市场细分理论且有效地使用各种市场细分方法,将为酒店后续的各种营销活动取得成功打下扎实的基础,成功的可能性将会大大增加。

(2)T——市场目标化

酒店经营者在市场细分的基础上,根据酒店的资源和目标选择一个或几个亚市场作为本酒店的目标市场,这种营销活动称为酒店目标营销或市场目标化。

市场细分和市场目标化两者为酒店带来很多益处。首先,有利于酒店经营者发掘最佳的市场机会。进行市场细分后常会发现既有产品尚未充分满足客人的需求,或找到一些未被竞争对手注意的亚市场,这对知名度不高或竞争实力不强的中小型酒店,更具有实际意义。通过市场细分,酒店有可能找到营销机会,在竞争日益激烈的市场环境中求得生存和发展。其次,有利于按目标市场顾客的需要来指导或改进既有产品或开发产品,使酒店提供的产品更适合客人需要与要求。最后,市场细分及市场目标化有利于针对目标市场制订合理的酒店营销组合,使酒店有限的资源集中用在选定的目标市场上。

（3）P——市场定位

酒店进行市场细分并选定其目标市场及其策略后,接着就要对如何进入和占领市场作出决策。若选择的目标市场已有竞争对手,甚至竞争对手已经占有了有利的市场地位,则酒店经营者应首先着手对竞争势态进行分析与判断,并对目标市场顾客选择酒店所重视的标准或追求的利益加以分析与研究。通过竞争势态的分析,酒店经营者要了解现有的竞争者们在市场中处于何种地位,竞争实力怎样,有何独特之处。在分析目标市场顾客追求的利益时,应查明客人选择酒店的明显利益、重要利益及关键利益。在对竞争形势和客人所追求的利益进行分析的基础上,再进行本酒店的市场定位构思。

所谓酒店市场定位,是指根据目标市场的竞争形势、酒店本身条件及客人追求的关键利益,确定酒店在目标市场上的竞争地位。具体地讲,就是为了使本酒店或产品-服务组合在目标市场顾客的心目中占据明确、独特、深受欢迎的形象（或地位）而作出相应决策和进行的营销活动。

通常,酒店所采用的市场定位因素或依据有很多,诸如酒店的设施、服务、价格、地理位置、安全、建筑风格、名气与声誉、优良的习惯与传统、气氛等。这些因素既是代表客人关注的利益,又是体现酒店竞争实力的要素。因此,酒店经营者应有选择、有侧重地确定最能体现实力和酒店个性的那些定位要素来开展本酒店或本集团的市场定位活动。例如,国际著名的喜来登酒店集团素以服务周到细腻著称,以"在喜来登,一切从小处着眼,服务无微不至"这一形象跻身于高度竞争的世界酒店行列。

酒店市场定位通常包括3个阶段的工作:一是明确酒店客人的关键利益和酒店竞争优势;二是市场形象的策划;三是有效、准确地向市场传播酒店的市场形象。这3个阶段的工作大致可分为5个具体步骤进行。

①明确酒店目标市场客人所关心的关键利益（因素）。市场定位的目的之一是树立酒店明确、独特、深受客人喜欢的形象。为此,经营者必须首先分析研究客人在选择酒店时最关心的因素及客人对现有酒店的看法,这样方能投其所好。

②形象的决策和初步构思。经过第一步定位工作,经营者就要研究和确定酒店应以何种形象出现于市场方能获得客人的青睐。值得注意的是,酒店经营者在进行这一步工作时,应站在客人的立场和角度去思考问题,如"该酒店能为我做些什么?""我为什么偏要选这家酒店而不选择别的酒店?"等。

③确定酒店与众不同的特色。市场定位的另一个目的是要树立独特、容易让人们记住并传播的形象。事实上,酒店在许多方面均可显示出自己的特点或个性,如管理风格、服务、价格、地理位置、建筑特色等。经营者应选择最能体现本酒店个性的特色,并应用到酒店形象的构思与设计中去。

④形象的具体设计。这是指酒店经营者在前三步分析的基础上应用图片、文字、色彩、音乐、口号等手段,将构思好的理性形象具体地创造出来,使它对客人的五官感觉产生作用,

让客人容易记住酒店的形象。

⑤形象的传递和宣传。酒店的市场形象一经设计完善,就应立即选定适当的宣传时机和合适的宣传媒介向目标市场客人宣传和传递;否则,即使形象设计得再好也只能是停留在酒店经营者的脑海里。

综上所述,酒店经营者应当明确,STP 营销策划是一种能使酒店经营成功、取得更多市场占有率的好办法,然而其难度也是显而易见的。因此,这就要求经营者具备渊博的市场知识、强烈的竞争意识。

6.4.2　酒店市场细分的概念和步骤

1)什么是市场细分

市场细分理论是以消费者需求的"异质性"引起的。市场可分为"同质市场"和"异质市场"两类。凡消费者对商品的需求、欲望、购买行为和对经营组合策略的反应有一定的一致性,这种产品的市场就是同质市场,如蔬菜市场、食盐市场等,生产和销售此类商品无须进行市场细分。但是,大部分商品市场,由于消费群的需求有较大的差异,这种市场就是异质市场,在酒店市场上,根据客户的不同偏好,向市场提供不同的产品。

酒店为明确经营方向,根据服务对象的需求、购买心理和行为的差异,把异质市场划分为若干个子市场,以便有效地调配使用资源进行营销的行为,称为市场细分(Market Segmentation)。同一细分市场中的个人、团体有着某种或某些共有的特点,其需求之间的差别很细微,而在各个不同的细分市场之间,消费者的需求则呈现出比较显著的区别。

2)市场细分的作用

①有利于酒店研究潜在市场需求,发现新的市场机会。通过市场细分,酒店经营者可以有效地分析和了解不同客户群的需求满足程度和市场上的竞争状况,抓住机会制订相宜的营销战略,就有可能占据市场优势地位。

②有利于酒店制订经营策略和调整生产、销售计划。通过市场细分,集中了解目标市场的需求和愿望,就可以制订不同的经营方案,更好地研究营销因素组合,以适应各细分市场的要求。

③有利于酒店提高竞争能力,以较小的投入争取理想的经济效益。确定了目标市场后,酒店可以集中人力、物力、财力,经营适销对路的产品或服务,有的放矢地开展针对性经营。

④有利于酒店确定市场覆盖策略,发挥优势,扬长避短。大型的酒店往往提供多种产品与服务,最大限度地吸引客户。小型酒店由于资金、设备和规模的局限,在整体市场或较大的细分市场上无法与大型酒店竞争,但它们却可根据其特点针对大型酒店未曾顾及的某些尚未满足的酒店市场需求,细分出一个小市场,推出合适的产品,也能获得良好的效益。

3)市场细分的要求

一般来说,酒店要发现和选择有利的细分市场,应注意以下几点:

①划分细分市场的特性必须是可衡量的。如果酒店市场的某些因素或特征难以识别与度量,那么它们就不能作为细分市场的依据。因此,在确定划分市场特性时必须考虑其可衡量的特点,从而测定细分市场的规模与购买力。

②细分市场的规模必须大到足以使酒店实现它们的利润目标,而且有一定的发展潜力。在进行市场细分时,酒店必须考虑细市场上客户的数量和购买力。为此,市场细分应从富有潜力的市场起步,处理好当前经济利益与长远利益关系。

③细分市场必须是可以达到的。酒店应有能力通过各种广告手段,把酒店产品信息传递给细分市场的客户,而且酒店产品能够通过营销活动,为该细分市场的消费者群所购买。如果市场难以达到,酒店产品就难以对消费者有所影响,对这种市场进行细分是毫无意义的。

④各个细分市场对酒店市场营销各项组合中任何要素的变动都能作出差异性的反应,如果几个细分市场对一种市场营销组合作出相似的反应,就无须为每个市场制订各自的价格策略,这样的市场细分是不成功的。对细分的消费者群,应统筹考虑他们对所有市场营销组合因素的各种反应,这样才可能为所选择的目标市场制订出有效的市场营销组合方案。

4)市场细分的步骤

①选择好需要研究的酒店产品的市场范围。需要注意的是,这个所确定的市场范围的宽度必须适中,要与酒店的自身能力和营销目标联系。

②列出这一市场范围内所有潜在消费者的全部需求,从而选出具体的细分变量作为细分形式的细分单位。在进行这项工作时,要注意消除那些具有普遍意义的因素,选出的细分单位要有独特的代表性。

③进行调查设计并组织调查活动。通过对相关的酒店产品购买者,尤其是目标顾客的调查,可以深入地了解各细分市场的需求与购买行为。

④分析调查结果并确定各个可能的细分市场的名称、规模、特征。选择细分市场,设计市场营销策略。

6.4.3　酒店目标市场选择策略

当酒店选定目标市场后,如何经营好这些目标市场,这是酒店市场营销人员需要考虑的一个重要问题。酒店目标市场选择策略是指酒店如何选择自己的目标市场。常用的目标市场选择策略如下:

1)无差异营销策略

无差异营销策略是指酒店不进行市场细分,而把整个市场作为自己的经营对象。这种方法在酒店的实际经营中表现为不分主次,凡是客人都接待。这种方法如图6.3所示。

酒店市场营销人员试图用一种营销组合来对付整个市场,目的是为了集中满足市场消费者的共同需要。这种策略在营销学中称为无差异策略。无差异策略适用于:第一,同质市场,即市场需求差异小得可以忽略不计的市场;第二,新产品介绍期;第三,需求大于供给的

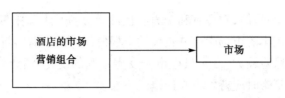

图 6.3　无差异营销策略

卖方市场。

　　无差异营销策略既有一定的优点又有不足之处。优点主要是它可以减少酒店的经营成本和营销费用。由于采用单一性的营销组合,产品的组合成本、销售渠道的费用及促销费用都大大降低。不足之处在于这种策略忽视了市场需求的差异,可能会导致部分宾客的不满意。另外,这种策略不能适应竞争激烈的市场环境。

2) 差异性营销策略

　　酒店选择两个或两个以上亚市场作为目标市场,称为差异性营销策略,如图 6.4 所示。

图 6.4　差异性营销策略

　　酒店选择两个或两个以上的目标市场,并针对不同目标市场采用不同的营销组合,这种经营策略在营销学中称为差异性营销策略。差异性营销策略适用于:第一,规模大、实力雄厚的酒店或酒店集团;第二,竞争激烈的市场;第三,产品成熟阶段。

3) 集中性营销策略

　　有时酒店市场营销人员不愿意将酒店的有限资源分散在许多亚市场上,避免势单力薄,而宁可将资源集中使用于某一个最有潜力且最能适应的亚市场上去,这样可以在自己的目标市场上取得绝对优势或建立强大的形象。这种以一个亚市场作为目标市场的方法,称为单一目标市场法。

　　营销人员使用某种特定的营销组合来满足某个单一目标市场,并将酒店的人力、物力、财力集中于这一个目标市场,这种策略在营销学中称为集中性营销策略。集中性营销策略如图 6.5 所示。

图 6.5　集中性营销策略

　　集中性营销策略适用于:第一,酒店资源并不多的中小型酒店;第二,竞争比较激烈的市场。

　　集中性营销策略对酒店的主要好处:首先,它有利于酒店经营项目专门化;其次,有利于酒店提高资源的利用率;最后,它还有利于酒店在目标市场上建立扎实的基础。这种营销策略的目的是希望能在较小的市场中占领较大的市场份额。由于酒店将资源集中于某一亚市场,因此,酒店所冒的风险较大,万一目标市场发生不利的变化,酒店就会面临危险。为此,营销人员在采用这种策略时应特别小心谨慎。

近年来,由于酒店行业竞争日益激烈,采用差异化营销策略的酒店也日趋增多。这就意味着酒店将以多种产品、多种价格、多种销售渠道及多种促销手段来满足不同的目标市场,由于选择多个目标市场,酒店的收入得以增加,并能减少酒店的经营风险。但也由于目标市场的增多,酒店的经营费用和营销费用也随之增多,同时也增加了营销人员管理工作的难度。

6.5 酒店市场营销策略组合

我们把影响酒店经营的各种因素划分为两大类:一类是不可控因素,主要是指各种经营环境影响因素;另一类是可控因素,包括酒店的产品和服务、价格、销售方式和销售渠道、销售促进等因素。酒店的市场营销策略组合,就是对酒店可控因素进行最佳组合和运用,以适应市场环境不断变化的营销战略。市场营销组合的基本要求及目的就是要用最合适的酒店产品及服务、最合适的价格、最合适的销售方式和渠道、最合适的促销方法及最佳的组合,更好地满足客人的需求,以取得最佳的经济效益和社会效益。有关酒店市场营销策略组合的分类理论有很多,最著名的为美国学者麦克塞斯的 4P 分类方法,他把市场营销组合的因素分为产品(Product)、价格(Price)、渠道(Place)、促销(Promotion)4 个方面,简称为市场营销组合的"4P"战略。这 4 个因素的不同组合及变化,必须适应酒店经营环境的变化要求,从而产生出许多的营销组合策略。

6.5.1 酒店市场营销中的产品策略

1)酒店产品的概念和层次

酒店市场营销学中的酒店产品是指顾客参加酒店活动整个过程中所需产品和服务的总和,是具有以提供酒店服务为核心利益的整体产品。

酒店市场营销管理者应理解酒店产品的 5 个层次(图 6.6)并对其进行运用。酒店产品包括基本服务与扩展服务,它们共同组成服务产品策略,基本服务是服务产品赖以存在的基础,扩展服务是使基本产品区分于竞争者产品的操作部分。酒店市场营销的起点在于如何从整体产品的 5 个层次来满足顾客的需求。

对酒店产品 5 个层次的理解由内层到外层依次进行,越内层的越基本,越具有一般性;越外层的越能体现产品的特色。由此,第一层次是最基本层次,是无差别的顾客真正所购买的服务和利益,实际上就是酒店对顾客需求的满足。也就是说,酒店产品是以客户需求为中

图 6.6　酒店产品的层次

心的,因此,衡量酒店产品的价值,是由顾客决定的,而不是由酒店决定的。在第二层次,抽象的核心利益转化为提供这个真正服务所需的基础产品,而第三层次,需要考虑的便是期望价值,这里的期望价值是顾客购买酒店产品时希望并默示可得的,与酒店产品匹配的条件与属性。第四层次是附加价值,指增加的服务和利益。这个层次是形成酒店产品与竞争者产品的差异化的关键,"未来竞争的关键,就在于其产品所提供的附加价值"。第五层次是潜在价值,指酒店产品的用途转变,由所有可能吸引顾客的因素组成。

2) 酒店产品的构成要素

(1) 地理位置

地理位置的好坏意味着交通是否方便,周围环境是否良好。有的酒店位于市中心、商业区,也有的位于风景区或市郊,不同的地理位置构成了酒店产品某些不同的内容。

(2) 建筑

建筑式样会影响顾客对酒店的选择,因此,酒店的建筑也成为酒店产品的构成要素之一。

(3) 设施

设施包括客房、餐厅、酒吧、功能厅、会议厅、娱乐设施等,酒店设施在不同的酒店类型中,其规模大小、面积、接待量和容量也不相同。而且这些设施的内外装潢、体现的气氛也不一样。酒店设施是酒店产品的一个重要组成部分。

(4) 服务

服务包括服务内容、方式、态度、速度、效率等,各种酒店的服务种类,服务水平是不可能完全相同的。

(5) 价格

价格既表示了酒店通过其地理位置、设施与设备、服务和形象给予客人的价值,也表示了客人从价格反映产品的不同质量。

(6) 氛围

酒店的硬件和服务人员的行为共同构成了酒店的氛围,直接影响顾客的消费行为。

3) 酒店产品的组合

大多数客人进酒店不是来消费分类产品的,而是分类产品的组合。虽说整体产品代表了酒店的整体功能,但客人往往只是根据自己的需要选择其中若干项的组合。因此,对酒店来说,要考虑产品的有效组合。

产品组合由酒店产品的广度、长度、深度和一致性所决定。广度是指酒店共有多少项分类产品,如客房、餐饮、商场、邮电、桑拿浴、游泳池、网球场、舞厅、健身房等。长度是指每一项分类产品中可以提供多少种不同项目的服务,如餐饮有咖啡厅、吧房、粤菜厅、川味厅等。深度则是指每一项目中又能提供多少品种,如上述各餐厅能提供的菜肴、酒类和饮料的品种。一致性是指各分类产品的使用功能、生产条件、销售渠道或其他方面关联的程度。一致性并不是一个固定的概念,从不同角度来看会产生不同的评价。例如,对酒店而言,客房与餐饮在生产条件上绝不存在一致性,但从销售渠道上可能有较好的一致性。在价格与服务上更能达到一致——住店3天以上的客人免费提供自助早餐。酒店在以上4个方面根据市场需求形式不同组合的"局部产品",将是增加客源和提高收益的一个重要方法。

从数学角度讲,广度、长度和深度的内容越多,组合出来的局部产品就越多,但这并不一定是经济有效的。产品越多,成本越高,投入人的服务越多,质量也越难保证。因此酒店一定要视实际可能来确定组合规模。现在许多酒店在基础条件不足、财力拮据、服务质量还很低的情况下,一味追求攀星升级,不断增加新的设施项目,致使酒店经营难以收到预期的效果。

客人的需求是无限的,酒店的能力永远是有限的,如何在这"无限"与"有限"之间找到一个最佳的结合点,这才是酒店经营者的任务。

4) 酒店产品的设计要点

目前,全世界同类产品的竞争往往表现在两个方面。一是表现在对核心产品的准确认识上。假如顾客乘飞机需要的是经济舱,你设计出的却是头等舱,那么,就不会有顾客来订机座;反过来顾客需要的是头等舱,你设计出的却是经济舱,你既不能使顾客满意,又损失了赚大钱的机会。二是适当地扩大附加产品。成功酒店增加附加产品的目的,往往是使顾客获得意外的惊喜,如酒店的宾客可在傍晚时,在他们的床头发现一块巧克力薄荷糖,或者一只小水果篮。正如许多酒店经理常说的那样,要用宾客所喜欢的特殊方法来为宾客服务。

这里需要注意的问题是,这些增加的附加产品也会增加成本支出,营销者必须考虑顾客是否愿意为享受这些附加产品而增加支出。通常情况是原来的附加产品很快会变成顾客预期的利益。如现在宾客都期望在酒店客房里有闭路电视、化妆品盘。这意味着想保持优势的酒店必须不断寻找更多的附加产品来与对手拉开差距。另一种情况是随着一些酒店提高了具有许多附加利益的产品的价格,一些酒店又采用了返回到用更加低的价格提供更加基本的产品上去的策略。以美国酒店业为例,伴随着追求尽善尽美的四季酒店、威斯汀酒店和凯悦酒店的发展,我们看到费用较低的酒店也在迅速发展,如红屋顶客栈、汽车旅馆和汉普顿旅馆等。住这些酒店的顾客只需要有可过夜的住宿服务,最多再加上早餐服务。

　　成功的酒店产品的设计要点可以概括为以下5条原则：产品便于使用；顾客买得起这一产品；产品便于代理商，如旅行社销售；具有良好的售后服务系统，如质量保证系统；产品也易于被酒店提供出来。

5)酒店产品设计的具体内容与方法

（1）酒店产品质量的设计内容与原则

①酒店产品质量的设计内容。简单地说，就是酒店消费者能享有他们所购买的标准可靠和舒适方便的住房、食品等产品和其他服务，以满足他们生理和心理上两个方面的需要。具体包括酒店的建筑、装潢、设备、设施条件和维修保养、清洁卫生状况、管理水平和服务质量等各个方面。

②酒店产品质量设计的原则。它可以概括为适合性与适度性两个方面。

酒店产品质量的适合性是指酒店的建筑、装潢、设备、设施条件和维修保养、清洁卫生状况、餐饮、客房管理水平和服务质量等要适合酒店各类目标客源的要求。

酒店产品质量的适度性是指根据目标客源的等级要求即付费标准，以合理的成本，为目标客源提供满意的具有适度质量的酒店产品，以实现酒店产品长期利润最大化的目标。在这里，如果有些质量不是目标客源付费所要求的，那就是多余的质量，应省去。

值得注意的是，适合的质量与适度的质量这两者又是紧密联系在一起的。"适合"强调要投顾客需要类型之好，"适度"强调要投顾客需求等级之好，这两者都是在使顾客满意的基础上，为实现酒店长期利润最大化的目标服务的。

（2）酒店产品功能的设计方法

一种产品可以附加不同的功能。不附加额外功能的产品被称为裸体产品，它是任何一种产品发展的起点。酒店也可通过增加更多的功能来创造较高等级的产品，同时，增加功能也是取得竞争性优势的一种重要手段。

那么一种产品应该有多少种功能？酒店应定期对顾客进行调查，调查的问题如下：

①你喜欢这一产品吗？

②这种产品的哪一种功能你最喜欢？

③我们可以通过增加什么样的功能来改进这一产品？

④你愿意为增加的功能支付多少钱？

这些问题的答案可以为酒店提供改进产品功能作参考。酒店可以从增加费用与增加顾客利益两个方面对某一功能进行评价。

现代酒店有两种基本功能：一种是它作为经济功能。这就是要在满足顾客需要，不断维持与扩大客源时，或提高客源质量的同时，使酒店的长期利润最大化。另一种是它作为产品的效用功能。这就是要在合理的价格与成本限制下，尽可能多地满足不同目标顾客的各种欲望，解决他们的各种需求问题。

这里需要进一步注意以下两个问题：一是合理的价格与成本限制；二是尽可能多地满足不同目标顾客的各种欲望，解决他们的各种需求问题。

显然,酒店作为产品的效用功能要服从于酒店的经济功能。由于酒店的建筑与装修是为了更好地发挥与完成酒店产品的效用功能服务的。因此,它也要服从于酒店的经济功能。

现在,用美国酒店业对宾客的一些系统调查研究的成果来说明宾客对酒店基本功能的要求。

①宾客第一次选择、再次选择和不再去一家酒店的原因是什么?

A.宾客第一次选择一家旅馆的原因。绝大多数宾客的意见是:酒店位置靠近购物中心、餐馆和其他商业网点是他们首先考虑的因素;清洁卫生也是大多数人考虑的第二个因素。对房费多少倒并不十分介意,这被列为第三个被考虑的因素。网球场、高尔夫球场和游泳池等特别设施,更不为大多数被征询者所重视,而把它们放在调查表的末端,占9%。这一点也使调查者感到有点惊讶。

B.吸引宾客再次到一家酒店来住的原因。这与第一次被考虑的因素大不相同了。调查表明,酒店的清洁卫生已跃居为被考虑的首要因素,占60%;良好的服务态度居第二位,占50%;对一般设施要求达到满意水平,如接待、膳食、酒吧及客房用膳占45%;而对客房价格则再一次显示出并不普遍关心,只有1/3的宾客提到它。对有无特殊设施,比第一次选择考虑的人要少,只占5%。

C.使宾客不再去一家酒店住宿的原因。宾客不愿意再去一家酒店住宿的原因可以被概括为3大类。第一类是基于影响健康的问题,如房间外面传入嘈杂声音,缺乏热水供应,空调有故障和室内固定装置质量低劣,有41%的宾客指出了其中的一个或几个原因。第二类是人事问题,包括工作人员的不礼貌,没有好的房间预订办法,办理住宿和离店手续烦琐费时,以及过重的小费负担。第三类是有关使用客房时的舒适问题,如毛巾不够大或不够厚,卧具不合适,肥皂式样或大小不合适,缺乏冰水供应,没有足够的烟灰缸以及缺少盥洗用纸等,有53%的宾客提出了这些问题。

②宾客对哪一类酒店的设施、设备与服务评价最高。依据美国消费者杂志提供的对宾客年度问询表的调查资料分析,得出下列结论。

A.什么样的经济型酒店会使宾客最满意?

在经济型的旅馆中,汉普顿连锁旅馆(Hampton Inn)获得最高评价。其原因就是酒店客房的干净和服务员的质量。

汉普顿连锁旅馆除了关注宾客住宿的基本需要外,还增加了额外的服务,如免费赠送早餐和报纸。汉普顿连锁旅馆还为宾客提供保证,不管出于什么原因,如果没有完全满意的话,可以不付钱。从客房清扫员到前台接待员的每一个人都履行这一保证。

B.什么样的中等酒店会使宾客最满意?

这类酒店的经营宗旨是提供能适合一切宾客需要的设施、设备与服务。它们的地理位置是多种多样的,从公路旁、城市内到旅游胜地区域里。这类酒店要比经济型旅馆更大一点,通常有游泳池和餐厅。

调查表明,它们的设施已经失去了吸引力。从总体上说,这类连锁酒店评价得分平平,很难指出其中的哪家酒店经营得更好。

C.什么样的高价酒店会使宾客最满意?

在调查中,宾客对这类酒店评价最高,特别是在客房面积方面。它的客房面积要比普通客房的面积大,许多是两间客房的套间。套间里有一台大冰箱、一台电炉、一台微波炉、一套盘子和容器。酒店里也有公共区域,在那里可以享受免费的早餐、鸡尾酒和每周一次的正餐。这一公共区域的活动也促进了住店客人间的社会交际。这家连锁旅馆通过研究发现,宾客离家时间长的话会感到孤独。

D.什么样的豪华酒店会使宾客最喜欢?

调查显示,四季酒店在各方面都得分最高,它有着完善的功能和良好的服务;大使套间(Embassy Suites)名列第二,它是有两间客房的套间。这对商务旅行者和夫妇在一起的旅行者来说很有吸引力。

6) 酒店产品的评价与筛选

酒店产品投入市场并非产品设计过程的终结,酒店还应对产品进行定期的检查与评价,从中选出畅销及经济效益好的产品和具有发展前途的产品,并淘汰滞销及经济效益差的产品和没有发展前途的产品。酒店评价、筛选产品一般采用四象限评价法、矩阵评价法或产品生命周期评价法对现有产品进行分析和评价。具体酒店产品的评价与筛选方法,可参阅酒店市场营销教材。

6.5.2　酒店市场营销中的价格策略

影响酒店服务产品定价的因素主要有 3 个方面,即成本费用、市场需求和市场竞争。成本是酒店产品价值的基础部分,它决定着酒店产品价格的最低界限,如果价格低于成本,酒店便无利可图;市场需求影响顾客对酒店产品价值的认识,决定着酒店产品价格的上限;市场竞争状况调节着价格在上限和下限之间不断波动的幅度,并最终确定酒店产品的市场价格。值得强调的是,在研究酒店服务产品成本、市场供求和竞争状况时,必须同酒店服务的基本特征联系起来进行研究。

1) 酒店定价目标

酒店在定价以前,要考虑一个和酒店总目标、市场营销目标相一致的定价目标,作为定价的依据,传统定价目标一般有最大利润、投资回报、市场份额、社会目的、多重目的、非战略的战术等。综合来看,主要分属两类定价目标:利润导向目标和数量导向目标。前者强调从组织的资源及劳动力的投资中获取高额的利润,后者更为注重提供更多的服务数量或拥有更大数量的顾客。

(1)利润导向目标

利润导向目标包括最大利润、乐观利润、满意利润、最佳资金流动、扩大总利润、目标收益率、快速收回投资等。利润导向目标主要有 3 种:

①最大利润目标。该目标是指酒店希望获取最大限度的销售利润或投资收益。以追求最高利润为定价目标的有很多。追求最高利润是指酒店长期目标的总利润,如酒店可以有

意识地牺牲一些容易引起人们注意的酒店产品的价格,借以带动其他酒店产品的销路,甚至可以带动高价利润酒店产品的销路。最大利润目标并不等于最高价格,而并不必然导致高价,产品价格过高,迟早会引起各方面的对抗行为,人们很难找到高价垄断能维持很长时间的例子。

②投资回报目标。该目标就是酒店把预期收益水平,规定为投资额或销售额的一定百分比,称为投资收益率或投资回报率。定价是在成本的基础上,加入了预期收益。这样,酒店要事先估算,酒店产品按什么价格、多长时间才能达到预期利润水平。采用这种定价目标的酒店,应具备两个条件:第一,该酒店具有较强的实力,在行业中处于领导地位;第二,采用这种定价目标的多为新产品、独家产品以及低单价高质量的标准化产品。

③适当利润目标。也有酒店为保全自己、减少风险,或者囿于力量不足,满足于适当利润作为定价目标。比如按成本加成法决定价格,就可以使酒店投资得到适当的收益。而"适当"的水平,则根据市场可接受程度等因素有所变化。

(2)数量导向目标

数量导向目标包括最大销售额、满意销售额、维持或争取市场份额、吸引主要的早期使用者、市场渗透率,以下两种为代表。

①以销量最大化为定价目标。它包括增加服务产品的销量,从而争取最大的销售收入;保持或扩大市场占有率来保证的生存和决定的兴衰。采用此种目标的酒店有大也有小。每个酒店对本酒店在市场中的所占份额是容易掌握的。因而以此作为保持或增加份额的定价目标和依据,比较切实可行。

②以适应竞争,争取尽可能多的顾客数量为定价目标。大多数酒店对竞争者价格都很敏感,定价前更多方搜集信息,把自己产品的质量、特点同竞争者的产品进行比较,然后作出抉择:以低于竞争者的价格出售;以与竞争者相同的价格出售;以高于竞争者的价格出售。市场存在领导者价格时,新的酒店要进入市场,只有采用与竞争者相同的价格。一些小企业因生产、销售费用较低,或一个企业着力提高市场占有率,定价会低于竞争者。

(3)定价目标

①生存。在不利的市场条件下,为确保能生存下去的定价,可能会放弃一些利润。

②利润最大化。其为保证一定时期内取得最大利润的定价。这一时期是与服务生命周期有关的。

③销售最大化。其为占据市场份额而定价。这可能包括最初用亏损销售以赢得最大的市场份额。

④信誉。希望用定价确立其独占者的地位。星级酒店和大型商场就是典型例子。

⑤投资回报。基于为了实现所期望的投资回报价而定价。

(4)酒店价格的构成

从酒店经营者角度考虑,酒店价格应在扣除自己所支付的一切成本和营业税以后还可获得利润。这样,酒店经营者价格是由该商品的成本加营业税收加利润构成的。在征收营业税(5%)的情况下,这种商品的价格构成是:

$$酒店商品的经营者价格=成本+营业税收+利润$$
$$=成本+价格×营业税率+利润$$
$$价格-价格×营业税率=成本+利润$$
$$价格×(1-营业税率)=成本+利润$$
$$酒店商品的经营者价格=\frac{成本+利润}{1-营业税率}$$

这里的成本包括酒店会计科目上的经营成本、经营费用与管理费用。

2) 酒店定价方法

(1) 成本导向定价法

①成本加成定价法。它是指酒店按服务过程中耗费的直接成本、分摊的间接费用和边际利润进行定价。其计算公式如下：

$$定价=直接成本+间接成本+利润加成$$

直接成本或直接费用是指酒店服务过程中消耗的原材料、能源和直接人工。间接成本是指酒店服务过程分摊的固定资产折旧费、管理费和租金、保险费等。

利润加成是指按成本(直接成本+间接成本)的某一个比例计算的利润目标。

餐饮产品的定价基本采用以成本为导向的定价方法有两种，一种是销售毛利率法，又称为内扣毛利率法，另一种是成本毛利率定价法。

A.销售毛利率定价法。销售毛利率法，是以品种销售价格为基础，按照毛利与销售价格的比值计算价格的方法。由于这种毛利率是由毛利与售价之间的比率关系推导出来的，因此称为销售毛利率法，其计算公式如下：

$$品种理论售价=原料总成本÷(1-销售毛利率)$$

【例 6.1】　鲜百合炒肾球：用鲜百合 100 克，肾球 100 克，配料 50 克，其中，鲜百合进价每 500 克为 6 元，起货成率是 95%，无副料值；鸭肾每 500 克进价是 13 元，起货成率是 85%，无副料值；配料成本和调味成本共计 2 元，销售毛利率是 53.3%，这个品种的理论售价是多少？

解　第一步，先计算原料总成本：

鲜百合起货成本=[(6÷95%)×(100÷500)]元=1.26 元

鸭肾起货成本=[(13÷85%)×(100÷500)]元=3.06 元

第二步，代入公式：

理论售价=(1.26 元+3.06 元+2 元)÷(1-53.3%)=13.53 元

答：鲜百合炒肾球的理论售价是 13.53 元。

B.成本毛利率定价法。成本毛利率法，又称为外加毛利率法，是指以品种成本为基数，按确定的成本毛利率加成本计算售价的方法。由于这是由毛利与成本之比的关系推导出来的，所以称为成本毛利率法。其计算公式如下：

$$品种理论售价=原料总成本×(1+成本毛利率)$$

【例 6.2】　荔草鲜带子用荔草馅 150 克，鲜带子 6 只，菜心 100 克。其中荔草馅每 500

克为 8 元,鲜带子每只 2 元,菜心每 500 克为 0.6 元,起货成率 30%,无副料值,调味成本是 1 元,成本毛利率是 41.3%,这个品种的理论售价是多少?

解 第一步,计算原料总成本:

鲜带子起货成本 = 2 元×6 只 = 12 元

荔茸起货成本 = (150 克÷500 克)×8 元 = 2.40 元

菜心起货成本 = (0.6 元÷30%)×(100 克÷500 克) = 0.40 元

第二步,代入公式:

理论售价 = (12 元+2.40 元+0.40 元+1 元)×(1+41.3%) = 22.33 元

答:荔茸鲜带子的理论售价是 22.33 元。

注意,这里计算出来的只是理论售价,或者只是一个参考价格,因为在实际操作中,还要根据该品种的档次及促销因素来最后确定品种的实际售价。

②目标收益率定价法。它是根据总成本和估计的总销售量,确定一个目标收益率,作为核算定价的标准,其计算公式为:

$$单价 = \frac{固定成本+单位变动成本×产品数量+目标利润}{产品数量}$$

目标收益率定价法具有易于使用的优点,并为酒店制订房价提供了指南,但这种方法没有考虑市场需求的程度和旅客的心理,不能适应不同细分市场需求。因此,在实际生活中,只能把目标收益定价作为制订价格的出发点。

酒店房价定价的千分之一法和赫伯特法以及菜肴定价时使用的计划利润法,都是这种定价法的形式。

A.千分之一法。它是指房价为平均每间客房建筑造价的千分之一,其计算公式为:

$$每日客房价格 = \frac{酒店建造总成本}{酒店客房总数} ÷ 1\,000$$

例如,酒店有 100 个房间,总投资 200 万美元,那么,200 万美元的 1/1 000 是 2 000 美元,即为 100 个房间的总价格,而每个房间的平均价格则是 20 美元。千分之一法是在假定酒店平均开房率为 70%的条件下制订的。在这种条件下,单房租收入就有足够可能赚取酒店毛利中的 55%,扣除其他费用后,房租收入可以使酒店每年还本 6%。

需要说明的是:用千分之一定价法计算出来的房价是每日客房的平均价格,实际每间客房的价格可以有差别,有的高于它,有的低于它,但平均价格不能低于此数。千分之一定价法的实际经济含义:通过 3 年左右的经营,建造总成本应通过客房的销售额收回来。

B.赫伯特定价法。赫伯特公式是由 20 世纪 50 年代美国旅馆和汽车旅馆协会主席罗伊·赫伯特主持发明的。其实质就是以目标投资回报率这个经济指标作为定价的出发点,预测酒店经营的各项收入和费用,测算出计划平均房价。这个公式的定价原理是:计划投资回收率指标与投资额相乘,就是要求获得的净利润。客房应获得的销售额,连同其他部门的经营利润一起,扣除了支付酒店管理费用和其他各项营业费用外,还必须包括要求的净利润:

客房部需达销售额 = 酒店总投资×目标投资回收率+酒店管理、营业费用−其他部门经营利润+客房部经营费用

根据客房部需要达到的销售额和预测客房出租率,便可算出计划平均房价:

$$计划平均房价 = \frac{客房部需达销售额}{可供出租客房数 \times 计划期天数 \times 预测出租率}$$

下面试举一家 800 间客房的酒店为例,说明如果要获取 15% 的投资回收率,如何运用赫伯特公式来测算平均房价。

目标投资回收率	15%
总投资额	80 000 000 元
目标净利润	15 000 000 元
折旧	8 500 000 元
建筑物	5 000 000 元
家具、设备用具	3 500 000 元
税金和保险	3 000 000 元
税金	2 500 000 元
保险	500 000 元
行政管理和推销广告费用	15 500 000 元
维修与保养	2 530 000 元
热源、光源和动力	3 200 000 元
广告推销	2 700 000 元
行政管理	5 200 000 元
其他费用	1 870 000 元
减:餐饮部门利润	394 000 元
加:电话部门亏损	780 000 元
客房部经营费用	17 720 000 元
客房部要求达到的收入	57 106 000 元
可供出租客房数	800 间
计划期天数	365 天
预计客房出租率	75%
计划平均房价	260.76 元

客房部要求达到的收入 =(80 000 000×15%+8 500 000+3 000 000+15 500 000−394 000+780 000+17 720 000)元 = 57 106.000 元

$$计划平均房价 = \frac{57\ 106\ 000}{800 \times 365 \times 75\%} 元 = 260.76 元$$

赫伯特公式法比千分之一法合理。使用这一方法时,酒店是根据计划的销售量、固定费用和需达到的合理的投资收益率来决定每天每间客房的平均房价。因此,由这个公式决定的房价是否合理,是由计算过程中所使用的各种假设是否有效和正确决定的。这种方法的缺点是客房部必须承担实现计划投资收益率的最终责任。但是,其他营业部门经济效率低,不应由高昂的、缺乏竞争力的房价来弥补,同样,其他部门的高额利润也不应成为制订过低房价的理由。此外,这个公式还有一个概念性的错误:它是根据预计的营业额来确定房价的,而价格又是影响营业额的一个重要因素。可见,这个公式是从盈利的需要出发的,而没有考虑顾客需求这个变动因素。

(2)竞争导向定价法

定价时主要以竞争对手的价格为考虑因素,其特点是只要竞争者的价格不动,即使成本或需求变动,价格也不动;反之亦然。

①领头定价法。如果所制订的价格能符合市场的实际要求,采用领头定价姿态的,即使在竞争激烈的市场环境中,也是可以获得较大的收益的。

②随行就市场定价法。这种根据同一行业的平均价格或其直接对手的平均价格决定自己的价格。他们认为,市价反映了行业集体智慧,因此随行就市定价法能使本酒店获取理想的收益率。

③追随核心酒店定价法。在酒店市场上,一些有名望、市场份额占有率高的酒店往往左右着酒店价格水平的波动,在一些存在着酒店集团多少有点垄断性的市场上,它们的价格决策往往影响更大。精明的酒店市场营销人员在激烈的竞争中眼睛时时盯着别人,特别是竞争对手,以及对市场价格起主导作用的酒店动向。

竞争导向定价法中采用最普遍的是追随定价法。之所以普遍,主要是因为许多酒店对于宾客和竞争者的反应难以作出准确的估计,自己也难以制订出合理的价格。于是追随竞争者的价格,你升我也升,你降我也降。在高度竞争的同一产品市场上,宾客,特别是大客户旅行社对酒店的行情了如指掌,价格稍有出入,宾客就会涌向价廉的酒店。因此,一家酒店跌价,其他酒店也追随跌价,否则便要失去一定的市场份额。针对一个产品不能储存的行业来说,竞争者之间的相互制约关系表现得特别突出。相反,竞争对手提高价格,也会促使酒店作出涨价的决策,以获得较高的经济效益。

(3)需求导向定价法

这是以宾客对酒店产品价值的理解和认识程度为依据来制订价格的,是市场导向观念的产物,包括理解价值定价法和需求区别定价法。

①理解价值定价法。即根据顾客理解的价值,就是根据顾客的价值观念。这要求运用经营组合中那些价格因素影响顾客,顾客心目中对酒店产品价值的印象,并根据顾客的价值观念制订相应的价格。

例如,一位消费者在商店的小卖部喝一杯咖啡要付1.50元,在一个小酒店就要2.00元,而在大酒店就要付3.00元,如果要到酒店的房间内饮用,则要付5.00元。在这里,价格一级比一级高并非是由成本所决定,而是由于附加的服务和环境气氛增加了顾客对商品的满意程度,而为商品增添了价值。

运用理解价值定价法的关键是,要将自己的产品同竞争对手的产品相比较,找到比较准确的理解价值。因此,在定价前必须作好营销调研;否则,定价过高或过低,都会造成损失。定价高于买方的理解价值,顾客就会转移到其他地方,销售量就会受到损失;定价低于买方理解价值,销售额便会减少,同样受到损失。

理解价值定价法认为,某一产品在市场上的价格和该产品的质量、服务水平等,在宾客心目中都有特定的价值,销售的产品的价格和宾客的认知价值是否一致是产品能否销售出去的关键,因此,运用这种方法要做到以下两点:一是酒店产品的价格尽可能地靠拢宾客的认知价值。这需要运用各种市场调研手段及实销经验,尽可能全面地收集宾客对酒店产品价值的评价,从而为制订宾客可以接受的价格提供客观的依据。二是改变宾客的主观价值评价。这就需要运用各种市场宣传手段,改变宾客既定的价值评价。对酒店制订的现行价格认可。

②需求区别定价法。它包括以下几种形式:

a.区别对待不同顾客:同一产品或服务,对不同顾客价格不同。

b.区别不同的产品形式:不同的产品形式成本不同,但酒店并不按各种形式产品的成本差比例规定不同的售价。

c.区分不同的地点:在不同地点出售相同的产品和服务,虽然边际成本可能没有发生变化,仍可制订不同的价格。

d.区分不同的时间:可以在不同的季节、不同的日期,甚至不同的种类,规定不同的价格。

但要有效地实行区分需求定价法,需要具有一定的条件:

第一,市场能细分,而且不同的细分市场必须表现出不同的需求强度。

第二,低价细分市场的买主不能有机会向高价细分市场的买主转售。

第三,高价竞争几乎没有压低价格进行竞争销售的可能。

第四,分割市场和控制市场价需要的费用不能超过采用区分需求定价所能增加的营业额。

第五,差别定价不应引起顾客的反感,以免导致销售量和营业额的减少。

顾客是根据他们的经历、消费能力和意图来比较价格的。某一价格对于富有的顾客来说是便宜的,而对低收入的顾客而言却被认为很贵。同一旅客在不同时间到不同地点去旅行,对于同一价格也会有不同的反应。因此,制订不同的旅游价格,就便于吸引不同类型的顾客。需求导向定价不再是以成本为基础,而是以宾客对产品价值的理解和认识程度为依据。需求导向定价法是市场导向观念的产物,包括理解价值定价法和需求区别定价法。

3) 酒店定价策略

定价方法侧重于从量的方面对产品的基础价格作出科学的计算,而定价策略则是运用定价艺术和技巧,根据酒店市场的具体情况制订出灵活机动的价格。下面就酒店几种常见的定价策略作一简单介绍。

(1)率先定价策略

制订新产品最初价格时常采用的价格策略主要有:

①撇油价格策略。撇油的原意是把牛奶上面那层油撇出来。撇油价格指制订高价,以便在短期内把钱赚回来。在产品投入阶段,市场需求弹性较小,新产品在市场上奇货可居,因此,迫切需要这种新产品的消费者往往愿意高价购买。当产品进入成长阶段或成熟阶段,再降低价格,以便吸引对价格较为敏感的细分市场。

采用撇油价格策略的优点:一是可使得酒店较快获取较高营业额,以便收回产品研制成本;二是当产品刚进入市场时,企业的生产能力往往较低,采用撇油价格策略,可使生产能力随着市场需求的增长而逐渐提高;三是从高价降至低价较容易,而从低价上升至高价则较困难,因而撇油价格策略可以方便在以后的竞争中实行降价竞争。但是,使用撇油价格策略,定价高,会刺激很多竞争者进入市场。

②渗透价格策略。采用渗透价格策略,更多地从长远利益考虑,把产品价格定得比较低,以便市场渗透,获得较大的市场占有率。

采用渗透价格策略的特点:产品价格低于市场价,薄利多销,采取压低成本、减少环节的办法,增加销售。

采用渗透价格策略的条件:潜在市场比较大,低价可以扩大市场面;价格敏感程度高,低价可以增加销售;有潜力降低可变成本;分配渠道畅通,销售经营环节精简;有供大于求的趋势。

采用渗透价格策略,酒店惯用的做法是:

a.不急于给市场报价,具体做法往往是先出小册子再加插页报价格。

b.报价的同时,加注有关附加条款,诸如,旺季加多少,机场税加多少等。

c.解体产品,分项定价。

d.增加最低订货额度,经常见到的如"不少于×××"。

e.降低质量,降低成本,减少辅助服务。

f.公开降价,风险太大,保险的办法是回扣和"桌面下"的交易。

但是采用渗透价格策略。改变价格的余地比较小,而且往往要较长时间本利才能得到回收。

③产品介绍阶段暂时降价策略。降低产品价格,能吸引更多顾客,所以,有不少常在产品介绍阶段,采取暂时降价的策略,以便加速消费者接受采用新产品的过程。投入阶段一结束,就提高产品的价格。一些酒店在刚开业的几个月,常常采用这种策略,以便吸引客户,争取客源。

(2)心理定价策略

现代市场营销观念告诉我们,酒店提供顾客满意的东西,就是适销对路。因而,顾客对产品的满意程度如何,对定价影响极大。从顾客的心理反应出发来刺激其消费动机正强化,从而达到促销、多销的目的。这种高效益的定价策略就称为"心理定价策略"。

①尾数定价策略。其又称奇数定价。酒店为迎合宾客求廉心理,给商品制订一个以带有空头的数结尾的非整数价格策略,如0.99美元,9.95美元等,奇数定价可以给宾客一个价格低的印象,并能使宾客产生对定价认真负责的信任感,餐饮产品的标价常采用此策略。下面以餐馆为例,说明尾数定价策略在菜肴定价中的应用。

A.菜肴价格的尾数应为奇数。特别应当是5或9,价格在6.99美元以下的菜肴,其价格尾数常常是9。酒店之所以采用这种做法,主要原因可能是酒店长期使用这样的尾数,大多数宾客已经习惯,宾客会认为酒店给了他们一定的折扣。例如,某菜肴的价格为1.79美元,宾客往往会认为该菜肴的价格应当是1.80美元,酒店为了扩大销售量,有意给他们1分钱的折扣。如果把菜肴价格定为 1.81 美元,不少宾客就会认为酒店故意多收 1 分钱。根据调查,如果菜肴的价格从 1.99 美元降至 1.96 美元,销售量反而会降低。

价格在 7 美元至 10.99 美元的菜肴,其价格尾数以 5 为最常见,这是因为价格较高的菜肴应当打较大的折扣,尾数为 5,宾客会认为酒店给了他们 5 美分折扣。此外,到价格较高的酒店就餐的人,主要是为了享受,而不是为了"吃",他们认为,以 9 结尾的价格,是酒店的价格,因此,以 5 为尾数的价格,更能适应这类宾客的心理。

价格在 10 美元以上的菜肴,尾数为 0 也是很常见的。但是,酒店在制订高价菜肴的价格时,也应当充分利用宾客的心理。例如,某一菜肴的价格可以定为 19.00 美元,而不要定为 20.00 美元。

B.价格中的第一个数字最重要。宾客通常根据价格的第一个数字作出消费决策,他们认为,价格中第一个数字要比其他数字重要。例如,一般宾客认为 0.79 美元与 0.81 美元两种价格之差要比 0.77 美元与 0.79 美元两种之差大。因此,酒店比较愿意将某菜肴的价格从 0.72 美元提价至 0.77 美元,却不大愿将菜肴的价格从 0.79 美元调整至 0.81 美元。

C.价格数字的位数应该尽量少一些。宾客对价格数字的位数是很敏感的。他们认为,9.99 美元 10.25 美元两种价格之差要比 9.95 美元和 9.99 美元两种价格之差大得多。因此,很多餐馆在定价时,尽可能使菜肴的价格低于 10.00 美元或 1.00 美元,即尽可能减少价格数字的位数。这样制订的价格,就不大会引起宾客的抵触情绪。

D.尽可能使菜肴价格保持在某一范围内。宾客常把某一价格范围看成是一个价格。例如,他们常把 0.86 美元至 1.39 美元看作为 1 美元;把 1.40 美元至 1.79 美元看作是 1.5 美元;把 1.80 美元至 2.49 美元看作是 2 美元;把 2.50 美元至 3.99 美元看作是 3 美元;把 4.00 美元至 7.95 美元看作是 5 美元等。因此,如果餐馆调价以后,菜肴的价格仍在原来的范围之内,就不易为宾客知觉,从而,也就更容易为宾客所接受。

E.调价频率不宜过快,幅度不宜过大。调价过于频繁或调价幅度过大,会引起宾客的反感。通常每次菜肴的调价幅度应在 2~5 美分。快餐厅一年内调价次数不应超过 3 次。

F.菜肴价格之差不应过大。如果菜单上菜肴的价格相差过大,宾客就会产生价格结构不合理的感觉,他们就可能会选择低价菜肴。国外有些酒店经营管理人员认为,菜单上最高价格与最低价格之差不应超过 1 倍。

②整数定价策略。一般顾客对于消费品的购买,属于不懂行的购买,即对该产品的制作过程、烹调技艺、原料情况、何种配料等都是不了解的,也不需要去了解,欣赏角度例外。一般消费者又有"一分价钱一分货"的价值观念,为了让顾客对自己的选择放心,除了提高售时服务水平,让顾客试用、试穿、品尝等促销方式以外,还可明码实价,将价格合理地调整到代表产品价值效用数附近的整数上,顾客选购起来容易比较,可以放心地购买。例如,餐厅中的一般饮料为 8.00 美元、7.50 美元或 6.00 美元,而不同的酒类根据其质量、品牌可分别定价为 18 美元、20 美元及 40 美元一杯不等。

③声望定价策略。豪华产品的定价,定以高价,既提高了产品的身价,又衬托出消费者的身份、地位和能力,给人们以自我实现的心理满足。例如,在定价时,若按成本加成计算出一桌酒水费用为 1 637.60 元,按声望定价法则为 1 800 元,针对商务人员,特别是港、澳地区

客人较多的情况下,还可定价为 1 888 元,讨了"要发发发"的口彩。对于追求实惠的客人,还可对其"优惠"为"一路发发",即定价 1 688 元。

凭借酒店在宾客心目中的良好信誉及宾客对名牌产品、高档产品"价高质必优"的心理,以较高的价格吸引宾客购买而制订的酒店产品价格。采用这种定价法需要作详细的市场调查。酒店除考虑细分市场客人的身份和消费实力外,还要考虑年龄结构和客人所能接受的最低、最高价格限度。尤为重要的是,产品的价格必须与质量相吻合,这样才能符合酒店的信誉,不损害客人的利益。

④分级定等定价法。酒店市场营销人员认为,消费者不大会感觉到价格上的细微差别,消费者对各种牌号和花色的商品的需求曲线应当是阶梯形。因此,他们把商品分为几档,每一档定一个价格。这样标价,可以使消费者感到各种价格反映了产品质量的差别。对买主来说,这种标价法简化了选购商品时的斟酌。

酒店业常采用这种定价法来确定房价结构。酒店对客房分级定等,制订不同的价格,就可吸引对房价有不同要求的不同旅客。

分级定等时,级数不宜过多。一般来说,300 间客房以下的酒店常有 3 种房价,300 间客房以上的酒店常有 5 种房价,当然,酒店的客房分为几个等级应根据酒店的具体情况而定。老酒店通常有较多不同类型和大小房间,而新酒店里的房间大小往往差不多,因此,老酒店的房价等级就比新酒店多。同理,大酒店的房价等级比小酒店要多一些。

美国希尔顿国际酒店公司负责市场营销的前副总裁、康奈尔大学酒店管理学院客座副教授伯里格在介绍希尔顿国际酒店公司的房价结构时指出:房价的分布应当和统计学中的正态分布差不多,40%客房的价格为平均房价,20%客房价格应当高于平均房价,另外 20%客房的价格应低于平均房价,剩下的客房,10%应是最高房价的客房,10%为最低房价的客房,这样一共有 5 种房价。由 3 种房价组成的房价结构,价格应按客房总数的 20%,60%,20%分布,并把占比 60%的房间的价格定为平均房价。他认为,这样的房价结构可使酒店处于有利竞争地位。一个酒店可以把最低房价定得比竞争对手低,但同时,最高房价可以高于竞争对手,这样的房价结构,更能满足不同旅客的需求。

要使这种房价结构取得成功,不同等级的客房面积、家具、位置、方向等方面应有明显的区别,以便使旅客相信,这些不同等级的房价是合理的。

分级定等定价时,档次的差别不宜太大,也不宜过小。确定各种等级房价之间的差价,主要有两种方法:一种是固定差别法;另一种是百分比差别法。图 6.7 为分级定等定价法。

图 6.7 分级定等定价法

	甲旅馆：				
单人房价	\$65	\$78	\$94	\$114	\$135
双人房价	\$78	\$94	\$113	\$137	\$162
	乙旅馆：				
单人房价	\$39	\$47	\$55		
双人房价	\$45	\$53	\$61		

图 6.8　房价结构

图 6.8 中的两种单人房价之间或两种双人房价之间的差额称作水平差,单人房价与双人房价之间的差额称作垂直差。饭店甲采用百分比差法定价,其水平差与垂直差都是 20%。酒店乙采用固定差法定价,其水平差都是 8 美元、垂直差都是 6 美元。固定差价法是酒店制订房价结构的传统做法,许多西方酒店现在仍采用这种做法。但是,固定差价法不及百分比差价法有利,如果每两种邻近的房价相差一定的百分比,较低的几种房价之间的差价就比较小,而较高的几种房价之间的差价就比较大。在激烈竞争的市场环境中,使用百分比差价法的酒店可以制订与竞争对手同样低,甚至比竞争对手更低的房价以保持自己的竞争力;同时,其较高的那几种房价可以比竞争对手更高,以便酒店取得更高的收益。选择较低的几种房价的顾客,有可能选择价格略高的客房。高价客房之间的差价虽然较大,但那些房价昂贵的顾客,一般对价格的高低不会过于计较。

在美国的酒店业中,垂直差价有不断缩小的趋向。对酒店来说,每间客房多住一个人或两个人,所需的额外费用是很小的。有些酒店管理人员认为,双人房价应比单人房价高1/3左右,但在不少酒店里,双人房价只比单人房价高 10%~20%。因此,双人房价对那些与配偶一起进行公务旅行的顾客,以及进行家庭式旅游的顾客,更具有吸引力。

⑤传统习惯定价法。某些产品主要是根据传统习惯制订价格。这些产品的价格在市场上已为消费者所习惯,价格变化,就会引起顾客的不满。一些酒店或通过降低产品质量、缩小体积等途径保持原先的价格;或确定新的习惯价格来增加的利润。

(3)招徕定价策略

招徕定价策略是促销导向的定价策略中常见的做法,其中包括:

①廉价出售某些产品。吸引顾客在购买这些产品的同时,购买其他产品。采取这种做法的,常把部分产品的价格定得特别低,甚至低于成本费用,以便给予消费者一种价格低廉的印象,以此招徕顾客。餐馆常使用这种定价策略。虽然,出售某些廉价菜肴或饮料,会无利可获,但是,从整体考虑,由于顾客也必须购买其他菜肴或饮料,不仅可收回这些廉价品所失去的利润,还可提高总营业收入数额和总利润数额。

酒店提供免费服务项目,也是在应用这种定价策略。

②特别减价销售。在某些季节或节日,降低价格,招徕生意。采用这种价格策略,需和广告宣传活动紧密配合,掌握好广告和销售的时机;采用这种做法的,希望通过扩大销售量降低成本。一般来说,在产品滞销时采用这种做法,更为适宜。

③虚假折扣策略。这是某些酒店采用的一种欺骗性宣传。这类宣称某种产品或服务的价格已从以前的高价降至目前的低价,借以吸引消费者。而事实上,价格根本没有丝毫变

化。显而易见,不应当仿效这种做法。

④特殊事件价格。酒店在某些季节或节日,或在本地区举行特殊活动的日子里,降低价格,招徕生意。采用这种方法,需和广告宣传活动紧密配合,掌握好产品和销售时机。一般来说,在淡季时,采用这种策略更为适宜。

(4)折扣回扣策略

酒店给予顾客和旅游中间商的各种优惠或折扣,鼓励客户大量购买自己的产品,以保证酒店的客房出租率和餐饮等产品的大量销售。

①数量折扣。给予购买量达到一定数量的客户以某种折扣优惠。数量折扣有以下两种形式:

A.非累计折扣:应用于一次性购买,客户一次性购买的数量或金额达到酒店规定的要求时,就可得到某种折扣优惠。购买数量越多,折扣就越大,以鼓励和刺激客户大量购买。

B.累计折扣:累计折扣更具有吸引力,更可起到潜移默化的作用,使客户在众多的购买对象中认定提供累计折扣优惠的酒店品牌,凡是与该客户业务有关的住店消费,均有极大的可能会按此确定的对象寻求满足。

例如,租房业务中,凡租16间客房者只收15间客房费俗称"16免1";连住7天者免2天房费等一次性优惠折扣。在餐厅酒水业务中,即订12桌酒水只收11桌费用的一次性优惠折扣俗称"12免1"。同一客人一年中累计住店超过16天者打9折,累计住店超过1个月者打8折;用膳客人凭餐厅发给的优惠登记卡用餐,每次餐后由餐厅登记签名,进餐10次后,可免费进餐1次等。这些均属于酒店采用的累计折扣优惠法。

公司价格又称商业价格,有些公司常与酒店建立长期的联系,这些公司保证在某一时期内租用该酒店一定数量的客房,作为交换条件,酒店则给予他们一定的折扣。美国酒店的公司价,一般说来是最低房价,但也可以比最低房价略高一些或略低一些。如旅行社保证在某个酒店公司租用一定数量的客房,他们即可得到公司价。酒店是否给予顾客公司价,应考虑当前市场的竞争状态、市场需求情况和酒店本身的需要。

有些西方酒店向与本酒店建立业务关系的客户保证,酒店按商定的价格收款,如果这些顾客到酒店后,这种房价的客房已经出租完了,酒店安排他们到较高房价的客房住宿,而仍收取原先商定的价格。这种安排实际上是另一种形式的商业价格。

团体价是为了使酒店更有竞争能力而制订的。不论顾客住哪一种客房,团体顾客都应付同样的房价。通常,国外酒店根据不同季节或者一周内不同日期的情况,制订不同的团体价格。

参加会议的顾客,通常付相同的房价。在可能时酒店把客房数量最多的房价定为团体价。在有3种房价的酒店里,给予参加会议的顾客的各种客房数应采取的比例为20%,60%,20%;在有5种房价的酒店里,则应采取的比例为10%,20%,40%,20%,10%。酒店把整个会议看成一种特殊安排,参加会议的旅客,有些人得到较好的客房,而另一些人只能住差一点的房间。大部分酒店力图按比例出售各类客房。但是,如果在会议期间,客源不足,而会议举办单位要求较大折扣时,酒店就很可能会同意按较低的房价,甚至按团体价收费。

②现金折扣。国外酒店参照商业采用的信用购买方法,即"先用后付款""分期付款"的方式吸引客人,也可采用赊销、结账方法,以刺激顾客消费,若顾客用现金支付,则采取优惠折扣策略。同时,酒店在价目表中明目标价,如"2/10,净价30"表示10天付现有2%的现金折扣,全部费用须在30天内付清。

③实物折扣。酒店对于大量消费的客户,给予实物的刺激。如赠送茶点、饮料、菜肴或纪念品等。对老顾客和有购买潜力的新客户有较大的吸引力,对收入较高但有获得纪念品爱好习惯的客人和讲究经济实惠、收入低下的消费群体,也有较大的刺激作用。

④季节折扣。在节假日,在旅游淡季,酒店采用季节折扣或淡季优惠价的方式刺激客人,如周末两天对于西方的酒店,也是一周中的淡季。酒店在淡季时的房价往往要比正常房价低得多。不少酒店还制订了家庭房价,吸引家庭旅游者在淡季和周末时来店居住。有的酒店标准房两个床,平常每间120美元一天,周末和节假日一间标准房加铺加床仍收120美元,酒店采用季节折扣和一系列促销活动,使淡季中酒店营业不淡。

⑤同业折扣和佣金。酒店给予旅游中间商的佣金数额是决定旅游中间商是否向旅客介绍某一酒店的重要标准之一。许多外国酒店除了给予旅游中间商优先订房权之外,还给予他们一定的折扣或佣金。但具体做法却有所不同。美国希尔顿国际宾馆公司向旅行批发商收取净房价。如果旅行批发商代替团体订房,该公司向他们收取的房价比团体价低15%,如果旅行批发商为零散旅客订房,则向他们收取比规定房价低15%的价格。美国雷迪逊旅馆公司在期末给予旅行社15%的佣金,以便增加来店的公务旅行者人数。赫艾特旅馆公司则规定:旅行社为旅客每预订24间客房,该公司就免费向旅行社提供一间客房。

营销人员可采用下列公式计算折扣、佣金法之后所应达到的客房出租率:

$$相等客房出租率 = \frac{目前客房出租率 \times (标价 - 直接成本)}{标价 \times (1 - 折扣率) - 直接成本}$$

⑥推销津贴。旅游中间商的促销广告和宣传展销活动,为酒店带来充足的客源,他们的目标是各自的利润,同时也宣传了酒店,扩大了酒店的知名度和社会影响,树立了酒店的形象。资助旅游中间商开展促销活动,既搞好了与中间商的社团关系,稳定了酒店客源,又扩大了酒店的知名度,乃一举两得,何乐而不为? 因而,现代酒店业也非常注意引进商界各种刺激"讨好"中间代理商、批发商、零售商的津贴折扣优惠策略,且只有过之而无不及。酒店业常用的数量折扣方法有公司价、团体价、长住旅客价和会议价等。

⑦回扣和津贴。回扣是根据价格表给顾客或中间商的减让。津贴是通过零售商给予零售推销员的奖励,以便鼓励推销员大力兜售某种产品。

6.5.3　酒店市场营销中的渠道策略

1)酒店销售渠道的含义与模式

(1)酒店销售渠道的含义

酒店销售渠道是促使把酒店服务产品交付给顾客的一整套的相互依存,相互协调的有机性系统组织。在酒店市场营销中,为了获得竞争优势,应寻找酒店产品分销商,扩大和方便顾客对酒店服务产品的购买。该过程涉及参与从起点到终点之间流通活动的个人和机构。

酒店销售渠道按照其到顾客手中是否经过中间商可分为直销服务渠道和经过中间商的服务渠道。

（2）酒店销售渠道模式

在产品和服务从酒店转移至宾客的过程中，任何一个对产品和服务拥有所有权（使用权），或负有推销责任的机构和个人，就称作一个渠道层次，渠道层次的构成即销售渠道模式。酒店销售渠道模式如图6.9所示。

图6.9 酒店销售渠道模式

2）酒店销售渠道的特点和作用

（1）酒店市场直销方式的特点

直销是指不经过中间商，而直接向最终顾客提供酒店服务的过程，其特点如下：

①对服务的供应与表现，可以保持较好的控制，若经由中介机构处理，往往造成失去控制的问题。

②以真正个人化服务方式，能在其他标准化、一致化以外的市场，产生有特色服务产品的差异化。

③可以在同顾客接触时直接反馈回顾客目前需要，这些需要的变化及其对竞争对手产品内容的意见等信息。

④对某一特定专业个人的需求（如著名的辩护律师）情况下，公司业务的扩充便会遇到种种问题。

⑤采取直销有时便意味着局限于某个地区性市场，尤其是在人的因素所占比重很大的服务产品中，更是如此，因为，此时不能使用任何科技手段作为酒店与顾客之间的桥梁。

⑥酒店也经常通过中介机构来销售酒店服务产品，这些中介机构便是中间商。酒店市场中间商将酒店与酒店客户连接起来，这也意味着他们将介入酒店的销售工作，同时在很大程度上影响着酒店的产品销售。

（2）酒店中间商的作用

①酒店中间商起着沟通酒店与顾客的作用。消费者是"上帝"，而"上帝"对本酒店生产的产品感觉如何呢？这需要酒店花大力气去调查和研究。例如，对一个酒店产品，参加者是否觉得安排合理？对它的服务，顾客是否满意？这些问题对酒店的生存发展至关重要。而酒店要生产、要销售、要调研市场，精力难免有限，此时如果有一些优秀的酒店中间商，他们就能及时地汇总顾客的意见和建议，转达给酒店，以达到提高酒店产品质量的目的。

②参与酒店市场经营活动，如市场调研、市场预测、促销活动。因为酒店中间商一般都拥有自己的消费者，所以易与消费者联络，收集第一手资料。

③简化了与消费者接触的程序，降低了交通费用与成本。假设有三家酒店，他们要接触到三位消费者就需要 9 次活动，而通过同一个中间商，只要求 6 次活动，这意味此三家既可以不具备庞大的销售队伍、推销设备及设施，又可简化交易联系，节省大量的时间。

（3）酒店中间商的职能

①调查市场，收集反馈信息。它与酒店相比，酒店中间商拥有更好的调查研究市场的条件。因为在消费者眼里，他既是卖方，又是消费者利益的保护者，一旦消费者对产品的质量有所不满，便会向酒店中间商投诉，这就形成了一个庞大的信息网，通过它，酒店中间商向生产商提出建议，使产需对路、产销匹配，努力实现最佳经济效益。

②参与促销，扩大客源。不断地扩大客源是酒店成功的关键，这就需要中间商共同开发市场，参与各种促销活动，吸引各个层次的游客。

③组合酒店产品。酒店产品和旅游活动密切联系，酒店中间商同时可以向参加酒店的人提供包括食宿、交通、购物等的旅游产品和酒店产品，一起形成一个系列，满足消费者的要求。

3）酒店销售渠道主要成员

（1）旅行社

在我国，将为旅客安排旅游服务以及出售旅游线路的企业统称为旅行社。旅行社也可称为酒店零售商，是为酒店提供客源的活性。旅行社不派员陪同旅游。包价包括交通、中转、观光游览、酒店房价等费用，一般也包括膳食费用。

①旅行社的分类。国外将旅行社分为 3 类：旅游代理商（Travel Agent）、旅游经销商（Tour Operator）、旅游批发商（Tour Wholesaler）。

A.旅游代理商（又称为旅游零售商）。它通过自己的销售网点，将整合旅游产品直接销售给旅游者。旅游代理商可以是独立经营，也可以是某个旅游批发商或经销商的属下机构，代为出售其旅游线路和旅游项目，构成酒店销售网的一环。旅游代理商受酒店委托销售，按合同规定的价格出售给旅游者，按销售额一定的比例提取佣金，通常为销售额的 10%～20%。

B.旅游经销商。一方面将单项旅游产品组合成旅游线路（即整合旅游产品概念）销售给旅游代理商；另一方面也有自己的销售点面向公众直接销售；兼有旅游批发商与旅游代理商的双重身份。

C.旅游批发商。只组合旅游产品销售给旅游经销商和旅游代理商，不直接面对公众销售。旅游批发商一般是实力非常雄厚的大型旅游中间商,通过与交通部门(航空公司、铁路及旅游车船公司等)、酒店、旅游景点,以及其他餐饮娱乐设施直接谈判,将这些单项旅游产品组合成旅游线路,确定一个包价(有大包价、小包价)。当每个旅游团的活动及日程安排好后,旅游批发商向这些单位发出日程安排表并作出预订,然后交由旅游经销商或旅游代理商将包价旅游项目出售给团队或散客旅游者。其营业收入主要包括从各种交通公司的代理佣金和酒店订房差价的收益。如果包价中含餐饮,旅游批发商还可从酒店得到整个包价10%左右的佣金。

我国现行旅行社与酒店的取酬关系和国际通行做法不同:旅行社能获得远低于门市价的批发价,很少采用佣金制。其实这就成为酒店与渠道之间、各渠道成员之间产生矛盾的一个重要原因。首先,这种方式使得酒店与旅行社利益对立,旅行社拼命压价,因为差价越大,其利润越高,酒店又极不情愿自己的利益受损。其次,酒店对各渠道成员所给的旅行社价格高低不一,这样也不利于渠道成员间的融洽关系,很多精力都用在了跟酒店讨价还价上。因此,在国内实行佣金制,与国际旅游运作标准接轨,已成为一种需要和趋势,这样才能促使旅行社积极开拓市场,因为在佣金制下,销售额越大,利润越高,也能使酒店与渠道成员精诚合作,共同推出具有竞争力的价格,达到"共赢"。

②旅行社订房的特点。由于旅行社在业务经营中存在风险大、批量大、季节性强等特点,旅行社对酒店的预订也会受上述因素的影响。旅行社订房主要有以下几个特点:

A.订房数量大。除大型会议外,一般商务、政府组织机构等订房数量受其自身业务规模所限不会太大,但旅行社订房则不然。通常旅行社的年接待量都在万人以上,大型旅行社其组团(或接团)人数甚至达几十万人,如中国国际旅行总社1993年外联游客数量超过100万人次。因此,旅行社的订房对旅游酒店尤其是旅游城市和风景区的酒店而言是最主要的生意来源。

B.订房价格低。旅行社为了尽可能提高经营利润以及降低直观报价,增强旅行社价格竞争力,通常会向酒店争取较低的团队价格。加上付给旅行社佣金,旅行社的实际订房价格往往比门市价低四成或更低。

C.订房时间集中。旅行社订房季节性强,通常都集中在旅游旺季,而淡季则订房极少。这样便使酒店在旅游旺季客源激增,形成营业高峰,淡季时则营业处于低谷。在营运高峰,酒店设施超负荷运转,而营运淡季,酒店设施和接待能力闲置,这种现象给酒店的经营管理带来了一定的困难。为了避免订房过于集中,酒店应采取相应的措施,如采取淡旺季价格,与旅行社合作开展冬季包价或在淡季推出特殊旅游活动项目,尽可能做到淡旺季订房的均匀分布。

D.订房取消率高。酒店大量接受旅行社订房,具有很大的风险。旅游业是一项很敏感和脆弱的行业,尤其是组团旅游,极易受政治、经济和突发事件的影响而出现大幅度波动,团队取消在有的地方十分普遍。例如,"千岛湖"事件发生后,由于台湾团大部分取消,以接待台湾团为主的我国内地许多酒店蒙受很大的经济损失。鉴于团队旅游容易出现的高取消率,酒店在确定自己的目标市场时,应合理地安排各细分市场的比例,以期实现市场细分配置的最优化,尽可能降低风险,正如西方谚语所说:"不把所有的鸡蛋放于同一个篮子中。"

E.订房连续性强。酒店通常与旅行社保持密切的业务联系,因而旅行社的订房也能够连续持久。旅行社一般都将自己的团队安排在有主要业务往来的酒店,而不会随意向其他酒店订房,原因很简单:双方了解,合作容易,且能够与酒店达成有利的价格协定。如果酒店能够保持与旅行社的密切合作,对于酒店客源的稳定以及进行客源预测都十分有利。

(2)全球预订系统

电子信息技术的迅猛发展,出现了一个新的预订系统——全球分销系统(Global Distribution System, GDS),其已成为酒店一个新的、发展极快的营销渠道。

GDS 是以一些大的航空公司 CRS(CRS 即中央预订系统)为基本框架,旅行社、酒店 CRS 以及其他旅游组织加入其中形成的一个世界范围的、多层次配票网络,以计算机网络技术为支持,图 6.10 为 GDS 的结构图,主要有 4 大组成要素(见图 6.10 左侧文字所示)。

图 6.10　GDS 结构图

①航空公司 CRS。图 6.10 中的航空公司 CRS 是在一些大航空公司原有的机票预订体系基础上发展起来的,可充分利用原有资源,为其成员提供覆盖面更广、成本更低的预订服务。因此,国外旅行社(约 45 000 家)几乎都加入这家或那家航空公司的 CRS,就能通过方便的计算机网络预订机票或酒店客房,较之原来由酒店的 800 电话系统预订,更为快捷、高效、省钱。正是这种高效服务,旅行社已渐渐开始通过航空公司 CRS 而非直接通过酒店 CRS 来预订酒店产品。而 1993 年,酒店 CRS 的所有订单中,来自航空公司 CRS 的订单首次超过来自 800 电话预订的。同时,对旅行社来说,通过航空公司 CRS,可非常便利地得到机票、酒店客房以及汽车租赁等配套组合服务,旅行社也乐于通过它预订。对于酒店而言,营销渠道显然是加长了,但也是不得不接受的现实,因为航空公司 CRS 实力强大。

构成 GDS 基础的航空公司 CRS 主要有以下 5 个系统:

A.AMADEUS 系统。该系统由欧洲几家最大的航空公司联合创立和经营,它们是法国航空公司、德国汉莎航空公司、西班牙伊比里亚航空公司和斯堪的纳维亚航空公司。该系统通过计算机同其伙伴航空公司及其客户相连。遍布世界各地的售票点均通过此系统订票。任何售票点若有退票,1 秒内各售票点便能将其再次配出。若某航班时间有变更或临时有航班增加,其信息可在瞬间传递到世界任何角落的售票点。

B.WORLDSPAN 系统。该系统又称 PARS/DATAS Ⅱ,是美国泛美航空公司、TWA 航空公司和西北航空公司 3 家共有的计算机预订系统,在世界各地拥有 52 000 多个终端。

C.SABRE 系统。该系统是美国航空公司的计算机预订系统,在澳大利亚的名字为 EAN-TASIA。

D.GALILEO 系统。该系统又称为 APOLLO 系统,是美国联合航空公司采用的预订系统。其用于酒店预订系统的名称为 ROOM MASTER。

E.SYSTEM ONE 系统。

②通用接口。为使航空公司 CRS 与酒店 CRS 联通,GDS 中还需要一个重要组成要素,即通用接口,它能为任何大的航空公司 CRS 和酒店预订系统提供双向界面。当航空公司、旅行社或租车公司的预订员接到订房要求后,该预订要求被航空公司 CRS 构成的网络通道,通过接口中的一个,转酒店 CRS 系统中,酒店能否接受预订的信息又被立即转回该预订员处,保证给顾客即时的答复。

③酒店 CRS。GDS 网络中最下层是酒店与酒店 CRS(Central Reservation System,中央预订系统)。GDS 目前只包括那些拥有酒店 CRS 系统的酒店集团或联合组织,这些酒店 CRS 要么是专门的酒店预订服务系统,要么是酒店联号集团自己的 CRS,或者是大的酒店联合体的 CRS(后面将详细说明)。单个的独立酒店要想将 GDS 作为自己的一个营销渠道,一般要通过这些酒店 CRS 才能实现。

当前,GDS 系统有一个难以解决的问题:对于单个的独立酒店,该系统尚无法以合理的成本将它们纳入其数据库。这便迫使单个酒店通过其他途径加入 GDS:

a.加入一个特许经营集团。

b.加入一家酒店代表公司(Hotel Representative Finn)。

c.与某个能进入 GDS 的公司签订合约,但需交纳费用。

d.加入某个酒店联合体,其 CRS 与 GDS 连接。在美国,几家州级酒店联合体已办理这种代理业务,考虑开办此业务的则更多。

然而,这些可行方式都很昂贵。1995 年,平均预订费为 18 美元(不包括付给旅行社的费用),这么高的收费标准对于中档价格的酒店确实是个难题,既希望利用 GDS 广受欢迎的预订网络,但它们的房价为 40~60 美元,承受如此高的手续费比较吃力。这也许是众多中等规模的经济型酒店纷纷加入成本稍低的特许经营集团的原因之一吧。

④客房预订来源。随着国际互联网(Internet)的飞速发展与广泛应用,人们有了更大的选择空间:旅游者外出旅游,可通过旅行社包办行程,也可以自己上网安排:直接进入酒店的网页查看信息并预订;通过中介预订:他可进入旅行社、酒店 CRS、航空公司 CRS 或 GDS 的网页提出预订要求。而酒店则面临新的机遇与挑战,应尽快适应这种变化,调整自己的渠道策略,保证稳定、优质的客源。

(3)专门的酒店预订组织

①概述。它是一种单纯的酒店预订组织,除代理客房销售外,有些酒店订房及销售组织还通过本系统的传播媒体,如年鉴、成员酒店宣传册等为成员酒店促销。世界上较著名的有

尤特尔国际有限公司(Utell International LTD)、最受欢迎酒店组织(Preferred Hotels)、世界一流酒店组织(Leading Hotels of the World)、斯坦根伯格预订公司(Steigenberger Reservation Service)、超级国际酒店组织(Supranational Hotels)、旅行信息公司(Travel Resource)、德尔顿全球预订公司(Delton Global Reservations)、选择酒店订房系统(Choice)等。

②UTELL介绍。专门的酒店预订组织中最为著名的当属尤特尔国际有限公司。

UTELL是一家总部设在英国的酒店代理公司,遍及180个国家和地区,代表了超过6 500家等级各异的酒店。这些酒店从市中心酒店到机场酒店,从温泉疗养胜地到高尔夫度假地酒店,从商务酒店到旅游度假酒店,从普通旅游酒店到豪华酒店,能为顾客提供极广泛的选择。

UTEIL提供的服务具有以下优势:

A.灵活、便捷的预订方式。利用UTELL,顾客可以用3种方式进行预订:

a.电话订房:从UTELL手册上查到距离最近的办事处电话号码,拨通电话后,将得到各酒店的信息,同时订房员记下顾客的有关信息,包括想要订的酒店名称及地点;抵达酒店的日期及住宿天数;住宿类别及人数;顾客姓名;付款方式(通过Pavtell,还是顾客结账时自付);如是旅行社订房还会记下旅行社的名字。电话中能马上得到预订确认。

b.通过GDS预订:使用计算机上的UI密码,进入Abacus/Worldsoan,Amadeus,System One,Apollo 7 Galileo,Axess或Sabre,Fantasia,选择所要的UTELL旗下酒店,可以看到有关资料,并可立即得到预订确认。如使用Paytell预订,还会得到可立即支取的佣金。

c.通过HotelBook的电子邮件订房系统。

B.独特的Paytell财务服务。

a.使用Paytell预订,在预订的同时即可取得佣金,不需追讨。还可以当地货币计算佣金额,直接从顾客的款项中扣除应得部分存入银行内,不须支付银行手续费及外汇转账费。

b.通过Paytell预订,顾客可预先支付住宿费用,确保款项不会因利率波动而损失,同时客房也将得到保留。

c.旅游代理商:参与其中的旅游代理商能不使用自己的信用卡即可通过自己的旅行社名义确保订房。

协助旅游代理商向非PayCom的酒店追索佣金。

C.充分的客房保证。

a.使用Paytell预订,可获得稳妥的订房保证。无论顾客何时抵达酒店,均能为其保留房间。

b.方便的取消预订方式。由于每家酒店取消预订的规定不同,UTELL在预订时即提供详尽的信息。而且如在酒店规定时间内取消订房,UTELL会自动将预付款项或保证金退还。

D.超值优惠。

a.独家享有酒店提供给UTELL顾客的特别优惠。同时有多种综合房价供选择:商务价、周末价、优惠价、客户配套价等。

b.每期Hotelfocus季刊将呈献一个最佳旅游行程,提供更多酒店的优惠及附加福利,同时为属下酒店促销宣传。

E.崭新的电子媒体。UTELL 已在全球资讯网 WWW(World Wide Web)上设立崭新的电子媒体 HotelBook,设有彩色网页,全面介绍旗下各酒店的详尽信息。网页上的基本资料包括酒店的文字介绍、地址及标准房价等。除此,UTELL 的 HotelBook 还提供最新促销旅游点的旅游快讯,各促销产品、业内趋势等。

HotelBook 已成为"全球资讯网中首要的酒店超级市场",其接下来的计划是与航空公司、汽车出租服务、旅游行政管理部门及旅游代理商的网页建立更密切的合作关系,为顾客提供更丰富的服务项目。

(4)联号酒店的预订系统

①联号酒店的预订系统的优势。联号酒店较之独立酒店的一个突出优势就是拥有自己的全国乃至全球性客房预订中央控制系统,能为其成员酒店提供集团内订房服务。而且与其他集团合作,使用共同的预订系统资源。通过这一系统,可以在世界各地的成员酒店里办理其他成员酒店的客房预订。假日酒店、喜来登、希尔顿等国际连锁酒店都开设免费的预订电话,顾客通过它能随时了解该连锁店内某一成员酒店的客房出租情况。如果需要预订,无须放下电话便可得到预订确认,你可以知道你将住在哪个房间,里面有什么设施,房价是多少。有的酒店连锁成员其客房预订的 1/4 甚至更多来自连锁集团的预订中心。

②联号酒店预订系统的类型。

A.集中型预订系统。酒店集团拥有一个预订中心,其数据库储存各酒店客房的使用情况、房价、会议设施、餐饮、娱乐及运动设施、客户档案等资料,订房中心、集团区域预订办事处及各成员酒店都可迅速共享此信息资源。客人可在当地成员酒店或预订办事处预订异地或异国某成员酒店客房,工作人员通过计算机终端将客人预订要求传到预订中心,如该酒店的客房、房价等符合客人要求,工作人员可立即确认预订;如不符合,则向客人介绍其他成员酒店。订房中心的计算机也可打印预订通知书,再寄给所订酒店。这种预订系统要求成员酒店与订房中心联网,技术要求高,建立统一的联网终端需要大量的资金与技术投入,同时也需要工作人员精通计算机与网络操作,对于一些发展中国家尚有一定难度。假日酒店连锁集团(Holiday Inn)采用的 Holidex Ⅱ 系统和喜来登国际酒店集团的 Reservation Ⅲ 都是采用了这种集中型预订系统。但由于所有预订必须经过订房中心处理,有时会造成不必要的财力、人力和时间浪费。例如,一位客人在纽约预订芝加哥另一成员酒店的房间,订房工作人员将客人要求传送到集团的订房中心,再由订房中心将订房信息传送给芝加哥的酒店,以确认是否接受预订。而实际上,直接拨通芝加哥成员酒店的电话,便可得到迅速的答复。

B.分散型预订系统。它不是由集团的订房中心统一办理订房服务,订房中心的计算机与位于世界各地的订房办事处联系,而不与集团所属的大部分酒店联网;各酒店将接到的订房要求传到各订房办事处,由办事处处理当地的订房工作。分散型预订系统可以有效、经济地处理区域内的订房要求。

(5)酒店联合体(Consortium)预订系统

随着连锁酒店不断发展,其规模与影响越来越大,在销售、预订、经营管理方面都更有优势,这对那些独立的大酒店以及众多小酒店来说,无疑是很大的威胁,为了提高自身竞争力,与庞大的酒店连锁抗衡,它们纷纷联合起来,成立各种各样的联合组织,统称为酒店联合体。

酒店联合体就是指一些具有相类似标准的酒店自愿结合起来,共同交纳一定费用,集中起来用于共同的促销、预订和其他服务。联合体内的成员酒店使用一个共同标志,建成一套联合的预订与销售网络。其宗旨是:在世界或地区范围内,创造出一个集体的形象,以赢得更多的顾客。酒店联合体的功能有些与酒店连锁类似,如使用共同的预订系统,搞联合的、大规模的促销活动,实行联合采购等。但不同之处在于联合体的成员酒店在财务上、经营管理上都是完全独立的,联合体或其他成员无权干涉。

和酒店连锁一样,当前世界上的酒店联合体也是名目繁多、五花八门,不仅组织形式各异,连功能也不尽相同,其规则、条例更是相差很远。如有的联合体要求其成员具有相似水准,提供相似的设施与服务,面对一个特定的市场;有的联合体,其新成员加入需要严格的申请、调查、投票等手续,有的联合体则希望保持稳定的规模与接待能力;而有的联合体的加入手续比较简单,要求也并不严格,吸纳范围非常广泛;有的联合体只吸收独立的酒店加入,不发展已属于某一酒店连锁的成员,有的联合体则无此限制,但大部分联合体允许其成员使用其他预订系统的服务;有的联合体侧重于联合促销,有的强调联合预订,有的会更注重集体购买,还有的联合体开办学校以培训各成员的员工;总而言之,尽管联合体之间存在如此多的不同,它们的目的却是一致的,使那些在国际上没有代表组织的酒店能吸引更多的顾客来住。实践证明,酒店联合体是一种非常成功的形式。

有这么多的酒店联合体,它们之间存在竞争也是难以避免的。因此,酒店联合体也会有自己的市场定位,有自己的特色与个性,并营造出鲜明的联合体形象。

有些酒店联合体其成员均为经营优良的豪华酒店,联合体本身也以高品质著称,这里包括一些酒店联合体中的佼佼者,如世界最受欢迎酒店组织(Preferred Hotels Worldwide,PHW)、世界一流酒店组织(The Leading Hotels of the World,LHW)等。其中,PHW 的成员中有在世界最佳酒店排名榜上有名的香港半岛酒店、法国巴黎的里兹酒店和布里斯托尔酒店、瑞士的里奇蒙酒店以及美国的贝尔艾尔酒店。而 LHW 则自诩不主动寻找成员,欲加入者须自己提出申请。当然两者均须经严格的现场调查,董事会投票表决等程序,但一旦加入,则得到高品质的认可和荣誉。中国的广州白天鹅宾馆和北京贵宾楼酒店是 LHW 的成员,而北京王府酒店则是 PHW 的成员。

有的酒店联合体如美国的最佳西部国际酒店组织是中档酒店的联盟,最佳西部国际酒店虽不如 PHW 和 LHW 那样豪华高档,但其规模实力却不容小觑,在世界 20 家最大的酒店联合体排名中保持领先。又有专门由小酒店组成的酒店联合体,如瑞士的小酒店协会就是将小酒店联合起来,发挥特色经营的优势,并在预订、促销方面集中力量与大酒店连锁竞争,以谋得一席生存空间。还有的酒店联合体针对廉价酒店(或汽车旅馆)组织起来,比较大的有美国的廉价客栈(Budget Host Inns)、友谊客栈(Friendship Inns)和澳大利亚的旗帜客栈(Flag Inns)等。另外,有的酒店联合体非常有特色,如法国罗基斯与奥伯格(Logis and Auberges de France)是一个规模相当大的家庭旅馆联合体。

酒店联合体的特色各有不同,规模不一,而且联合体内各成员的平均客房数相差很大。如英国航空公司联合体内的酒店平均客房数最多,为 335 间;而因特酒店、大别墅和法国罗基斯与奥伯格的成员平均客房数较小,分别为 55 间、31 间与 16 间。尽管它们差距很大,但其发展的趋势是一样迅猛的。

(6)联营组织预订系统

①概述。联营组织是指一些酒店出于互利的愿望而同意相互间处理客人预订的机构。

联营组织大致可分为 3 种主要形式:一是合作性酒店集团;二是自发形成的酒店协会;三是特许权经营集团。

②优势。联营组织有一个预订系统,通过这一预订系统,为各成员酒店提供客源。联营预订系统无论对各成员酒店,还是对旅游消费者均有好处。归纳起来有如下几点:

a.能及时得到肯定性预订;

b.能改善酒店出租率;

c.预订方便;

d.能及时填补因预订取消而引起的空缺;

e.有利于经营者对出租数据作不断地分析;

f.能提高酒店预订人员的工作效率。

独立酒店加入酒店集团除了可以使用酒店集团的名称、标志、运作程序、服务标准等外,又可享有另一重要的优势。国际性酒店集团大多有遍布世界的销售渠道以及较为先进的客房预订系统,配备市郊方便的计算机中心和直接订房电话,为集团成员处理客房预订业务,并在各酒店间互荐客源。酒店集团在各地区设立的销售办公室和销售队伍,不仅向各酒店及时提供市场信息,同时还在各主要市场为酒店招徕团队和会议业务。

③酒店协会。随着酒店联营集团在 20 世纪 60 年代不断壮大,一些小型酒店和酒店团体为了增强自己的竞争力量,纷纷自发地形成一个个合作型酒店集团,也可称为酒店协会。酒店协会的成立对协会各成员都有好处,如:

a.可以联合起来进行广告促销等活动;

b.具有良好的形象和较好的代表性;

c.有利于酒店市场定位;

d.资金上的相互合作;

e.集中预订系统的形成;

f.团体招聘和培训人员。

世界上著名的酒店协会是由 170 个相互独立的豪华酒店所组成的"世界一流酒店集团(Leading Hotels of the World)"。

④特许经营酒店集团。特许权经营涉及授权者和被授权者两个方面,双方通过某种契约达成协议,授权者愿意将酒店的名称、商标、预订系统等授予被授权者的酒店。而被授权者必须向授权者支付一定的费用,并严格执行合同规定。

(7)计算机联网预订系统

计算机联网预订系统是指用于整个旅游活动(包括机票、酒店等预订)在内的计算机预订网络。目前全世界使用最为广泛的计算机预订系统包括:

①APOLLO 系统。它是美国联合航空公司采用的预订系统。该系统在欧洲、澳大利亚、新西兰等使用时名为 GAIJLEO,在加拿大使用时名为 GEMINI。该系统中用于酒店预订系统的名称为 Room Master。在美国有 58 500 个终端采用 APOLLO 系统,在欧洲的终端达 26 400 个。

②SABRE 系统。它是美国航空公司的计算机预订系统,在澳大利亚名称为 EANTASIA。SABRE 系统在美国拥有的终端为 72 000 个,欧洲为 3 419 个,澳大利亚为 1 672 个。

③PARS/DATAS Ⅱ(WORLDSPAN)系统。它是美国达美、TWA 和西北 3 家航空公司共有的计算机预订系统,在世界上拥有 52 000 多个计算机终端。目前,达美航空公司与著名的 AT&T 计算机公司签订了合同,准备在 10 年内建立一个合资,达美将投资 28 亿美元。这个尚未命名的将满足达美全部的内部计算机需求,还为它提供计算机预订系统。

④A-MADEUS 系统。它是由欧洲几家最大的航空公司联合创立和经营的,它们是法国航空公司、德国汉莎航空公司、西班牙伊比利亚航空公司和斯堪的纳维亚航空公司。该系统通过计算机同其伙伴航空公司及其他客户相连。遍布世界各地的航班售票点,均通过该系统订票。它的预订能力为每秒 1 750 次,目前实际预订速度为每秒 450 次。任何售票点若有退票,1 秒之内即可为另一个售票点支配。若某航班时间有变更或临时有航班增加,其信息可在瞬间传递到世界任何角落的售票点。该系统自 1978 年启用以来,伙伴航空公司已增加至 29 家,并且向包括中国国际航空公司在内的约 700 家航空公司提供信息,客户中还有 21 000家旅行社和 18 000 家酒店及 9 家汽车出租公司,已占据了 2/3 的欧洲市场。

(8)其他旅游预订系统

①航空预订系统。世界著名的航空预订系统有以下 6 个:日本航空公司的 AXESS 系统;西班牙伊比利亚航空公司的 ARIES 系统;中东、亚洲、非洲等 60 多家航空公司联合使用的 SITA/SAHRA 系统;美国大陆、大西洋、阿拉斯加和美国西北 4 家航空公司共同采用的 SHARES 系统;德国汉莎航空公司的 LRS 系统以及 AERLINGOS 航空公司的 ASTRAL 系统。航空预订系统中也包括酒店客房的预订。ARIES 系统和 LRS 系统已由 AMADEUS 系统所取代。

②交通运输公司。航空公司为酒店输送的客源包括飞机乘客、航空机组成员,航空公司组织的包价旅游者或包机游客,航空公司是酒店的重要销售渠道。当然,除了航空公司以外,其他交通设施的办事机构,如出租汽车公司、铁路服务处等,也可成为酒店的销售渠道成员。

③其他。酒店除可以选择以上几种销售渠道成员外,还可选择其他一些渠道成员,如旅游局、旅游协会、旅游信息中心、各国驻华大使馆、进出口贸易公司、大型企业、各城市的大专院校等,这些组织也将或多或少地为酒店提供客源。

4)酒店销售渠道选择与评估

(1)酒店销售渠道的选择

选择高效的旅游酒店销售渠道之前,先要确定渠道计划工作的目标。目标包括预期要达到的顾客服务水平,进入市场的重点,中介机构应发挥的作用等,值得注意的是在制订渠

道目标时,酒店经营者必须考虑以下因素:

①酒店产品的种类、数量、质量及竞争能力;

②酒店市场的需求结构;

③酒店中间商的营销能力;

④竞争对手情况;

⑤酒店市场的变化趋势;

⑥酒店产品的市场重点;

⑦政治、经济环境的影响程度。

在渠道目标确定后,酒店就要开始选择销售渠道的策略,选择方案如下:

A.直接销售策略和间接销售策略。当酒店产品的消费者购买频率低,但购买量大时,酒店往往采用直接销售策略,因为消费者为了谋求供应关系相对稳定,加上具体交易时,产需双方往往需要较长时间协商谈判才能达成协议,因此,直接销售途径比较适宜。

B.长渠道和短渠道策略。渠道的长短即指经销旅游产品时通过中间商的个数,选择中间商环节多的营销渠道称为长渠道,环节少的渠道称为短渠道。长短渠道的选择,主要看中间商的销售能力,包括他的推销速度、经济效益、市场信息等。中间商的销售能力大,需配置的中间商的环节就可减少;反之,为保证市场的产品覆盖面,就要加长营销渠道。

C.宽渠道与窄渠道策略。渠道的宽窄取决于每个渠道层次使用中间商的个数。在客源不太丰富而且十分分散的地方,渠道宽能保证一定客源;在客源丰富且相对集中的地区,自然要选择窄渠道。在决定渠道的宽窄时,有3种方案可供选择:

a.独家销售渠道:即在有限的几家中间商中挑选一家作为销售代理,对旅游产品具有某种特殊性的,他们往往采用这种模式,并希望经销商能因此更积极的推销,提高产品声誉,扩大利润率。

b.密集型销售渠道:为方便旅游购买,选择尽可能多的中间商推销自己的产品。

c.择优型销售渠道:选择少量优秀的中间商来推销酒店产品,它能稳固市场竞争地位,并促进与挑选出来的中间商建立良好的关系,获得足够的市场覆盖面。

酒店市场销售渠道策略有很多种,到底选择哪一种要根据不同酒店的市场重点而定,而且渠道策略一经选定并不是一成不变的。由于酒店市场随政治、经济、科技等因素不断地发生着变化,所以为适应市场,酒店必须具备灵活的头脑,选择不同时刻、不同的最佳销售渠道。

(2)酒店销售渠道绩效的评估

①酒店渠道服务分配的质量评估。服务产品分配质量的高低取决于分销渠道成员对顾客需要满足的及时程度。酒店对顾客需求的及时反应已成为酒店必不可少的能力甚至可以成为核心竞争力。而这种速度反应在要及时根据顾客的要求提高服务、提高专业化的酒店产品,建立QR(Quick Response,快速反应)系统以便在顾客的需要发生的时候提高给顾客所需的服务,消除顾客的缺乏状态。许多大型酒店在设计和管理渠道网络时,着重建立快速反应机制,这关系到酒店是否能及时满足顾客的需求能力。快速反应的能力把酒店作业的重点从根据预测,转移到对顾客需求作出反应方面上来。

A.建立柔性系统。柔性系统包括两层含义,它即指酒店能够快速地对顾客的需求作出反应而且还要具有高度的弹性化。顾客的需求可能有规律的,也有可能是没有规律的,特别是酒店业更是如此,在竞争日益激烈的今天,酒店的竞争优势就是对不规则的顾客需求作出快速反应,满足顾客需求。这里包括3层含义:

第一,事先要有充分的准备,以便及时满足顾客需求。

第二,瞄准市场变化趋势,开发新产品,以便在顾客需求发生大趋势的改变时,能够及时推出新的产品。

第三,建立计算机快速反应系统,为了能够更及时、高效、正确地对顾客的需求作出准确的行动。

B.展览物流优化运输。国外研究表明,展览商品运输成本占商品总成本的比例可能达到10%左右,如果缺乏优化控制,没有合理设计运输路径,就会造成运输成本的大幅上升。而与运输关系密切的酒店则更应制订高效的运输解决方案。

②酒店销售渠道的财务绩效评估。酒店销售渠道的管理人员可通过财务指标对其渠道的绩效进行评估,一般可从市场占有率、渠道费用、销售等方面进行分析。

A.市场占有率分析。市场占有率是分析经营状况的主要指标,根据美国权威结构的研究结果,在许多行业中,市场占有率与利润成正相关关系。可以从3个方面考核这一指标,即全部市场占有率、可达市场占有率、相对市场占有率。

a.全部市场占有率。它是指销售额占全行业销售额的百分比,即

$$全部市场占有率 = \frac{某一企业销售额}{全行业销售额} \times 100\%$$

由这个公式可知,酒店在核算销售额的口径必须与核算行业销售额的口径一致,酒店自身的数据很方便地就可以取得,对于行业则必须有一个明确的界定范围,既不能扩大,更不能缩小,应客观地反映实际情况。

b.可达市场占有率。它是指酒店认定的可达市场上销售额占酒店所服务市场的百分比。所谓可达市场是指酒店计划进入的重要目标市场。它具有3个特征:其一,酒店认为是产品最适合的市场;其二,是酒店市场营销努力所及的市场;其三,在酒店销售业绩中占有重大比重的市场。一个酒店可能只有相对较小的百分比的全部市场占有率,但是有近100%的可达市场占有率。

c.相对市场占有率。所谓相对市场占有率,是指酒店销售额与主要竞争对手销售业绩的对比。这一指标可以说明酒店的分销渠道是否比竞争对手更有效率。通常可采用两个指标来计算相对市场占有率:一是酒店销售额相对最大的3~5个竞争对手的销售额总和的百分比。例如,某酒店市场占有率为20%,其最大的3个竞争对手的占有率分别为30%,24%,16%,则这个酒店的市场占有率为20/70=35%。一般情况下,相对市场占有率高于33%,即被认为是强势的。二是以酒店销售额相对市场领袖竞争者的销售额的百分比来表示的。如果一个酒店的相对市场占有率超过100%,表明该酒店本身就是市场领袖;如果相对市场占有率等于100%,表明本酒店与当前的领袖酒店一样是市场的领袖。从动态的角度看,如果发现这个相对市场占有率呈现增加的趋势,表明酒店正接近市场领袖型。

B.渠道建设费用分析。渠道建设费用花费的多少也是考核酒店渠道的重要指标,渠道费用是指从渠道开发、维护、发展等所使用的一切费用,它的大小以及各种费用的比例关系,直接关系到渠道成员的利润。一般它由以下项目构成:

a.直接人员费用:包括酒店销售的渠道管理人员、渠道营销人员、渠道拓展人员等的工资、奖金、差旅费、交际费等。

b.促销费用:包括新渠道拓展的广告费用、渠道促销的奖品费、文案设计费等。

c.包装和品牌管理费:包括包装费、产品说明书费用、品牌制作费、品牌管理费等。

d.其他费用:除了以上的费用以外的所有费用。

评价渠道费用主要采用两个原则:一是费用比例与功能地位的匹配性;二是费用增长与销售增长的对应性。

合理的渠道费用构成应当是与分销功能分配相匹配的。根据价值工程原理,每一项必要的渠道功能都可按照其重要性、执行难度等赋予一定的功能系数;有关的功能耗用的费用与渠道总费用之比就是有关的功能的费用系数。合理的功能系数应大于或等于1。

从总量上看,渠道费用与销售额应保持一个合理的比例关系。经常出现的问题是费用在大幅度地增长,而销售额却增长缓慢。从内部来看,费用超过销售额的增幅,表明部分渠道的功能减弱了,因此,应采取措施改善。

C.渠道的赢利能力分析。渠道赢利能力评价主要是通过若干重要指标分析。这些指标分别从不同的侧面反映了渠道的获利能力。

a.销售利润率。通常作为渠道获利能力的主要指标之一,用于说明渠道运转带来的销售额中包括多少利润。有效运转的分销渠道能够节约成本费用,树立品牌形象,销售利润率是税后利润与商品/服务销售额的比率,其计算公式为:

$$销售利润率 = \frac{税后利润}{商品/服务销售额} \times 100\%$$

将其变换一下,就得到如下公式:

$$渠道销售利润率 = \frac{各个渠道成员税后利润之和}{销售总额} \times 100\%$$

b.费用利润率。评价分销渠道效率的另一个重要指标是分销费用利润率,即分销渠道在运行中每花费100美元能够创造多少利润,其计算公式为:

$$费用利润率 = \frac{当期利润率额}{费用总额} \times 100\%$$

如果"当期利润"是税后利润,则费用利润率与销售利润率之间存在如下关系:

$$费用利润率 = 销售利润率 \times 费用效用系数$$

其中,费用效果系数是指分销渠道在运转中单位费用创造的销售额,或者说是渠道创造的销售额与其花费的渠道费用两者之比,即

$$费用效果系数 = \frac{销售额}{渠道费用}$$

附：

酒店与旅行社合同范本

合同单位：_____旅行社(公司)

详细地址：_____

联系人：_____

电话：_____

传真：_____

本合同有效期：从_____年_____月_____日至_____年_____月_____日止

旺季：4,5,9,10 月及春节期间(农历年初一至初七)

平季：6,7,8 月及圣诞节(12 月 24—28 日)

淡季：1,2,3 月及 11,12 月

单位：美元

季价 ＼ 房价	9 人以上	5~8 人	散　客	全　陪	加　床
旺季					
平季					
淡季					

注：团体中由于性别产生的自然单间按团体房价的 50% 计算房费。

　　酒店为满 16 名游客的团体提供 1 张免费床,满 32 名游客的团体则提供 1 间免费房,但每团最多享受 4 间免费房的优惠;退房时间为每天中午 12 点整。如在 18 时前退房收半日房费,超过 18 时退房则加收 1 日房费。

餐别 ＼ 餐价类别	团　体		散　客	
	中式	西式	中式	西式
早餐				
午餐				
晚餐				
合　计				

注：本合同价格均以美元为单位,所有价格均为买价,不另加服务费。

酒店(章)：　　　　　　　　　代订方(章)：

代　　表：　　　　　　　　　代　　表：

联系人：　　　　　　　　　　受理人：

电　　话：　　　　　　　　　电　　话：

传　　真：　　　　　　　　　传　　真：

邮政编号：　　　　　　　　　邮政编号：

日　　期：　　　　　　　　　日　　期：

条款细则

第一条　团体的定义

本店对团体的定义为_____人或_____人以上同时进店及离店的旅游团体。

第二条　旅游团房数确认

所有订房请直接与酒店营业部联系,能否接受临时增减的订房,由酒店视客房出租情况决定接纳与否。贵社的正式订房通知单及行程资料须在游客抵达酒店前3天邮寄或送达本酒店营业部。

第三条　取消预订的规定

所有取消的订房必须提前3天通知,旅游团的订房如在入住前2天内取消,贵社需负责交付所订房数50%的费用,如酒店在贵社团体预订到达前24小时内才接到取消订房的通知或在最后时刻团体没有入住,则需收取一晚房租以补偿酒店客房空置的损失。

由自然环境因素(如台风、班机取消等不可抗拒的原因)影响,而使旅游团不能如期到达,由此造成的损失,酒店可免收损失费。

第四条　住宿延期及超额订房

如旅游团超过代订日期仍不能如期离店时,本酒店可根据客房的出租情况协助安排。凡经本酒店确认的团体,因酒店客房全满而安排不下,本酒店负责将团体安排至同等级或高于本店等级的酒店入住,不再多收房费。

第五条　儿童收费

本酒店对12周岁以下与父母同住一房的儿童提供一张免费加床。餐费则按成人标准的50%收取。

第六条　订餐规定

旅游团及散客订餐必须预先通知酒店、本酒店根据贵社预订计划订餐,任何陪同均不能更改取消。

第七条　陪同餐安排

旅游团如在酒店用餐,本酒店负责安排全陪及本地司陪免费就餐。

第八条　付款方式

本酒店全部账单均为月结,贵社必须在接获本酒店账单后14天内付清。

本酒店开户银行：

本合同系贵社与本酒店业务往来的唯一合法合同,自双方签字之日起生效。合同一式两份,双方各执一份,具有同等法律效力,如有任何条款细则需更改或增删,需经双方协商同意,另附条件。

×××酒店

6.5.4　酒店市场营销中的促销策略

在酒店市场中,营销的作用越来越重要,促销作为营销的一个组成部分,所包含的内容越来越多,分工越来越细。因此,各种促销手段的使用,将直接影响营销活动的效果。

1)酒店市场营销中促销要素组合与沟通系统

(1)促销及促销组合

所谓促销,即是让顾客及时和尽可能多地了解酒店产品,以达到加快销售速度的目的。促销组合主要有4种促销手段:大众推广(Mass Selling)、人员推销(Personal Selling)、销售促进(Sales Promotion)和网络营销(On-line Marketing)。大众推广又可细分为制作广告和出版各类宣传品,如图6.11所示。

图6.11　促销及促销组合

人员推销是指推销员与消费者直接交流,促成买卖交易的实现;大众推广和营业促销又称为非人员推销;大众传播主要是向大众传播信息,增强客源市场的公众对自己所提供的产品的了解,提高自身的知名度;营业促销包括了为了刺激需求而采取的能够较快产生作用的促销措施,如举办或参加展览会,开展有奖推销,示范表演,放映介绍产品的电影、录像、幻灯片等。

可见,酒店促销行为又可分为两部分:第一,鼓动型宣传,又称形象宣传,旨在树立本国或本地旅游的形象,提高在客源市场的知名度,促使打算出国旅游的人作出倾向性选择(这主要是政府及酒店局市场开发和促销部门任务);第二,推销型宣传,重在向那些已经有意选择自己产品的人提供详细的销售信息,如酒店内容、交通、到达目的地后的住宿条件、旅行内容等,促使其下决心购买(这部分工作主要由酒店、旅行社、航空公司的销售部门来承担)。

(2)建立一个有效的营销沟通系统

大型酒店要管理一个复杂的营销沟通系统。与中间商、顾客和各类公众进行沟通,中间商又与他们的顾客和各类公众进行沟通,顾客彼此之间以其他公众之间又经口头的方式进行沟通,同时,每个群体提供的信息又反馈给其他各个群体。要使信息传递有效、迅速,必须建立有效的营销沟通系统。其主要步骤是:确定目标视听公众—确定信息传播目标—设计信息—选择信息传播渠道—管理和协调总的营销沟通过程。

①确定目标视听公众。营销信息的传播者,必须一开始就在心中有明确的目标视听公众。这视听公众,可能是酒店产品的潜在购买者、目前使用者、决策者或影响者。信息传播者应研究视听公众的需求、态度、偏好和其他特征,作为确定信息沟通目标的前提。

②确定信息传播目标。确认了目标视听公众及其特点后,营销信息传播者必须确定寻求什么样的反应。当然,最终的反应是购买,但购买行为是消费者进行决策的长期进程的最

终结果,营销信息传播者需要知道如何把目标公众从他们目前所处的位置引向更高的准备购买阶段,营销人员要寻找目标视听公众的认知、感情和行为反应。

③设计信息。在进行信息设计前要先了解信息传播过程,如图 6.12 所示。

图 6.12　信息传播的过程

图 6.12 中的各部分的含义如下:

a.输出者:要把有关自己能提供的旅游产品的信息传递出去。

b.编码:研究如何将所要传递的信息以生动的、能吸引人的方式表现出来,即将信息编成符号。

c.信息与媒介:将已经编成符号的信息交给传播媒介。

d.译码:传播媒介将编成符号的信息表现出来,并使接收者理解。

e.接收者:传播对象,即酒店客源市场的公众,尤其是潜在顾客。

f.反应:接收者对所接触者对所传递的信息的反应返回到播出者。

g.干扰:在传递过程中出现的一些计划外的问题,使接收者对所传递信息作出不同的反应。

期望的公众反应明确以后,信息传播者就该进而设计一个有效的信息。最理想的是信息应能吸引注意、引起兴趣、唤起欲望、导致行动(AIDA 模式)。信息的设计需要解决 4 个问题:说什么(信息内容)、如何合乎逻辑地叙述(信息结构)、以什么符号进行叙述(信息形式)、谁来说(信息源)。

信息内容:信息传播者要决定对目标公众说什么,以期产生所希望的反应。

信息结构:一个信息的有效性,如同它的内容一样也依靠它的结构。结论的提出、论证及表达次序等组成了信息结构。

信息形式:信息传播者必须为信息设计具有吸引力的形式。在一个印刷广告中,为引起注意,常使用这样一些方法,如新颖和对比有吸引力的图片和大字标题,别具一格的版面,信息长短和位置,以及颜色、外形和流动性;如果信息在电台播出,信息传播者还得仔细选择字眼、音质(讲话速度、节奏、音量、发音清晰)、音调等;如果信息是通过电视或人员传播的,所有这些因素加上体态语言(非言语表达),都得加以设计,展示者还须注意他们的脸部表情、举止、服装、姿势和发型;如果信息由产品或它的外包装传播,信息传播者必须注意颜色、质地、气味、尺寸和外形。

信息源:信息对视听公众的效果也受到视听公众如何看待传播者的影响。

信息源的可信度由专门技能、可靠性和令人喜爱等因素组成。专门技能是信息传播者所显示、所具有的、支持着他们的论点的专业知识;可靠性是涉及的信息源被看到具有何种程度的客观性和诚实性;令人喜爱性地描述了信息源对公众的吸引力,诸如坦率、幽默和自然的品质,会使信息源更令人喜爱。

④选择信息的沟通渠道。

a.人员的信息沟通渠道。利用人的直接交流进行信息传递,它们可能为推销人员在旅游市场上与顾客接触时构成的,也可能是在与朋友、邻居、父母、姐妹等潜在顾客交谈中构成的。

b.媒介信息沟通渠道。它是通过大众媒介,如报纸、电视、电台、杂志、广告牌、招贴等传递信息。这样沟通渠道虽不如人员沟通那么直接而有效,但它却是促使旅游产品走向千家万户的主要手段。

⑤管理和协调营销促销沟通过程。提供给目标公众的多种多样的信息,其沟通工具必须加以管理和协调。协调的营销信息沟通会使购买者对的意图产生更多的一致性,它导致总的市场营销信息沟通战略:旨在提示该旅游是如何帮助旅游购买解决他们问题的。

（3）建立促销预算

促销预算是指对促销方面应投入费用的估计。正如知道了拥有多少资金才能对行动作出计划一样,它是进行促销活动的基础,预算方法有以下 3 种。

①销售百分比法。以旅游在特定时期的销售量为依据确定其促销费用。一家酒店在当年的 7 月 1 日决定下一年的拨款,它将去年 7 月 1 日至今年 7 月 1 日的销售额乘以 5%,得出的金额即为下一年的促销费用。这种方法将促销与产品价格、利润、销售量结合起来,推动促销活动更积极地开展,但同时,这又限制了促销的创造性发展,因为拨款根据的是销售额而不是市场出现的机会,它不鼓励设立确定每种酒店产品和地区值得开支多少的促销预算。

②竞争对手相似法。它是根据竞争对手预算费用来决定自己的促销费用,这对一家刚开始进入运行的酒店来说较为适应。但一家已成熟的不应用这种方法,因为各家情况不同(资金市场重点等),别人的促销策略不一定适合自己,站在自己的立场处理问题才更符合实际。

③目标法。它是促销人员确立自己的目标,并估算出达到这些目标所要用的资金,由此来决定促销费用。这种方法将销售看成是促销的结果,使销售随着对市场地不断深入而得以扩大。

（4）促销组合策略

每个酒店对促销手段的侧重点不同。展览场馆可能注重公共关系,因为展览场馆本身就是人与人接触的地方,搞好公共关系能提高顾客的回头率,并吸引新的顾客;酒店代理商则侧重人员推销。不论将促销手段如何组合,首先需要考虑它们的特性与成本。

大众推广具有高度公开性、普及性和引人注目的特点,它能为酒店树立一个长期的形象。例如,上海科技馆举办亚太非正式会议,通过电视节目的转播,使人们留下了深刻的印象。广告还能回忆销售速度,一个广告只要不停地在电视、报纸等媒介中出现,它就会给人们留下深刻的印象,并在今后的购物行动中产生影响。

营业促销具有刺激性。它能产生强烈、迅速的反应,如赠送小礼品、价格优惠等,但它的效果只是短时期的,对建立长期的品牌不甚有效。

公共关系具有沟通性。它通过各种有效的社会手段,把社会公众所需了解的本信息和社会公众及本职工提出的要求与意见进行双向传递和处理,进而增加本商品和服务的品种和数量,改善并提高服务的质量,使之在各方面最大限度地与公众的要求利益取得一致,从根本上树立本酒店的形象和声誉,提高酒店的市场占有率,获得理想的经济效益和社会效益。

人员推销具有与顾客接触的直接性。它是建立在彼此的信任上,一名好的推销人员,能使顾客与酒店建立一种长期关系,所以现代酒店市场,人员推销正在受到越来越多的注目,但同时,它的花费也是促销手段中最高的。

网络营销具有虚拟性。

促销组合要受到酒店到底是选择推还是拉的战略的影响。所谓推的战略,就是酒店运用人员推销和其他手段,把产品推销给中间商,中间商再卖给消费者;拉的战略则用广告等措施,吸引顾客购买酒店产品。

不同的目的、不同的时期采用的战略会不同,例如,展览场馆吸引住客,就积极开展公共关系,并用广告等宣传工具引起大家注意,这是拉的策略;而酒店代理商要扩大对零售商的销售,就会派推销人员,上门推销,这即是推的策略。但不管酒店侧重于哪一种,促销组合都要与之相适应,而且还要考虑本身的能力和顾客能否接受的心理。

2) 酒店广告促销策略

酒店广告是指利用一定的媒介,把各种酒店产品或服务的信息传送到潜在的顾客中去,以达到促销的目的。现在,人们的生活被形式各异的广告充斥。人们在打开电视机、翻开报纸或走在街上时可随处发现广告的存在。广告是一种投资手段,是顾客得到商品信息的主要渠道之一。因此,有效地利用酒店广告,制订好广告策略,也是酒店的重要任务之一。

（1）酒店广告的分类

酒店广告按针对的目标来分,可分为营销广告、产品广告。所谓营销广告,指主要介绍酒店的各方面情况的广告,目的在于树立良好的形象。它往往包括以下内容:

①宣传酒店的价值观念,使之成为一个基本的象征和基本的信念,对内产生凝聚力,对外产生号召力,使酒店形象连同它的观念和口号进入千家万户。

②介绍酒店的生产和服务情况,例如,有的酒店在广告中列举本酒店的高级技术人员名单,甚至列举他们的论著和科研成果。这无疑会使公众产生深刻的印象,认为该酒店人才济济,技术力量雄厚。有时,还可介绍酒店优良的服务,从而达到创造购买气氛的目的。

③解释生产目的和消除误解,当公众对酒店的有关情况因不明了而产生误解时,可以考虑运用以退为进的策略,刊登解释性的、纠正性的广告以消除误解,保护已建立起来的声誉免遭破坏。

而所谓的酒店产品广告,则以介绍酒店产品特点为主,希望能引导顾客的购买欲望。

按广告所付出的投资费用来分,酒店广告可分为免费广告与付费广告。

付费广告是大多酒店普遍采用的广告形式。因为通过电视、报刊、广播,广告所能涉及的范围很广,特别对于新的酒店来说,吸引顾客并让他们了解及其产品的最快、最有效的办法,就是付费广告。但与付费广告相比,免费广告的魅力不仅仅在于它不需要大量投资,而且它所能达到的效果往往高于付费广告。

（2）酒店广告策略

①确定广告的目标。在设计广告之前，先要分析市场形势，识别和分析广告的宣传对象。即应向哪些人提供广告信息，广告宣传的目的又何在。为此，酒店需要得到以下信息：

a.公众的地理分布情况。

b.公众的年龄、民族、性别、文化水平、社会风俗等。

c.公众对本酒店与竞争对手产品和服务态度的评价。

d.公众的心理构成。

在了解广告宣传的对象后，即可制订目标。一般来说，其目标有：进一步树立形象，提高声望，在现有的顾客中争取更大的信誉；争取新客源，扩大销售地区；建立一个新的目标市场，激发新的酒店需求。

②编制酒店广告的预算。广告预算是酒店投入广告活动的费用计划，它规定计划期内从事广告活动所需经费总额和使用范围。一般来说，广告费用包括以下部分：

a.广告媒介费用：指报纸、杂志、电视、电台、电影、邮寄、幻灯片、招贴画等广告费用支出。

b.广告设计制作费用：指美术、印刷、制版、照相、录音和录像等制作费。

c.广告调研费：制作广告过程中所进行的民意测验、市场调查、广告效果测验等费用。

d.广告管理费：广告部门事务费、工作人员工资和差旅费等。

e.杂费：包括广告材料费、样本费、赠品、资料费用等。

③制作广告。广告制作包括确定其内容、表现形式及对整体广告计划的协调。

广告内容的设计要有文学性、创造性、幽默、生动且贴近生活。它包括设计主题、结构、语言的风格、氛围、形式等。其中广告的主题必须突出酒店产品的特点。

酒店广告的表现形式一般有：故事式，叙述一个发生在酒店产品与顾客之间的故事，借此给人们留下深刻的印象；引证式，借有名望的人来证明产品的优点；悬疑式，给顾客留下疑问，以刺激他们再次接触了解产品；比喻式，同适当的比喻引出产品；解题式，夸大一个问题，而让顾客知道只有本酒店的产品才是解决问题的唯一答案。除此之外，广告表现形式还有许多种，如示范、推荐、以歌作为代表等。广告设计人员可以同时采用几种形式，以达到最好的广告效果。例如，介绍一个车展，可先拍一些疲惫不堪的人们的身影，然后推出自由驾车的怡人风景，人们开着车在原野上驰骋，广告还可以引用一些名人驾车后的感受，并加上旋律优美的广告歌。

广告的制作要有计划，因为笼统的广告大都是浪费钱财，而致力于提升酒店业绩的经理们往往会使广告获得双重效果。他们会有一个多面的计划投资，加以协调，使各方面的作用互相加强。例如，将招牌广告与电视广告结合起来。当一位刚在家看完电视的人，走出家门不久后又看到一家酒店的大型招牌广告，他立即回想起前不久在电视里见到的广告与这个宣传的是同一个产品，于是给他留下了深刻的印象。由此可知，为了使广告获得良好效果，就要以这种方式计划和协调广告活动。

④选择广告媒介。其主要的广告媒介有报纸、电视台、电台、杂志、直邮、户外广告、交通

广告、广告电影等。各种媒介都有各自的优点和局限性。在选择广告媒介时,要考虑一系列的因素,诸如广告对象,广告媒介的传播数量和质量,最佳收效时间,宣传的范围和费用等。

　　为了帮助酒店选择广告的媒介方式,可将它们细分如下:

　　A.报纸类广告。

　　宣传工具:在日报上刊登广告,在一般杂志上刊载广告,在专业报刊上刊载广告,在书籍中或封面上刊载广告,利用节目单,在广告宣传杂志上刊载广告。

　　所用手段:报纸、杂志和其他出版物。

　　B.印刷品广告类。

　　宣传工具:商品说明书、商品目录集、价格表、家庭杂志、各种传单、报纸、杂志的副刊。

　　所用手段:分发、投寄、展览和博览会上散发;利用其他杂志的副刊,利用中间商散发。

　　C.广告宣传信件类(直邮式广告宣传)。

　　宣传工具:专门信件、复印信件、系列信件。

　　所用手段:邮政投递、分发、结账单附件。

　　D.张贴广告类。

　　宣传工具:广告画、巨型张贴画、保留广告、霓虹灯广告。

　　所用手段:广告柱、广告牌、墙壁、橱窗、飞机、汽车。

　　E.广告性的文具品类。

　　宣传工具:信封、表格、收据、名片。

　　所用手段:同顾客的接触。

　　F.荧光灯广告类。

　　宣传工具:荧光光画、霓虹灯字、霓虹灯陈列。

　　所用手段:商店的门面、橱窗、出售厅、展览会和博览会。

　　G.投影广告宣传类。

　　宣传工具:电视、幻灯片、电影、录像。

　　所用手段:集会、展览会、博览会、电视、橱窗、中间商。

　　H.装潢广告宣传类。

　　宣传工具:模仿品、装潢材料、布置品、图片、假人、雕塑品、招牌。

　　所用手段:橱窗、玻璃柜、陈列柜、墙壁、出售厅、集会。

　　I.音响广告宣传类。

　　宣传工具:电台广播、录音机、电唱机。

　　所用手段:集会、展览会、电台、中间人。

　　J.辅助销售式广告宣传类。

　　宣传工具:模型、广告性的礼品、展示牌、附加物、有价票证、包裹袋、透明包装物、粘贴商标。

　　所用手段:售货时与顾客谈话、学徒训练、交货、中间人。

　　K.以交通工具做广告宣传类。

　　宣传工具:电车、地铁、公共汽车、车站、运输、自己的交通工具、道路。

所用手段：公路、停车场、车站和机场。

L.举行广告宣传活动类(带有促销性质)。

宣传工具：作报告、演出、举行记者招待会、参观、展览会和博览会。

所用手段：电影院、酒店、大厅、轮船、飞机、自己的场地、展览会和博览会。

⑤确定广告的时间和频率。广告宣传的时间和频率的选择取决于广告宣传的预算和广告宣传的目的。一般来说,广告宣传的预算费用越充足,播映频率和次数就越多,选择最佳广告宣传的机会也随之增多,当然其宣传效果相对来说会更好一些。

(3)测定酒店广告的效果

酒店广告效果检测通常可有以下几种方法：

①分类评价。按照一定的分类标准将各种广告集中在一起,请调查对象对这些广告作比较并打分。分类标准可根据情况自己设定,例如,把该地区所有酒店的公共关系广告集中起来比较,这方面的调查结束,对了解在公众心目中的地位有参考意义。

②回忆测验。具体方法可有多种,比如可将 10 个广告编为一组,每个展示 10 秒,请调查对象说出对哪个广告印象最深,能记得哪些内容。这种调查可以了解广告是否醒目,刺激强度是否足够,内容是否有趣,手法是否新颖等。

③创新程度检验。将本酒店的各种广告收集起来,向调查对象了解对这些广告是否满意,有没有可能设计更新的同时也可以了解,广告是否过分夸张？从公众角度看,广告应怎样做更容易为人所接受。

此外,还应辅以各种社会调查方法,以了解酒店在公众中的知名度和市场占有率等指标,然后可以计算广告的效率。

3) 酒店公共关系促销策略

公共关系的主要功能是沟通信息、协调社会组织与公众之间的关系、扫除相互关系中的障碍、谋求合作和支持。它主要是通过各种现代化的传播手段,及时掌握来自公众的各类信息,使自己不断适应所处的环境,并为制订正确的经营方针和策略提供咨询。同时,通过向公众及时传达各类信息,来赢得社会各方面的理解和支持。

公共关系,作为一种管理概念,在国外已有较长的发展历史。欧美国家将其广泛用于整个社会的各个部门,在经营管理、市场营运、大众传播领域发挥着独特的功能。工商和社会机构普遍设置公共关系协会;不少高等院校开设公共关系专业;国际上也成立了世界公共关系协会和国际公共关系学会。公共关系已越来越受到国际社会的广泛重视和运用。

(1)酒店公共关系的活动原则

为使公共关系工作卓有成效,必须先了解公共关系活动的原则。

①以事实为根据的原则。要使建立良好的公共关系,首先考虑的不是技巧,而是对事实的准确把握,必须进行科学的调查研究,收集关于公众的情况,关于旅游与环境互助情况的各种信息,只有掌握了足够多的事实,才能进一步制订公共关系的活动计划。

②"做"和"说"相结合的原则。由于酒店公共关系是一种传播活动,因而容易被误解为

是一种单纯的宣传技巧。这就更要强调,良好的形象必须以良好的产品和服务为基础,也就是说,首先要"做"得好,只有提高产品的质量和服务水准,满足不同顾客的不同需求,才能赢得公众的信任和支持。

然而,在现代社会条件下,一家酒店要想获得更好的生存和发展环境,仅仅靠"做"是不够的,还要进行推广,也就是"做"的前提下要"说"。"酒香还要勤吆喝",公共关系的本意就是"自己做"加"被人认识",要想获得别人的信任和支持,就必须要让别人了解自己,否则就谈不上互相理解和互相适应。

这里,"做"和"说"是一对辩证的关系。"做"是"说"的基础,"说"是"做"的需要,光"做"不"说",在现代社会条件下,是难以获得更好的生存和发展条件;光"说"不"做",这既有违于公共关系的宗旨,也违反社会道德规范。公共关系就要在提高酒店产品质量和服务水准的基础上不断提高知名度和荣誉度。

③效益、互利和创新相结合的原则。从公共关系的角度出发,效益这一概念意味着经济效益和社会效益的总和。如果旅游只追求经济利润,不承担其他社会责任,那么酒店必定会声名狼藉,甚至无法生存。现代酒店经营管理的一个重要思想,是要同时注重其经济效益和社会效益,这也是酒店公共关系思想中的一项十分重要的内容,自然也是公共关系工作中应遵循的一个重要原则。

酒店无时不在与各种公众发生着各种关系,要使这些关系成为促进发展的有利环境,光靠单方面的让利是不行的。无论在计划决策、搜集信息、反馈公众意愿方面,还是在谈判席、洽谈会上,都要有互惠互利的意识,以利于随时调整自己的政策和方案,促成事业的成功。值得指出的是,实施互利原则不是一种故作姿态,而是政策性、计划性、灵活性很强的具有创造性的工作。

酒店的成功与出色的公共关系工作分不开,而成功的公共关系工作则必定是具有创新特点的。酒店公共关系工作固然离不开细水长流式的日常活动,但从公共关系本身的性质来看,它所从事和处理的对象主要是一种关系,关系经常在变化,具有极大的灵活性因素,不以令人耳目一新的方法和形式来处理各种关系,就无法吸引公众对酒店的注意力,更无法较为有效地使公众留下对酒店的深刻印象。因此,酒店要创造性地开展工作,通过新颖、独特、令人难忘的公共关系活动,塑造酒店的崭新形象,以人无我有的公关手段来出色地完成诸如广告、推销等方面的任务,以取得事半功倍的效果。

④公开、正当与合法手段相结合的原则。

酒店公共关系是一种在现代经济条件下正常的交往和联系。因此,有效的酒店公共关系活动必须遵循公开、正当与合法手段相结合的原则。

(2)酒店公共关系活动模式

所谓公共关系模式,是指一定的公共关系工作方法系统。一个公共关系模式,是由一定的公共关系目标和任务,以及这种目标和任务所决定的数种具体方法的技巧构成一个有机的系统。旅游要根据自己的特点,发展的特定要求,社会环境所提供的具体条件,以及公众的不同类型,不同要求,选用不同的公共关系模式。

①宣传性公共关系。这种模式是以利用各种传播媒介向外传播为主,目的是直接向社

会公众宣传自己，以求最迅速地将酒店内部的信息传输出去，形成有利的社会舆论。

1984 年，美国总统里根圆满地结束了对中国的访问，临别时要举行答谢宴会。按以前惯例，像这种规模的国宴总是在人民大会堂宴会厅举行。当时新开业不久的北京长城酒店公关部觉得这是一次极好的提高知名度的机会，经过一番卓有成效的努力，答谢宴会终于在长城酒店如期举行了。随同里根访华的 500 名外国记者一起参加了宴会采访。宴会开始后，记者们争先恐后通过电传机向世界各通讯社发稿："今天×时×分，美国总统里根在北京长城酒店举行盛大的访华答谢宴会……"于是，长城酒店（Chat Wall）的大名一下子传遍世界各地。

宣传性公共关系的特点是主导性强、时效性强，能比较有效地利用传播媒介沟通与公众的关系，而且能获得比较广泛的沟通面。但它也有间接性的局限，往往使沟通停留在"认知"的层次。

②交际性公共关系。这种模式以无媒介的人际交往为主，其特点是具有直接性、灵活性和人情味，能使人际间的沟通进入"情感"层次，它的目的是通过人和人的直接接触，为酒店广结良缘，建立广泛的社会关系网络。其方式包括社会交际和个人交际，如各种各样的招待会、座谈会、工作午餐会、宴会、茶会、慰问和专访活动、接待应酬等形式，个人署名的信件往来，也属于人与人的直接接触。

交际性公共关系的作用在酒店业中表现得特别明显。酒店业公共关系工作大量地渗透在那些日常的服务工作之中，诸如为顾客提供优质的服务，回答顾客的投诉，解释误会和疑难，都需要公关人员的耐心、友善和诚意。

③征询性公共关系。这种模式以采集信息、舆论调查、民意测验为主，其特点是细水长流，日积月累，持之以恒，它需要耐力和诚意。其目的是通过掌握信息，为了经营管理提供参谋，如开办各种咨询业务，建立接待机构，处理投诉，开展有奖测验活动，制作调查问卷收集顾客意见等。

④社会性的公共关系。顾名思义，这种模式以各种有组织的社会性、公益性、赞助性的活动为主，如开业庆典活动，周年纪念酒会，当地传统节目的活动，公益赞助活动等。酒店都以一定的社会为它的活动舞台，公关人员要充分利用这个舞台的空间和时间，善于抓住一切有利时机，导演出高潮迭起的"连台好戏"，使酒店在社会舞台上有声有色，引起社会公众的广泛注意。

社会性公共关系有两种形式：一是以酒店本身的重要节目为中心，如利用酒店的开业大典，周年纪念，邀请各界嘉宾，渲染喜庆气氛，借庆典活动与各人士建立关系，打下友谊的楔子；二是以酒店所处的社区或有关组织的重要节目为中心，如参加所在地有影响的节日活动，赞助福利、慈善事业，树立"文化形象"等。社会性公共关系的特点在于它的公益性、文化性、不拘泥于眼前的得失，而着眼于整体形象和长远的效益。

⑤服务性公共关系。这种公共关系活动是以提供各种优质服务为主的，目的是以实际行动来获取社会公众的了解和好评，建立良好的酒店形象。由于服务的目的不仅是促销，而且更在于树立和维持良好的形象，因此，具有公共关系的特性。

服务公共关系最显著的特点在于实在的行动。由于它和业务密切渗透，因此，不能仅靠公共关系部门去进行,而要由酒店总经理协调各个业务部门去共同进行。

⑥维系性公共关系。这种模式是以较低的姿态,持续不断地向公众传达酒店的各种信息,久而久之,使酒店的形象潜移默化在公众的记忆系统中。它的主要功能就是设法在不知不觉中造成和维持一种有利的意见气氛,以维持酒店的良好形象。可见,维系性公共关系是一种深化、推动公众对酒店产生"认识—行为—理解"的模式。

良好的酒店形象,一定是持续努力的结果。如果酒店在一段时间里无声无息,人们就有可能忘掉它。因此,公共关系人员应该以一种不那么引人注目的方式,不断地在公众耳边吹风,从而在公众中起着潜移默化的作用,不留痕迹地维系酒店在公众心目中的形象。例如,上海市在一次国际旅游展览中提出这样的口号:"让世界了解上海,让上海了解世界"。充分施展各种公关手段,与世界各国的来宾广交朋友,互通信息,以热情周到的服务,让外宾感受到"不虚此行"。这里就包含了维系性公共关系所产生的潜移默化的作用,在这一部分公众心目中维系了良好的形象。

⑦防御性公共关系。这种模式是酒店与外部环境发生整合上的困难,与公众的关系发生某些摩擦苗头的时候,通过各种调整手段,以适应环境的变化,适应公众的要求,防患于未然。

公共关系应以防为主,在情况正常时,要善于发现问题,预见问题,及早制订出防治措施,才能在公共关系活动中保持主动。例如,上海某展览馆在建造时,建筑工地在施工中给附近居民带来不便。于是,酒店和施工队在工地旁竖立了一块很大的告示牌,上面写着"市建一队在此施工,给您带来了不便,请谅解。"此外,施工时还注意做到不在居民的通道堆放建筑材料等,以此获得居民的谅解。因此,以防为主是公共关系处理一切关系失调问题的上策。

⑧矫正性公共关系。这种模式是在酒店的公共关系严重失调,发生"酒店形象危机"时,立即采取的一系列有效措施,做好善后工作,配合其他有关部门,挽回酒店的声誉。

(3)酒店公共关系活动策略

公共关系作为一种经营管理艺术,绝不是偶然的和随机的活动,而是在酒店与公众之间的内外交往中,进行有目的、有计划的一种管理行为。因此,公共关系活动要有周详的计划,选择最佳方案,以增强其严密性、条理性和科学性。

所谓公共关系活动策略,是指实施预定的公共关系项目时所需的技巧。因此,制订公共关系方案既要强调其计划性,又要使活动关系灵活机动、富有新意。

①制订活动方案时,预测可能有哪些影响因素,在具体进行某一公共关系活动时,往往会受到经费预算,技术细节以及时间、地点、环境、气氛等可控和不可控因素的影响。例如,不要在发生重大国际性或全国性事件时向报社发新闻,因为这时发的新闻大多要被挤掉。因此,公共关系人员必须根据新变化、新条件、新要求来构思新的活动策略。

②具体公关项目的执行要选择适当的时机。选择时机,对一个至关重要,一个良好的公共关系活动方案来说,如果错过了有利时机,就不能有效地发挥公共关系的作用。经验丰富的公共关系人员通过事先周密的全面计划,抓住一切有利时机,积极主动地开展各种公共关系活动,以达到预期的公共关系目标。

③设计公共关系活动,要把不同的传播渠道结合起来,公关项目的具体实施,从本质上说是一种传播活动,因而传播渠道的选择也是公共关系活动策略中的一个重要因素。

④要准备几套不同的活动方案,要研究有无其他方案可以达到同样目的,却又省力、省时、省钱呢?所要的是以最小的投入、最小的资源得到最大效益。

4)酒店的网络营销促销

(1)网络营销促销基本概念

①网络营销促销的含义。网络营销促销是借助网络技术和网络渠道所进行的营销活动。从网络营销促销概念内涵与外延的界定上不难看出,酒店网络营销促销的实质不是简单的网络技术应用,而是网络化的市场营销活动。网络营销促销也不单是网上销售或网上广告,而是市场营销战略和策略在网络环境中各种实现途径的综合体现,包括形象塑造、市场策略组合、预订销售、客户服务、市场调查、营销评估等各个方面。同时,网络营销促销是整体营销体系的组成部分和分支,必须与总体营销目标保持一致,与各种传统营销手段互补协调。在此意义上,可以把网络营销促销定义为市场营销总体战略在网络环境下的具体体现与实施。

②网络营销促销的特点。网络营销促销与传统营销的最大差异,在于市场营销活动所凭借的中介媒体由传统的报纸杂志、信件函电、电视广播等转换为新型的互联网络。基于网络的大型活动营销,因此具有全天候、跨国界、即时性、交互式、多媒体甚至富媒体(Rich Media)、推式与拉式功能兼备等明显优于传统营销方式的特点。以网络为平台在产品售前、售中、售后各环节展开全程市场营销活动,充分发挥网络技术优势和功能,最大限度地满足客户需求,以达到目的。

③网络营销促销的基本形式。从酒店利用网络资源和技术的深度和广度来分,网络营销促销包括利用网络媒体登载广告、利用电子邮箱进行邮件营销和利用网站进行全方位网络营销促销3种基本形式。

按酒店网络营销促销的具体功能来分,网络营销促销包括网上市场调查、网上形象塑造、网络产品展示、网络促销、网络分销、网络公关、网络客户服务等形式。

按酒店网络营销促销的目标群体来分,网络营销促销包括 B2C 营销、B2B 营销、C2B 营销和 C2C 营销 4 种形式。B2C 酒店对单个顾客的营销方式,它主要是为潜在顾客提供影响其购买行为和购买决定的商业信息。B2B 是酒店对供应商和赞助商等机构或公司的营销方式,它主要是维持和不断改善公司之间的合作伙伴或战略伙伴关系,从而使合作双方或各方达到互惠互利,双赢或多赢。C2B 是单个顾客对多个酒店产品进行自由选择、组合和定价,由酒店竞标接盘。C2C 是单个顾客根据酒店提供的产品信息和参加活动的提示,自行安排参加活动的行程。

(2)网络营销促销的阶段性特征

酒店开展网络营销促销,一般要经历试探营销、电子邮件营销、网站营销几个阶段。

①试探营销阶段。酒店在了解互联网各种营销功能和开展网络营销促销所需条件之

后,根据自身营销资源的状况和营销战略目标的要求,形成是否开展这种营销活动的意向。如果形成肯定的意向,酒店决策者便可委托专业网络营销促销咨询公司进行网络营销促销开发可行性研究,编制网络营销促销发展战略、发展计划和近期实施方案。

在没有自己独立网站和缺乏网络营销促销人才的情况下,酒店可以利用免费网络资源或支付少量服务费进行以下几种方式的试营销:

a.利用免费网站发布供求信息:利用互联网上某些提供免费发布供求信息的网站,根据酒店产品或服务的特性发布相关市场营销信息。

b.直接向潜在客户发送信息:利用互联网上的信息寻找潜在客户,然后利用免费电子邮件向潜在客户发送信息,达到营销目的。

c.网上拍卖:在提供免费拍卖业务的网站进行注册,发布产品买卖信息,进行促销性拍卖交易。

d.加入酒店专业信息网:通过支付少量服务费用,加入本行业专业信息网,有助于营销信息传递到目标市场消费者。

②电子邮件营销阶段。酒店在这一阶段对网络营销促销有了较为系统的认识,开始招聘必要的网络专业人才,并制订网络筹建财务预算。此时,大多数酒店会主动与专业网络公司联系,申请酒店在网络公司网站的专用电子邮箱,以该网站为平台进行各种电子邮件营销活动。

加入专业网站,注册本机构专用电子邮箱,并在网站专业技术支持下,酒店可以进行以下几种方式的电子邮件营销:

a.收集邮件地址:加入与酒店相关的讨论组、电子邮件组、电子杂志和新闻组等,通过在酒店专题组的电子邮件沟通,收集电子邮件地址,建立广泛的营销客户网,为今后进行针对性电子邮件营销奠定基础。

b.直接广告:在相关讨论组、电子邮件组、电子杂志和新闻组做广告。

c.间接广告:在公司电子邮箱增加自动回复功能,提供酒店产品或服务信息和常见问题解答等,对重要商业信息进行重复链接,引起读者注意。但对重要客户和业务伙伴,应亲自回复,突出人性化服务。

d.签名广告:在电子邮件中签名部分列明本机构电子邮箱地址、联系电话、传真、通信地址等,也可简要介绍本机构主要业务范围。

③网站营销阶段。酒店在本阶段的工作重点转移到网站建设,包括域名申请、网站规划、网页制作、网站发布、网站推广以及网站的管理和维护等。本阶段基于网站的市场营销活动内容丰富、形式多样,比较典型的营销方式有以下几种类型:

a.搜索引擎排名:搜索引擎是用于查询网站的数据库工具,可分为机制排名和人工分类排名两种引擎。它是浏览者寻找目标网站的主要手段,所以,当一个网站建成并正式发布之后,首要的推广任务就是向各大搜索引擎登记。如果网站的潜在客户不仅限于国内,除了向国内主要的搜索引擎登记之外,还要向国外的搜索引擎登记。注册搜索引擎的数量和在搜索结果中的排名对增加网站访问量具有重要影响。

b.网站交换链接:是相关网站之间为增加网站访问机会而互相设立链接点,通常采用图片链接和文本链接两种形式。交换链接的数量还是搜索引擎决定网站排名的一项参数,因而成为评价网络营销促销效果的一项重要标准。在选择交换链接合作伙伴时,应遵循客源互补和品质相当的原则,以免造成客源流失或网站品质受损的负面后果。

c.网页广告:在本机构独立网站或所加入的网站设置各种网页广告,常见的有位于网站主页顶部和底部的横幅旗帜广告、位于网站主页两侧的竖式旗帜广告、位于竖式旗帜广告下方的按钮广告和附在可下载墙纸上的墙纸广告等。网页广告一般采用 GIF 和 JPG 等图文格式,通过应用 Java 等语言可使其产生交互性,使用 Shock 和 WAVE 等插件工具可以产生动画影像效果。此外,集动画、声音、影像和用户参与于一体的富媒体格式也越来越多地应用于网页广告之中。

信息网和分类广告:在专业信息网发布载有大型活动机构网址的信息和分类广告,会使感兴趣的访问者根据网址来访问本机构的网站,从而有效提高本机构网站的访问量。如果选择在知名或权威的大型活动行业网站发布信息和分类广告,会取得更佳的营销效果。

新闻组与网上社区:新闻组是网站的基本服务项目之一,可以形成众多专业相同、兴趣相投的通信沟通园地,参加同一新闻组的成员网友有着共同兴趣,或关心特定主题,利用新闻组可有效地推广酒店网站和活动产品。网络社区是网上特有的一种虚拟社会,其中网上论坛和聊天室是最主要的两种表现形式,在网络营销促销中有着独到的应用,可以增进酒店与客户之间的关系,有利于增强的亲和力和吸引力,还有可能直接促进网上销售。网上论坛有助于酒店了解客户对大型活动主题及其相关产品的评价和意见,同时借助对特定主题的研讨,加深他们对酒店活动主题的理解和兴趣。

(3)网络营销促销的主要功能

网络技术在酒店市场营销中的应用,可以在网络环境中实现酒店市场营销在以下几个方面的基本职能:

①形象塑造。通过开展网络营销促销,酒店得以在较短的时间内树立和强化形象,并在网站建设和网站展示过程中不断完善和提升形象。

网络营销促销的重点是网站推广,而网站又是品牌的网络展示窗口,可以使更多的人了解产品和服务。从营销的角度来讲,网站不仅仅是一个品牌的网上窗口,更是塑造和提升品牌的重要营销工具。好的网站则必须具有正确的市场定位,能够满足目标市场顾客群体的需要,在网络展示方面明显优于竞争对手,并且直观和易于使用。因此,在网络营销促销的网站建设中,必须突出网站方便的导航功能、完善的帮助系统、快捷的下载速度、简单友好的用户界面,以及对搜索引擎友好的链接。

②信息沟通。通过网络信息高速公路,传递和接收市场营销信息,可以使酒店缩短与客源市场的距离,适时掌握市场需求变化情况和趋势,从而提供能够适应和满足市场需求的酒店产品。

③市场促销。网络产品信息展示的多媒体化和信息沟通的交互性优势,使酒店能够通过网络进行更有效的广告和营业性促销。具有链接功能的弹跳式视窗广告、旗帜广告、按钮广告、网上拍卖等网络促销手段,可根据消费者的兴趣提供酒店活动一般广告、详细活动介绍、网上预订甚至网上优惠直销服务,因而能有效激发需求者购买欲望、影响其消费行为和

增加酒店产品销售量。

④产品开发与试销。通过市场调查,酒店可以借助网站开发和测试符合市场需求的新的可选活动项目,并根据网络调查得到的反馈意见筛选和完善酒店活动。产品开发与测试的网络化具有成本低、信息反馈快、针对性强、客户参与性强等特点,同时,通过开发与测试过程的公开化,加之在网站新闻通讯和页面的重点宣传,使新的活动项目得到更广泛的推介。

⑤网络分销。利用具有网上交易功能的网站,酒店可以使其分销渠道通过国际互联网络延伸到世界各地,形成四通八达的全天候、无国界产品分销网络。由于酒店产品是通过消费者而不是产品的空间移动来实现其商品交换,所以以产品销售信息和购买信息沟通为主要特征的网站平台成为大型活动机构理想的低成本、高效率分销渠道。网络分销的主要形式包括独立网站的直接分销、合作伙伴网站之间的交换代理间接分销和专业销售网站的委托代理间接分销等。

酒店活动主要为顾客提供特定主题的活动经历与感受,并为活动参加者提供活动期间的住宿、饮食等服务和与活动主题有关的小纪念品,所以比较适于采用网络营销促销手段。互联网为酒店提供了一个向用户介绍自己产品或服务的理想环境,网站通过在访问者点击率较高的新闻通讯和其他专业栏目加载相关主题的链接,可以使浏览者方便地获得有关酒店活动的详细信息,以及购买产品的方式与渠道,具有销售功能的网站可以使消费者直接进行预订或购买。

⑥客户服务。互联网为酒店提供了形式多样、功能强大的客户服务手段,其形式包括客户常见问题解答、列表电子邮件、电子公告板、聊天室、新闻发布等,其内容包括活动主题介绍与相关知识、目的地概况、活动日程安排、预订咨询与受理、相关规定与注意事项、日程变更通知、酒店活动成果与评价等。

酒店还可以借助网络较为方便地建立客户档案,并根据客户的兴趣为其提供各种服务信息,包括随时通知客户大型活动日程安排的变化,各种表演节目的变化等。良好的网络客户服务有助于维持和改善大型活动组织者和参与者的相互关系,激发观众参加大型活动的主动性,使之成为活动主题忠实的支持者。

⑦市场调查。借助互联网进行市场调查,酒店可以有效降低调查成本、缩短调查周期、提高问卷回收率。网上调查通过调查主题吸引读者,使感兴趣的读者在方便的时间、以简便的选择方式或少量的键盘输入方式提供调查答案,生成调查统计数据。网上调查信息沟通的即时性和交互性,保证了酒店能够在第一时间掌握市场变化的最新动态,并对酒店活动产品进行市场反应的跟踪调查,适时改进或调整产品结构以满足不断变化的市场需求。

网上调查以网站调查问卷为主要形式,以相关主题的电子邮件调查、弹跳视窗调查、网上投票、网上聊天和访问频率统计等为补充形式。多种形式和多种渠道的网络调查使大型活动机构得以从网上获取更丰富、实效性更强的基础资料,甚至能够轻易获取有关竞争对手,有关产品、价格、促销手段等关键信息,从而为酒店及时调整竞争战略和策略提供了科学的依据。

⑧网上赞助。借助大型活动的公益主题和轰动效应,吸引有关政府部门、名人和一般公

众进行网上赞助和捐赠活动,作为交换,可以为赞助者和捐赠者提供各种网上广告宣传和名誉宣传,如在网站中设立政府赞助、大公司赞助、名人捐赠、公众捐赠、主题赞助、分主题赞助等广告宣传栏目或荣誉榜。

(4)营销代理网站的选择

从国外的情况来看,比较成熟的网络营销促销代理服务项目,有虚拟主机、网站设计、搜索引擎优化、邮件列表、网络广告、咨询服务、网上市场调查等几个方面。其中虚拟主机、网站设计、专业邮件列表服务等已经非常成熟,网络广告市场不断扩大。在国内,除了虚拟主机市场已经比较成熟之外,其他网络营销促销代理服务尚处于初期发展阶段。

酒店专业代理网站只是在近十年才在国外出现,大多数网站为酒店提供地址名录信息和沟通渠道,少数网站为大型活动承办者和参加者提供预订代理服务。创建于 1999 年的 SpecialEventSite.corn 公司主要提供沟通酒店的网上链接服务,并提供有关新闻报道、广告和网上论坛等服务。创立于 1999 年的 StarCite.com 公司把市场定位于酒店市场,提供活动酒店的中介服务,成为电子商务平台。成立于 1999 年的 Eventshome.com 公司,则与行业展览机构合作,共同举办大型活动网上展览,并为参展机构提供与客户的网络联系,如安排旅行、预订酒店、研讨会报名和预约会谈等。成立于 1999 年的 SeeUthere.com 公司,为组织酒店活动的个人或机构提供网上互动邀请(邀请与答复)、网上预订和网上促销。

在我国酒店专业代理网站尚未出现这一条件下,国内酒店在选择专业网站代理、网络营销、促销服务时只有 3 种选择:一是寻求国外大型活动专业网站的技术支持;二是选择国内通用专业网站的技术支持;三是创建自己的网站。对于一般大型活动机构而言,受资金、技术甚至大型活动组织专业经验的制约,第二种选择是比较现实和可行的。根据目前业务的需要和未来发展的方向,酒店可以根据下述专业网站营销代理业务模式选择适合自身特点的专业代理网站:

①供求信息平台模式。利用免费查询、发布提供信息的方式吸引大量目标用户,此类网站拥有大量的同行业和个人用户资源。

②上网综合服务模式。从事域名注册和网站建设、维护和推广业务,此类网站拥有大量用户资源和网络营销促销技术资源。

③搜索引擎网站模式。从事网络搜索业务并为其他或机构提供网站建设和网络广告代理业务,此类网站知名度高,网络展示范围宽,拥有稳定的大众化用户资源。

④营销资源模式。有丰富的传统营销与网络营销促销经验和技术资源,提供网上网下相结合的营销服务,比较适合中小型酒店。

5)酒店其他宣传促销手段

(1)酒店招贴画

在各类酒店宣传品中,招贴画的作用和功能十分突出,它以张贴的形式,视觉信息的传递、文字语言和视觉形象的有机结合等特征,给人以瞬间强烈而又清晰的印象,是各种酒店招徕宣传场合比较"抢眼"的宣传品,越来越受到各国各地区酒店宣传部门的重视。

（2）酒店宣传小册子的设计

酒店小册子是酒店为了介绍酒店产品服务及其他信息而印制的宣传手册,它是酒店进行促销的有力手段。在酒店产品的销售中,由于宾客与酒店之间通常存在较大的空间距离,因而,宾客在作出购买决策时,在很大程度上依赖于间接信息,而小册子便是间接信息的传递手段之一。此外,由于酒店产品在销售上的超前性,宾客不可能在看到实际产品后再预订,他们的预订决策往往依赖于事先在小册子上读到和看到的一切服务项目、服务设施与价格标准。由于小册子是宾客购买决策的依据,酒店必须重视小册子的制作和发放,使之成为酒店有力的销售工具。

（3）直邮推销

直邮推销(直接通信推销)和其他方式的广告相比较,直邮推销明显的优点是能准确地针对某些特定的对象,从而提高推销效果。直邮推销只是推销的方式之一,而非一个与其他推销活动脱节、独立而不借助于其他形式的推销活动。

直邮推销一般包括函件、通知、传单、明信片以及附在信封里的其他附寄品。

寄发的邮件可用下面的一种或数种形式:信函、回复、宣传纸夹、小册子、对内发行的刊物、照片、海报、翻印文件、唱片、日历、菜单、明信片,以及各种印刷品。

6.6　酒店市场营销管理和营销控制

6.6.1　酒店市场营销管理概述

1）酒店市场营销管理的含义

酒店市场营销管理是指对酒店理想的经营项目和营销活动进行计划、组织、执行和控制,以便能创造、建立和维持与酒店目标市场的良好交换关系,达到实现酒店总体目标的目的。

2）酒店市场营销管理的特点

①酒店市场营销管理是一种包括分析、计划、执行和控制的过程。
②酒店市场营销管理的目的在于使期望中的交易达成。
③酒店市场营销管理的实施可增进酒店和客人双方的利益。
④酒店市场营销管理着重产品、价格、促销和销售渠道的相互协调和适应,以实现有效的营销反应。

3）酒店市场营销管理与酒店其他管理的区别

酒店市场营销管理与项目管理、财务管理、人事管理等的区别在于:

首先,它所牵涉的对象不是处于酒店内的,而是处于酒店外的不特定对象,对顾客消费的了解,不像其他管理信息那样易于获取,而必须投入大量的人力资源才能获得。因此,营销管理的效果更需要仔细评估。

其次,营销管理的中心乃是交易的过程。这是酒店与外在环境最重要的相互作用,它的任何作用或影响都是极明显且非常重大,不像财务管理等,其影响虽然也大,但时间性的要求则不如营销管理的急迫。

最后,由于营销管理与外在环境的密切性,任何修整不仅仅包括酒店内部的行动,并且还要求外在环境的配合。这都使得营销管理的任务执行起来更为艰巨困难,更需要一流的人才来进行。

6.6.2　酒店市场营销管理的具体内容

由酒店市场营销管理的定义上看,可从分析、计划、组织和执行及控制 4 个方面来陈述酒店市场营销管理的基本任务。

1)分析方面

①酒店市场营销环境分析;
②酒店消费者购买及消费行为分析;
③酒店市场分析;
④酒店产品和服务分析;
⑤酒店竞争分析。

2)计划方面

①酒店市场营销形势的概括总结;
②酒店的经营机会、威胁、优势、劣势的确定和评价;
③酒店市场营销目标、策略的制订;
④酒店长期和短期营销计划的制订;
⑤进行准确的销售预测。

3)组织和执行方面

①酒店市场营销观念在全体员工中的灌输;
②以营销导向的酒店组织机构的建立;
③选择合适的营销人员;
④对新老营销人员的培训;
⑤酒店各种促销活动的开展;
⑥酒店市场营销部内部及营销部与其他各部门之间的广泛交流和密切配合;
⑦酒店市场营销信息系统的建立;
⑧酒店新产品开发、价格制订及销售渠道的建立。

4）控制方面

①酒店市场营销数据的分析、归纳和总结；

②用既定的绩效标准来衡量和评价酒店市场营销活动的实际结果；

③分析各种促销活动的有效性；

④评估营销员的工作成绩；

⑤采取必要的纠正措施。

6.6.3　酒店市场营销控制的含义和主要问题

1）酒店市场营销控制的含义

酒店市场营销控制是指为了确保酒店实现预期的营销目标而采取的一系列有意义的行动。它是酒店市场营销管理的主要职能之一，并与分析、计划、执行等职能密切结合，形成酒店完整的营销管理系统。

2）酒店市场营销控制的主要问题

营销部是酒店的一个重要功能部门，它一方面促使产品和服务与市场需求吻合；另一方面向酒店其他管理部门传递市场情报。在酒店市场营销活动过程中，营销控制问题可分成以下6个方面：

（1）酒店决策当局对营销部的控制

营销部的各项活动及其成效，直接影响酒店的生产经营、财务、人事等部门的活动和成效。因此，就产生了最主要也是最重要的营销控制问题，即酒店决策当局如何应以对其营销部门的活动、成效进行最有效的控制。

（2）酒店营销部门对其他部门的控制

酒店市场营销部门的工作必须得到其他部门的密切配合和支持才能顺利地进行。然而由于酒店市场营销部门与其他部门是同级的，营销主管如何才能对互相依存的酒店其他部门的活动具有足够大的影响力呢？

营销导向的观念已成为酒店的一种有用武器，但也因此而导致部门间冲突的发生。补救的办法并不是一味地增加营销部门的权力，而是发展部门间更有效的沟通系统，促使酒店的各部门都能朝同一方向，致力于酒店的整体利益。

（3）营销部门对外界中间商的控制

酒店中间商的行为不一定总是有利于酒店市场营销活动。因此，营销总监会碰到如何对酒店中间商实行较好的控制这一问题。如那些对酒店贡献大的中间商，酒店应给予适当的奖励；相反，对那些不守信用的中间商，酒店应考虑放弃，或采取必要的惩处。

（4）营销部门对营销人员的控制

酒店市场营销总监还会碰到如何对营销人员，如销售经理、公关经理等的控制问题。营销总监可以通过设置良好的权责关系、预算制度、成效审查制度、报酬制度等,来执行这一项营销控制工作。

(5)营销部对营销计划成效的控制

由于营销环境中的各因素,如市场、竞争、需求等不断变化,从而使酒店市场营销计划的实际成效和预期成效发生偏差。因此,营销总监需要对营销计划执行如何加以控制。

(6)营销部门对营销方案的控制

这种控制问题与营销部所采取的营销方案,如酒店新产品的开发计划、主要广告活动或新市场开拓等有关。它属于如何在预定期限内及预算内进行这些方案的一类问题,其主要的控制工具为规划法、计划评查法、预算及专案成效研究。

6.6.4　酒店市场营销控制过程

酒店市场营销控制工作如同营销计划工作一样,是一个包括多步骤的复杂过程,如图6.13所示。

图 6.13　酒店市场营销结果与标准比较

1) 确定哪些内容需要营销评估

可供营销评估的内容有很多,如营销人员的工作效率、广告宣传效果、营销计划的有效性、营销调研工作的有效性等,营销总监应从中选出主要的内容,作为评估的对象。

2) 确立绩效标准

确立绩效标准即确定营销控制的衡量单位,并将这些衡量单位加以定量化。例如,某酒店将每年推销人员全年应增加 50 个新客户作为推销人员的绩效标准或者将记住酒店广告内容的读者到少占全部读者的 15%作为酒店广告宣传的绩效标准。

3）确定酒店市场营销活动的实际结果

酒店市场营销人员可以从酒店市场营销信息系统中得到信息，然后分析总结，得出各项营销活动的实际结果。

4）营销活动实际结果与绩效标准进行比较

必须将酒店市场营销活动实际结果与绩效标准进行比较，以确定是否实现预期目标。

5）分析原因并提出改进措施

经过比较，对实际结果不理想的营销活动进行分析，找出原因。分析的方法有许多种，如因果分析法、差异分析法等。

通常，引起营销活动结果不理想的情况有以下 4 种：

①绩效标准定得太低或太高；

②营销人员不努力或失误；

③绩效标准不合理且营销人员不努力；

④外界不可控因素的影响。

营销人员可根据不同的情况提出相应的纠正措施，提高酒店市场营销活动的实际效果。例如，假设某酒店推销人员未能达到每周推销访问顾客 25 次的绩效标准。经分析发现，他不能达到标准的主要原因在于旅途花费时间太多。因此，销售经理应帮助该推销人员重新研究制订一份新的推销访问路线图。

6.6.5 酒店市场营销控制的类型和方法

酒店市场营销控制程序很复杂，可分成多种类型。这里讨论其中主要的 3 种类型，它们分别是年度营销计划控制、获利性控制和战略性控制，见表 6.30。

表 6.30 酒店市场营销控制的类型

控制类型	主要负责人	控制目的	控制工具
年度营销计划控制	营销主管及中层营销人员	检查计划指标是否实现	销售分析 市场占有率分析 费用百分比分析 顾客态度分析 其他比率分析
获利性控制	营销控制员	检查企业盈利或亏损情况	通过对产品、销售区、目标市场、销售渠道及预订数等分析而加以控制

续表

控制类型	主要负责人	控制目的	控制工具
战略性控制	营销主管及企业特派人员	检查企业是否抓住最佳营销机会,检查产品、市场、销售渠道总体情况及整体营销活动情况	营销核对清查(或称营销审计)

1)年度营销计划控制

当酒店市场营销人员制订年度营销计划后,一年中的时间都用在计划的执行上,目的是使营销计划目标如营业收入、市场占有率等如期完成。然而,酒店的外部和内部营销环境是一个不断变化的动态环境,其中有些因素的变动常会影响营销计划的执行工作,因此,为了确保营销计划的实现,营销人员必须进行年度营销计划控制,如图 6.14 所示。

图 6.14　年度营销计划控制

2)获利性控制

营销人员不但要进行年度计划控制,还要对酒店各种经营项目、亚市场、中间商等进行获利性控制。这种控制有利于营销人员做好产品市场开发和扩展决策,并有利于酒店选择合适的销售渠道。

6.6.6　酒店市场营销审计

1)法定营销审计的含义

酒店市场营销审计是最常用的战略性控制的手段。酒店都有必要经常性地回顾一下酒店的总体经营情况,从而使酒店的经营适应变化着的环境和各种机会。酒店市场营销审计是指通过定期、广泛、系统和独立的检查方式,对酒店的营销环境、内部营销系统、特殊营销活动等整体进行系统的诊断。

2) 法定营销控制的特点

营销人员在进行营销审计时,应注意营销审计的 4 个显著特点:

(1) 定期性

定期性即营销审计应按每年或每季度定期进行,而不能当酒店出现经营问题或危机时进行。

(2) 广泛性

广泛性即营销审计要对酒店所有的营销活动进行全面的核对检查,而不是仅仅对酒店某些已经存在问题的营销活动进行检查。

(3) 系统性

系统性即营销审计要用标准化的检查方法对酒店的营销环境、内部营销系统及特殊的营销活动等进行系统的诊断。

(4) 独立性

独立性即营销审计应由一组不受营销部影响的人员去独立地执行。如酒店决策人员可邀请酒店外界有经验的专家小组来进行营销审计活动。

3) 酒店市场营销控制的步骤

酒店市场营销审计由 3 个诊断步骤所组成。第一步是营销环境回顾,即分析目前及将来的营销环境,它包括对市场、顾客、竞争对手及宏观环境等内容的检查。第二步是营销系统的回顾,分析酒店内部营销系统对营销环境的适应性,包括对酒店目标、策略、执行情况等内容的检查。第三步是对酒店具体的营销活动进行回顾,分析酒店市场营销组合的构成,特别是要对酒店产品、价格、销售渠道及各种促销活动进行检查。将酒店市场营销审计的具体内容归纳为以下 3 个步骤。

第一步,酒店市场营销环境回顾。

(1) 客源市场

①什么是酒店的主要市场和公众?

②每一主要市场还包括哪些重要亚市场?

③每一亚市场现在和将来的规律及特征是什么?

(2) 顾客

①什么是顾客和公众对酒店的感觉和态度?

②顾客是怎样作出购买或选择决策?

③顾客现在和将来的需求和满意程度处于何种状态?

(3) 竞争对手

①谁是酒店主要竞争对手?

②竞争的发展趋势如何?

（4）宏观环境（社会大环境）

当地人口、经济、技术、政治和文化等有哪些主要的发展？这些发展是否影响酒店市场营销？如何影响？

第二步，酒店市场营销计划系统的回顾。

（1）目标

①酒店长期和短期的整体目标和营销目标是什么？

②这些目标是否清楚确切地表达出来？是否有一个明确的评估标准？

③营销目标是否合理？是否充分利用酒店资源和营销机会？是否具有竞争力？

（2）策略

①酒店实现目标的核心策略是什么？该策略是否有较大的成功可能性？

②为了实现营销目标，酒店是否已分配足够的营销资源？太多了还是太少了？

③这些营销资源是否已按产品、销售区及市场等作了合理的分配？

④这些营销资源是否已比较合理地分配到酒店主要的营销组合因素上去？（如酒店产品、促销、销售渠道等因素）

（3）执行情况

①酒店是否制订了年度营销计划？

②酒店是否使用标准控制程序？

③为了掌握各种营销活动的有效性，酒店是否进行定期的分析研究？

④酒店是否有完善的信息系统为决策人员在进行计划和控制工作时提供各种有用的信息？

（4）组织

①是否安排高层管理人员参与营销部门的分析、计划、执行等工作？

②营销部的工作人员是否能胜任工作？酒店是否需要对他们进行培训、激励或提升？

③营销人员和执行人员的职责是否明确？

④酒店全体员工是否充分理解营销观念？他们在实际工作中是否以此作为指导思想？

第三步，酒店具体营销活动的问题。

（1）酒店产品

①酒店的主要产品是什么？一般产品是什么？

②酒店是否要淘汰某种产品？

③酒店产品现状如何？酒店产品整体组合情况又如何？

（2）价格

①酒店价格是根据成本、市场需求，还是竞争因素来制订的？

②酒店若提价或降价会使市场需求发生何种变化？

③酒店客人是怎样理解酒店价格水平的？

④酒店是否要对临时价格进行宣传？假如这样做，效果会如何？

（3）销售渠道

①酒店销售渠道是否为酒店带来更多利益？

②酒店销售渠道是否要增加或减少？

（4）人员推销

①酒店销售队伍的规模是否足以完成营销目标？

②销售队伍是按何种形式组织的？是否合理？

③销售队伍是否具有很高的士气和效率？销售人员的能力如何？

④在制订销售指标和评估实际成绩时，是否有一套正规的程序？

（5）广告、公关宣传及特殊促销

①酒店的广告活动目标是什么？是否健全？

②广告活动所使用的费用是否适当？广告预算又如何拟订？

③广告的主题与文稿是否有效？顾客对酒店广告的看法如何？

④广告媒介是否选择恰当？

⑤酒店特殊促销是否有效？

⑥有无良好的公关宣传计划？

本章小结

- 酒店的市场营销是指酒店企业为了让目标顾客满意，并实现酒店的经营目标而开展的系列有计划、有步骤、有组织的活动，它是现代酒店企业经营的龙头。根据不同的市场需求状况，酒店应确定相应的营销管理任务。

- SWOT 等市场营销分析是酒店企业开展市场营销活动的基础工作，有助于酒店企业通过"STP"营销策划，对酒店企业进行正确的市场定位。

- 在市场定位的基础上，通过产品、价格、渠道及促销四大营销组合策略，组织和实施营销活动，是酒店企业营销活动的基本内容。随着营销理念的发展，又形成了 4P 的服务营销组合理论。以顾客忠诚度为标志的市场份额的质量，取代了市场份额的规模。

- 在酒店市场营销活动过程中，做好市场营销的调研与计划、市场营销的控制与审计，是酒店市场营销管理的主要内容，它对确保酒店市场营销活动的成效，具有很大作用。

第7章
酒店电子商务应用与管理

【学习目标】

1.了解和知晓电子商务发展的历程与现状。

2.了解和体验旅游电子商务发展趋势与应用方向。

3.知晓旅游业与酒店电子商务的应用。

4.理解与掌握旅游与酒店电子商务运营模式。

5.知晓与应用酒店电子商务营销渠道、微营销途径及方法。

6.了解并初步掌握酒店电子商务。

案例导入

善用网评等网络营销工具,提升酒店的竞争力

经过20多年的高速发展,我国酒店住宿业(Hospitality Industry)已集聚成为世界级规模效应,在激烈的市场竞争中,许多企业以酒店集团模式超常规发展;有的以品牌建设为核心扎实发展;有的以精品质量构建为核心吸引回头客;更有的酒店企业以服务质量为中心,以网络营销为重要工具,得到了很好的市场回报。如杭州的逸酒店(图7.1),在酒店的设计、经营管理、服务质量等方面,在杭州酒店市场经理竞争中,得到了好口碑。体验发现酒店注重电子商务营销,在酒店大堂可以看到猫途鹰(Tripadvisor)年度卓越奖,缤客(Booking)、携程等世界著名网站的年度好评(图7.2)。网评是客人对酒店经营管理的反馈与认可,为此该酒店取得了很好的市场份额,平均房价也比同类的酒店要高。较高房价没有使出租率下降,反而赢得了客人的好评,年出租率一直处于高位。

案例思考:

通过上述案例,对经营管理酒店有何思考:

1.酒店经营管理本质和目标是什么?

2.电子商务大发展的环境下,酒店是否要应用该工具?

3.酒店是否要应用第三方电子商务运营平台?

4.酒店是否要从战略的角度去开展电子商务管理与营销?

5.酒店是否要引进和培养相关的营销专业人员?

6.酒店怎样应用电子商务平台来经营管理企业?

图 7.1　杭州逸酒店大堂

图 7.2　杭州逸酒店网评奖牌

7.1　酒店企业网络营销模式

7.1.1　旅游电子商务发展环境与现状

近 10 年来,我国的电子商务发展迅速,以阿里巴巴等领衔的电商企业,更是超常规发展,几乎每个领域都有电商企业的进入,其中旅游行业更是各个电商企业抢滩的领域,无论是最早的酒店、机票,还是旅行社、景区、会展等,都有典型的电商企业在创新与竞争,这种格局和我国的互联网环境大发展密切相关。

根据中国互联网络信息中心第38次、第39次报告:截至2016年12月,中国网民规模达7.31亿,2016年共计新增网民4 299万人,如图7.3所示。互联网普及率为51.7%,较2015年底提升了1.3个百分点。截至2016年6月,中国手机网民规模达6.56亿,较2015年底增加了3 656万人。网民中使用手机上网人群占比由2015年底的90.1%提升至92.5%。截至2016年6月,中国网民中农村网民占比26.9%,规模达1.91亿。中国网民手机上网使用率为92.5%,较2015年底提高2.4个百分点;通过台式计算机和笔记本电脑接入互联网的比例分别为64.6%和38.5%;平板电脑上网使用率为30.6%;电视上网使用率为21.1%。截至2016年6月,中国域名总数为3 698万个,其中".CN"域名总数为1 950万个,占中国域名总数比例为52.7%,".中国"域名总数为50万个。中国网站总数为454万个,其中".CN"下网站数为212万个。

图 7.3　中国网民规模与互联网普及率

在我国个人电子商务应用领域最广泛,由于网民规模达7.31亿,互联网普及率达53.2%,与2015年底相比提高了2.9个百分点,超过全球平均水平3.1个百分点,超过亚洲平均水平8.1个百分点。因此,我国的互联网是近些年发展最快的国家之一。这些数据也显现了我国互联网发展的态势,政府主导的"互联网+"技术的推广,各个电商企业的创新,我国民众对互联网的热衷使得电子商务应用发展快速。移动互联网的生态环境更是喜人,截至2016年6月,手机网民规模达6.56亿,如图7.4所示。网民中使用手机上网的人群占比由2015年底的90.1%提升至92.5%,仅通过手机上网的网民占比达到24.5%,网民上网设备进一步向移动端集中。随着移动通信网络环境的不断完善以及智能手机的进一步普及,移动互联网应用向用户各类生活需求深入渗透,促进手机上网使用率增长,手机上网主导地位得到了强化。由于这个规模效应,使得谁多想在这个巨大的市场拿到自己的份额。旅游市场更是适合电子商务的环境运营,由此市场成熟早,竞争也最激烈,创新模式也很多。由此费用意义探究旅途电子商务发展。

图 7.4　中国手机网民规模

7.1.2　旅游电子商务发展

随着电子商务大发展,近些年旅游电子商务也发展迅猛,旅游产业链上无处不在的旅游电子商务,造就了线上电子商务的成功模式与发展态势。截至 2016 年 6 月,在网上预订过机票、酒店、火车票或旅游度假产品的网民规模达到 2.64 亿,较 2015 年底增长 406 万人,增长率为 1.6%。在网上预订火车票、机票、酒店和旅游度假产品的网民分别占比 28.9%,14.4%,15.5% 和 6.1%,如图 7.5 所示。其中,手机预订机票、酒店、火车票或旅游度假产品的网民规模达到 2.32 亿,较 2015 年底增长 2 236 万人,增长率为 10.7%。我国网民使用手机在线旅行预订的比例由 33.9% 提升至 35.4%。

图 7.5　中国旅游在线市场用户规模与使用率

2016 年,在线旅行预订机票、酒店、旅游度假业务的竞争已进入"红海",线上与线下旅游企业纷纷谋求新的运营模式,具体表现在以下 3 个方面:

(1)机票业务方面

航空公司在线机票预订业务将成为主导,进入"提直降代"时期。由于航空服务者资源相对集中,自身会员体系较为成熟,对于 OTA9 依赖度较低,促使各个航空公司有能力进行直销业务。而对于 OTA 企业而言,其庞大的用户规模以及出行服务的全面化将促使其对于机票直销流量引入作用更大。

(2)酒店业务方面

地域、品牌更为分散的酒店服务商对于在线预订企业的依赖依然会持续。而对于在线预订企业而言,与酒店服务商的博弈以及在线预订企业之间竞争将更为激烈:一方面,以佣金制为主的在线预订企业对酒店服务商收入造成一定压力,部分酒店已经注重直销;另一方面,搜索、团购、电商应用对于酒店预订业务的进入以及各个在线预订企业之间的竞争将更为激烈。近期阿里旅行(飞猪)的新的运营模式,应用天猫上的客户资源提出信用住,不支付押金的住房,使得酒店业的支付押金运营模式被打破,酒店业新的一轮商业模式将逐步建立。

(3)旅游度假业务方面

OTA 企业在资本的支持下实现产业链上下游的贯通。渠道方面,与景区深度合作,从规划设计到项目投资再到景区运营,拥有足够的话语权和掌控能力。服务方面,通过投资重构,在酒店、美食、购物等方面打造品质化的旅游享受,拥有独特的服务品牌和口碑。产品方面,通过投资、品牌授权、委托经营的模式开发风景区项目和主题旅游活动。景区"互联网+"新的技术值不断应用与推广,物联网、传感器、定位技术等将不断落地应用。景区的定位服务、餐饮、购物、讲解(导游)、旅游商城、品牌销售、网评等服务领域将是线上与线下进一步融合。

总之,旅游电子商务发展迅速、新技术推广快、新模式日新月异,由此旅游电子商务应用将是全域、全天候、全线与全民的。

7.1.3　酒店企业网络营销发展历程

酒店企业网络营销经历了以下几个历程:一是 20 世纪 90 年代末到 21 世纪初主要依赖机票预订酒店预订的"佣金模式",携程、艺龙等第一批在线代理商诞生。二是 2004—2006 年,为在线旅游市场的成长期,芒果、同程等企业进入在线代理商市场,引入多元成熟的线下产品,旅游企业的网络营销单一机票、酒店的模式被打破,同程网引入了景区、会展等行业的线上产品。三是 2006—2012 年,为在线旅游的细分化和社交化阶段,度假需求的出现,驴妈妈、途牛等代理商提供在线预订细分服务,用户需求从预订延展到交流,旅游网站社交化出现,网上评价,分享经济开始出现,这些更适合年轻人的运营模式,得到很快的发展。四是 2012 年至今,在线旅游正经历无线化,即移动互联的运营生态。来一场说走就走的"旅行"。飞猪的信用住正得到年轻人的喜欢,成为一种新的生活方式。

新的酒店互联网模式与传统酒店互联网模式有本质的不同点,这里的传统旅游互联网企业主要是指产品的代理模式和第一代"佣金模式"的互联网运营模式,主要代表为携程,但携程旅游电商企业在不断地成功转型。旅游产品销售模式改变,原来在航空公司酒店与销售者的中间环节正在逐渐弱化。如今旅游供应商和消费者之间以平台连接居多,原来的一级批发商、二级批发商、终端代理、黄牛等中间链条逐渐弱化和消失,因此,传统旅游供应商越来越关注旅游平台发展,抢占广受关注的旅游"电商"平台席位。不过,旅游产品消费模式的改变并不意味着传统旅行社要变成互联网企业,而是要运用互联网思维铸造具有互联网精神的全产业链条,因此,旅游企业的互联网战略应具备平等、开放、协作、分享经济的互联网特征。

7.1.4　酒店企业网络运营策略

酒店等企业是对旅游需要者的产品与服务的直接提供者,但旅游产业链不仅有产品和服务的直接供应方,也有上游与下游企业、旅游企业的合作方,更有第三方的运营平台(OTA)等。旅游企业要在产业链上取得占优地位,必须进行供给侧的改革。而这些改革中在线营销是比较重要的领域。旅游企业要有紧迫感进行改革,拥抱互联网经济。

在酒店营销链上,从产业链的角度看,在线旅游预订的产业链包括上游产品供应商、中游渠道商和下游媒介营销平台3个部分,每一部分的末端均指向用户。上游产品供应商指航空公司、酒店、景区、旅行社等。其中前三者又是旅行社的供应商。中游渠道商包括批发商(如上海不夜城)和代理商(如艺龙和携程)。下游媒介营销平台包括综合搜索引擎(如百度和谷歌)、垂直搜索引擎(如去哪儿、酷讯)、社交媒体(如新浪微博、腾讯微博)、点评攻略(如大众点评)、门户网站(如新浪、腾讯的旅游频道)、营销平台(如淘宝旅行、京东旅行)。

根据这个旅游与酒店市场营销的大格局,旅游企业(景区、酒店、餐饮、娱乐等)自己应根据自身的产品和服务、服务群体、受众面等要素规划好企业的营销策略。旅游企业的营销策略,无非是自营渠道、传统代销渠道、第三方平台(OTA)等。企业怎样把自营渠道做到极致;传统代销渠道利用好;第三方平台(OTA)调配好。营销策略旅游企业要回答以下问题:

①新型营销人员的培养,尤其是线上的营销人员,包括微营销;
②用多少营销销售渠道;
③每个营销渠道之间的市场比例调配,如何最优;
④强大的OTA市场怎么利用,旅游企业对OTA企业之间的市场调配;
⑤如何做好产品策略、价格策略、渠道策略、促销策略。

综上所述,酒店企业的电子商务应用的较理想模式是O2O,与第三方的合作是B2B模式,与客人直接营销的是B2C模式。在移动电子商务环境下,微营销更具有创新性、黏合性、时尚性和及时性。酒店要很好地应用这个互联网的生态,为酒店发展服务。

7.2　酒店电子商务营销渠道

7.2.1　旅游网络营销大市场格局

2016年,我国旅游市场实现了从旅游短缺型国家到旅游大国的历史性跨越。"十二五"

期间,旅游业全面融入国家战略体系,走向国民经济建设的前沿,成为国民经济战略性支柱产业。从而战略性支柱产业基本形成。2015 年,旅游业对国民经济的综合贡献度达到 10.8%,旅游业对社会就业综合贡献度为 10.2%。国内旅游、入境旅游、出境旅游全面繁荣发展,已成为世界第一大出境旅游客源国和全球第四大入境旅游接待国。旅游业成为社会投资热点和综合性大产业。中国旅游业总收入 2015 年达到 4.13 万亿元人民币(图 7.6),占同期中国国内生产总值(GDP)(67.7 万亿元人民币)的 6.1%,较 2014 年(5.8%)提高 0.3 个百分点;从增长指数来看,近 14 年内旅游产业复合增长率(CAGR)达到 16.3%,高于 GDP 增长。旅游产业经过 2011 年内生增长关键年后,增长率进一步提升,与 GDP 增长曲线形成 Y 形背离,同时近 4 年旅游产业 CAGR 高于 2011 年前,显示近几年旅游消费强劲增长。

图 7.6　2001—2015 年中国旅游业总收入

在我国大旅游市场格局中,2015 年中国在线旅游市场规模达到 4 737.7 亿元人民币,占同期中国旅游业总收入的 11.5%。同时,2015 年中国旅游业呈现新的线上线下融合趋势,旅游产业互联网渗透率如图 7.7 所示。一方面,在线旅游企业不断深入供应端,加强资源覆盖;另一方面,线下旅游资源运营商通过资本或战略合作主动加强在线业务。2015 年中国在线度假旅游市场交易规模达到 550 亿元人民币,增幅达到 58.2%,高于其他在线旅游细分市场。2015 年度假旅游交易规模占在线旅游整体的 11.6%。随着度假旅游互联网化程度加深,其占比将逐渐提升。

中国在线度假旅游市场可分为跟团游市场和自助游市场。互联网解决目的地信息不对称,同时中国旅游消费者旅游经验日趋丰富,对于个性化旅游体验要求提高,2015 年,在线自助游份额首次超过跟团游,预计未来这一占比将持续提高,在线旅游与跟团旅游比例如图 7.8 所示(按出行方式划分)。

2015 年中国在线跟团游市场交易规模达到 267.39 亿元人民币,预计未来将保持小幅增长(图 7.9),2018 年达到 474.6 亿元人民币;从市场份额来看,集中趋势较去年更加明显:途牛和携程的市场份额分列第一、二位,共占 57.7% 的市场份额,较去年同期提高 9.4 个百分

图 7.7　我国旅游产业互联网渗透率及预测

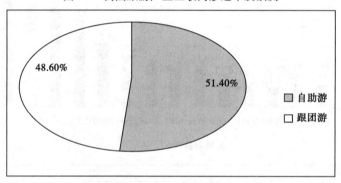

图 7.8　2015 年中国在线度假旅游市场结构

点,在线平台具备流量优势,未来市场集中趋势将加强。2015 年中国在线自助游市场交易规模达到 282.57 亿元人民币,随着中国居民旅游需求的多样化,自助游进一步成为出行主流方式,未来将保持快速增长;从市场份额来看,市场呈现多强格局。由于在线自助游市场增量效应明显,多家垂直厂商依靠较强的市场执行和创新能力能拓展市场规模,主要在线平台份额差距较小,竞争压力较大。

中国在线度假旅游市场可分为出境游市场、国内中长线游市场和周边游市场。其中,在线出境游占比最大,达到 54.1%。随着中国居民可支配收入增长和旅游消费的成熟,出境游成为主要旅游消费市场,而周边游具备较高的出行频次,碎片化的出行习惯将推高周边游消费。2015 年,中国在线出境游市场交易规模达到 282.68 亿元人民币,增幅远高于国内游,居民收入水平的提高、交通便利性和签证便利性的增加,促进出境游市场爆发式增长;从市场份额来看,途牛和携程处于领先地位,市场份额共占 62.6%,集中效应明显;出境游市场以跟团游为主,途牛和携程具备较大竞争优势,未来将维持两强局面。

近年来,中国出境游市场发展迅速。根据国家旅游局数据,2015 年中国出境游达到 1.28 亿人次,平均每天 35.1 万人出境;从世界范围来看,中国已成为全球最大客源国。在目的地

图 7.9　我国在线跟团游市场交易规模及预测

方面,港、澳游客数量排名领先。境外国家中,亚洲国家吸引了大多数中国游客,中国已成为日本、韩国等国家最大客源国;在美国和欧洲等其他目的地,中国也成为主要客源国,同时具备较强的消费能力。出境自由行客户占比达 56.1%,并呈现逐年增长的趋势;因此,2015 年在线旅游企业加速"大交通+目的地"的自由行产品布局;在大交通产品方面,一方面,在线旅游企业通过收购或战略合作加强渠道端覆盖,如携程收购国际廉航机票预订平台 Transfusion;另一方面,在线旅游企业向上游加强渗透,与航空资源运营商加强战略合作,如途牛与海航达成战略合作;在目的地产品方面,2015 年起途牛、携程、去哪儿等纷纷上线本地玩乐栏目,通过一站式本地玩乐平台,整合碎片化的旅游产品,为出境自由行用户提供服务保障,提升旅游体验。

2015 年中国在线国内中长线游市场交易规模达到 154.54 亿元人民币,随着大交通便捷性增强,用户长距离国内旅游活跃度不断提升,同时,自助游成为主要旅游方式;从市场份额来看,携程和途牛于领先地位,整体市场份额较分散;中小型旅行社通过互联网渠道提供国内游产品预订,长尾效应明显。

另一方面,2015 年中国在线国内周边游市场交易规模达到 112.74 亿元人民币,随着居民度假旅游需求进入休闲旅游阶段,旅游消费成为常态化、高频次消费,在线周边游市场规模将持续提升;从市场份额来看,市场份额主要集中于同程、驴妈妈和携程,三家厂商共占 80.4%的市场份额;其中,驴妈妈同比增长 201.7%,增幅最高。

7.2.2　中国在线旅游与酒店行业发展趋势预测

①在线旅游平台通过投资收购或战略合作等方式形成渠道整合,通过产品互补为用户提供预订便利,从而降低流量成本。

②线下旅行社通过资源整合提升规模经济,如众信收购魅力假期、天下国旅等,资源整合仍将持续。

③线上线下互相融合,以缩短供应链,提升资源到用户端沟通效率,并增强各环节资源

利用效率和盈利能力。

④以旅游为代表的服务类电商发展迅速,其他互联网平台通过投资旅游企业进行战略布局,如美团收购酷讯旅游等。

⑤阿里集团对旅游行业的介入,飞猪在2016年推出旅游在线产品,"未来酒店"的概念提出与建设,都会对旅游行业与格局发生变化与变革。

7.2.3 酒店电子商务营销渠道

在上述的酒店企业营销策略基础上,将探究酒店企业具体的营销运营,酒店企业的营销运营人才培养是第一位的,酒店营销市场发展很快,因此期待酒店企业把营销人才培养和引进放在第一位。在此基础上做以下几项工作。

(1)酒店传统营销渠道

每个酒店企业都有自己独特的产品、地理位置和人脉。因此,对传统的营销渠道不能忽略,传统营销渠道更多的是承载着企业的文化和背景,人脉和自己忠诚的受众永远不会过时。但靠传统的线下渠道销售量是不够的,必须应用下面的营销渠道。

(2)酒店在线平台的应用

现在几乎每个酒店企业都离不开线上的销售,而在线旅行预订的销售模式分为直销和分销两种,如图7.10所示,供应链的流动有4种途径:从上游产品供应商到用户属于直销;从上游产品供应商到渠道商再到用户属于分销;从上游产品供应商到媒介营销平台,以及从上游产品供应商到渠道商再到媒介营销平台均属于分销。上游供应商通常采用直销的模式以旅游资源或配套服务直面客户获得盈利,其主要通过加强自营网站的优惠力度来争夺市场,由于航空公司和酒店等上游商家在线服务单一,上游供应商会发展批发商、代理商和媒介营销平台来拓展业务。中游的批发商尤其是代理商通过用户习惯的培养占据了较大的市场份额,主要通过渠道分销赚取佣金盈利,广告收入只占一小部分。随着行业的细分,中游代理商逐渐通过与媒介营销平台合作,增加流量和用户来源。下游媒介营销平台包括搜索比价、点评攻略等抢夺流量入口,凭借垂直搜索或社交化来吸引用户,将用户流量引入供应商或代理商平台,靠为上、中游商家提供营销服务获得佣金和广告收入获得盈利。随着流量的激增,去哪儿等垂直搜索引擎等已经开始扮演代理商的角色,提供酒店和机票预订服务,从而拓宽自己的盈利渠道。

在线酒店预订行业竞争较为激烈,上游产品供应商逐渐加大直销的优惠力度来扩大市场份额,中游大型在线代理商逐渐完善自身服务模式,抢占用户和流量。与此同时,行业的细分不断催生新的模式,如换房旅游、移动端的旅行社交应用等。在线旅游预订产业链也会随着行业的细分与重组而不断整合,提高供应效率。

随着互联网的普及应用,以及当今社会人们从物质享受向精神享受的逐渐过渡,在线酒店预订行业空前发展,企业存在着优势和劣势,也面临着市场带来的一系列机遇与威胁。旅游企业在线平台的应用应注意以下几个方向:

(1)酒店细分市场

在线酒店预订企业(第三方)分工越来越细,存在多种经营模式,随着行业竞争的加剧,

图 7.10　在线旅游(酒店)预订销售渠道

企业开始向产业链上下游延伸,灵活的整合产业链。携程向下游延伸,与垂直搜索引擎去哪儿合作拓展渠道,入驻淘宝平台。去哪儿向上游延伸,与航空公司和酒店合作,开展直营业务。而淘宝网和京东则以电子商务企业的身份,发挥平台的优势介入在线旅游预订行业。在线预订机票、酒店的流程日趋标准化,显现出行业的规模效应。全国性酒店预订服务网站运用 IT 技术,利用集中式呼叫中心搭建起来的虚拟服务网络支撑着遍及全国的预订服务体系,提供高效且有规模效应的服务,从而实现标准化程度很高的星级酒店预订、机票预订等服务。比如,2011 年 12 月,去哪儿网正式推出数字服务体系,并将在线机票预订纳入数字服务体系,为消费者提供标准化机票预订流程和担保交易服务。在线旅游酒店预订标准化的服务流程和个性化的客服接待提升了整个行业的服务水准。在线旅游预订产品在官网上具备标准化统一化简介和描述,行程安排也比较规范,其推出经济游、舒适游、豪华游,以及自由行、半自由行兼具标准化和个性化的特征,灵活多样。

(2)在线酒店市场利润空间

在线旅游酒店预订行业用户市场渗透率并不高,国内旅游用户多以内地游和观光游为主导,在线旅游预订行业各企业纷纷向产业链上下游延伸,产业模式趋向扁平化,再加上受航空公司和酒店直营业务的影响,代理公司的佣金率越来越低,企业利润摊薄。2012 年去哪儿网掀起的价格战在行业内盛行,由此产生的网民福利带动规模效应发生,行业整体营业额提升,但是附加值降低了,长期以来不利于整个行业的发展。

(3)酒店电子商务应用发展前景

2016 年 12 月,国务院关于印发"十三五"旅游业发展规划的通知指出:"十三五"期间,我国旅游业将呈现以下发展趋势:

①消费大众化。随着全面建成小康社会持续推进,旅游已成为人民群众日常生活的重要组成部分。自助游、自驾游成为主要的出游方式。

②需求品质化。人民群众休闲度假需求快速增长,对基础设施、公共服务、生态环境的要求越来越高,对个性化、特色化旅游产品和服务的要求越来越高,旅游需求的品质化和中高端化趋势日益明显。

③竞争国际化。各国各地区普遍将发展旅游业作为参与国际市场分工、提升国际竞争力的重要手段,纷纷出台促进旅游业发展的政策措施,推动旅游市场全球化、旅游竞争国际化,竞争领域从争夺客源市场扩大到旅游业发展的各个方面。

④发展全域化。以抓点为特征的景点旅游发展模式向区域资源整合、产业融合、共建共享的全域旅游发展模式加速转变,旅游业与农业、林业、水利、工业、科技、文化、体育、健康医疗等产业深度融合。

⑤产业现代化。科学技术、文化创意、经营管理和高端人才对推动旅游业发展的作用日益增大。云计算、物联网、大数据等现代信息技术在旅游业的应用更加广泛。产业体系的现代化成为旅游业发展的必然趋势。

这些有利于旅游发展的环境,大大提升了行业的发展空间,尤其是大数据技术的发展为旅游预订行业用户需求的发掘提供了良好的技术支撑。而移动互联网的发展则为在线旅游预订行业拓展了渠道。

(4)酒店电子商务(第三方)竞争的格局

国内互联网企业介入市场,加剧了行业竞争。例如,百度战略投资去哪儿网 3.06 亿美元。京东、淘宝均推出旅行频道。360 在搜索和支付领域与携程谋求合作。人人网、腾讯、高朋则通过艺龙开放平台介入在线旅游预订行业。在线旅游预订行业产业模式的扁平化,航空公司和酒店业的直营模式,使 OTA 企业的佣金率越来越低,整个 OTA 细分行业面临巨大的生存压力,有待转变商业模式。国内企业同质化竞争激烈,模仿性较强,缺乏核心竞争力,面临国际巨头的威胁和挑战。

7.2.4　酒店企业自营网络渠道

酒店企业要获取高利润,酒店自营网络销售渠道建设非常重要。不管从长远的市场,还是短期的营销活动;不论是酒店企业产品宣传,还是服务质量的内涵建设;不管是客人对酒店的网评,还是酒店企业自身文化建设等方面,都需要对酒店自身的营销渠道进行全面提升与建设。酒店企业最重要的是提升网络营销人员的素质,引进线上营销高端人才。

从旅游企业自身网络营销分析,基本可分为:自营网站、即时信息、邮件营销、微营销平台(微信、微博)、移动 APP 等。以下就此实践问题进行探究。

7.3　酒店网络营销渠道与实践

7.3.1　酒店网络营销方法与实践

酒店行业呈现火热发展态势,在线酒店预订市场也随之水涨船高。酒店企业从以下几个方面进行在线网络营销与实践。

1) 酒店自营网站

在酒店网络营销中,自营网站(官网)举足轻重,是非常关键的营销渠道,是网络营销的主体,是酒店企业的门面。酒店企业要花成本好好经营。经营好网站,第一要素是酒店专业的网络人才,会网络设计并与经营部门有良好的沟通,宣传出高水准的自身形象,为酒店网络营销打下扎实的基础。图 7.11 为首届世界互联网大会主网页,是世界水准的网站宣传应用,其中就很好地诠释了"互联网+"技术与酒店经营技术的融合。

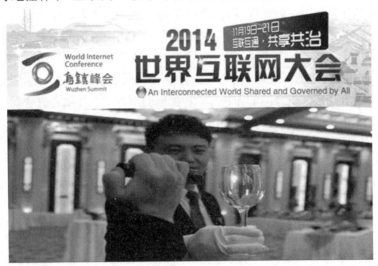

图 7.11　首届世界互联网大会主网页

图 7.12 是万豪国际酒店集团在自营网站上发出的产品营销。高星级酒店在网络经营上很下功夫,为酒店集团的发展开拓渠道。

图 7.12　万豪国际酒店集团自营网页的推广活动

2）即时信息（通信）与邮件营销

酒店企业通过即时通信和客人保持沟通，在酒店自身的营销渠道上，起到补充和不可替代的作用。这里的即时通信是指 QQ、微信等。该渠道具有以下特点：

①精准：主要是忠诚或将成为忠诚客户与酒店销售人员的互动。

②高效：一般即时通信交流有一定的目标性。

③互动：即时通信的互动性强，下单率比较高。

④忠诚：客户对旅游企业的黏度较高，同样对酒店企业销售人员认可度高。

同样，邮件营销更适合精准营销，期望旅游企业用好邮件营销的工具。忌讳在邮件营销中对客户使用"邮件炸弹"（一直发邮件），使客户对邮件产生厌恶感，此时旅游企业的邮件营销就失败了。何时发营销邮件是一个"智慧营销"的领域，需要对客人的需要、市场的数据和市场环境等要素的分析，在合适的时间，发给合适的对象，发出合适的产品。这些需要专业人士的推进，旅游企业需要这样的营销网络人才。

3）酒店企业的微营销

酒店企业的微营销是企业很好的营销工具，近几年发展迅速。旅游企业微营销大概有以下几类：

（1）酒店移动 APP

酒店企业利用移动端、手机 APP 进行营销和服务，已经开创了一个新的时代。图 7.13 是酒店应用 APP 进行预订与服务，为即时营销开创了新的渠道。例如，旅游企业包括景区的入口处、酒店的大堂、航空公司、餐饮的收银处均会看见旅游企业的 APP 入口端的二维码扫描图案，期待游客的关注并为游客提供服务与帮助。APP 的缺点是客人必须在移动端安装 APP 软件，由于手机等移动端的内存与硬盘永远跟不上应用软件的发展速度，因此有些客人不太愿意轻易安装 APP 入口应用软件，这就给推广造成了困难。

图 7.13　酒店移动 APP 营销的应用

（2）酒店企业微信平台营销

微信（WeChat）是腾讯公司于 2011 年初推出的一款快速发送文字和照片、支持多人语音对讲的手机聊天软件。用户可通过手机、平板、网页快速发送语音、视频、图片和文字。微信提供公众平台、朋友圈、消息推送等功能，用户可通过摇一摇、搜索号码、附近的人、扫描二维码方式添加好友和关注公众平台，同时微信将内容分享给好友以及将用户看到的精彩内容分享到微信朋友圈。微信作为时下最热门的社交信息平台，也是移动端的一大入口，正在演变成为一大商业交易平台，其对营销行业带来的颠覆性变化开始显现。

微信公众平台是腾讯公司在微信的基础上新增的功能模块，通过这一平台，个人和企业都可打造一个微信公众号，可以群发文字、图片、语音 3 个类别的内容。目前微信公众平台支持 PC、移动互联网网页登录，并可绑定私人账号进行群发信息。微信公众平台是一个自媒体平台，它是微信系统的重要组成部分，微信整个板块包含个人微信、二维码、公众平台。

酒店企业微信公众平台营销模式是网络经济时代企业营销模式的一种创新，是伴随着微信的火热而兴起的一种网络营销方式。图 7.14 是溪口景区的微信平台。从景区微信应用可得知，微信营销平台不存在距离的限制，用户注册微信后，可与周围同样注册的"朋友"形成一种联系，用户订阅自己所需的信息，商家通过提供用户需要的信息，推广自己的产品，从而实现点对点营销。该微信平台上也包括了区域性酒店的营销。微信营销主要体现在以安卓系统、苹果系统的手机或者平板电脑中的移动客户端进行的区域定位营销，商家通过微信公众平台，结合转介率微信会员卡展示商家微官网、微会员、微推送、微支付、微活动，已经形成了一种主流的线上线下微信互动营销方式。

图 7.14　溪口旅游景区微信公众号

对酒店企业平台的培育是我们酒店企业主要的营销任务，对微信公众号的关注是在受众手里，即在游客的选择，由此"公众"取向的核心定位，是酒店企业的价值取向定位。微信公众平台营销是一种互动营销。微信对于大众化媒体、受众以及旅游企业而言是一种分享经济平台,微信开放平台朋友圈的社交分享功能,已经使得微信成为移动互联网上不可忽视的一种营销渠道,那么微信公众平台的上线,则使得这种营销渠道更加细化和直接,图 7.15 展示了分享经济与活动营销的崭新模式。相比微博,微信有更强的黏性和沟通感觉,是一个私密纽带。目前,关注同一公众号(品牌)的用户之间并没有(社交)交集,人们关注的只是更直接地获得有用、有趣的信息。微信此时已经有了亿级的用户,挖掘自己用户的价值,为这个新的平台增加更优质的内容,创造更好的黏性,形成不一样的生态,这是酒店应用微信平台的一个重要方向。

图 7.15   微信平台分享经济与互动平台

综上所述,酒店企业应用微信公众平台营销归纳为以下特点:

①精准性:以一种朋友关系方式推送精准的酒店产品与服务的信息,是精准营销好的工具之一,但需要线上人员的专业运营。

②互动性:可以一对一的互动交流方式,具有 QQ 的某些特点,可以和客人进行即时的交流,更能了解客人的需要。

③移动性:可以在移动的环境下,及时推送旅游信息,游客可以在工作、生活、旅途中及时收到相关信息,是一个短平快的营销渠道,上述溪口旅游公众平台很好地诠释了这种应用。

④分享性:酒店产品和服务的质量,对营销起到了决定性的作用,质量的优劣可以在朋友圈迅速传播,是分享经济最好应用的渠道。

⑤时尚性:微信的使用者相对来说年轻人居多,是一个时尚的空间,年轻人更是旅游消费的引领群体,因此,对微信营销平台的应用是旅游企业一个重点的营销领域,培养年轻的微营销人才十分重要。

(3)酒店微博营销

微博营销是指通过微博平台为(旅游)企业、个人等创造价值而执行的一种营销方式,也是指商家或个人通过微博平台发现并满足用户的各类需求的商业行为方式。旅游微博营销以微博作为营销平台,每一个粉丝都是潜在的旅游营销对象,旅游企业利用更新自己的微型博客向网友传播旅游企业信息、旅游产品信息,树立良好的旅游企业形象和产品形象。每天更新内容就可以跟大家交流互动,例如,安徽天柱山官方微博成功案例很好地展示微博的营销作用,如图 7.16 所示。微博可以发布大家感兴趣的话题,达到旅游营销的目的,这样的方式就是互联网新推出的微博营销。该营销方式注重价值的传递、内容的互动、系统的布局、准确的定位,微博的火热发展也使得其营销效果尤为显著。微博营销涉及的范围包括认证、有效粉丝、朋友、话题、名博、开放平台、整体运营等。自 2012 年 12 月后,新浪微博推出企业服务商平台,为旅游企业在微博上进行营销提供空间。

图 7.16   安徽天柱山官方微博

酒店微博营销的特点如下:

①成本低:发布门槛低,成本远小于广告,效果却不差。但要求旅游企业有很好的文字编辑能力,要求控制在 140 字以内发布信息。对于同样效果的广告则更加经济。与传统的大众媒体(报纸、流媒体、电视等)相比受众同样广泛,前期一次投入,后期维护成本低廉。

②覆盖广:传播效果好,速度快,覆盖广。微博信息支持各种平台,包括手机、计算机与其他传统媒体。同时传播的方式有多样性,转发非常方便。利用名人效应能够使事件的传播量呈几何级放大。

③效果强:针对性强,利用后期维护及反馈,微博营销是投资少见效快的一种新型的网络营销模式,其营销方式和模式可以在短期内获得最大的收益。

④多样化:从人性化和技术角度,微博营销可同时方便地利用文字、图片、视频等多种展现形式。从人性化角度上,企业品牌的微博本身就可以将自己拟人化,更具亲和力。

⑤开放性:微博几乎是什么话题都可以探讨,没有什么拘束,能够最大化地开放给客户。

⑥亲近性:在微博上,政府可以和民众一起探讨,明星可以和粉丝们互动,微博其实就是

拉近人与人之间距离的营销工具。旅游企业更应该应用这样的工具。

⑦快速性：微博最显著特征之一就是其传播迅速。一条微博在触发微博引爆点后短时间内互动性转发就可以抵达微博世界的每一个角落,达到短时间内最多的目击人数。

⑧便捷性：微博只需要编写好140字以内的文案,微博小秘书审查后,即可发布,从而节约了大量的时间和成本。

⑨视觉性：微博营销可以借助许多先进多媒体技术手段,从多维角度等展现形式对旅游产品进行描述,从而使潜在消费者更形象直接地接受信息。

⑩互动性：能与粉丝即时沟通,及时获得用户反馈。

⑪时尚性：年轻、时尚、跨界是微博传播的标签。

7.3.2　在线酒店营销商业模式与发展趋势

1)在线酒店运用实践

旅游消费者通过网络的方式查阅旅游信息和预订旅游产品,并可通过网络分享旅游攻略或旅行经验,囊括了包括航空公司、酒店、景区、租车公司、海内外旅游局等旅游服务供应商及搜索引擎、OTA(在线旅游服务代理商)、电信运营商、旅游资讯及社区网站等在线旅游平台。在线旅游服务的核心:提供旅游相关信息、提供行程安排预订服务的功能。

2)在线酒店业主要的商业模式

(1)一站式酒店服务提供商

提供全方位的旅游服务预订,涵盖酒店、机票、度假、租车、餐饮等,以携程网为代表。在他们的网站上,基本旅行体验中的各个要素都能预订。主要盈利模式是佣金制度。

(2)单一的酒店要素的预订

将酒店体验中的各个要素进行拆分,有单订酒店、单订租车、单订机票等,例如,单订酒店有国外的Booking 和 Agoda,国内的艺龙等,盈利主要来自于佣金。

(3)点评类网站

目前最著名的点评类网站应该是 TripAdvisor,到网是它旗下的中文网站,这类网站的模式主要是顾客在某家店消费/享受服务之后,将自己的体验发表到网上,给其他顾客提供参考。许多酒店非常重视点评网的功效,杭州某酒店一直提示酒店的运营质量,TripAdvisor 网上得到境外的好评,得到了非常好的市场份额,如图 7.17所示。在这种模式下,中国版的大众点评网就是一种借鉴发展起来的点评企业。

图 7.17　杭州逸酒店 TripAdvisor 卓越奖

（4）住宿攻略类网站

住宿攻略类网站在中国内地有很多家,比较出名的有蚂蜂窝和穷游网。它主要有论坛、游记和攻略几个板块,游客间可以互相分享自己的旅游、住宿感受,论坛也方便提问,请教资深的旅游达人。他们的盈利模式主要是广告和保险签证等附加产品的预订。

（5）搜索与比价网站

上述提到过那么多种酒店预订网站,那么哪家酒店在哪个网站预订最便宜,如果一家家网站查非常费时,这时候旅游搜索网站就诞生了。现在国内最出名的就是去哪儿网,盈利来自于佣金和广告。

（6）传统旅行社的在线商城

目前大部分的资源还是掌握在传统旅行社的手中,随着电子商务的发展,很多传统旅行社也开始注重在线化,最大的是大陆港中旅旗下的芒果网,算是最早涉足在线旅游的传统旅行社。而中青旅则在淘宝网的淘宝旅行平台上,业绩一直比较理想。

3）在线旅游与酒店的发展趋势

在线直销模式与 OTA 的竞争,所谓直销模式,就是没有中间商的模式,商家直接面对用户,为用户提供个性化的服务,更确保商家品牌信息的准确传达,重要的是,相比需要交付高昂佣金的 OTA,直销平台的成本占有很大优势。因此,直销模式将成为旅游上游供应商的首选营销渠道。移动互联网成重点目标,移动互联网可实现随时随地访问,通过智能手机等终端,旅行者登录旅游服务商的移动网站进行相关旅游信息的查询,完成金额支付,客户端则把预订的结果、航班的延迟等信息随时通知旅行者,整个过程十分便捷。传统旅行社将集体转型依托自身资源,将传统企业资源与网络资源进一步整合无疑将是最为主要的调整与发展方向,并且通过互联网化和信息化能够更好地节约渠道成本。

4）线上旅游与酒店营销运营

以景区为例,景区旅游攻略网的运营目标和计划可以是向消费者提供旅游产品、景点门票、酒店预订、租车服务、自助旅行预订,以及景区内各景点资讯、旅游攻略、旅游优惠、目的地指南及旅游度假(吃、住、行、游、购、娱)的点评等,为景区打造一站式综合旅游服务交易平台,景区旅游攻略网将作为未来景区旅游集散中心的宣传和服务的窗口。

旅游景区攻略网的运营策略,首先对景区网站优化网站质量保障;其次是好的旅游产品设计,打造旅游产品的专属路线,让游客有独一无二的体验感;再次是做好品牌推广的基础,如景区的营销活动,网站不定期做促销活动、精品路线、主题活动等。

总之,旅游与酒店线上营销的技术、模式一直在发展,其关键是旅游企业(酒店、景区等)。企业注重人才培养,使酒店企业自身有一支强大的线上营销队伍,为企业营销和发展服务。因此是旅游企业发展最重要的基础工作。

7.4 酒店电子商务

我国的酒店业是较早和国际接轨的行业之一,为了使酒店的经营与管理尽快达到国际水准,行业较早开始应用计算机技术,如旅游的管理信息系统(MIS,PMS)等。目前旅游线上电子商务发展迅速,酒店业应用计算机技术领域越来越广泛,酒店电子商务应用也非常超前,行业各方面的经营管理和计算机技术融为一体。为此,本章节将介绍酒店企业信息技术应用的硬件基础:综合布线、系统硬件架构、计算机网络硬件配置等;酒店企业的软件应用:酒店企业软件架构及发展趋势。在应用领域重点研究酒店企业计算机管理信息系统、网络营销、后台管理系统等。我们将探究酒店企业应用计算机技术的现状和发展趋势,最终目标是为酒店企业经营管理提供先进的平台和经营服务模式。

7.4.1 酒店计算机网络系统

1)酒店企业的综合布线

我国的酒店业正处于高速发展阶段,怎么把酒店大国变成高度集约型酒店强国,是行业人士思考的重要课题。酒店业的高质量发展,离不开信息技术应用。一方面,酒店企业日常经营需要管理信息系统(MIS)、办公自动化系统、财务管理系统、网络预订系统、通信系统等的支持;另一方面,旅客在旅途中,需要使用微信、QQ等各种APP等,与家人、公司、同学、合作伙伴等保持联系,还需要收发邮件、访问所需的网页等。旅客需要的是全方位、全天候使用计算机网络。很难想象,目前的旅游,如果没有互联网、没有电子商务的应用,旅游几乎不能成行。

上述计算机网络的构建,需要酒店企业先进行网络框架的建设,其中综合布线系统是基础。综合布线是一种模块化的、灵活度极高的建筑物信息传输通道。它既能使语音、数据、图像设备和交换设备与其他信息管理系统彼此相连,也能使这些设备与外部相连接。综合布线还包括建筑物外部网络或电信线路的连接点与应用系统设备之间的所有线缆及相关的连接部件。综合布线系统由不同系列和规格的部件组成,其中包括传输介质、相关连接硬件(如配线架、连接器、插座、插头、适配器)以及电气供电和保护设备等。这些部件可用来构建各种子系统,他们都有各自的具体用途,不仅易于实施,而且能随需求的变化而平稳升级。

综合布线系统在酒店企业虽然应用时间不长,但是应用推广迅速,目前几乎所有的酒店建筑在设计建造时都会应用综合布线系统。特别是酒店,一直以来都是站在新技术应用的前沿,对于综合布线系统的应用也更广、更深。

(1)酒店企业综合布线系统的需求分析

酒店其他综合布线属于建筑综合布线的范畴,也就是说,酒店企业的综合布线是建筑综合布线在行业中的具体应用。综合布线同传统的布线相比较,有着许多优点,是传统布线所无法相比的。其特点主要表现在兼容性、开放性、灵活性、可靠性、先进性和经济性 6 个方面。而且综合布线在设计、建造和维护方面也给人们带来了许多便利,维护成本也远比传统布线低。

①兼容性。酒店综合布线的首要特点是它的兼容性。这是指综合布线系统本身是完全独立的一套系统,与应用系统相对无关,可以适用于多种应用系统在这个平台上的应用。过去,为一幢大楼的语音或数据线路布线时,往往是采用不同厂家生产的电缆线、配线插座以及接头等。例如,语音交换机(通常是指电话交换机)通常采用双绞线,计算机系统通常采用粗同轴电缆或细同轴电缆。这些不同的设备使用不同的配线材料,而连接这些不同配线的插头、插座及端子板也各不相同,彼此互不相容。一旦需要改变终端机或电话机位置时,就必须铺设新的线缆,以及安装新的插座和接头。

综合布线系统将语音、数据设备的信号线经过统一的规划和设计,采用相同的传输媒体、信息插座、连接设备、适配器等,把这些不同信号综合到一套标准的布线中。在使用时,用户不需要事先定义某个工作区的信息插座的具体应用,而只要把某种终端设备(如个人计算机、电话、视频设备等)插入这个信息插座,然后在管理间和设备间的交换设备上做相应的跳线操作,这个终端设备就被接入各自的系统中了。在综合布线过程中也无须考虑以后用户采用哪个厂家的交换设备,使用哪种品牌或不同型号的终端设备,因为各厂家提供的设备,接口都是统一标准的,都可直接与布线系统相连接。

②开放性。对于传统的布线方式,只要用户选定了某种设备,也就选定了与之相适应的布线方式和传输介质。如果更换另外的设备,那么原来的布线就要全部更换。对一个已经完工的旅游建筑来说,这种更换是十分困难的,不但增加了投资,也影响了酒店的正常运行。例如,如果酒店采用小型计算机作为计算机管理系统的主机,但一旦更换成服务器,那么就得重新布线。综合布线由于采用开放式体系结构,符合多种国际上现行的标准,因此,它几乎对所有著名厂商的产品都是开放的,如计算机、交换机、打印机设备等。

③灵活性。酒店传统的布线方式是封闭的,其体系结构是固定的,若要迁移设备或增加设备是相当困难和麻烦的,甚至要变动整个体系的架构。综合布线采用标准的传输线缆和连接硬件,采用模块化设计。因此,所有的通道都是通用的。每条通道不但支持语音终端,也支持数据终端以及视频终端。所有设备的开通及更改均不需要改变布线,只需增减相应的应用设备以及在配线架上进行必要的跳线管理即可。另外,组网方式也灵活多样,甚至在同一房间可有多用户终端,以太网工作站、令牌环网工作站并存,为用户组织信息流提供了必要条件。

④可靠性。酒店传统的布线方式由于各个应用系统互不兼容,因而在一个建筑物中往往要有多种布线方案。因此,建筑系统的可靠性要由所选用的布线可靠性来保证,当各应用系统布线不恰当时,还会造成交叉干扰。综合布线采用高品质的材料和组合压接的方式构成一套高标准的信息传输通道。所有线槽和相关连接件均需要通过 ISO 认证,每条通道都要采用专用仪器测试链路阻抗及衰减率,以保证其电气性能。应用系统布线全部采用点到点端接,任何一条链路故障均不影响其他链路的运行,这就为链路的运行维护及故障检修提供了方便,从而保障了应用系统的可靠运行。各应用系统往往采用相同的传输媒体,因而可

互为备用,提高了备用冗余。

⑤先进性。酒店综合布线一般都采用光纤与超五类混合布线方式,极为合理地构成一套完整的布线。所有的综合布线均采用当前最新的通信标准,主干部分采用光纤进行传输,以保证速度。而水平链路均按 8 芯双绞线配置。5 类双绞线带宽标准可达到 100 MHz,6 类双绞线带宽可达 200 MHz,可以实现百兆到桌面或者千兆到桌面,对于特殊用户的需求甚至可以实现光纤到桌面。语音干线部分用铜缆,数据部分用光缆,为同时传输多路实时多媒体信息提供了足够的带宽容量。

⑥经济性。酒店综合布线比传统布线具有经济性优点,综合布线可适应相当长时间的需求,一般都要求超过 10 年以上的寿命。传统布线的改造不但浪费时间,还会影响企业的正常运行,由此造成许多旅游企业不愿更换新的计算机系统。

通过酒店综合布线的 6 个特点可知,酒店综合布线较好地解决了传统布线方法存在的诸多问题。随着现代科学技术的迅猛发展,人们对信息资源共享的要求越来越迫切,以电话业务为主的通信网正逐渐向综合业务数字网过渡,人们越来越重视能够同时提供语音、数据和视频传输的集成通信网。综合布线系统可以把整个旅游(大楼)的所有线路集成在一个布线系统中,统一设计、统一安装,这样不但减少了安装空间、改动费用、维修和管理费用,而且能够轻易地以较低的成本及可靠的技术接驳最新型的系统。因此,综合布线取代单一、昂贵、复杂的传统布线,是"互联网+"的要求,是技术应用发展的必然趋势。

(2)酒店综合布线系统的子系统

按照综合布线标准,技术人员将企业建筑的综合布线系统划分为 6 个子系统:

①工作区子系统。工作区是一个独立的需要设置终端的区域(图 7.18),如酒店的一个客房、商务中心、办公室等就是一个工作区。工作区子系统由水平子系统的信息插座、信息插座到终端设备处的连接电缆及适配器组成。工作区子系统中所使用的信息插座必须具备有国际 ISDN 标准的 8 位接口,这种接口能接受大楼智能化系统所有低压信号以及高速数据网络信息和数码音频信号。工作区是综合布线使用面和应用点最多的区域,如酒店客房、旅行社或景区的工作区域就有很多的使用点。

图 7.18　酒店建筑内部综合布线工作区子系统示意图

②综合布线水平子系统。水平子系统由使用点的信息插座(如旅游企业的销售部等)、楼层配线设备到信息插座的配线电缆、楼层配线设备以及跳线等组成(图 7.19),也称为配线

子系统。水平子系统由 8 芯网线组成。某些特殊需要高带宽的场合,如酒店会议中心,也可由光缆来组成,即实现光纤到桌面的布置,用光缆还需配置相应的光端机。

图 7.19　酒店建筑内部综合布线水平子系统示意图

③综合布线垂直子系统。垂直子系统由酒店设备间的配线设备和跳线以及设备间至各楼层配线间的连接电缆组成(图 7.20),也称为干线子系统。它用于实现计算机设备、程控交换机(PABX)、监控或者消防控制中心等与各管理子系统间的连接,常用介质是大对数双绞线电缆、光缆等。大型酒店会使用垂直走光缆的方案,旅行社可根据自己的需求,特别是规模较小的企业,垂直使用 6 类线的技术方案。这种方案经济上投资少,但对于一个层面较多使用点的企业而言,网络速度会比较慢,尤其是在高峰时段。

图 7.20　酒店建筑内部综合布线垂直子系统示意图

④综合布线管理子系统。管理子系统设置在酒店楼层配线内(图 7.21)。管理子系统由交连、互连配线架组成。交连和互连允许将通信线路定位或重定位到建筑物的不同部分,以便能更容易地管理通信线路。它是垂直子系统和水平子系统的桥梁,同时又可为同层组网提供条件。一般包括双绞线、配线架和跳线等。在有光纤需要的布线系统中,建筑内部还应有光纤配线架和光纤跳线。当终端设备位置或局域网的结构变化时,只要通过管理子系统改变跳线方式即可解决,而不需重新布线。如果是一栋酒店建筑,该系统主要分布在酒店的各个楼层,然后汇总到计算机网络机房,即设备间。如果旅游企业是分布式建筑群,管理子系统分布在每一个建筑单元内和每个单元的楼层中,最后汇总到企业计算机网络机房(设备间)。

⑤综合布线设备间子系统。酒店综合布线设备间是主要配置酒店综合布线的进入电

图 7.21　酒店建筑综合布线管理子系统示意图

缆、设备的工作区,一般设置在酒店建筑物内的专用位置或酒店技术人员值班的工作区域(图 7.22)。设备间子系统由综合布线系统的建筑物进线设备、程控电话交换机、网络交换机、计算机设备、防雷击保护装置等各种主机设备及其保安设备等组成。酒店典型的设备间就是计算机机房和程控交换机房。

图 7.22　酒店综合布线设备间子系统示意图

　　以上酒店企业内部综合布线水平子系统、垂直子系统、管理子系统和设备间子系统的日常技术管理、维护、更新等工作,一般由旅游企业的计算机技术人员运维。一旦网络外部发生故障,将会报电信公司进行处理。

　　⑥综合布线建筑群子系统。当旅游企业规模较大时,如酒店建筑的综合布线系统覆盖两个或两个以上的建造物时,就形成建筑群子系统。建筑群子系统由连接各建筑物之间的缆线和配线设备组成(图 7.23)。通过它来实现建筑物之间的相互连接,常用的通信介质是光缆。如果是单建筑构成的酒店,该建筑群子系统会和当地的通信公司连接,日常的运维也由当地的电信部门负责,由酒店的技术人员配合。这个子系统在一般状况下,维护率并不高。

　　综上所述,酒店企业综合布线系统的各个子系统既相互独立,完成独立的功能,又相互有机链接,成为一体。其目的就是将酒店数据、语音、视频等信息在各个子系统内依次传递,最终满足宾客和酒店使用者对业务的处理要求。综合布线是酒店信息化的基础,酒店综合布线将融入酒店每时每刻、无处不在的信息处理之中。图 7.24 为某五星级酒店计算机机房

图 7.23　酒店综合布线建筑群子系统示意图

内的综合布线配线机架,该机架安置在酒店的计算中心内。酒店的综合布线和其他酒店工程设备一样,需要运维。运维的主体是酒店的计算机(IT)技术人员,当出现故障时,故障仅存在于本子系统内,不会将故障扩大到其他子系统,因而技术人员能够容易地将故障定位并加以排除。综合布线接入口之外是当地电信部门负责运维的。

图 7.24　某五星级酒店综合布线配线机架

2) 酒店企业综合布线系统的规划分析

酒店对综合布线系统应用具有该行业的特殊性,如酒店主要完成无线网络的布局,对酒店而言投入比较大,而且整个网络的技术架构需要专业的公司设计、勘察和实施,景区的网络布局相对比较复杂。为此,这里主要讨论以建筑内部办公和游客使用的网络。酒店的综合布线规划要比一般旅行社企业复杂。在为酒店设计综合布线规划时,应充分考虑酒店综合布线系统的特殊需求。在系统设计、布点密度、布点方式上作一些特殊处理,以满足酒店日常经营的需求。同时,酒店对于新技术的应用一般较为积极,应充分考虑在综合布线系统生命周期内(一般为 10~15 年)的可扩充性,以满足酒店引进新技术时对综合布线系统的要求,避免重复投资。

(1)综合布线系统的应用

在酒店运行过程中,综合布线系统占据基础和关键的作用,如图 7.25 所示。其他系统,如计算机管理系统、通信系统等都依靠综合布线系统进行工作。如果综合布线系统出现问题,势必影响计算机管理和各种计算机应用系统、通信系统等的正常工作,给酒店的正常运行造成障碍。因此,综合布线系统必须是高质量和稳定可靠的,建议将 IT 系统预算的 10% 作为综合布线系统的投入。有的业主认为,这种网线很廉价,这给酒店今后的经营埋下了工程隐患。酒店的综合布线是隐蔽工程,要和其他隐蔽工程一样,需引起高度重视,按工程规范进行设计、施工和验收。

图 7.25　酒店综合布线系统交换基础地位

(2)酒店综合布线系统的特殊性

酒店的应用区别于普通居民大楼。普通居民大楼用户对象较统一,功能要求比较单一,对综合布线系统的要求相对比较简单,而酒店则要复杂得多,在酒店的日常运行中,既有酒店员工对网络和通信系统的需求,又有住店宾客、参会人员对网络和通信系统的需求,并且随着科技的进步,宾客对于网络的依赖度越来越高,而酒店面临的网络安全风险也越来越高。因此,在为酒店进行综合布线系统设计时,应考虑酒店日常办公和住店宾客对网络的不同需求,既要确保各使用者正常使用,又要保证酒店内部各系统的运行安全。为确保酒店办公网络的安全,酒店办公网络和客房网络必须进行物理隔离,以避免酒店办公网络受到来自客房网络的攻击和病毒威胁。这就要求对某些既有客房又有办公室区域综合布线的酒店,垂直子系统设置两套线路,管理子系统也需要设置两套,这样才能确保这些区域对于办公网络和客房网络的物理隔离。另外,对于某些区域,还需考虑实际运行中会碰到的各种问题,酒店规划设计时,适当进行冗余设计,以满足日后运行需求。

(3)酒店各个关键区域的布点规划

酒店各个重要区域的数据点规划和设计,是根据酒店的经营管理设定的,现分析如下:

①总台区域的布点。总台是酒店的门户,是住店宾客入住登记、结账离店、宾客服务信息交会的地方,是酒店的重要岗位。总台的数据点配置是根据酒店的规模设定的,表 7.1 是根据酒店客房规模对总台数据点和语音点配置的建议,酒店配置时,可以根据自身类型(客源)进行调整。总台除了每个点位一个数据点(计算机终端)、一门语音(电话)的基本配置外,还要安装磁卡门锁系统制卡机、网络打印机、国内银行 POS 刷卡机、公安登入系统等设备。同时,为保证总台区域的网络和电话工作正常,设置一些备份点位也是必需的,备份数一般为前台数据点配置数,即备份翻倍,这是考虑今后应用和业务发展的需求和维护的保障。当然前台也可采用无线网络的配置。从系统稳定性来看,还是建议总台采用有线网络实施,无线网络作为辅助技术手段。酒店的总台是综合布线的重点区域,数据点相比普通区域密度应更高一些,一定要按技术标准规划好。

表 7.1　酒店总台数据和语音点的设定（数）

酒店规模/(客房数·套⁻¹)	前台数据点配置/点	语音点配置/点	备　注
< 100	2~3	2~3	包括磁卡门锁、公安登入
200~300	3~5	3~5	包括磁卡门锁、公安登入
400~500	5~8	5~6	不包括磁卡门锁、公安登入
600~800	5~10	5~8	不包括磁卡门锁、公安登入

②酒店会议室区域的布点。酒店承接的会议形式多种多样,既有一般的工作会议、谈判会议,也有新闻发布会、视频会议、电话会议等。有的酒店在会议室还接待讲座、培训班、科研研讨会等各种活动。由此不同形式的会议对于会议室网络和语音要求是不一样的,为了能确保大多数会议对于网络和语音的要求,会议室应安装尽可能多的点位,不但周围墙面要安装,还应该在适当的地面也安装一定数量的地插,以备不时之需,满足不同形式会议的需求。有的酒店为了满足视频会议或其他对于带宽要求较高的应用,在高标准的会议室,还应该一个座席配置一个数据点。在通信电缆的规划上,必要的时候为宾客提供光纤到桌面的应用。

③酒店餐厅区域的布点。为酒店餐厅进行综合布线规划时,必须考虑酒店餐厅的运行模式。根据不同的模式会有不一样的布点规划:第一,传统的点菜模式。该模式是餐厅服务到餐桌旁为宾客进行点单服务,服务生将完成的宾客点单提交餐厅收银台操作员,由收银台的服务员(收银员)将点单信息输入餐厅计算机管理系统,该系统根据菜品进行分单并完成各个厨房(出品点)的出单打印,各个厨房工作人员根据打印出的菜单进行加工、出品。这里要求每个出品区域必须设置一台厨房打印机,一般包括热菜厨房、冷菜间、点心间、酒水吧(台)等。这种模式数据点的敷设一般到各个餐厅的收银台。目前此模式应用较多,适用于高端西餐和中餐。第二,无线点单模式。随着无线网络的发展,许多餐厅采用无线点单机(Personal Digital Assistant,PDA),采用无线点单机(图7.26)进行点单服务会更加便捷和"时尚",一般餐厅中每 20 ~ 40 个餐位就需配置一个无线点单机(PDA),在餐饮收银台附近架设无线路由器,点单完成,服务生按点单最后确认键,点单信息就会通过无线路由器传入餐厅计算机管理系统并进行后续的服务。

图 7.26　酒店餐厅使用的无线点单机(PDA)

上述两个模式,要求厨房预设统一的打印机电缆管道,将信息电缆接入一个电缆管道中,以便在配置打印服务器时综合利用,使得维护便捷并降低运维成本。

第三,"明档"点菜模式(图 7.27)。这种运行方式,需要在点菜区域架设足够带宽的无线路由器来满足宾客集中点菜时的通信需求。餐厅的收银台和各个厨房的布点和电缆管道设计与上面两种模式要求是一致的。

图 7.27　某酒店餐厅的点菜区(明档)

以上餐厅运行模式的综合布线要求应根据酒店的实际需要规划和设计,具体要求见表7.2,供规划时参考使用。

表 7.2　餐厅不同点单模式数据语音点的配置要求

餐厅的运行模式	餐厅数据点配置/点	计算机配置建议	语音点配置/点	技术说明
餐桌点单服务	1~2	PC 终端或触摸屏终端	1~3	各个出品点需配置厨房打印机并敷设从餐厅收银点到各个厨房的电缆
无线点单服务	1~2	PC 终端	1~3	满足上述技术要求的同时,需在餐厅收银点附近或合适的区域架设无线路由器
明档点菜模式	1~2	PC 终端	1~3	需在明档区域配置足够带宽的无线路由器

④酒店客房内的布点。酒店客房是宾客逗留时间较长的区域,现代酒店客房至少配置1个数据点和1~3个语音点。目前酒店数据点的设定有两种模式:第一种方案为有线接入,数据点一般设置在写字台上即可。第二种方案为无线网络。就目前无线网络的发展状况,在酒店客房应用无线网络(Wi-Fi)技术已成为标准配置,游客可以使用笔记本电脑连接无线网络,也可用手机上网,目前大部分酒店在客房都提供免费 Wi-Fi。有的酒店在电视机上增加一个数据点,以便网络电视(IPTV)与数据网络的相互联网,这个点位必须与写字台的数据点走不同的垂直主干线路,因为网络电视对带宽要求很高,如果和写字台的数据点共享同一条垂直主干线,将会影响客房内的网络质量,也会对网络电视的信号质量产生影响。

酒店语音点设置可以根据客房的等级进行规划,一般客房没有必要把3个语音点全部放线缆到楼层配线间,因为每个房间设置在写字台、床头柜、卫生间的号码都是同号的,即把这3个点在房间里选择合适的位置进行并接,然后通过一根总线连接到楼层配线间即可。这样既节约了水平线缆的投资,也节约了楼层配线架的数量。如果是高级别的套房,则需配置大于一个语音点的配置,可以是客厅设一个语音点,卧室配一个语音点,卫生间设一个语音点。

⑤酒店其他区域数据点的布点。酒店咖啡吧、酒吧、娱乐和康乐等场所,现在一般会使用无线网络覆盖并在收银点配置有线网络点,这样配置将满足宾客移动信息交换的需求。

(4)酒店无线网络

随着信息技术的持续高速发展,各种手机、手持终端和平板电脑层出不穷,如 iPad,iPhone,PDA 等设备已成为旅客的随身之物。这些终端设备需要使用无线网络接入。因此,对客房区域、会场区域和公共区域进行无线覆盖,为住店宾客营造良好的体验环境,已成为现代酒店的必须配置。

在酒店架设无线网络环境,一般将其并入客房网络拓扑中,这样可以利用原有的网关设备,对宾客上网账号等信息进行统一管理,既方便管理,又可减少投资成本。无线网络的设备必须支持 IEEE802.11a/b/g/n 等标准,无线频段为 2.4 GBit/s 或 5.8 GBit/s,无线网络的速度可从11~150 MBit/s 不等,传输距离从几米到百米不等。速度和传输距离受无线设备的发射功率、阻挡物(墙体)的材料、客房的布局等因素影响,因此,架设无线网络不能简单地凭经验随意放置无线访问点(Access Point,AP),而是要对现场进行无线信号测试,确保 AP 能够覆盖到所需要的区域,信号强度能够达到正常工作的范围。

无线信号还存在干扰的问题,相邻的 AP 之间会产生电波串扰,导致接收设备无法正常连接 AP,影响网络访问。所以,有必要在系统中设置无线控制器,通过无线控制器,可以对所有的 AP 设备进行统一管理、统一配置,在 AP 参数需要改动时,只需在控制器上进行修改,由控制器通过网络将配置下发到所有的 AP,无须对 AP 进行逐个修改,大大地减少了网络管理员的工作量。同时,无线控制器还能对 AP 的无线信号进行优化,适当调整 AP 的发射功率和频道,使得相邻的 AP 不会产生干扰现象,确保无线网络工作正常。为了方便宾客使用无线网络,酒店内的无线网络一般为开放式访问模式,不设置访问密码。如果设置密码,要通过一定安全渠道告诉宾客。酒店还需培训会进行密码设置的服务生以提供这类技术支持。

(5)酒店企业各区域网络拓扑图

这里主要介绍两个区域的网络拓扑图。一般在规划酒店网络系统时,设计单位会提交酒店各个区域的网络拓扑图,给企业管理方(甲方)审阅,管理方根据拓扑图,提出自己的意见。因此会看网络拓扑图已成为技术交流不可或缺的能力。

①酒店客房区域网络拓扑图。酒店客房区域网络的规划,既要配置传统的有线接入方式,又要有无线网的入口端。这样可以满足宾客的各种智能手机、平板电脑、笔记本电脑、台式计算机等设备的网络接入,并通过网络处理各种事务。目前在客房区域网络配置中,一般会有线与无线两套系统同时配置,这样才能满足不同层次的宾客的不同需求,为宾客提供网

络服务。另外,为了满足一些宾客对特殊的网络的访问需求,如访问虚拟专用网络(Virtual Private Network,VPN),不得设置防火墙设备(Firewall),避免防火墙拦截这些特殊的网络访问给宾客带来不便。根据相关部门和酒店自身对网络管理的需要,酒店会配置专用网关设备。网关设备将完成动态主机配置(Dynamic Host Configuration Protocol,DHCP)的管理功能,同时为宾客提供即插即用功能,宾客计算机设备无须更改网络设置,即可通过网关设备访问外网。网关设计既可对客房网络端口进行管理,也可对宾客的上网账号进行管理。网关设备还可以对客房网络活动按照预先定义的计费规则进行计费,并实时传送到酒店管理信息系统(PMS)中,计入宾客费用数据库,以便在退房时统一结账(要收费的酒店)。同时,网关设备还能够对所有端口的网络活动进行日志存档,以便在必要时调用日志,审核网络行为,确保其网络行为的安全性与合法性。图7.28是典型的客房网络拓扑图,该系统完成了客房的有线和无线接入、动态主机配置(DHCP)和客房日志记录等功能性管理。

图7.28 酒店客房区域网络拓扑图

②酒店办公区域网络拓扑图。办公区域网络与客房区域网络的配置要求正好相反,为了保障办公设备及各酒店管理系统的安全运行,必须在Internet访问前端设置防火墙,以避免来自网络的各种攻击。而内部办公无须计费,计算机设备大多也采取配置静态地址的做法,专用网关设备也可以省略。图7.29是一个典型的办公网络拓扑图,酒店把面向宾客直接服务的网络分为前台区域,如总台、餐饮、娱乐、客房等;酒店把财务、采购、人事等部门划归"后台"部门,这样在网络配置时可以进行域控管理,目的就是安全可靠运行和协调各个计算机系统。

图 7.29 酒店办公区域网络拓扑图

7.4.2 酒店电子商务技术框架

1) 酒店计算机系统的硬件配置

酒店若要各种经营管理业务数据处理的需求,在构建上述综合布线的基础上,还必须配置各种计算机系统的硬件。

(1) 酒店计算机系统的服务器配置

酒店计算机系统的应用主要经历了小型计算机、诺威尔网络(NOVELL)和服务器/客户端结构(Clients/Servers)3 个阶段。第一阶段是改革开放初期,我国引进了国外的酒店管理模式,在当时计算机背景下,应用最多的是小型计算机。这种架构简便、技术管理模式方便,但价格高、业务变动困难。第二阶段是过渡阶段,为诺威尔网络的应用。这个阶段很短,运维也比较复杂。随着视窗(Windows)操作系统的普及,目前应用最多的是服务器/客户端结构。酒店企业的很多业务都在这个架构上运行(Run),因此,酒店的服务器的配置需要有一定的规划。表 7.3 是对不同规模酒店服务器配置的建议,供参考。

表 7.3 酒店计算机系统服务器配置(数)

酒店规模	服务器配置/台	建 议	特 点
小规模	1	备用 1 台	投入少,但系统风险较大
中等规模	≥3	采用域控	要求稳定,服务器可采用冷备份或热备份技术方案
大规模	≥5	不同业务服务器分开运行	服务器应采用热备份技术方案

在服务器选型上,建议采购机架式服务器(图 7.30),将服务器统一安装在计算机机架内,这样既符合规范,又便于管理。当然小型酒店也可采用台式服务器作为主服务器。具体应视酒店的规模和管理要求而定,但大的趋势是采用机架式服务器。

图 7.30 酒店应用较多的机架式服务器

随着计算机技术和运行模式的发展,酒店的管理软件也有了"软件即服务(Software-as-a-Service,SaaS)"的运作模式,这种模式酒店业主不用购买计算机服务器,只要有网络就可以运行。许多酒店软件厂商推出了适合酒店管理的云平台软件,这个软件使酒店的硬件配置发生了变化,具体在下面章节中介绍。

(2)酒店应用点计算机终端的配置

酒店应用计算机的部门和业务点越来越多,根据酒店的业务特点每个使用点的计算机终端配置会不一样,如总台使用台式计算机,可以适应较多、频繁的数据录入,具体配置建议见表 7.4。

表 7.4 酒店计算机终端采用形式

使用点	计算机终端的建议配置	特　点
前台	台式计算机或笔记本电脑	适宜较多数据录入
餐饮	触摸屏终端	操作简便、快速
娱乐	触摸屏终端	操作简便、快速
客房	台式计算机	适宜较长时间使用
销售	笔记本电脑	携带便捷
财务	台式计算机	适宜较长时间使用
人事	台式计算机	适宜较长时间使用

2) 酒店电子商务的技术架构

酒店电子商务运营平台的构成是从计算机技术应用角度来分析的,即酒店的计算机管理信息系统、酒店的自营网站、酒店集团的网络及第三方预订的业务平台等。可以和其他领域应用的计算机类似,把酒店电子商务的技术构成分为网络架构和软件两大部分,网络架构包括计算机服务器、终端(PC)和一系列基础设施,如网线(图 7.31)、网络配线架、桥架(图 7.32)、电源、管道、网络交换机(图 7.33)等。有时把这些设施称为计算机系统的硬件。

计算机网络电缆

图 7.31　某酒店计算机机房中的网络电缆(网线)

网络机柜(机架)

网络桥架

图 7.32　某酒店计算机网络机架、桥架

图 7.33　通信器件(网络接口、网络交换机、无线路由器)

软件包括操作系统、桌面软件、数据库、各种应用的专业软件等。

从计算机网络的组网模式上,目前一般采用客户机/服务器(Client/Server,C/S)和浏览器/服务器(Browser/Web Server,B/S)两种模式,现结合酒店应用作如下介绍:

(1)客户机/服务器(Client/Server,C/S)模式

C/S 模式是目前酒店应用较多的管理信息系统的架构模式。酒店网络架构上,计算机系统分为客户机和服务器两类。其中服务器是运行的关键部件。图 7.34 是典型的 C/S 模

式的酒店计算机网络结构图。

图 7.34　酒店计算机网络 C/S 模式的结构图

　　酒店常用的 C/S 模式有两层结构和三层结构。两层结构相对比较简单(图 7.35),适于一些小型酒店,一台服务器既承担应用软件的运行,又承担数据库的运行。对于容量大,有一定规模的酒店,需要把应用软件和数据库运行分开,这样就形成了三层结构(图 7.36)。所有这些结构形成,一定是为系统高效的运行而产生的。当然具体的技术方案,要根据酒店的实际情况而定。

图 7.35　C/S 两层结构　　　　　　图 7.36　C/S 三层结构

　　(2)浏览器/服务器模式

　　随着互联网技术的发展,技术上和使用上有了新的需求并产生了新的模式。B/S 模式架构由此产生(图 7.37),这里的客户端是采用浏览(器)方式登入服务器终端进行的一系列工作。浏览服务器是以"页面"形式给浏览器(客户端)提供信息,在 B/S 三层和四层架构中,浏览服务器与数据库服务器进行协议接口并实现数据交换。酒店应用 B/S 架构具有以下优点:

　　①由于采用基于超文本协议的 Web 服务器和可以对 Web 服务器上超文本文件进行操作和信息交换,使得酒店管理信息系统的信息交换实现了文本、图像、声音、视频信息为一体的交换功能。

②由于采用 Web 服务器,使得酒店客户端可以跨越更大的时空进行登入,处理信息。

③对酒店应用端而言,整个系统的维护和更新,尤其是软件的更新或升级,变得方便,维护可以不到酒店现场进行,效率更高更便捷。

图 7.37　B/S 模式架构

上述网络架构模式,或是网络架构模式下的两层、三层架构,在实际使用时,要根据旅游企业的应用情况,采用相应的方案。我们提倡的选择原则是:只要合适就是最好的。

7.4.3　酒店电子商务的软件应用

酒店电子商务运营除了上述计算机系统硬件外,还将依靠多种软件系统进行工作。软件应用是全方位的,存在于数据的输入、处理、加工、输出、存储、显示等一系列工作中,是和硬件完全融合在一起工作的。

1)酒店电子商务软件应用

计算机软件总体上可分为两类:一类是系统软件;另一类是应用软件。计算机系统软件是系统运行的软件基础,应用软件是针对具体任务目标的,可以说是专业或者说专用的。例如,酒店应用比较多的酒店管理信息系统(PMS,HMIS)就是典型的应用性软件,这款软件是针对酒店行业的。在餐饮经营管理中,有专业的餐饮管理软件,该软件就是针对餐饮业开发的应用软件,在餐饮软件中,还分中餐和西餐管理应用软件。再如,旅行社的经营管理软件,是针对旅行社业务开发的,适用于旅行社的流程管理。从这些案例可清晰看出,应用软件针对性很强,就是同一行业的软件,也因经营模式不同而有所不同。系统软件要管理硬件资源(如处理器、存储器、通信、输入输出设备等);而应用软件则在系统软件提供的环境中工作。电子商务应用中用户(使用者)会较高频率直接与应用软件进行"人机交互"。图 7.38 表述了系统软件和应用软件的关系。

2)酒店企业软件的应用发展方向

酒店行业的电子商务应用,从管理信息系统开始,20 世纪 80 年代逐渐形成行业的计算机系统,管理信息系统是在实际应用中得到完善和发展的。管理信息系统的发展在很大程

图 7.38　酒店电子商务系统软件和应用软件的关系

度上是需求驱动的,尤其是在广大企业经营管理中的应用,不断提出要解决的问题,企业家提出更尖锐的问题(需求),计算机技术自身的发展结合了市场的需求,推动了管理信息系统快速向前开拓。但旅游企业应用管理信息系统是远远不够的,随着"互联网+"的发展,电子商务应用越来越广泛,从目前的应用层面看,有以下两个方向:

(1)向网络化方向发展

网络化是后 PC 时代发展的最大特征,网络化技术在市场上迅速扩大,使用的范围、应用行业快速膨胀,目前已渗透各个领域。管理信息系统作为计算机应用领域之一,也不能远离这个浪潮。在过去管理信息系统应用,有过与外网分离的技术管理模式,其中原因之一就是为了避免计算机病毒和网络攻击。但到了今天,人们不仅用微软产品,还使用谷歌、百度。前几年网络还没有普及,但今天不仅宽带普及到家庭,更是无线网络覆盖在迅速扩张,智慧小区、智慧城市在不断冒出。我们有微博、人人网、微信等新型网络传递交流方式,平板电脑等系列新产品,更有第三方平台(销售、支付等)产业的兴起。由此不能阻挡网络(有线和无线)的迅猛扩张和渗透。例如,酒店的管理信息系统必须和网络连接,这个连接不仅在软件上,更在功能上。管理信息系统要迎合、拥抱网络技术的发展。在这个方面管理信息系统要完成以下几项拓展:

①计算机硬件和网络的链接,但这个链接是有目标和选择的。至少在管理层面会作出一定的取舍。例如,酒店企业会和公安入住系统、银行的 POS 等系统链接。

②计算机软件接口,这个接口主要是针对功能性的。例如,企业要和外部交换信息,有的信息会直接录入企业管理信息系统中,进行后续的工作。同样企业的管理信息系统会把加工后的信息向外输送。例如,有的酒店管理信息系统(如"西软"等)会和当地公安住店入住系统做接口,将宾客入住信息传递给当地的公安部门。再如,酒店管理信息系统(Opera等)会和酒店的程控交换机(PABX)做接口,完成对酒店所有电话的计费任务和电话长途等级的控制。

③计算机系统的安全问题是永久的问题和工作。由于管理信息系统与外界交流信息,因此,其比过去安全问题更加突出和重要。管理信息系统的安全包括计算机病毒的防范和清除、防攻击、数据备份(灾备)和恢复、硬件维护和恢复等。

　　酒店管理信息系统在目前的状况下,和外部网络链接(接口)的状况如图 7.39 所示。系统链接从数据交换上是完成上传和下载,从功能上是酒店需要业务的数据交换,其目标就是更高效地为企业提供信息服务。

图 7.39　酒店管理信息系统数据交换示意图

　　上面简单描述了管理信息系统在当今网络化的时代下,再也不是一个封闭系统,该系统会和外部链接,和许多系统做接口,和更多的第三方平台进行数据交换。在此要明确的是:这种状况会不断地扩大,系统任务更加繁重,维护和安全任务更加重要。

　　(2)向智慧化应用方向发展

　　上述内容从网络化的发展趋势来讨论酒店企业应用软件的发展,这是横向的扩张应用,随着计算机技术和经营管理的结合,许多新的电子商务模式与技术被开拓,如计算机智能技术(BI)、决策支持系统(DSS)等。可以认为,这是电子商务向纵深发展的结果。智慧旅游是目前发展与应用比较前沿的技术,智慧旅游涉及"互联网+"、物联网、VR、大数据处理、云计算等新型技术。作为应用领域的旅游行业,应积极拥抱这些技术的应用,为旅游行业发展服务。

7.4.4　酒店电子商务技术的解决方案

　　酒店电子商务技术解决方案,是一个系统的、全面的方案。技术方案是随着"互联网+"技术、电子商务模式的变革而发生变化与前行的,由此,解决方案将随着时代发展而变化。下面就酒店电子商务技术解决方案与发展进行介绍。

1)酒店计算机管理信息系统

　　(1)管理信息系统的基本概念

　　管理信息系统(Management Information System,MIS)是计算机技术较早应用于企业管理的系统(工具)之一,是各类企业对信息处理的基本方法和途径。管理信息系统有各种定义,下面结合酒店行业对管理信息系统的定义作介绍。

从管理系统自身存在的客观角度定义：它是一个由人、计算机及其他外围设备等组成的能进行信息的收集、传递、存储、加工、维护和使用的系统。管理信息系统的运行基础目标就是实测（映射）企业的各种运行情况（数据）。系统的主要任务是利用现代计算机和网络通信技术，对企业的经营等各类信息进行处理，以求得相对应要求处理事务的正确、高效、存储、再使用等。企业通过对管理信息系统的投入，期望达到信息（事务）处理的科学性，提高企业的效率和效益。

从企业管理的需求角度定义：管理信息系统是企业或组织对要管理的事务、流程、产品等生产要素进行信息化处理，它通过程式化、架构化的程序从各种相关的资源（公司外部和内部的）收集相应的信息，为企业的运作提供各层次的需要功能和信息。这表明管理信息系统的本质是一个关于内部和外部信息的数据库，这个数据库可以完成企业对信息处理的功能性需求，因此，管理信息系统是从信息收集、传递、运算、处理、保存、再使用、挖掘等一系列的行为过程，其中收集、传递是管理信息系统的基础。其目标是处理复杂、烦琐的信息，期待提高企业的整体运行效率。

站在更全面的视角定义：管理信息系统是以人为主导，利用计算机硬件、软件、网络通信等资源，进行信息的收集、传输、加工、存储、更新和维护，以企业提高效率和效益、竞争占优，为企业决策打基础的管理体系。这里的认识提高，就是将最关键的人纳入系统中，成为系统的主角。由此管理信息系统不仅是一个技术工程系统，更是包括人在内的人机系统，它是一个管理系统，也是一个社会系统。从这个定义可以把管理信息系统直接表示为如图 7.40 所示。

图 7.40 计算机管理信息系统示意图

图 7.40 可以把复杂的定义，变为简单的描述：管理信息系统就是各种用户（人或组织）用设计好的计算机网络系统，为他们做信息服务的系统。

例如，在其他课程学习的酒店信息管理系统就是管理信息系统应用得最好的案例，在预订酒店时，就要建立宾客基本信息（Profile），这个过程就是信息的收集，当预订完成后信息会自动传输（传递）到系统的服务器中，供前台等有关部门查询之用，经过预先设定好的程序，计算机系统会对刚收集的信息进行加工（运算），酒店管理信息系统的信息加工主要是指在对该宾客个人信息存储的基础上，提供各种方法的检索，即应用 Opera 系统进行宾客信息的查询，在宾客住店的过程中，系统会对宾客的信息进行实时更新，最典型的就是对宾客的消费记账，如拨打长途电话（IDD，DDD）的自动计费、在晚上 24 时 Opera 系统进行过房费（对宾客房费进行自动累加）等，这些操作从管理信息系统的定义层面上认识，就是对信息的加工、更新和维护。从对一个宾客的信息维护，到酒店层面对整体宾客信息进行维护和储存。

有了这些基础信息,酒店销售部门可以对储存宾客的信息(尤其是客史)再使用,进行查询、统计,有的会对宾客历史数据进行挖掘等操作。这一系列的行为是符合企业的经营管理目标的,更是建立酒店管理信息系统的目标。

(2)酒店管理信息系统的工作原理

上面从各种视角表述了管理信息系统的基本定义,但从用户(使用者)的角度,还必须具体认识管理信息系统的工作原理,从而为酒店企业的管理信息系统的建构和有效使用提供思路和方法。管理信息系统的工作原理可从以下几个角度来认识。

①酒店管理信息系统的体系架构。其是指要建立这个信息系统的组成成分以及组成成分之间的关系,有时可以称为信息系统的工作原理模型。这是从酒店管理信息系统工作运行的目标高度来分析系统的工作原理。如果是酒店企业构建管理信息系统的话,那么一定是最高决策层要认识的问题。酒店管理信息系统和其他企业管理信息系统一致,体系架构由 5 个部分组成:人员、管理、数据库、计算机软件、计算机硬件。可从图 7.41 加以理解。在这里要认识,一个管理信息系统一定是由人员、管理、技术系统(硬件、软件)组成,有的专家提出这个信息系统是一种全面反映社会-技术系统特征的系统架构体系。这样更全面地分析问题,强调人员和管理对系统运行最终的影响和效果。任何管理信息系统都和人员密切相关,离开人员系统将一事无成或者效果极差。尤其在高层管理上必须充分认识到这个原理。从这个原理可以引申出一个酒店要应用好管理信息系统并创出效益,酒店企业的高层领导对管理信息系统的行为是成功与否的关键所在。为此,管理信息系统是企业管理者进行经营管理最基本、最重要的工具和手段。

图 7.41　管理信息系统的体系架构

②酒店管理信息系统的功能架构。酒店管理信息系统最直接的层面就是描述系统的功能架构。这个也是使用者或企业最关心的问题。按照管理信息系统的一般规律可以将系统分为信息收集、信息存储、信息加工、信息交流、信息管理的功能架构,功能架构是从系统的工作功能上来描述其工作原理的。图 7.42 为酒店管理信息系统的功能架构。

通过图 7.42 的功能架构图,对管理信息系统的功能模块作以下简述。

图 7.42 酒店管理信息系统的功能架构

①信息收集:是整个系统运行的基础,使用者不但能向内部收集信息,还能向外部系统收集信息。信息的收集包括原始数据的收集、信息的分类、信息的结构等环节。信息的收集工作占信息处理全部工作量的很大一部分时间和成本。在信息收集的工作中,要充分重视人的作用,必须按照统一的规范、操作要求来收集和输入信息。收集信息的人员要参加相关的培训和操作达标。只有正确、及时地进行信息收集,才能使管理信息系统有效地运作。

②信息存储:是信息系统的特征,是区别于手工管理的最优特性。计算机工具能大容量地存储信息,并通过搜索技术(工具),快速找到相关信息。随着计算机技术的发展,存储技术得到空前的发展,存储、检索手段不断进步。这是信息管理系统的最大优势。

③信息加工:是计算机系统替代人加工的最有效工具。信息加工包括信息查询、检索、分析、计算、提炼、优化、预测、评价、报表处理、综合等工作。信息加工是管理信息系统的核心,是业务运行的关键所在。信息加工涉及数据收集、模型、方法、经验、知识等要素。信息加工对各个行业有着不同的侧重点,这是由行业特征所决定的。加工的要求是使用者提出的,如企业各个层面的管理者,更确切地认为,行业管理软件的要求(需求)是该行业管理者要求的集合。加工的方法可以由使用者和 IT 技术人员通过软硬件系统来完成。

④信息交流:对任何管理信息系统而言都是基本的需求,没有交流功能,就没有使用者。信息的输入、输出是面向广大的使用者(特别是一线的操作者)的,由此信息交流的界面要清晰、简练、具体、易懂、方便。管理信息系统的最终用户就是各类管理人员、操作人员,对于计算机技术,他们是非专业人员。由此一个良好的管理信息系统,一定要具备功能强、易操作的特点。随着计算机技术的发展,信息交流能方便、正确地输入、输出文字、图像、声音、影像。网线网络技术的发展,在信息交流上更加突破时空的限制,可通过各种手段、渠道、空间向信息系统交流信息。信息交流最大的表现力是经营管理过程中的信息实时查询和报表输出,一个好的管理信息系统会输出有价值的各种报表,该系列的报表是信息系统有效性的显现。

⑤信息管理:是管理信息系统的使用者和组织结构,负责制订和实施管理信息系统的各项操作规程、标准和制度,并对该系统的运作进行监督、操控、协调等工作。信息管理者(用户)和对应用系统的完善也是管理信息系统发展的原动力,他们的需求可以驱动信息系统的发展和完善。在企业中,为了实现企业的整体目标,信息管理已成为企业管理者的重要工作之一。在目前网络经济大发展的状况下,信息管理成为许多企业营销的手段和销售工具,信

息资源的管理成为一个战略资源的管理。由此表明在管理信息系统诸多要素中,用户是最重要的要素。

2) 酒店管理信息系统在酒店经营管理的效用

随着社会向高度信息化方向的发展,酒店的"信息"价值成为继人员、物品、资金之后的第四个经营资源,其重要性迅速提升。众所周知,今天在管理能力及信息处理能力方面的差别是影响产品及服务品质的重要因素。酒店必须掌握经营管理、统计分析以及信息处理等要素,酒店要应用信息技术,对包括信息在内的经营资源进行应用管理的能力。酒店行业是最早应用信息技术的行业之一,早在 20 世纪 80 年代,酒店行业较早引进酒店管理信息系统为本行业服务。正因如此,酒店行业无论在应用信息技术上,还是在信息技术建设的标准上,都是起步比较早的行业之一。酒店管理信息系统在整个行业发展上起的作用如下:

(1) 酒店管理信息系统要解决的问题

酒店管理信息系统(HMIS)要解决的问题是酒店企业要解决的问题。酒店企业要解决以下几大问题:

①提高酒店的服务质量,提高酒店业务的运作效率和准确性。由于计算机信息管理系统在管理上处理速度快,对酒店行业每天重复的预订、登记、结账、信息查询等工作优势突出。信息交换和加工是计算机系统的强项,用计算机管理系统处理酒店信息,是目前最好的工具和方案。例如,用 Opera 系统处理酒店的宾客预订、接待、结账、查询等,是典型应用计算机管理信息系统拓宽范围的成功案例。

②扩展酒店服务项目。酒店企业是以盈利为目标的。不断扩大和增加新的服务项目是寻求利润的手段之一。在这个过程中,无论在管理上,还是在新项目的应用上,往往会涉及IT 技术,特别是酒店管理信息系统,因为酒店管理信息系统会管理(项目的录入、营运的数据等)项目的运行,由此一定会和管理信息系统关联。例如,酒店会经常增加新的服务项目(增加娱乐项目等),减少不符合酒店发展的项目(减去 VOD 点播系统等)。这些项目的增减在酒店管理信息系统中要作相应的操作(初始化等)。

③拓展客源市场,扩大销售。酒店业之间竞争是激烈的,怎样才能在市场中增加自己的客源,提高市场的占有率,是每个经营者要思考的问题,而旅游电子商务的发展,为每个酒店提供了新的途径和方法。有些酒店在这方面很有作为,取得了骄人的成绩,有的酒店还没有在这方面下功夫,需要进一步跟上这个应用领域的发展。例如,计算机网络的兴起,使得销售手段发生了变化,酒店管理信息系统要适应销售渠道、销售人员、市场分析上的变化,为酒店企业的统计提供新的统计方法和报表。有的网络预订系统可能会和酒店管理信息系统作相应的预订接口。这些都是酒店管理信息系统应用的新任务和新课题。

④提高酒店的经济效益。应用计算机管理信息系统,会提高管理的效率和准确性,也可以控制资金和物资等资源要素,因此,管理信息流已成为各级管理层的最主要手段(图7.43)。经营管理酒店需要对各种信息进行处理,如酒店资金信息、客源信息、人才信息等。在没有计算机技术的时代,也要管理和控制上述信息,但手段落后,速度慢、信息查询不方便,数据统计正确性不高且慢,服务往往跟不上宾客和市场需求。信息处理上只有到了信息

时代,用计算机网络处理,才能充分解决这一问题。

图 7.43　酒店管理信息示意图

因此酒店的管理层,特别是高层管理人员,一定要运用信息技术来为自己服务,在这个层面上,才能管理欲掌控的资金流、物流、人流等企业经营要素。这样才能提高管理水平、提升经济效益。

⑤完善酒店经营决策水平和对市场的综合分析能力。酒店经营管理的今天,各种信息很多。有外部和内部的,有市场经营数据,也有很多管理的数据。在众多数据中,怎样给经营管理层提供有力和有用的决策数据,这一直是学术界和技术人员思考和探索的课题。计算机技术发展到今天,有很多这方面的解决方案,如智能(BI)系统、决策支持(DSS)系统、收益管理(Revenue Management)等。在这里要强调,信息技术的发展一方面为运用层提供了引领性的理念、思路、方法;另一方面应用者也应积极提出需求。需求驱动是科研的原动力之一,酒店行业要完善经营决策水平,对市场综合分析能力要靠多方努力,使整个行业的综合分析和决策能力有较大的提高。例如,集团(连锁)酒店,应用计算机管理信息系统后有大量的数据(特别是客源的数据),这些数据可用智能系统进行数据挖掘,为酒店集团提供高层次的决策数据。这方面的工作需要科研人员的努力,更需要酒店集团的高层领导提出需求。

上述酒店需要解决的问题,往往就是经营管理者一直要解决并为此努力的方向,酒店管理信息系统就是为解决这些问题而产生和发展的,酒店管理信息系统就是经营管理者最好的工具,是最好的支持系统之一。酒店经营者要会使用和应用这个系统来为我们的酒店经营管理服务。

(2)酒店管理信息系统在经营管理领域的应用

酒店管理信息的应用,一般是从应用的功能模块上进行描述的。在整个酒店行业的发展过程中,酒店的管理信息系统应用范围和应用模块也是不断发展和扩大的,下面从软硬件两个方面来描述酒店行业管理信息系统的应用。

①酒店计算机管理信息的应用模块。按照酒店行业管理划分的惯例,把酒店管理分为前台和后台两种,根据目前酒店应用管理信息系统的情况,一般会有下面的功能模块(图7.44)。这些功能模块会在其他文献或课程中表述、学习,在此不再赘述。这里要说明的是,随着信息化的提升,酒店管理信息系统会和很多信息系统有接口,这个发展趋势使得酒店管理信息系统越来越和外部网络结合,应用的范围在扩大,数据交换变得频繁,酒店管理信息系统也会因此不断地发展。

图 7.44　酒店管理信息系统(HMIS,PMS)功能模块

②酒店计算机管理系统的网络架构具体案例。酒店管理信息系统的硬件架构是随着计算机的应用技术发展而发展的,较早的网络架构采用集中式处理结构。如典型的 ECI(EECO)酒店系统,国内的浙江计算技术研究所推出的酒店管理系统等。后来 HIS(Hotel Information Systems)采用 Novell 局域网络,后期推出 C/S 体系架构的网络方案。目前国内采用最多的是星形网络结构,主流酒店计算机管理系统产品一般是 NT 的 C/S(图 7.45)或 B/S 结构,B/S 结构更能实现 SAAS 模式的运行。

图 7.45　典型的酒店管理系统的网络结构

3)酒店管理信息系统的需求发展

信息时代的发展是迅速的,微软帝国刚兴起没多久,谷歌便开辟了无线网络的资源时代,谷歌还没有来得及独霸网络,社交网来了,乔布斯(Steve Paul Jobs)来了,他推出了平板电脑,把手机变成了终端,把计算机放进了口袋。大家会问,这些和我们酒店管理信息系统有关吗?答案是肯定的,和酒店业息息相关。如目前有的酒店用 iPad 作为点菜系统的点菜终端,并且已经在酒店的餐厅使用。有的酒店在用人人网、微博进行营销,销售人员在酒店的办公室和客户进行交流并能下订单,有的取得了较好的销售成绩。有的酒店把销售部改为"网络销售部"。这些新的理念、手段、工具不仅影响了我们的日常生活,也波及酒店的经营管理以及管理信息系统。酒店管理信息系统是随着信息时代而发展,更是根据需求而不断更新的。我们认为,酒店管理信息系统将往以下几个方向发展。

(1)网络架构的突破

这里提及的网络架构的突破,是指管理信息系统网络架构的突破。最早的 ECI(EECO)系统、HIS、浙江计算技术研究所等的酒店管理系统的产品,其网络的结构就是集中式管理的,要和其他网络做接口很难,最典型的就是和程控交换机(PABX)做接口,完成了电话计费、房态管理、叫醒等功能。当时网络还没有普及,酒店这样的应用已经是领先了。为了酒店的管理信息系统 24 小时安全、可靠地运行,许多酒店计算机技术管理者不希望自己的管理系统更多地和别的系统做接口,以期使系统稳定正常地运行。但到了现在,旅游电子商务的迅速发展,酒店面对的是第三方预订平台的迅速扩张,第三方支付平台(支付宝等)在中国又合法领照经营,磁卡门锁的功能性普及,由此使得酒店管理信息系统难以独善其身,酒店管理信息系统的产品研发,不得不开辟新的领域。首先新的网络架构的突破,如典型的目前国内市场占有率最高的西软酒店管理软件,从 1993 年推出的 DOS 版,到 1997 年推出的Windows 版,然后到 2003 年推出的 Windows 五星版,再到 2005 年推出的酒店集团版,直到2015 年推出的基于云端的酒店经营管理软件。西软每一次的新版推出,都是在迎合市场和信息技术的进步,和该系统做的接口也越来越多。现在许多酒店管理信息系统和其他网络做链接,开展业务数据交换已经很多了,并且往往会在公众 Web 平台上完成链接。如预订平台的对接、自主登记系统、第三方支付平台等。有些酒店计算机技术公司推出集团的预订平台,这个预订平台最大的突破就是希望能与正在使用的酒店管理信息系统链接,与预订模块对接,以期得到预订平台的简便、快速和市场占有率的提高。随着网络进一步的普及、应用的广泛、网络产品的多元化,酒店以管理信息系统为核心的计算机网络将和各种系统做接口、链接,以期网络化和立体的信息交换,这样的发展趋势势不可当。

(2)业务层面需求的变化

这里说的业务层面的变化,是指酒店管理信息系统的供应商们。过去酒店要搞酒店计算机管理系统,只有一个模式,那就是在购买计算机硬件的基础上,购买相应的酒店管理软件,如 Opera 系列产品、西软、中软产品等。但今天的计算机软件的服务模式已发生变化。云计算的兴起,使得许多公众计算机平台进入了"百姓家"。所谓的云计算,是分布式处理、并行计算和网格计算等概念的发展和商业实现,其技术实质是计算、存储、服务器、应用软件等 IT 软硬件资源的虚拟化,云计算在虚拟化、数据存储、数据管理、编程模式等方面具有独特的技术。

　　个人和企业将享受各种公众云的服务,酒店管理信息系统也不例外。酒店管理软件的供应商们在运行模式上发生了变革,他们推出了软件即服务的经营模式。所谓的 SaaS 模式,是一种通过 Internet 提供软件的模式,用户不用再购买软件,而改用向提供商租用基于 Web 的软件来管理企业经营活动,且无须对软件进行维护,服务提供商会全权管理和维护软件。对许多小酒店而言,SaaS 是采用先进技术的最好途径。例如,有公司推出的基于 SaaS 模式的酒店管理软件(图7.46),已在成都地区的许多酒店应用。

图 7.46　SaaS 模式下的酒店管理信息运行原理图

(3) 向经营集团化方向发展

　　酒店业的发展,在经营管理模式上,有着向集团化迈进的快速进程。高端的国内外酒店集团(雅高、万豪、锦江、洲际、金陵等),商务型的连锁酒店(如家、7 天等)无不向集团化的经营模式扩张。酒店管理信息系统是为这样的企业服务的,由此必定向这个领域推进。酒店管理信息系统的集团运行模式(图 7.47)有着重大的突破,突破主要表现为规模效应,如集团预订平台、集团采购、集团的人才管理库、集团财务预决算中心、集团会员管理、集团收益管理等。

　　针对酒店集团(连锁)管理上的新需求,酒店管理信息系统必将走上集团化管理的运行框架和运行模式,主要从酒店集团管理的功能模块进行讨论(图 7.48),该功能模块分为 3 个部分:第一,是酒店集团的营销模块,该模块包括中央预订管理系统、集团会员管理系统、集团决算管理系统、集团客户关系管理系统,该模块主要构建了酒店集团直销的营销体系和客户关系管理系统(CRM)。第二,是集团数据分析系统,该模块是通过对市场的数据分析,运用数学模型进行科学的决策模块,该模块包括基本市场面的分析,收益管理、预订分析等,这个模块是集团酒店应用的发展趋势。第三,是集团数据接口系统,该模块主要是酒店集团针对第三方的在线预订和在线支付系统,在线预订和支付系统包括有线和无线网络。上述系统是酒店集团运行和市场竞争的必要手段和工具。国内集团酒店已经在应用这些系统,这种系统的投入运行,为酒店集团的发展起到了关键的作用。这种酒店集团数据处理中心具有以下几个特点:

图 7.47　酒店集团管理信息系统的运行模式

①数据处理量大,具备了大数据处理的标准;

②数据需求实现实时处理的要求;

③数据运作在集团统一的平台上;

④云存储的科学管理;

⑤为数据挖掘和商务智能打下基础。

（4）向信息资源管理型方向发展

过去开发的酒店管理信息系统,主要是满足基本的日常管理,是事务性的,如收银、房务处理、电话计费等。但酒店的经营和发展,更依赖于对各种资源的调配和管理,也就是说,酒店的管理信息系统要将客户资源、技术资源、信息资源、人文资源、社会环境资源等建立在一起,以发挥信息资源的综合效益。新的酒店管理信息系统能更好地重视信息资源在组织管理决策中的作用,可以更好地支持酒店管理决策层在经营过程中作出决策。酒店管理信息系统会向资源管理发展,可以改变人们对信息资源作用的认识、理解,帮助酒店进一步提高管理效率,增强对市场的反应能力,使信息资源得到有效和充分的使用。酒店行业近几年的发展,表明在集团的运行模式上,越来越依靠对信息资源运作的依赖。例如,上海的Motel168酒店连锁集团(目前和如家酒店集团合并)通过集团预订平台的客房数为 1 万间次/晚,下属酒店对预订平台有一定的依靠,这提高了整个集团的信息资源利用率,使集团的竞争力得到提高。

（5）物联网（The Internet of Things）应用,提高酒店管理的效率

物联网就是将所有物品通过射频识别等信息传感设备与互联网连接起来,实现智能化

图 7.48　酒店集团计算机运行数据中心平台

识别和管理。在酒店方面的应用,更是前景广阔,使用物联网技术更能体现优势,如 RFID 停车管理系统、具有物联网技术的酒店监控系统、带电子标签(RFID)的酒店库存管理系统、具有无线射频识别的磁卡门锁系统(如杭州黄龙饭店应用的宾客磁卡模式引路系统)等。在酒店应用中,无论是高星级宾馆还是经济型连锁宾馆,应用将是全面的、全方位的。物联网的应用将和酒店原来的计算机网络联网,形成新的经营管理系统。例如,酒店中的客房保险箱,安装上传感器与酒店管理信息系统链接,这样宾客使用保险箱的状态完全在可控范围内,如果宾客在离店时,忘记将保险箱中的物品拿走,收银员可以马上提醒宾客,这种服务状态的提高是新技术带来的。物联网可以应用到对宾客的服务,也可以应用到对酒店实施和设备的控制与管理。由此,酒店管理信息系统将进入新一轮的发展空间,是和物联网结合,控制酒店的实施和设备,为智慧服务与智慧控制打下基础。

4)酒店后台综合计算机管理系统

酒店行业习惯将为宾客直接服务的部分,称为前台,如餐饮、客房等,与此对应,把间接为宾客服务的部门称为后台。前台的计算机技术应用,起始于为宾客服务的前厅、客房,构建在以宾客收银的主干业务上。随着酒店行业管理的发展,酒店企业开始对后台应用计算机进行管理,后台管理的核心业务是企业的财务管理、人事管理等。从表现形式看,后台的管理系统既要满足部门之间的文档流转,还要完成每个职能部门管理的信息化。其目标是:减轻事务性重复性的工作,提高效率,更为企业整体效益提高服务。目前,酒店会在主要三大领域使用计算机系统:财务计算机管理信息系统、人力资源管理系统和集成化的成本控制系统。

（1）酒店财务计算机管理信息系统

我国酒店财务管理信息系统起步于 20 世纪 80 年代末，随着财政部推行新的会计制度，会计电算化得到了迅速发展。先后经历了单机版、网络版，到目前多人多部门协作处理的系统，也经历了从 DOS 操作系统到 Windows 平台下 C/S 结构，再到集团层面应用的 B/S 结构的发展历程。经过 20 多年的发展，已形成了一个标准化、通用化、商品化、专业化的酒店财务管理软件产业。酒店行业的财务管理信息化和其他行业一样，迅速普及并向智能化和数据挖掘方向发展。

最初的财务管理系统是为了解决财务工作人员工作量大、重复劳动、易出错等问题而出现的，功能单一而简单，只有记账和报表处理等功能。经过软件技术人员对系统的不断深化和新功能的开发，目前酒店财务管理信息系统具有总账、报表、工资、固定资产、现金流量表、资金管理、应收账款、应付账款、成本核算、存货核算、预算控制、财务分析和相关的采购管理、库存管理、销售管理等近 20 个功能模块。现在的财务管理系统，是以财务控制为核心，进行销售、客源、成本控制等管理要素配置的系统。酒店财务系统可以帮助酒店完成从部门级应用向企业级应用的跳跃式发展，实现财务业务一体化管理的要求，在酒店管理中实现事前预测、事中预警控制，帮助酒店有效地降低财务风险，进行收益管理，以获取最大效益。

目前市场上的财务管理系统种类繁多，大部分都是以生产制造企业为模板，虽然能够满足酒店财务运行中记账、凭证、报表、固定资产、应收应付等方面的需求，但是真正能够满足酒店个性化应用的产品不多。究其原因，财务管理系统主要还是以账务管理为基础的，大多数功能的设计开发都是围绕着账务来进行的，如工资模块，虽然可以很方便地进行工资计算、发放、统计等账务方面的操作，但是对于酒店更关心的"人力资源"管理方面并没有涉及。又比如库存管理，通用的财务管理系统更关心存货的账面金额，而酒店运行中则更关心物品的采购比价、领料的审批流程、使用部门的最终成本核算。在日常使用中常常会出现捉襟见肘的现象，因此，酒店在选择财务管理系统时一般仅选择一些常用易用的模块，而通过另外的系统来进行补充操作，再通过数据接口将需要的数据导入财务系统中，以完成最终账务集中管理的需求。酒店财务管理系统主要模块配置和其与相关酒店管理各个系统的信息交换如图 7.49 所示。随着酒店管理的集约化、网络化、协同化、平台化的推进，酒店财务管理信息系统与其他管理信息系统的信息交流在不断增加，财务管理系统会实时性、预见性、全局性和精准性地为酒店管理高层的管理和决策服务。

图 7.49　酒店财务管理系统常用模块

（2）酒店人力资源管理系统

酒店之间的竞争，往往是酒店人才的竞争。再好的酒店产品设计、服务标准，如果没有人去执行、管理，那将不可达到预期的目标。对于酒店来说，一直存在着专业人员缺少，人员流动率高的困境。那怎样才能在这种现状下找到好人才，留住好人才，并且根据不断变化的人力资本市场情况和投资收益率等信息，及时调整管理措施，从而获得长期的"人才投资"价值回报呢？这就要求酒店能够对各部员工进行统一管理，各员工信息在部门之间进行共享。以实现对员工的优化管理，择优录用，充分发挥专业人员的特长。为此在酒店（集团）层面建立人才库，整合、调用专业人员的资源，是高层管理者的所需。由此酒店人力资源管理系统能在这个领域帮助和支持酒店的高层管理者。

酒店行业最初使用人力资源计算机管理系统是为了解决手工管理存在的烦琐、劳动强度大、易出错等问题。随着技术的进步，管理理念的更新，现在更多地加入了"人才经济"的管理概念，以实现对"人力资源"这类特殊资源的优化管理和综合利用。酒店人力资源管理系统应包括以下功能：招聘管理、员工管理、薪资管理、考勤管理、培训和知识管理等。这样整个系统才能涵盖员工在酒店工作期间的各个环节，为酒店人力资源的调配发挥作用。

①招聘管理信息模块。使用部门在员工离职或者因为岗位调整，需要增加员工时，通过招聘管理功能进行人员申请。使用部门发出人员申请时，应根据系统设定，对员工岗位描述、岗位职责、学历要求、定编人数、拟招聘人数等逐一进行说明。

人事部门在收到使用部门的招聘申请后，对岗位、部门定编进行核定，如果是正常的招聘申请，则审核通过，发布招聘信息，进入市场操作。如果是特殊的招聘申请，则需要上级部门对招聘申请进行再次审核。在系统中进行同意或拒绝的操作。

人事部门在收到应聘者发来的求职申请时，也需要将其录入系统中，一方面可通过系统进行初步筛选，另一方面也可让应聘者公平竞争，避免暗箱操作。同时，对于未录取者还可建立备用人才库，下次需要相关人员时可直接从备用人才库中选取，而无须进入市场操作，以降低招聘成本。

②酒店员工日常管理模块。这是日常使用最多的功能之一。从员工进入酒店开始工作之时起，人事部门就应将员工信息录入系统中，建立起员工档案，从而将其纳入日常管理中。在这里可以对员工信息进行基本信息修改、员工入职、试用期转正、劳动合同签订、职位工资调整、离职等操作。同时，还可录入奖惩记录、考评记录、年假、调休等信息并对这些信息进行跟踪管理。

员工管理是为了共享、完善和实现对人员信息的跟踪管理而建立的。人事部门应当授权各部门经理查看本部所管辖人员的适当信息，以方便使用部门了解员工的动态。同时，各部门也可根据需求生成各种系统自带的或者自定义的报表，必要时可以导出到 Excel 表进行二次加工利用。

在员工管理功能中，还可根据酒店的需要，配合不同的打印设备，调用预先设计好的打印格式，实现员工铭牌、员工卡等的套打设计。这类设计，不但可以调用固定的文字字段，还可调用员工照片、酒店 LOGO 等图片资源，既美观又方便快捷。

③酒店员工薪资管理模块。在薪资管理模块中，人事部薪资管理专员可以对酒店薪资

项目进行增加、修改、减少等操作,对工资计算过程可以自行定义计算公式进行计算。计算公式要简易明了、易懂,能够符合酒店的运行需求,满足日常操作要求。所有的修改都是立即生效的,也不影响过去已发放月份的薪资。系统对上月及以前的薪资数据是锁定的,一旦薪资生成报表,进行发放后,就会禁止任何形式的修改,避免产生漏洞被非法利用。并且系统还要有能够满足酒店要求的工资单、工资统计表、银行划账电子报表、个人所得税报税表、社保缴纳明细表等,以减轻工作人员的工作量,保证计算准确。所有对员工薪资相关的修改,都要保留电子存档记录,记录操作时间、操作人、操作过程等信息,以便在需要时对这些记录进行检查、审计,确保数据的安全。

④酒店员工考勤管理模块。作为对员工上下班时间的管理措施之一,打卡考勤制度是酒店通行的做法。利用非接触式 IC 员工证,配合考勤机,就可以实现电子打卡。考勤机必须是离线式的,打卡数据可以存储于考勤机内,记录数可达上万条,不会因为断电而丢失数据,也不会因为与系统的通信线路故障而不能正常工作。考勤机的系统时间由系统统一管理,现场不能修改,以确保员工打卡时间的准确性。人力资源管理系统通过接口程序定时采集员工打卡数据,并将之存入考勤数据库中,形成考勤数据,从而实现系统数据采集、计算、存储的自动化运行,无须管理者人工干预,大大减少了工作人员的工作量。通过与预先设定的排班信息的对比,系统还可以计算出员工的加班、缺勤、请假、迟到、早退等信息,并实现与薪资模块的挂接,自动计算出加班费、缺勤扣款等信息。

⑤酒店企业培训和知识管理。酒店的员工流动频繁,培训部门的工作量巨大。新员工进店不但要进行入店培训、酒店基础知识培训,使用部门还要对其进行岗位培训。进入工作岗位后还要不断地进行各种技能培训,如知识更新的培训等。据统计,酒店员工的培训量每年为 50～100 小时。通过培训管理,建立起培训体系,可以清楚地了解到每一位员工参加培训的记录,以及未来的培训计划,以方便使用部门管理人员掌握员工的技能掌握情况。

另一方面,员工的流动同时也意味着知识的流失。这里的知识是指各种工作经验、操作技能、程序规范等。这些信息大部分来自操作人员的日积月累,来自日常工作,多以个人的形式保存在员工心目或者计算机中,不能很好地进行管理、分享、归档,也容易由于员工的流动而失去,从而导致酒店资源的损失。如果酒店建立起一个所有员工都能访问的知识库,将知识进行集中管理,不但可以避免由于员工流失而造成的知识流失,还可以让更多的员工分享好的经验,提高经验、技巧的利用率,提高服务质量,减小培训部门员工的工作量。同时,员工拥有了自主学习的平台,不但可以学习本岗位的知识,还可以跨岗位、跨部门进行学习,给员工提供了"择优而栖"的机会,提高了员工对酒店的忠诚度。

人力资源管理系统解决了人事管理过程中烦琐、易出差错、档案寻找困难等难题,大大地方便了酒店管理者对员工的管理。在选择系统时,应方便酒店管理层、用人部门及人事部门的使用。计算机系统以 B/S 结构较为合理,各种审批程序应设置合理,操作简单,必要时可以设置导航图,以向导形式带领操作者完成操作。

(3)酒店集成化的成本控制系统

酒店成本控制系统的建立并不仅仅是用计算机替代手工操作,而是要借助信息技术对传统的成本管理模式进行科学的改革。通过成本控制系统,一方面可以构筑起合理的管理架构、优化的业务流程和完善的管理制度,另一方面也可将管理科学的各种方法(如运筹学、控制论等)运用到管理决策和实际中去,以帮助酒店有效地控制采购成本,增加企业效益。

成本控制系统可以帮助酒店实现事前控制、事后分析,自动比价体系可以帮助采购经理选择最有竞争力的供应商进行下单;各种预警功能可以帮助仓库管理人员对物品进行有效管理,保证常用物品不缺货,易变质食品不过期,确保对客服务部门的服务质量;丰富的统计报表可以帮助各营运部门及时掌握部门的运行成本,及时调整经营策略,保证效益。

酒店成本控制系统一般由酒店采购管理、酒店库存管理、酒店部门申购管理、酒店供应商管理、酒店成本核算管理等模块构成。

①酒店采购管理。酒店采购部是成本控制的源头部门,物品的采购价格直接影响酒店的运行成本。通过采购管理,可以对多家供应商的价格进行对比定价,选择最优报价,还可根据使用部门的采购申请单和供应商的报价生成订单,通过 EFAX(电子传真系统)或者 E-mail 直接将订单发给供应商。在设计采购流程时,既要考虑常用物品的定价,也要考虑非常用物品的比价、报价问题。

对于酒店日常采购的物品,如蔬菜、水果等,一般通过每月 2 次的定价来决定采购价格和供应商。酒店将物品清单和要求以电子文档形式发给供应商,供应商根据清单进行报价。采购部经理对收到的报价单进行审核,选定供应商及定价。整理成电子格式,直接导入系统中,从而形成新的采购定价。电子文档导入功能可以大大地减少采购部输入定价的工作量,同时也可以保证输入正确。而对于非常用物品的采购,一般采用一单一定价的策略。采购部收到使用部门的“物品采购申请单”后,就向意向供应商发出询价函,进行报价,所有的报价都应输入系统中。通过比价系统,决定供应商及价格。再由财务部和总经理对价格进行审核,形成最终定价。为保证公平性,应选择 2 家以上的供应商进行报价。采购部在确定供应商和价格后,可通过系统直接生成订单,完成采购过程,减少工作量。

②酒店库存管理。酒店仓库是物品流通环节的中心,供应商送来的物品都是先要经过验货然后进仓,使用部门再从仓库领走所需要的物品。仓库日常管理中需要用到的功能是“入仓”和“发货”。通过入仓功能,将供应商送来的物品输入系统中,其中包括供应商、价格、数量、批次号、生产日期、有效期等信息,最后打印出收货确认单,反馈给供应商,作为供应商向酒店进行结算的凭据。发货功能,则是首先调出使用部门的“物品领用申请单”,在申请单上填写各领用物品实际的领用数量,再打印出发货单,由领用者签字确认实际领用的物品数量。通过程序化的操作流程和相关的单据,配合仓库盘存,可以严格控制物品的进出,确保实物和账目的一致性。

仓库管理的另一项重要工作就是确保常用物资的备货,这些工作可以通过系统的相关报表来协助完成,如超低库存物品统计表可以列出已经低于常规储备数量的物品清单,以及时补货。而物品的保质期报表,则可以列出即将超过有效期的物品清单和相关信息,从而及时将物品进行使用或处理,避免物品浪费,也避免使用部门由于使用过期物品而引起服务质量事故。

③酒店部门申购管理。这是提供给各个使用部门的功能。在这里,使用部门可以提交“物品采购申请单”“常用物品日常采购申请单”“物品领用申请单”等申请单,而部门负责人

则通过审批程序对本部门提交的申请单进行复核和批准,只有经过部门批准的申请单才会进入下一个流程。

各使用部门特别是餐饮部,每天都需要采购数量不小的原材料,如果每天的原材料采购都从空白申请单开始填写,那势必会影响工作效率。这时候,使用部门可以建立日常采购模板,将日常采购的物品清单加入,这样每天填写采购申请单时,只需要填写一个数量就可以了,从而大大减少了使用部门的工作量。

使用部门可根据需要打印出相应的报表,以掌握本部门的物品采购和使用情况,了解运行成本。这样才能切实帮助使用部门控制成本。

④酒店供应商管理。凡是与酒店有物品往来的单位都需要建立供应商档案,以方便了解供应商的供货、付款等情况。为方便管理,对供应商应进行编码管理,并且还要具有历史物品供应跟踪功能,可以清楚地知道每一批次的供货物品清单,其中包括价格、数量、批次号、生产日期等信息,还可查询出这些物品的领用情况和库存情况。

⑤酒店成本核算。这是系统最重要的功能之一,所有的采购单、领料单等单据最终将汇总到成本核算,以便财务部门最终核算出各使用部门所领用物品的成本,计入使用部门的运行费用中。还可计算出各供应商的应付账款。由于同一种物品是滚动采购和领用的,不可避免地存在价格变动,对于这些价格变动,系统提供两种核算方式,即先进先出法和移动平均法。

A.先进先出法:用此方法进行核算时,使用部门在申领物品时,系统根据先入库的物品先出库的原则,将最早入库的物品优先出库,同时将本批次物品的进货价作为出库单价。这样保证每次领出的物品肯定是存货中最先进货的物品。对于食品等有保质期的物品,宜采用此方法进行核算,防止过期后造成损失。

B.移动平均法:用此方法进行核算时,物品领出时,系统根据现有存货的总价和数量,计算出单件物品的价格,以此价格作为领出物品的价格。

上述两种核算方法,各有优缺点,酒店选用哪种核算方法,应由酒店财务部来进行选择,只要选择的方法适合酒店自身的运营状况即可。

酒店成本控制模块,在酒店集团层面应用更具有经济和社会效应,对集团的成本控制、产品质量、供需时间节点的管控、采购商品的性价比等均达到很好的效果,同时对规范供应市场也起到了很好的作用。

(4)酒店现代工程管理系统

酒店的工程技术管理是行业的管理"弱项",虽然酒店使用较高端的工程设备和系统(高星级酒店更是如此),但在管理上并不展现"高明"之处,这和酒店的经营氛围有关,随着酒店集团化、集约化的发展进程,酒店的工程管理也应走上信息化、规模化、集约化的发展之路。

①酒店工程的日常技术管理。酒店的日常管理主要是为了完成对酒店硬件设备设施的维护保养,确保酒店正常运行,该领域的技术管理是必需的、传统的、被动的。当各个使用报修时,工程部分配相对应的技术员工进行维修。这个工作量在传统的工程技术管理中占90%。但随着酒店行业的发展,这种被动的模式将被更好的管理模式取代。但现场维护和

维修是必需的,怎样使现场维修质量提高,速度更快,值得探究。

②酒店工程的运维计划管理。酒店的所有设备设施和工程系统,都有自身的运行规律,酒店工程部应该用产品生命周期、酒店营运规律、工程控制理论、项目管理等理论,来实践酒店工程技术管理的新模式。新的模式应充分应用信息化和物联网技术(图7.50)来管理酒店的设备设施,作好酒店年度维护保养计划,使得酒店工程技术管理具有预计性、计划性、科学性和前瞻性,在酒店经营管理上具有主动权。在此酒店工程技术管理应用信息化是必由之路。酒店工程信息部,应该规划好工程管理信息系统的应用,完成对酒店工程系统的实时监控、运维预见报点、工程维护计划、设备设施更新规划、工程技术人员培训、技术更新等新型酒店工程管理模式。

图 7.50 酒店工程运维应用信息和物联网技术的新模式

③酒店综合能耗管理。酒店能耗主要管理部门是工程(信息)部,酒店的运行每时每刻消耗着大量的能源,酒店的运行是靠能源的耗费来维系的。由此酒店的节能减排任重道远。酒店可以从各种渠道和方法来实现酒店的节能减排,但酒店能耗的重点是能源的消耗。为此工程部是担负此责任的关键部门。工程部应该应用信息技术来完成酒店的能耗监控,为酒店的节能减排服务。

④集团连锁酒店的工程技术管理。其要靠规模化、集约化的运行模式来管理。集团层面将监控每个酒店的运维状况。第一,可以对集团酒店的重要设备进行实时监控,掌控其运行状况,做到集约化管理的效应。第二,实施酒店工程系统的预警机制,做到控制点的维修和维护。第三,与酒店工程技术支持厂商联动,做到维护的及时性、预见性和可靠性的同步化管理。

5)酒店计算机营销网络平台

互联网的发展,进入了企业的各种应用领域,酒店行业是应用互联网较多和较早的行业之一。网络的应用是一个实实在在的与人们工作生活密切相关的"网"。据中国互联网络信息中心(CNNIC)统计,截至 2016 年 6 月,我国网民数量已达到 7.1 亿,约占中国总人口的1/2,互联网普及率为51.7%。手机网民为 6.56 亿,较 2015 年底增加 3 656 万人。网民中使用手机上网人群占比由 2015 年底的 90.1% 提升至 92.5%。中国网民中,农村网民占比26.9%,规模达 1.91 亿。中国网民手机上网使用率为92.5%,较 2015 年底提高 2.4 个百分点;通过台式计算机和笔记本电脑接入互联网的比例分别为 64.6% 和 38.5%;平板电脑上网使用率为 30.6%;电视上网使用率为 21.1%。中国域名总数为 3 698 万个,其中".CN"域名总数为 1 950 万个,占中国域名总数比例为 52.7% ,".中国"域名总数为 50 万个。中国网站总数为 454 万个,其中".CN"下网站数为 212 万个。但不同行业的电子商务应用普及率差距较大,其中制造业、批发零售业电子商务应用化较为普遍。在企业电子商务应用的规模方面,与大中型企业相比,微型企业对电子商务的应用普及还需要进一步加强。这是一个多么庞大的数字,不管对于哪个行业来说,只要赢得 1% 的网络消费就可以使企业赚得钵满盘满。因此,各行各业都在大力发展网络应用,以使自己在互联网经济中抢得先机。各种网络应用也日益成熟并得到了广泛的应用。如何利用互联网这个特殊的平台,把旅游向全球进行推销,把全球的宾客吸引到自己业务中来,从而在当前的互联网经济中分得一杯羹,这是摆在全体旅游经营管理者面前的一个重要课题。大力推广网络营销,已成为旅游行业的当务之急。

互联网就像一个通往无极的路径,它使这个世界瞬间变小了,互联网打破了时间和空间的限制,覆盖了整个世界。酒店通过互联网可以将自己的各种图片、文字信息迅速传送到世界各地。世界各地的客户也可通过上网站浏览,获得酒店的所有信息,给酒店管理者反馈信息,与其他人分享其住店体验,也可立即与酒店进行实时交流,甚至直接完成网上购买。它使酒店与客户的沟通更自由、更及时、更近距离、更直接,互联网把酒店的市场营销范围扩大到了全世界,大大提高了酒店的营销能力,真正实现了全球营销的梦想。目前,很多国内的酒店都设立了自己的网络营销团队,精心设计自己的酒店网络营销方案,并且让营销人员学习相关的网络营销课程,从而打下良好的基础,全力进军互联网经济。在抓好营销的同时,更要搞好酒店预订网络的建设,宾客住店的体验,都是从预订开始的,预订过程的体验将直接影响宾客的整个住店体验。酒店常用的网络预订,有以下几种途径:第三方营销网站、酒店集团预订平台、酒店自营网站、酒店移动营销。

酒店可根据自己的运行特点,选择多种途径进行营销以方便宾客的预订操作。下面简单介绍各种预订途径的特点。

(1)酒店第三方网络营销渠道

酒店第三方网络营销渠道,是非酒店企业通过建设网站,构建一个不分区域、类别和时间限制的销售酒店服务的网站(图 7.51)。宾客可以在其网站上,预订适合自己的酒店并下单。这类网站为宾客提供了便利,具有规模和集聚效应,使得宾客喜爱订单具有可比性和灵活性。每个酒店可根据自己的营销状况,加入第三方酒店营销平台,如携程、同程、艺龙等。第三方营销平台,通过佣金方式获得收入。酒店方则无须投入,进入门槛较低,只要和预订网站签订协议,网站就会给酒店管理账号,通过管理账号登录到管理平台,酒店就可以发布酒店介绍、房间数量、房价、促销信息等各种信息。宾客通过浏览网站,可以找到合作酒店的信息,然后直接进行预订。网站收到宾客的预订信息后,通过电话、传真、电子邮件等方式与酒店进行联系,先由酒店方对本预订进行确认,再由网站预订人员与宾客进行确认,从而完成宾客的预订。随着预订量的增加,部分网站为了减少人工工作量,也推出了 E-booking 平台,该平台就是将宾客的预订信息通过 E-booking 平台发送给酒店,酒店通过 E-booking 进行确认,确认信息则同时发送给网站管理者和宾客。通过 E-booking 平台可以有效地减少订房网站人员的工作量,减少人为差错,提高工作效率。但是酒店方还是需要人员进行预订信息的录入和确认处理,工作量没有减少。

图 7.51　酒店第三方营销网站预订流程

仔细分析该运行模式,不难发现酒店第三方营销平台是通过对酒店前置预订渠道进行流程再造,打破酒店自身预订的瓶颈,通过网络优化手段为宾客预订提供服务从而占领市场。这个运行平台将分解相当一部分酒店行业的利润,得到建设网站企业的生存和发展。这个营销途径不是酒店行业能左右的,酒店行业应该认可这种模式,而不是回避,利润是被第三方营销平台拿走了,行业该考虑怎样扩大市场,拿回这部分利润。

(2)酒店(集团)自主预订平台

酒店集团预订平台发展较早,集团预订中心的市场运行较多为国际酒店集团,如喜达屋酒店集团、香格里拉集团、万豪集团等,如图 7.52 所示。集团下属的酒店通过 VPN 或者专线与自己酒店集团的订房中心进行链接,所有的可用房数据、房价等信息都进行实时同步,宾客在网站上的预订,通过预订中心与酒店管理信息系统进行同步更新,直接生成前台可以看到的预订记录。所有的操作对酒店来说都是透明的,大大减少了酒店工作人员的工作量。但是,集团预订中心只限于本集团的酒店使用。一般这些预订中心服务器都在国外,通过VPN 或者专线进行链接,每个预订都需要支付给集团一定的佣金,运行费用较高。该类运行平台目前在国际市场上运行多年,比较成熟,新的酒店或单体酒店很难与之抗衡。同时该类营销平台单体酒店一般无法加入,如果单体酒店自己进行该类网站建设,成本较高,最大的问题是如何提高网站的点击率,因为只有拥有一定的点击率,才有可能转化成下单率。

图 7.52　酒店自主预订平台

(3)酒店直连预订模式

酒店直连预订模式(图 7.53),可能是发展的一种预订模式,它通过专业订房网站连接酒店管理信息系统中的预订模块。通过直连模式,宾客可以在网站上直接单击客房或其他服务的预订,如把阿里巴巴、携程等公司的订房请求直接与酒店管理信息系统相连,实现专业订房网站订房处理的全自动操作。这种模式,既减少了酒店的工作量,保证了预订的响应速度和准确率,又无须集团订房中心这样高昂的投入,不但深受各单体酒店的欢迎,也受到酒店管理集团的欢迎。目前,有些公司在投入开发和初步试运行,如某平台已经与洲际集团、开元旅业等集团完成了对接,实现了网络预订的自动化处理,预计将有更多的酒店加入直连模式。

图 7.53　直连预订模式流程图

（4）酒店自营网站

这是酒店较早也最想做的网络营销方式。酒店自行建设网站,页面上有订房界面,宾客可以在界面上输入订房需求和联系人信息,内容提交后以邮件或表单形式提交给酒店预订部门,酒店预订部门接到订房请求后,按照普通的订房请求流程处理。采用这种方式酒店投入少,但最大的瓶颈就是网站的推广,如何提升网站点击率是成功的关键。这类网站可以减少对第三方预订平台的依赖,但需要时间的积累和酒店企业文化的积淀。酒店还需要培养一批自己的网络营销队伍。

本章小结

- 近年来,电子商务在我国社会各领域发展迅速,传统的酒店业与电子商务结合,是当今酒店业发展的必然趋势。传统酒店客源狭隘,而如果将酒店与电子商务结合,客户可通过互联网方便快捷地了解酒店情况,与酒店进行业务往来。节假日旅行可提前在网上预约。网络不仅减少了客源滞留、无处可住的情况,同时降低了酒店营销及运营成本,开拓了市场的广度和深度,为酒店开发客源市场带来了无限的商机。本章对电子商务在我国酒店业的应用与发展,进行了较为详尽的阐述与总结。

第8章
酒店人力资源运营管理

【学习目标】
1.掌握人力资源管理的基本含义。
2.了解中外酒店不同的人力资源管理模式。
3.掌握酒店人力资源管理目标及原则。
4.掌握酒店人力资源管理的基本内容。
5.具备酒店人力资源管理的具体工作的相关知识。

案例导入

Spas 国际公司的人力资源管理

雷克斯先生在 2 月回到他的母校,去面试几个即将毕业的学生,这几个学生都准备应聘 Spas 国际公司财务部职位。Spas 国际公司是一家大型管理公司,拥有并管理着 60 多家豪华健身俱乐部。虽说雷克斯只是一名市场营销专家,但 Spas 国际公司有一个习惯做法,就是派公司的高级行政人员回到他们的母校去招聘新员工。

波莉就是其中的一名学生,由于两人有很多相近之处,所以他们谈得相当投缘。面试结束后,雷克斯为波莉安排了一次到芝加哥公司总部的实地旅行。在那里,波莉得到盛情款待。波莉的表现也给公司财务总监留下了深刻的印象,他给波莉安排了一个职位,关于上班地点,他为波莉提供了 7 个可选择的城市,但建议她选择规模小一点的公司,因为在小公司中不仅能让一个人承担更多的责任,而且作出的业绩也是有目共睹的。波莉愉快地接受了他的建议,准备到亚利桑那州开始她的新工作。

无论是雷克斯本人还是到芝加哥的那趟旅行,都给波莉留下了深刻的印象,她盼望早日开始自己的职业生涯。可当波莉第一天到公司报到时,她的出现竟让她的新老板大吃一惊,他甚至不知道波莉要来。"总部的人干什么事都是事先没个安排,真要把人气死了。"他边低声嘀咕着,边告诉波莉做一些眼前并不重要的工作,没对她进行什么特别交代。

第二天早晨,老板告诉她:"把那些过期未付的公司账目档案都整理出来,再与那些超过 60 日尚未付款的公司取得联系。我马上要出差,周四回来。"

波莉开始工作。她对公司目前还在使用手工操作的存档系统感到很惊讶,但还是尽自己最大的努力,把所有档案按照字母排列顺序、全部的发票按照开票日期的先后顺序一一整理出来。星期三,她还与 6 家已经过期 60 天仍未付款的公司取得了联系,并安排了与他们下周见面的时间,波莉的目的是想与他们订立一个偿付过期账目的时间表。可以说,为了能与这些人取得联系,波莉做了大量的工作,而且也鼓起了很大的勇气。周三晚上,当波莉离开办公室回家时,她为自己能够把工作做好而感到非常自豪。

周四早晨上班后,波莉急于将这几天自己的工作向老板汇报,可在叙述的过程中,她从老板的表情上感觉到好像自己有什么事做得不对。紧接着,就听老板说:"我下周没有时间去这几家公司。你难道没有看到放在我桌子上的时间安排吗?还有一件事我要说明,我们不与各公司商定偿付时间表,只要整理出保付支票或者直接去商业咨询局(类似中国的消费者协会)就可以了。如果你对什么事不清楚的话,就问我。你们年轻人怎么连起码的常识都不懂,我真不知道学校是怎么教育你们的。你比上次他们塞到我这儿的女孩还差劲。"波莉顿觉心灰意冷。

案例思考:

1.Spas 国际公司在人力资源管理工作的哪些方面存在问题?

2.波莉和她的新老板相处得如何?

3.你觉得波莉的老板这么对待波莉公平吗?

4.造成这些问题的主要原因是什么?

8.1 酒店人力资源管理概述

在酒店的人、财、物、信息、时间这 5 大资源中,人力资源是酒店最基本、最重要、最宝贵的资源。只有人,才能使用和控制酒店的其他 4 大资源——物资、资金、信息和时间,从而形成酒店的接待能力,达到酒店的预期目标。一家酒店无论其组织如何完善,设备如何先进,若酒店的员工没有发挥他们的工作积极性,永远也不可能成为第一流的好酒店。人力资源决定了酒店其他资源的使用效果和酒店经营活动的效果。

酒店是劳动密集型的服务企业。酒店提供的产品主要是由人提供的、能满足客人各种需求的服务。服务产品的质量直接取决于服务人员的素质及其对工作和企业的满意程度。国外酒店管理专家已提出酒店传统意义上的客人满意战略,即 CS 战略(Customer Satisfaction)应向员工满意战略,即 ES 战略(Employee Satisfaction)转变;只有满意的员工,才会带来满意的客人。

因此,人力资源管理已成为酒店现代化管理的核心,是酒店经营管理成功的重要保证。

8.1.1 人力资源管理的基本含义

所谓酒店的人力资源管理,就是指对酒店从业人员进行招聘、培训、调配、发展、激励、升迁、补偿、协调直至退休的全过程的计划、组织、指挥和控制。人力资源管理包含两个层次:一是培养与发展管理,即对人力资源进行计划、组织、指挥和控制等,使人力资源发挥最大的效能;二是日常运作管理,即对员工从招聘进酒店直至离职退出酒店的全过程的培训、调配、发展、补偿、协调等实际操作。招聘是为酒店选择合适的人员,使酒店能够职得其才,使员工人尽其才。酒店对于招聘的人员实行上岗前培训以及上岗后的进一步培训或调换岗位的培训,以全面提高员工素质,使之能与岗位需要相结合,使员工能获得发展空间,使酒店能得到所需要的人力资源。职工对酒店作出了贡献,理应得到恰当和公正的报答,这是酒店应承担的职责。在人力资源管理中,最主要也是最繁杂的工作就是人力资源管理的实际操作。

　　然而,人力资源管理的效能如何,在很大程度上取决于管理理念。酒店作为一家经营性企业,其经营理念应重视人力资源的管理模式、人力资源的管理思想、人力资源的管理目标以及人力资源的管理原则这几项要点。

8.1.2　人力资源管理模式

　　中、西方人力资源管理模式不同,我们应当学习西方科学的人力资源管理方法,结合我国酒店业实际,创造性地创建酒店人力资源的管理模式。

　　西方人力资源管理模式是事先设定目标,据此寻找合适的人才,再通过激励机制去刺激人力资源的供给,从而实现预定的目标,其实现途径主要是自由雇用制。美国的人力资源管理体系相对完整,从规划到最终使用、评估都很完善,但在美国也存在两种分别以 IBM 和微软为代表的不同管理原则。微软是全球最大的软件供应商,它的人力资源管理战略是从不在乎员工的流动,也不会耗费大量时间对人才进行培训,他们讲求的是效率与效果;IBM 则完全不同,它注重员工的素质培养和团队精神,他们认为,人才是靠培养获得的,从而也在公司内部建立了师傅制。美国公司管理总的来说还是属于典型的西方模式,特别是著名的壳牌和杜邦公司。欧洲的人力资源管理模式除具备美国的特点之外,受政府和社会的影响也较大,它的许多企业都拥有微软和 IBM 的双重原则。东方的人力资源管理模式以东方文化为主,但有些国家也与西方相结合,这也是全球人力资源一体化进程的一部分。如日本管理模式的核心是终身雇用制,尤其是喜欢雇用一些刚毕业的学生,逐步提升。亚洲四小龙则在东方的基础上夹杂了一些西方的特点,它像东方传统文化一样注重品行,也像西方一样注重其知识创新能力,没有完全形成终身雇用制,且流动性较强。从世界各国各种管理模式的分布来看,各种管理理念都在不同程度上取得了一定的成绩。这说明在管理原则上,没有最好的,只有最适合的。像微软与 IBM 由于分属行业的区别,经营性质不同,管理模式也各异。国内人力资源管理模式习惯套用一种固定的模式,没有自己的特点。因此,我国企业应参考国内外同行业的管理模式原则,但切忌忽略本国的人文及社会情况,要建立一套完整的适合自己的管理体系。

8.1.3　"以人为本"的管理思想

　　我国酒店的组织管理深受马克斯·韦伯科层制理论的影响,采用严格的以岗位为中心的组织结构严密的管理体系。在酒店业供过于求的经营环境中,酒店经济效益不佳,员工薪资待遇不高,造成一线员工的参与性差,再加上酒店员工流失严重、培训不足,不仅人力资源的有效利用难以实现,更致使酒店服务质量低下,阻碍了酒店的进一步发展。从人力资源管理的角度看,"以人为本"的管理思想尤其适合酒店企业。加里·德斯勒在其《人力资源管理》一书中指出:人力资源管理非常重视工作生活环境,即不仅要利用人来创造最高的工作绩效,实现最大的生产价值,也要为员工创造一个良好的工作环境。这就是"以人为本"的管理思想的重要内容。这一人本主义的管理思想已经深入中国的管理学家心中,在很多文献中都提到了"以人为本"的管理哲学。传统的人事管理和现代人力资源管理的主要区别就在于前者没有建立"以人为本"的管理思想。在中国的酒店业中应当实现科学的人本管理,应当把酒店人力资源分解成两个层次:一部分是由酒店管理者组成的高层管理人才,对于这部分管理者,应以科学为先导,以激励和价值基础为中心,充分利用其积极性和主动性,提倡以团队和授权为导向,充分发挥中高层管理者的智能参与水平,强化各种人本要素,包括其意愿、管理能力、协调能力、交流能力和素质,确保酒店的发展和回报同步;而对于底层管理人员和酒店一线服务员,由于他们的收入低,从事该项职业所要求的素质并不是很高,因此,可以采用科学管理和人本管理的双重管理方法,即从科学管理的角度看,不必太在乎员工的流动,也不必耗费大量时间进行培训,应当采用科学的方法促进他们努力工作,讲求效率与效果,从人本管理的角度看,由于酒店业是一种面对面的服务行业,服务质量高低既取决于培训程度,更取决于员工的工作热情。因而,要为他们创造一个良好的工作环境,以免影响一线服务人员的情绪,进而影响服务质量和服务效率。

8.1.4 酒店人力资源管理目标

酒店人力资源管理的目标是调动酒店员工的积极性和创造性,提高劳动效率。具体来说,包括以下 3 个方面的内容。

1)造就一支优秀的员工队伍

酒店要正常运转起来并取得良好的经济效益和社会效益,不仅要有先进的管理方法,还要有一支优秀的员工队伍。

2)实现最佳劳动组合

一支优秀的员工队伍,要通过科学的排列、组合,使员工以最佳的组合方式,做到职责分明、各尽所能、人尽其才、才尽其用,形成一个精干、有序、高效的有机劳动组织。

3)创造宽松融洽的工作环境,使员工的积极性得以充分发挥

人的管理并不在于"管"人,而在于"得"人,谋求人与职、人与事的最佳组合。"天时不如地利,地利不如人和",正说明人心向背的极大威力。酒店的人力资源管理,就是要通过各种有效的激励措施,创造一个良好的人事环境,从而使员工安于工作、乐于工作,最大限度地将员工的聪明才智和创造性发挥出来。

8.1.5 酒店人力资源管理的原则

在酒店人力资源管理中,为了合理开发和利用人力资源,有效地挖掘员工的潜力和工作

积极性,创造良好的人力资源管理体制,应遵循如下原则。

1)任人唯贤

任人唯贤就是选拔和重用酒店中德才兼备、年富力强、成绩突出的员工。反对任人唯亲,以免造成酒店经营的失败。

2)唯才是举

推荐和晋升员工要以其才能和工作成绩、实际贡献为基础,要选拔那些乐于为酒店事业贡献才智的人。重视人才的使用,既是重视人力资源的开发利用,也是创造良好人事环境的重要举措,它不仅会给酒店培养出一批年轻有为的后备军,而且会直接创造出极大的财富。

3)合理流动

酒店组织作为一个有机体,要坚持其活力就要不断地新陈代谢,补充新成员,辞退不称职人员。只有保持酒店员工的合理流动,才能给酒店带来新的生机与希望,防止员工队伍老化。

4)奖勤罚懒

加强对酒店员工业务水平、工作能力和工作态度的考核,并把考核结果作为员工晋级、奖励、惩罚的依据,真正起到奖勤罚懒、鼓励创造、重奖有贡献者的作用。

5)最佳组合

在人力资源管理中,注意量才适用、知人善任、因事求才、因才施用、事得其人、人尽其才,通过工作分析和人事组合,达到酒店劳动的最佳组合。

6)有效激励

酒店各级管理人员都要充分认识到人力资源开发利用的重要性,不要把人力资源管理看成是人事部门的事,而要充分认识了解员工心理,分析员工行为,有效地调动员工的积极性,把人力资源管理视为酒店全体管理人员分内的事,并在严密的管理制度上,辅以灵活的管理方式和领导艺术,充分激发出全体员工的创造力和积极性。

8.2　酒店人力资源基本管理

各个不同的酒店根据自身酒店的特点,有其不同的人力资源管理手段和方法,但不同的酒店在基本的人力资源管理内容和具体的人力资源工作方面,都是相似的。

8.2.1 酒店人力资源管理的基本内容

要实现现代化人力资源管理和人力资源管理人员专业化,酒店的每个管理人员就必须了解和掌握人力资源管理的理论、方法和职能。一个酒店的人力资源管理通常包括以下内容:

1)根据酒店的经营管理目标和酒店的组织结构制订酒店的人力资源计划

在制订酒店的人力资源计划时,着重解决两个问题:酒店需要多少人,需要什么样的人,即做好酒店人力资源的数量和质量的预测。

2)按照酒店人力资源计划以及酒店的内部和外部环境招聘酒店员工

酒店员工招聘除了在外部招聘以外,还可采用提升和调动工作的方法,以达到将最合适的人安排在相应的工作岗位上的目的。

3)经常性的不间断地对员工进行培训

为了使每个员工胜任其担任的工作,适应工作环境的变化,必须对员工进行不断地培训。由于员工所担任的工作层次不同,所以培训方式和内容也不一样。对在操作层工作的员工应进行职业培训,即注重工作技能方面的培养;而对担任管理工作的员工则应进行发展培训,即注重分析问题和解决问题能力的培养。

4)努力提升员工的工作积极性

员工的工作表现取决于两个基本因素:工作能力和努力程度。通过有效的培训,员工具备了作出成绩的能力,但还需要管理人员来调动他们的工作积极性。酒店的管理人员必须掌握调动员工的工作积极性的理论和方法,培养"企业精神",增强酒店的凝聚力,激励员工作出出色的成绩。同时,还要分析酒店客观存在的工作不尽如人意的原因,研究防治和解决的方法。

5)掌握有效的领导方式

酒店的管理人员必须掌握有效的领导方式,而有效的领导方式的基础是搞好酒店内部的沟通。因此,管理人员必须熟练地运用沟通技巧,采用因人、因时的领导方式,达到有效的管理,发挥人力资源的最大效能。

6)合理有效的评估

成绩考评既是酒店人力资源管理效能的反馈,又是对员工成绩、贡献进行评估的方法。管理人员掌握正确的成绩考评方法,可以对员工的工作成绩作出正确的评估,并为提升、调职、培训、奖励提供依据。

8.2.2 酒店人力资源管理的具体工作

一般酒店的人力资源管理包含以下具体工作:

1)工作设计

工作设计是酒店组织结构设计的延续。酒店组织结构确定之后,按具体情况划分各个部门。在每个部门内还应包括各个工作岗位及具体的工作内容。工作设计还应包括制订一套关于每个工作岗位的任务、性质、条件和要求的标准,并以此标准来衡量职工的工作表现。具体地讲,有两项非常繁重、复杂却又非常重要的工作内容——工作岗位设计和职务分析及职务说明书的制订。岗位设计不仅仅指管理层的职位,还应包括操作层的每一个工作岗位,见表 8.1 某酒店客房楼层督导的职位说明书。

表 8.1　某酒店客房楼层督导的职位说明书

工作识别信息	
职位名称:楼层督导	所属部门:客房部
直接上级:楼层主管	直接下级:楼层服务员
班　　次:早班	工作时间:08:00—17:00
分 析 人:张三	分析时间:2016 年 12 月 3 日
工资级别:略	职位编码:11-17

工作概要
检查督导早班服务员按标准程序清扫客房;督导服务员对客服务规范化,使其处于良好的工作状态;保证本段客房及公共区域设备完好,物资齐全等,对所管楼层的服务质量负责

工作内容
1.了解当日所辖区域房态,参与布置检查 VIP 房。
2.合理安排劳动力,并对下属员工进行考勤,检查楼层服务员的工作流程。
3.负责保持、维护、检查客房和公共区域、消防通道的清洁卫生。
4.检查每日走客房、空房、住人房等的日常、计划卫生的质量,保证及时将 OK 房报至客房中心(其余的工作内容略)

任职条件
1.要求从事该职位的人员具有大专及以上学历,旅游酒店管理专业的人员可放宽至中专学历。
2.具有 1 年以上在饭店客房工作的经历。
3.具有良好的书面和口头表达能力。
4.外语和计算机应用水平能够达到饭店的基本要求等

(1)工作分析的概述

工作分析是指根据酒店工作的实际情况,对酒店各项工作的内容、特征、规范、要求、流程以及完成此项工作所需员工的素质、知识、技能要求进行描述的过程,它是酒店人力资源管理开发与管理的最基础性工作。

工作分析的主要目的有两个:一是研究酒店中每个职位都在做什么工作,包括工作性质、工作内容、工作责任、完成这些工作所需要的知识水平和技术能力以及工作条件和环境;

二是明确这些职位对员工有哪些具体的从业要求,包括对员工自身素质、技术水平、独立完成工作的能力和工作自主权等方面的说明。

（2）工作分析的要素

①什么职位。工作分析首先要确定的是工作名称、职位。这方面的信息可以通过工作分析来获得。

②员工体力和脑力要求。现代酒店的各类工作岗位需要员工既付出体力劳动,又付出脑力劳动。但是由于工作性质和内容的不同,体力劳动和脑力劳动在各个岗位工作中所占的比例不尽相同。

③工作将在什么时候完成。为了确保工作质量和工作效率,工作分析需要对完成工作的具体时间进行调查和计算;同时,这也是执行国家法定工时和保证员工身体健康的需要。具体地说,就是要详细掌握工时和工作排班情况。

④工作将在哪里完成。这是指了解工作地点和物理环境方面的信息。

⑤员工如何完成此项工作。通过研究工作内容和性质,确定员工在完成一项工作时必须掌握的工作方法以及具体的操作步骤。这方面的信息是决定工作完成效果的关键,也是工作分析最重要的一部分。

⑥为什么要完成此项工作。为了了解某项工作的重要性及如何衔接的问题,就要掌握该项工作与上一个环节是如何联系的,对下一步工作有什么意义,为下一步工作如何做提供依据,并明确该项工作的隶属关系,怎样接受监督以及进行监督的性质和内容等。

⑦完成工作需要哪些条件。从工作分析的角度讲,完成工作所需要的条件主要包括两个方面的内容:一是承担工作的员工应该具备什么样的素质和技能;二是完成工作所需要的设备和工具,以及其他辅助性工作。

2）制订酒店的人力资源计划

酒店的人力资源计划与酒店整体的经营计划息息相关。只有在酒店确立了整体的经营管理目标和经营计划后,才能制订相应的酒店人力资源计划。酒店的人力资源计划又从人力资源方面保证了酒店经营计划的实施。

酒店的人力资源计划主要内容如下:

（1）确定人力资源需求计划

通过对酒店工作的任务分析,确定酒店企业将来需要的人力资源的数量和素质等标准,制订人力资源计划。首先,应与酒店总体经营计划相匹配,因为任何企业对人力资源的需要,从根本上讲,都是由企业完成其未来发展目标和战略的需要而决定的。比如,开办一家新的酒店,或因经济衰退而缩小经营规模等,这些总体经营计划会对企业人力资源需求产生很大的影响。其次,人力资源需求计划应是对企业未来经营状况的一种反映。基于对酒店发展目标和经营规模的思考,管理者就可估计出要达到预定目标和经营规模所需配备的人力资源的规模和素质情况。

（2）确定具体的职位空缺计划

职务分析旨在确定某工作的任务和性质是什么,以及应寻找具备何种资格或条件的人来承担这一工作。职务分析必须着眼于分析以下信息:这一职务包含的工作活动有哪些;工作中人的行为应该怎样;工作中使用什么机器、设备、工具以及其他辅助用具;衡量工作绩效的标准是什么;这一职务工作的有效开展对人的素质条件有什么要求。职务分析结束后,要编制职务说明书,作为以后各阶段人力资源管理工作(如招聘、考评、激励培训等)的依据和指导。一旦酒店明确了需要展开什么工作,那么,将它与现有酒店的职务设计情况相比较,就可制订出具体的职务空缺计划。职务空缺计划反映了酒店未来需要补充的人力资源的类型和结构。

(3)结合人力资源现状分析,确定满足未来人力资源需要的行动方案

针对企业当前人力资源的需要与供应的差距,管理者可以测算出人力资源短缺的情况和酒店中可能出现超员配置的领域,然后决定通过何种途径寻找合适的人来填补空缺的职位或裁员。增补、选拔员工或减员的行动方案,应针对不同类别的职务与人员恰当地制订,不能采取过于简单或强求统一的方法来处理。

(4)从人力资源开发需要出发,制订员工职业生涯管理计划

酒店人力资源计划的制订必须考虑员工职业生涯的发展阶段,以帮助员工确认自己的职业兴趣并制订合理的职业生涯计划。因为,任何人都需要在相对稳定的职业生涯中发展自己的技能,并取得比较稳定的工作收入。管理者要有针对性地开展人力资源管理工作,就必须了解员工的职业发展阶段,并与此结合,制订合理的人力资源计划和政策。

总的来说,人力资源计划的制订不仅影响酒店的经营管理活动,也直接关系员工的前途命运。在越来越重视人力资源开发的现代企业中,采取措施帮助员工"成为他们能够成为的人",促进员工实现工作中的成长与发展,已不单是一个口号或价值观,而是日益成为看得见的行动。对以促进员工成长与发展为己任、注重人力资源开发的企业来说,人力资源计划的制订就不能不兼顾企业经营和员工个人发展这两个方面的目标,并在两者的综合考虑中制订出有效的综合性职业管理计划。

3)定员定编

定员定编就是确定用人的数量和标准。定员定编工作直接关系到人力资源利用率和工作效率的提高。合理的定员能帮助酒店充分挖掘劳动潜力,降低劳动力成本,提高员工的技能和素质;反之,则会造成人员结构不合理、机构臃肿、人浮于事、工作效率低下等一系列问题。定员定编工作是酒店人力资源工作中的重要课题。

在定员定编工作中,首先要确定各类人员在人员总数中所占比重即定员结构。因此,要对员工进行分类。可以按一线服务类和二线服务类来划分。一线服务类是指直接为客人提供服务的员工,如前台接待员、行李员、订房员、迎宾员、客房服务员、餐厅服务员等;二线服务类是指不直接与客人接触的员工,如工程维修人员、厨师、采购人员和办公室文员等。酒店要根据自身的情况,确定一线和二线人员的比例。

酒店在确定员工编制时有一个重要的参照标志,即客房数量。这是国际酒店业基本公认的定员标准。因为客房是酒店建筑物的主体,其营业收入能够占到酒店总收入的50%以

上,客房的投资成本也较大,因此以客房数作为定员参照标志是合理的。目前,美国酒店的定员比例为 1 : 0.6,即拥有 100 间客房的酒店只需员工 60 人。这一比例与美国劳动力成本高有直接的关系。根据我国的实际情况,我国酒店的定员比例可以为 1 : 1.5。当然,酒店的档次与类型不同,定员定编的比例也有所不同。比如,高档商务型酒店,人员配置比例就可定得高些;经济型酒店,人员配置比例就可定得低一些。

4) 人员招聘与选拔

酒店招聘员工本着用人所长、容人所短、追求业绩、鼓励进步的宗旨,以公开招聘、自愿报名、全面考核、择优录用为原则,从学识、品德、能力、经验、体格等方面对应聘者进行全面审核;同时,在招聘工作的管理上要强调计划性和效率性原则,表 8.2 为马里奥特饭店的招聘和用人准则。

表 8.2 马里奥特饭店的招聘和用人准则

一步到位
马里奥特饭店宁可招聘那些热爱服务业的人员,然后再对他们进行专业化的培训;也不愿意招聘那些已经有服务工作经验但缺乏对客服务热情和愿望的人员。该饭店有这样一句格言:厨师要乐于烹饪;客房清扫员要乐于打扫卫生。这些要求和准则不但能够保证服务质量,更有助于减少饭店人员的流失
金钱不是万能的
马里奥特饭店不忽略金钱对员工的重要性,但更重视金钱以外的因素对员工的激励。实际上,在影响马里奥特员工是否继续在饭店供职的因素中,远远超过金钱影响的有这样一些因素:工作与生活的平衡、领导作风、提升机会、工作环境和培训等。在马里奥特饭店工作年限越长,就越有这样的感受和需求。而饭店也相应地制订了富有弹性的和具有人情味的福利政策
主张内部提拔
有一半以上的该饭店经理是从内部提拔起来的。所有马里奥特饭店的员工,根据他们工作能力的大小,都享有平等的升职机会。通过内部提拔的用人机制,该饭店集团优良的组织文化传统得到了传承。此外,内部提拔的机制还吸引了不少外部人员前来加盟,同时有效地避免了已经在该集团供职的员工的外流
注重雇用的口碑效应
在员工招聘中,马里奥特饭店采用的是类似于招徕饭店客人的做法。求职者到该饭店应聘,饭店会用对待客人一样的态度去对待前来应聘的求职者。而对待那些已经在饭店工作的人员,饭店则尽量为他们营造一个温馨的工作氛围。该集团的总裁 J.W.马里奥特先生曾经说:"70 多年来,我们秉承这样一个信条——如果我们能够照顾好我们的员工的话,我们的员工就会照顾好我们的客人……"

酒店招聘,有广义和狭义之分。广义的招聘包括外部招聘和内部招聘;狭义的招聘仅指外部招聘。这里所指的招聘是狭义的招聘,即指依法从社会上吸收劳动力、增加新员工或获取急需的管理人员、专业技术人员或其他人员的活动。酒店的业务与规模要扩大,酒店的经营与管理水平要提高,都需要从外部招聘一定数量和质量的人才,酒店必须确立正确的招聘指导思想,遵循科学的招聘程序,并综合运用有效的招聘方法。

（1）酒店员工招聘程序

酒店员工招聘程序一般要经过准备筹划、宣传报名、考核录用与招聘评估等阶段。

①准备筹划阶段。这一阶段主要包括确立招聘工作的指导思想，根据酒店经营的需要和社会上劳动力资源的状况，确定招工计划等。

A.确立招聘指导思想。一是塑造形象的思想；二是投资决策的思想；三是市场导向的思想；四是遵纪守法的思想。

B.人力资源需求预测。酒店人力资源需求预测，实际上就是对酒店未来工作人员在数量和质量上的变化预测。一般而言，影响酒店人员需求变化的主要因素有：酒店规模的变化；酒店等级、档次的变化；酒店企业组织形式与组织结构的变革；酒店经营项目和产品结构的调整；酒店人员素质要求的变化；酒店人员流动状况；社会科学技术的进步。

C.人力资源供给分析。酒店人力资源的供给情况，直接关系酒店的招聘政策。要制订科学的员工招聘计划，做好员工招聘工作，首先必须对人力资源供给状况进行详尽分析，以便正确制订员工的招聘标准和政策。

D.策划招聘方案。酒店在招聘的准备筹划阶段应认真思考以下问题：什么岗位需要招聘、选拔。招聘多少人员，每个岗位的任职资格是什么，运用什么渠道发布信息，采用什么样的招聘测试手段，招聘预算是多少，关键岗位的人选何时必须到位，招聘的具体议程如何安排。在此基础上，根据国家有关部门的政策、酒店短缺岗位的任职资格以及酒店人力资源市场的供求情况，确定招聘区域、范围和条件，确定相应的人事政策，并据此确定招聘简章。

②宣传报名阶段。发布招聘信息与受理报名，既是筹划工作的延续，又是考核录用的基础，起着承上启下的作用。这一阶段主要应抓两大环节：一是发布招聘简章，其目的在于使就职者获得招聘信息，并起到一定的宣传作用；二是接受应聘者报名，其目的是通过简单的目测、交谈与验证，确定其报名资格，并通过填写就职申请表，了解就职者的基本情况，为下一步的考核录用工作奠定基础。

③考核录用阶段。该阶段是招聘工作的关键，主要包括全面考核和择优录用两项工作。全面考核就是根据酒店的招聘条件，对就职者进行适应性考查。择优录用，就是把多种考核和测验结果组合起来，综合评定，严格挑选，确定录用者名单，并初步拟订工作分配去向。

④招聘评估阶段。该阶段是酒店员工选拔、招聘过程中不可缺少的一个环节，必须结合酒店情况进行动态跟踪评估。如果录用人员不符合酒店岗位的要求，那么不仅在招聘过程中所花的财力、精力与时间都浪费了，而且会直接影响相关岗位与部门的工作成效。

（2）酒店员工招聘途径

酒店从外部招聘人才，应根据所需人才的要求采用不同的途径。

①借助外力。人员招聘，特别是高层管理者、重要的中层岗位与尖端的技术人员的招聘，是一项专业性和竞争性非常强的工作。有时，酒店利用自身的力量往往难以获得合适的人才。对此，酒店可以委托专业搜寻、网罗人才的"猎头"公司，凭借其人才情报网络与专业的眼光和方法，以及特有的"挖人"技巧，去猎取酒店所需的理想人才。当然，酒店也可采用人员推荐的方法，即通过熟悉的人或关系单位的主管引荐合适的人选。

②借助网络。21世纪是网络经济的时代,互联网像一张无边无际的天网,笼罩在人类生活与工作的上空,以特有的方式改变人类的思维与观念。因为网上招聘具有费用低、覆盖面广、周期长、联系便捷等优点,网络招聘日益成为招聘的主渠道之一。酒店通过网络招聘人才,既可以通过商业性职业网站,也可以在自己公司的主页上发布招聘信息。

③借助会议。随着我国以市场为基础的人力资源开发及就业体制的建立与完善、人才市场的逐步形成与规范,各种人才见面会、交易会等也相继增多。酒店应抓住这种时机,广为宣传,塑造形象,网罗人才。

④借助"外脑"。现代社会知识爆炸,科技突飞猛进,经营环境千变万化,酒店要想自己拥有和培养各类人才既不经济,又不现实。酒店可以采取借助"外脑"的途径,其方法主要有3种:一是聘请"独立董事",以保证决策的客观性和科学性;二是聘请顾问,参与企业的重大决策和有关部门的专项活动;三是委托专业公司经营管理或进行咨询与策划,以减少风险。

⑤借助培训。为了提高自身的素质,越来越多的酒店中、高层管理者积极参加各种外部培训班,以更新自己的知识结构,拓展人际关系网与发现新的发展机会。在培训期间,酒店管理者会接触到各种各样的人才,有些人才可能正是酒店急需引进的。因此,酒店管理者应利用外部培训机会,有意识地物色所需的紧缺人才,并借助同学情谊与自身魅力等吸引优秀人才加盟。

(3)酒店员工招聘技术

①笔试技术。笔试是指在一定的条件下,应试者按照试卷要求,用记录的方式进行回答的一种考试。这种考试一般在以下几种情况下使用:一是应聘人员过多,需要用笔试先淘汰一部分人员;二是招聘岗位需要特定的专业知识与能力,而学历和职称难以考量其是否具有必要的应知和应会;三是需要测试其智商等要素。

②面试技术。面试是一种评价者与被评价者双方面对面的观察、交流的互动可控的测评形式,是评价者通过双向沟通形式来了解面试对象的素质状况、能力特征以及应聘动机的一种人员考试技术。

面试是一项较为复杂的工作,酒店招聘主管人员在正式面试之前,应做好面试的各项组织和准备工作。它主要包括选择面试场所、选择面试方式、确定面试内容和步骤3个方面。

③测试技术。招聘录用过程中使用的测验类型有很多,大致可归纳为操作与身体技能测试、心理测试、模拟测试几类。

(4)酒店员工的初选、考试与评估

为保证招聘工作的顺利进行,必须对应聘者进行初选、考试与评估。

①初选。应聘者往往人数很多,人力资源管理部门不可能对每一个人进行详细的研究和考察,否则花费太高。这时,需要进行初步的筛选,即初选过程。内部候选人的初选比较容易,可以根据酒店以往的人事考评记录进行。对外部应聘者则需通过初步面试、交谈、填写表格和提交应聘材料的方式,尽可能多地了解他们的情况,观察他们的兴趣、观点、见解、创造性和性格特征,淘汰那些不能达到这些基本要求的人。在初选的基础上,对余下的数量相对有限的应聘者进行考试和评估。

②考试与评估。考试的方式和考试过程的设计必须尽可能地反映应聘者的技术才能、与人合作的才能、分析才能和设计才能。在招聘中经常使用的考试方式如下：

A.智力与知识测试。它包括智力测验和知识测验两种基本形式,这两种测试与未来管理人员的分析才能和设计才能有关。

B.竞聘演讲与答辩。这是知识与智力测验的补充,因为测验可能不足以完全反映一个人的基本素质,更不能表明一个人运用知识和智力的能力。发表竞聘演讲,介绍自己任职后的计划和打算,并就选聘小组的提问进行答辩,可以为候选人提供一个充分展示才华、自我表现的机会,通过设计问题和观察也能得出有关他们的设计和与人合作的才能。

C.案例分析与候选人实际能力考核。这种测试是对候选人的综合能力的考察。可借助"情景模拟"或"案例分析",将候选人置于一个模拟的工作环境中,如前台、酒吧、商务中心、市场营销部等,运用多种评价技术来观察他们的工作能力和应变能力,以判断他们是否符合某项工作的要求。

(5)酒店员工的挑选与任用

经过测试合格的候选人通常还要接受体格检查,这对于酒店员工来说是非常重要的,某些疾病(如传染疾病)可能不适合酒店工作。所有测试和检查都合格的候选人原则上可作为挑选和录用的对象。挑选工作包括核实候选人材料、比较测试结果、听取各方意见、同意聘用、发放录用通知等步骤。任用就是将核实的被聘者安置到合适的岗位上。挑选合格的员工进入酒店后,首先要接受上岗教育。上岗教育包括对企业的历史、产品和服务、规章制度、组织机构、福利待遇等具体内容的介绍,也包括企业的价值观、经营理念、英雄模范、应具有的工作态度等企业文化方面的教育。岗前培训同时也是新员工适应企业环境的过程。工作的轮训是一个不可缺少的内容,它不但能拓宽新员工的技能和工作经验,而且有助于培养他们的合作精神和对不同岗位同事的理解。

经过一段时间的上岗培训,新员工才能真正成为企业的一员。这时,人力资源部门可以综合该员工申请的职位、培训期的表现和他个人的能力倾向,将他安排在合适的职位上。

8.3　酒店人力资源发展管理

对人力资源管理,很多人有一种认识上的误区。认为人力资源管理工作无非就是招聘员工、培训员工、考评员工、解聘员工等事项,无非就是人事管理工作。对人力资源管理,缺乏一种"以人为本"的管理理念,缺乏一以资源,而且还是酒店最重要资源的角度来看待酒店员工的视野与胸怀,更谈不上去积极挖掘、培养、发展人力资源以提升酒店人力资源工作的有效性。若这种认识来自酒店的高层管理者或者是业主方,是不利于整个酒店的经营管理的。

8.3.1 我国酒店人力资源队伍存在的主要问题

我国现代酒店发展至今,已有三十多年的历史,人力资源上存在的问题主要体现在以下几个方面。

1)酒店一线服务人员需求的急剧上升和旅游人力资源市场的萎缩

20世纪80年代,旅游涉外酒店业刚刚起步,酒店供不应求,够得上五星级的高档酒店、合资酒店更是门庭若市,既有外语会话能力又有专业服务技能的人才短缺。国家为尽快培养出一大批能直接到酒店工作的人才,在教育政策上倾向于发展中等职业教育,很多中学改为旅游职业学校,直接为大酒店输送劳动力。20世纪80年代后期至90年代初,由于酒店投资建设过度,酒店从供不应求变为供过于求。人力资源市场也随之发生变化。20世纪90年代末以来,由于很多外企公司和高新技术企业的行业优势远远超过酒店,酒店的经济待遇无力与其他行业相媲美,国家又不断扩大高等教育招生,旅游职校的生源逐步减少,人们进入酒店就业的愿望在减弱。在经济发展和教育体制改革的双重压力下,一方面,经济发展推动了酒店业的市场需求扩大,使其需要更多的劳动力;另一方面,酒店业经营的微利时代制约了酒店员工待遇的提高,在生源萎缩的夹击下,酒店人力资源供给远远不能满足酒店业高速发展的需求。

2)酒店人力资源结构分布失衡

从纵向上看,酒店业的发展呼唤素质高、外语好、专业知识扎实、一专多能的复合型人才。而中专、职校生与本科以及更高学历的硕士、博士等旅游高级人才的比例严重失调。从横向看,酒店人力资源存在着严重的专业缺口问题。其主要表现是既有实践经验又有较高理论水平的旅游人才难觅。学历较高的本、专科毕业生往往具备了某一方面的专业知识和文化知识而没有较多的实践机会,他们在酒店的实践上有较大的欠缺;而旅游职校的学生往往实践经验比较丰富,但文化水平和理论水平很有限。从目前我国各有关旅游高校的毕业生就业倾向和毕业后所从事的工作看,一大批经过大学本科教育的旅游专业大学生毕业后纷纷转行,不再从事旅游行业工作,加剧了酒店业的人才短缺。

3)行业培训师不足

目前我国酒店的培训师主要有3类:第一类是大专院校的教师和专业研究者,理论知识较丰富,但缺乏与实践的结合;第二类是酒店中的管理者和业务能手,有实践经验,但缺乏系统、科学的理论知识;第三类是既有一定实践经验又有相当理论水平的人员。其中,第一、二类师资不少,第三类师资匮乏。

4)酒店业人才流失严重

酒店员工流动分为酒店行业横向流动和跨行业流动两种。酒店行业内人力资源的合理流动有利于行业内劳动力的调剂,能充分发挥现有人力资源的优势。跨行业流动对于酒店乃至整个酒店行业而言都是一种损失。其中,跨行业流动主要集中于酒店一线操作服务型员工,他们的经济待遇较低,劳动强度又大,因此他们的跨行业流动较频繁。

8.3.2 员工培训

培训是酒店人事管理的重要内容,是人力资源开发的重要手段。职工培训对人力资源开发有着极为重要的作用,是酒店人力资源管理的一项重要功能。酒店优质服务需要有良好的工作态度和训练有素的服务人员,高效的管理需要具有管理才能的管理人员。无论是合格的服务人员还是管理人员都离不开培训。培训是现代酒店管理过程中必不可少的工作。

酒店从总经理、部门经理、主管领班到服务员,可相应分为决策层(总经理、副总经理、酒店顾问等)、管理层(部门经理、经理助理)、执行层(主管领班等基层管理人员)和操作层(服务人员及各部门的工作人员)4 个层次,由于在不同层次工作的职工,所需掌握和使用各种技能的比率各不相同,因而要分别进行不同层次的培训。现通常将培训分成职业培训和发展培训两大类。职业培训主要针对酒店一线操作人员(服务生、调酒员等);发展培训主要针对管理人员。

不管新老员工,一进酒店,都需接受培训。新员工需要入职培训,酒店的老员工在不同的阶段也同样需要不同类型的培训,方可保持与时俱进。以酒店前台工作为例,在 20 世纪80 年代以前,几乎所有的酒店都采用手工操作来办理入住和结账手续。而当今酒店一般都采用了计算机技术,从而极大地简化了酒店的入住登记和结账离店手续。可见科技的迅猛发展使老员工面临了知识和技能老化的新问题。此外,当今酒店业竞争加剧,客人需求越来越高,加上酒店产品中人对人的服务成分很大,员工素质的高低直接影响其对客服务质量的好坏。因而,酒店不约而同地走上了这样一条相同的道路:狠抓员工培训、促进服务质量和竞争优势的保持和提升。

从系统的角度来看,培训可以划分为 4 个不同的阶段:培训需求分析、培训项目设计、培训项目实施和培训效果评估。如此不断地进行循环往复,逐渐实现酒店组织的既定培训目标。

1)培训需求分析

专家指出,可从组织需求分析、工作需求分析和个体需求分析这 3 个方面着手进行培训需求的分析。

(1)组织需求分析

组织需求分析是指组织在确立其培训重点之前,必须首先对整个组织所处的环境、制订的战略目标以及组织所拥有的资源状况进行一次全面的了解和分析。例如,美国"9·11"恐怖事件发生之后,美国酒店业迫切感到了在安全培训方面的需求。又如,在酒店餐饮流程的改造中,如果只是强调后台厨师研制新菜品的工作,而不对酒店营销人员和餐饮前台人员进行促销培训,菜品翻新的培训计划就很难达到预期的效果。

(2)工作需求分析

工作需求分析是通过工作分析来确定一项具体的工作或职位由哪些任务组成,完成这些任务需要什么技能,以及完成到什么程度就是理想的或者说是合乎标准的。工作需求分析是培训需求分析中最烦琐的一部分,但只有对工作进行精确的分析并以此为依据,才能编制出真正符合企业绩效和特殊工作环境的培训需求和培训课程。

(3)个体需求分析

把潜在的参加培训的人员个体所拥有的知识、技能和态度,与工作说明书上的相应条款的标准进行对比,则不难发现谁需要培训以及他/她具体需要在哪一方面进行培训的问题。换句话说,个体需求分析是要找出个体在完成工作任务中的实际表现与理想表现之间的差距。

2) 培训项目的设计

一旦培训需求确立之后,下一步要考虑的问题便是如何通过精心的培训设计去达到培训所要达到的目标。专家指出,一项精细的培训设计需要将以下4个方面的问题纳入通盘考虑:培训目标是什么;受训人员训前的准备情况如何;成人学习或培训的原则是什么;培训师有何具体特点等。

其一,在目标的确立阶段,培训设计者应当尽量将目标具体化、明确化以及可衡量化。例如,"提高员工的满意度"之类的培训目标是很难成功的,因为员工的满意度是一个很难量化的指标,即使通过量化的手段测出了满意度指数,那么酒店方面所投入的时间和精力成本难免会过高;而"减少员工的流失率"就是一个较为具体并且比较容易获得的一个数据。

其二,培训效果的好坏往往在设计阶段就埋下了伏笔。在培训开始之前,非常有必要对员工的实际情况进行摸底,并且找出他们的工作绩效与组织所期望的绩效之间的差距。这样会激发员工参加培训的欲望。反之,如果一个员工在培训开始之前没有做好思想准备,那么再好的培训对她/他来说,都只不过是走过场而已。

其三,培训或学习的原则是什么?酒店在做培训设计时,应当尽量考虑大多数学员的实际水平和吸收新知识与技能的能力。例如,针对酒店员工大多数都是成年人的特点,培训师应当在培训中多采用重复和强化的手段,帮助成人记忆所要掌握的具体内容;针对酒店大多数员工文化素质偏低的特点,培训内容应当尽量保持形象和直观的原则;为了方便员工在训练后的工作中最大限度地运用培训所学,酒店培训应当尽量保持这样一个原则:培训内容和方式尽量与真实的工作情形保持尽可能高的相似性等。实践表明,成人学习有以下定律:成人偏好自我学习的经验;成人学习速度和效率不一;成人学习是持续不断的过程;成人学习是在刺激感官中发生的;在实际操作中的学习效果最佳;"传授—示范—实操"是成人学习新技能的最佳方法。

其四,培训设计还应考虑培训师的具体特点。毋庸置疑,培训师的素质如何将直接影响学员的培训和学习效果。一个称职的培训师通常应当具备以下条件或特征:对授课内容和专业技术了如指掌;顾及大多数参训人员的学习能力;耐心倾听和解答学员提出的问题;具有幽默感;对讲授内容抱有兴趣;讲解透彻清晰;充满热情等。

3) 培训项目的实施

一项培训是否达到预期的效果,在很大程度上取决于培训项目在前、中、后期的各项工作是否落实到位。很多经理们的培训计划做得很好,但却没有成功地实施。在培训项目的实施过程中,自然会遇到方方面面的问题和阻力。如在我国,大多数酒店培训项目都是在职培训,在培训时间的安排上经常会与业务接待时间或员工的休息时间或多或少地发生冲突。实践表明,如果没有各部门与培训项目有关人员的通力合作,再好的培训项目计划也难以得到顺利的实施。

在培训项目的实施阶段,恰当的培训方法的选择和运用是成功的关键因素之一。在实践中,针对非管理人员的职业培训和针对酒店管理人员的发展培训的需求往往差别很大。因此,酒店有必要采用不同的方法对不同的群体进行有针对性的培训。

(1) 职业培训

职业培训的主要对象是酒店操作层的职工。培训的重点应放在培训和开发操作人员的技术技能方面,使他们熟练掌握能够胜任工作的知识、方法与步骤。职业培训按其培训顺序可分为岗前培训和持续培训两大类。

① 岗前培训。岗前培训是新职工走上服务岗位之前的培训。凡是新招收的员工都必须经过培训,"不培训就不能上岗"要作为酒店铁的定律。

岗前培训包括入门培训和业务培训两部分。

入门培训着重于对新职工进行酒店基本知识教育、思想观念教育和职业道德教育,以使新职工对酒店工作有一基本的了解。

业务培训的内容可以分成两大部分:一部分为工作培训;另一部分为行为培训。工作培训主要包括专业外语、服务规程、服务技能与技巧、食品饮料知识、卫生防疫知识等,着重培训与服务工作直接有关的内容。行为培训主要包括形体训练、酒店礼节礼貌、主要客源国礼仪、安全保卫与保密知识、酒店消防知识等。在培训过程中,切不可只重视工作培训而忽视行为培训。服务人员良好的行为规范和工作能力是训练有素的酒店合格职工的一个标志。

业务培训方式可分两个阶段进行:第一阶段可根据培训的具体内容分别用听、看、练的方式,或用听、看、练相结合的方式进行。第二阶段是经过第一阶段的培训以后,必须投入实际的服务过程中去实践,即跟班上岗,在熟练员工传、帮、带的磨炼中,成为一名合格的酒店员工。

② 持续培训。新职工上岗后,要不断地进行持续培训。持续培训包括再培训、交替培训和更换培训。

再培训的目的是使上岗后的职工复习已经遗忘或不太熟悉的业务,或是通过再培训,使已掌握的技能和技巧进一步提高,以达到完善的水平。

交替培训是使职工成为多面手,掌握两个以上工作岗位的技能,以便更充分地利用人力资源,这既有利于部门间的人事调配,也可防止有职工因故调离工作岗位而造成无人顶替的混乱。

更换培训是指将已经上岗但不称职的职工及时换下来,对他们进行其他工种的培训。

一般根据换岗下来的职工的性格和能力,选择在新的岗位上能胜任工作的工种进行更换培训。

无论是岗前培训还是持续培训,目的都是培养出一支能够胜任酒店工作的优秀员工队伍。

(2)发展培训

发展培训的对象是在酒店从事管理工作的人员和通过外部招聘或内部提升而即将从事管理工作的职工。由于酒店管理层中既有决策层和管理层,又有执行层,他们虽然同属管理人员,但侧重点不同,因此,培训的内容也应不同。

基层管理人员,如领班、管理员等,他们的工作重点主要是在第一线从事具体的管理工作,执行中、高层管理人员的指令。因此,为他们设计培训内容应着重于管理工作的技能和技巧,培养他们如何由被动地执行操作指令转为主动地接受指令并组织同班组的员工工作,培养他们掌握组织他人工作的技巧。

中、高层管理人员的培训应注重其发现问题、分析问题和解决问题的能力、用人的能力、控制和协调的能力、经营决策能力,以及组织设计技巧能力的培养。中层管理人员,尤其是各部门经理,对其所在部门的经营管理具有决策权,因此,他们除了必须十分精通本部门的业务,了解本部门工作的每一个环节和具体的工作安排之外,还要了解与本部门业务有关的其他部门的工作情况,懂得与其他部门的配合与协调。高层管理者的工作重点在于决策。因此,他们所要掌握的知识更趋向于观念技能,如经营预测、经营决策、旅游经济、管理会计、市场营销以及国家的旅游法规、外事政策等内容。

4)培训效果评估

大量事实证明,很多酒店尽管在培训方面投入了不少的人力、物力、财力和时间,但是培训效果却往往不尽如人意。培训效果评估是培训项目中最重要的一个环节,但是在实践中这个环节往往是最薄弱的,常常得不到重视。究其原因,往往是经理和主管们不十分了解应该如何评估培训效果。因此有必要介绍一下培训效果评估的理论及其方法。

(1)柯氏四段培训评估理论

在众多的培训评估理论中,柯氏四段评估理论的历史悠久并且最有名气。柯氏四段评估包括反应、学习效果、行为改善和结果。

①反应。它是受训者对培训的总体感受如何。经理们一般可以通过问卷调查和访谈的方式,了解和征求学员们的意见和对培训项目本身包括培训师在内的评价。

②学习效果。它是受训者对培训内容的掌握程度。具体的评估方法可以视情况采用测验或演练观察等方法,如对比学员训前和训后对酒水知识的了解和掌握情况,则不难发现她/他的学习有没有效果。

③行为改善。它是受训者在工作岗位上运用培训所学后,他/她的工作行为和绩效发生了什么样的变化。例如,比较一下餐饮摆台人员训前和训后的工作效率以及他/她的对客服务态度变化情况,便可得知培训对其有没有起到作用。当然,在这部分评估中,要注意识别

引起员工行为和工作绩效变化的真实原因。因为导致行为改善的因素不止培训一种。但是,要做到这一点是不容易的。

④结果。培训的最高层次的评估是看培训给部门或组织究竟带来了什么样的影响和变化。这些变化是多方面的,酒店可从客房销售的 REV-PAR 值、宾客满意指数、员工满意指数以及投资回报率等的变化的角度,对培训效果进行深层次的评估。不难发现,这部分的评估可操作性不强。如前所述,就像很难区分是培训还是培训以外的因素导致员工绩效改变的道理一样,酒店在部门和组织层面上的绩效变化,也很难断定是否是由培训因素所引起的。

应当指出的是,柯氏四段培训评估理论虽然在实践中得到了广泛的运用,但该理论本身也存在局限性。如前所述,该理论尤其是它的第三和第四个层次的评估可操作性并不强,很难创建令人信服的可以量化的指标体系,很难区分个人行为改善和组织绩效改善的原因是由培训因素还是培训以外的因素导致的。不但如此,该理论可以说是站在培训的角度审视培训效果,而对于培训以外的因素如组织文化对培训效果的影响如何,却不得而知。

(2)霍氏培训评估理论

霍顿在总结了前人在培训评估理论方面存在的不足的情况下,创造性地提出了培训成果转化系统理论,即员工在工作中运用培训所学知识时会受到一系列因素的影响。这些因素不但包括培训本身的因素,而且还包括受训者个人以及组织的环境氛围的因素。从效果来看,这些影响因素可能产生积极的或正面的影响,也有可能产生消极的或者不好也不坏的影响。培训效果的好与坏是所有影响因素综合作用的结果。归结起来,培训影响因素可以细分为次要的影响因素(如员工的自我效能)和 3 个主要因素:环境影响、动机因素、转化所需的必要条件。为了使培训成果转化系统理论能在实践中加以运用,以便评估组织的培训转化系统运行情况,霍顿等人还专门制作了一个可以具体评估培训的诊断测试工具——学习成果转化系统指标体系。

8.3.3　工作绩效评估

1) 工作绩效评估概述

绩效是人们所做的同组织目标相关的、可以观测的、具有可评价要素的行为,这些行为对个人或组织具有积极的或消极的作用。绩效评估则是收集、分析、评价和传递个人在其工作岗位上的工作行为表现和工作结果方面的信息情况的过程。

2) 绩效评估的方法

实践表明,不同的个人绩效评估目的,应采用不同的评估方法。不恰当的评估及其运用会给个人和组织带来负面效应。方法的选用往往对绩效评估结果的客观性和公正性造成直接的影响。总的来说,个人绩效评估可分为 3 个大的类别:特征评估法、行为评估法和结果评估法。3 类评估方法各有千秋。表 8.3 列出了 3 类方法的优缺点。

表8.3　特征评估法、行为评估法、结果评估法的优缺点

类　别	优　点	缺　点
特征评估法	开发费用低 使用的维度有意义 容易使用	评估出现偏差的可能性高 不容易量化 主观随意性大 干扰因素多
行为评估法	使用具体的行为维度 员工及领导均可接受 便于提供反馈 对奖金的发放和职位的晋升比较公平	开发及使用耗时较多 开发费用高 可能出现评估偏差
结果评估法	很少有主观偏见 上下级均可以接受 便于个人绩效与组织绩效的结合 鼓励共同设立目标 适合奖金及晋升决策	可能助长短期行为 可能使用错误的标准 可能使用不充分的标准

（1）特征评估法

所谓绩效特征评估,是指评估雇员在何种程度上拥有组织和所担任的职位所需要的重要特征(如独立性、创造性等)。特征评估法包括图表尺度评价法、叙述文章法、强制选择法和混合标准法。将以图表尺度评价法为例(表8.4)对特征评估法加以展示。

表8.4　图表尺度评价法

工作特征	差(1分)	中下(2分)	中等(3分)	中上(4分)	优秀(5分)
工作态度	1	2	3	4	5
专业知识	1	2	3	4	5
业务技能	1	2	3	4	5
工作质量	1	2	3	4	5
合作精神	1	2	3	4	5
独立性	1	2	3	4	5
出勤情况	1	2	3	4	5
综合印象	1	2	3	4	5

（2）行为评估法

行为评估法从员工在工作中所表现出的具体的行为角度,对其工作绩效进行评估。行为评估法具体包括关键事件法、行为锚定等级评价法、行为观察评价法等。表8.5为针对酒店经理的沟通工作表现进行的行为锚定等级评价法。

表 8.5　行为锚定等级评价法

说　明	分　值	行为举例
与员工有效沟通并能经常参加会议	7.00	经理召集会议解释酒店为什么要裁员,员工可以提问题并讨论为什么要减少某些岗位的员工
	6.00	经理在忙于业务拓展时,经常增加同政策制订委员会的交流次数,以保证项目合作顺利,交流畅通
与员工的交流令人满意并能有时参加会议	5.00	经理每周让生产线上的员工到自己的办公室,作一次非正式的谈话,介绍企业的做法
	4.00	经理当天不和前台经理交流关于行李员人浮于事的现象,但会对客房经理表现出这种担忧
	3.00	经理错过了部门会议,不走访下属员工,但在酒店各处留条子说明应该做些什么
与员工沟通困难并很少参加会议	2.00	在执行委员会会议上,经理批评下属的意见是愚蠢的
	1.00	

(3)结果评估法

从表 8.3 中可知,结果评估法有诸多明显的优点,如很少有主观偏见,上下级均可接受等,鉴于此,在酒店的具体实践中,结果评估法得到了广泛的运用。尽管如此,该评估法也不是没有局限性的。例如,在酒店销售人员的业绩评估中,同样一位销售人员有可能在两个不同的评估期内,付出了相同的努力,但在结果上,这两个评估期的业绩好坏有可能差距悬殊。究其原因,很有可能是市场因素发生了变化。又如,在对经理个人业绩的评估中,以财务指标为导向的结果评估往往诱发经理们在工作中的短期行为。此外,不同的结果评估法会导致不同的工作价值观和行为倾向。因此,在酒店的实际工作中,适宜视情况采取不同的结果评估法。常见的结果评估法有劳动效率评估法、目标管理评估法和平衡积分卡评估法 3 种。这些方法除了被用来评估员工个人绩效之外,还常被用来评估部门或团体的工作绩效。接下来以目标管理评估法为例,让大家对基于结果的评估法有一个初步的了解。

目标管理评估法,顾名思义,就是评估人员与被评估人员一起制订被评估人员在评估期内的具体目标,同时制订到达该目标的计划、步骤甚至方法等。在实施过程中,评估人员还需要阶段性地与被评估人员一起讨论目标的进展情况,并根据实际情况对目标加以适当的调整和修改。最后,在评估期结束时,根据目标完成情况对被评估人作出绩效评价。表 8.6 给出了目标管理评估样表。

表 8.6　目标管理评估样表

饭店名称＿＿＿＿＿＿＿＿＿＿＿　　　　　　　　　　　经理姓名＿＿＿＿＿＿＿＿＿＿
评估期间＿＿＿＿＿＿＿＿＿＿＿　　　　　　　　　　　评估人＿＿＿＿＿＿＿＿＿＿

业绩目标	结果考评指标	结　　果
1.市场份额	间/夜数	增加了 3%
2.顾客服务/顾客评价	得到肯定性评价的百分比	从 90%增加到了 94%
3.客房部利润	客房部收入占总收入百分比	提高了 1 个百分点
4.员工道德	投诉率	下降了 5 个百分点
5.员工发展	参加培训的人数与以往相比	增加了 10%
6.健康及安全条件	事故数量与以往相比	下降了 10%
7.酒店外部关系	领先水平	没有变化

3)评估面谈方法及注意事项

绩效评估的主要目的,一方面是帮助员工查找导致不理想绩效背后的原因,并以此来增加共识、减少误解和猜疑;另一方面是为员工绩效的改善和员工今后的职业发展方向提供积极的参考和建议。为此,有必要采用恰当的面谈方法和遵循绩效面谈的一些原则。

常见的绩效面谈方法有告知与诱导型、告知与倾听型以及问题解决型 3 种。在实施告知与诱导型面谈时,评估师或经理人员把评估结果告诉被评估人之后,应当着重向被评估人提供对症的良策,诱导他/她改善或提高其工作绩效的动机和行为。在告知与倾听型的运用中,首先评估师或经理将考评结果客观地向被评估人反馈,当被告知不好的绩效评估结果时,被评估人员往往情绪比较激动,有经验的评估师在这个时候往往采用少说多听的办法,给员工一些申诉或宣泄的机会,尽量缓解和减少绩效评估中容易出现的矛盾和问题。与告知和倾听型面谈方法相似的是,问题解决型面谈法也要求评估师设身处地地为被评估人着想,仔细倾听员工的真实感受。但是问题解决型面谈法的主要目的是要求通过评估面谈,从根本上解决被评估人工作绩效不佳的问题。例如,有的性格内向的员工,尽管他/她已经在工作中尽力了,但因其性格的原因很难在销售工作中打开局面。在这种情况下,适宜建议员工更换工作岗位,到与客人打交道较少的酒店其他部门工作。不难看出,这样的评估属于发展性评估,其宗旨在于帮助员工更好地了解和认识自己,并且在工作中找到适合自身发展的工作岗位。这样,员工的工作绩效提升的可能性便增大了,进而对组织的工作绩效也会产生积极的影响。需要说明的是,在实际工作中往往不能只运用某一种方法,应当视情况对面谈方法加以灵活运用。

为了达到面谈的目的,评估人员在与被评估人员的交谈中,需要注意以下事项:谈话内容要客观而具体;不要绕弯子;少批评,多鼓励;鼓励员工多说话;聚焦问题的解决方案;确立新的评估目标;加强面谈的后续工作。

4)绩效评估中的问题

理论和实践表明,绩效评估并非易事。有调查显示,有 70%的雇员表示绩效评估并不能让他们清楚管理层对他们的期望是什么,只有 10%的员工认为绩效评估是成功的。更多的员工觉得绩效评估反而让他们对工作的目标更模糊了。另有调查显示,51%的企业觉得现有的评估系统对企业没有价值或价值极小。为什么会出现这样的现象呢? 一方面,是由于绩效评估本身的难度并非常人想象的那样,只是上级领导给下级打分而已;另一方面,在绩效考核中,一个微小的失误都有可能导致人力资源管理中明显的不良后果。导致绩效评估不成功的因素较多。

绩效评估出现这样或那样的问题在所难免,关键是如何避免可能出现的问题。为此,可从以下 3 个方面着手,减少人力资源评估带来的偏差。其一,对人力资源评估中容易出现的问题要有全面的了解,这是防患于未然的不可缺少的步骤之一。其二,制作或选择恰当的绩效评估工具。众所周知,没有放之四海而皆准的评估工具或标准,唯有量身定做的经过实践反复验证的并且是适合评估目的和情形的工具,才能最大限度地保证评估的客观性和公正性。其三,对评估人员进行评估之前要进行专题培训,使他们精通评估业务,并且在思想上保持尽量与组织所期望的境界吻合。当然,除此之外,还有很多因素值得我们注意,如员工的参与度和领导的支持度等,都是人力资源评估工作取得预期效果的必要条件之一。

本章小结

- 本章介绍了酒店人力资源管理的含义、目标、要求及内容。在此基础上,本章重点阐述了酒店人力资源的招聘,并介绍了酒店人力资源部门是如何对新员工和老员工进行培训和激励的。本章内容充分说明,人力资源的开发与管理工作贯穿酒店经营管理的始终,是酒店的一个神经中枢,非常重要。在现代酒店经营管理中,需要把人力资源当作有效资源进行科学地开发、管理和利用,充分发挥员工的潜能。这些都是酒店为宾客提供高质量、高品质服务,从而获得良好经济效益和社会效益的重要保证。

第9章
酒店财务运营管理

【学习目标】

1. 掌握酒店财务管理的概念及主要职能。
2. 掌握酒店财务管理的主要目标及主要特点。
3. 掌握酒店财务分析的一般程序及方法。
4. 掌握酒店综合实力的评价指标体系。
5. 具备酒店预算编制的相关知识。
6. 了解酒店财务控制制度。

案例导入

酒店的资本运作,酒店经营管理的高级阶段

2007年7月3日,美国黑石集团宣布将出资260亿美元现金收购全球酒店巨头希尔顿酒店集团。260亿美元的出价是世界上迄今为止最高的酒店业并购价,相当于对希尔顿酒店的股份每股出价47.50美元。

黑石集团收购的是不动产,酒店的品牌和管理格局应该是没有变化。

近年来,全球酒店集团上演了一幕幕并购大戏,预示全球酒店集团进入了并购活跃期。

2005年发生了153起大大小小的酒店合并案,总价值237亿美元,而2004年为132起,总金额达324亿美元。

从一方面看,收取酒店管理费要比持有酒店利润更高而且风险更小;但是从另一方面看,酒店是中长期投资回报率较高的地产项目,而2005年在全球范围内的房地产兴旺行情是变现不动产的大好时机。

无论是收购还是变现,交易双方都有着相应的理由和目的。回顾历史,跨国酒店集团的发展历史也就是并购的历史。

喜达屋从资金管理公司通过并购成为大集团,后来以小吃大并购喜来登。喜来登在20世纪60年代从一家酒店起家,其股票在20世纪70年代被ITT(美国北方电讯公司)购买,ITT的资金加上喜来登专业酒店管理技能结合使喜来登成名,20世纪90年代晚期,喜来登从ITT分离。圣腾是通过HFS分阶段收购成为大集团的,如1992年收购天天客栈,1993年收购超级汽车酒店。

20世纪80年代,以半岛酒店为核心资产的香港大酒店集团两度被称为股市狙击手的刘

鎏雄和罗旭瑞发动收购。半岛酒店当时是香港唯一的6星级酒店,刘銮雄毫不犹豫地将其旗下中华娱乐行和爱美高连同丽新制衣以每股53元接手。为争取大酒店董事席位和话语权,刘銮雄和嘉道理家族展开了一年格斗,最后以嘉道理接手刘銮雄持有的大酒店股份为终结,此举使刘氏旗下中华娱乐行获利达9200万港元,爱美高则赚取4200万港元。

2006年3月6日,雅高宣布出售该集团旗下所属在欧洲的76家旅馆,连锁品牌分别为Novotel,Mercure和Ibis,以及在美国的6家Sofitel连锁品牌旅馆,交易总金额为8.9亿欧元。出售后的旅馆仍将继续由雅高集团负责管理经营,其中,欧洲旅馆的品牌转让使用期为12年,并可以延期至60年。而美国的6家Sofitel旅馆,雅高集团保留了25%的股份,同时,其品牌转让使用期限为25年。2005年初雅高集团还拥有索菲泰连锁酒店99%及诺富特连锁酒店50%的产权,雅高在2005年出售了旗下126家旅馆后,2006年底只拥有这两大酒店连锁25%的所有权。雅高出售旅馆的主要目的是减少债务并集中资金进行新的投资。2005年外资在法国旅馆业的投资总额达40亿欧元,几乎是2004年的3倍。

比较重大的并购事件如下:

1949年,希尔顿国际公司从希尔顿酒店公司中拆分出来,成为一家独立的子公司。

1964年,希尔顿国际公司在纽约上市。

1967—1987年的20年中,希尔顿国际3次被收购,最后由前身为莱德布鲁克(Ladbrok)集团的希尔顿集团买下。

1974年,雅高引进宜必思品牌。

1975年,雅高引进美居品牌。

1980年,雅高通过与杰克·槐斯·玻勒尔国际公司(JBI)的兼并,引进索菲特品牌,并在巴黎股票交易中心上市融资。

1981年,大都会(Grand Metropolitan)兼并洲际酒店集团。

1985年,雅高的一级方程式汽车旅馆开张后,15年里就在全球开设了1000家分店,并于1985年,引进"佛缪勒第1"经济品牌。

1989年,英国巴斯有限公司(Bass)对假日集团(1989年)和洲际集团(1998年)收购兼并。

1990年,雅高购买美国"汽车旅馆第6"品牌。

1995年,万豪国际集团收购丽思·卡尔顿酒店公司49%的股份。

1998年,波士顿丽思·卡尔顿酒店公司99%的股份归到了万豪国际集团名下。

2003年,洲际酒店集团(前六洲)收购兼并了美国的蜡木酒店式公寓集团(Candlewood Suite)。

2005年9月14日,胜腾以1亿美元收购Wyndham酒店品牌及其特许经营系统。根据协议,Cendant将从The Blackstone Group旗下的Wyndham International Inc.得到82家酒店的特许经营协议以及29家酒店的管理合同。

2005年10月初,胜腾酒店集团购买了万豪全球范围的内华美达品牌。

2005—2006年,许多大宗酒店交易与并购都由美国黑石集团(Blackstone Group)领导,资产轻量化(Asset-Lite)成为大酒店品牌的经营趋势。

2006 年,美国胜腾集团(Cendant)更名为温德姆国际酒店(Wyndham Worldwide)。

2014 年 11 月,中国上海锦江国际集团以 102 亿元人民币的资金,收购法国著名旅游酒店集团卢浮集团,并获得卢浮集团 100%的股权。

2016 年 4 月,中国首旅集团以 110 亿人民币的资金,收购并完全控股中国最大经济型酒店集团——如家酒店集团。

2016 年 9 月,万豪国际集团用价值 199 亿美元的股票以及 3.4 亿美元的现金收购喜达屋酒店与度假村国际集团。整个收购于 2016 年 9 月完成。这次收购对世界酒店业的影响将是长久而深远的,万豪酒店集团因此成为全球第一大酒店集团。

案例思考:

1.案例中的酒店并购事件证明了酒店财务管理中的哪些主要内容对酒店产生了深远影响?

2.酒店企业在并购过程中通常涉及哪些酒店主要财务关系?

3.你如何看待酒店业中这些巨额的并购案例?

9.1 酒店财务管理概述

9.1.1 酒店财务管理的概念

所谓财务,是对社会经济环节中涉及钱、财、物的经济业务的泛指。酒店财务是客观地存在于酒店的生产经营活动中,通过货币资金的筹集、分配、调度和使用而同有关方面发生的经济关系。

酒店财务管理是指对酒店财务活动的管理。酒店财务活动即酒店财产物资方面的业务活动及事务活动,包括各种财产物资的取得、置配、耗用、回收、分配等活动。

在市场经济中,各种财产物资具有价值和使用价值,财产物资价值的货币表现就是资金。为了保证业务经营活动的正常进行,酒店首先要筹集一定数额的资金,有了资金后,还要做好资金的投放,使之形成酒店业务经营所需的各种财产物资,即各项资产。而在酒店的业务经营过程中,资产的价值形态不断地发生变化,由一种形态转变为另一种形态。酒店是借助有形的设备、设施,通过提供服务而获取经济效益的生产经营单位。

酒店经营者运用投资者提供的资金进行经营。从形式上看,酒店财务是货币等财产资源的收支活动,它表现为酒店资源量增加与减少,其基本内容体现为筹资、投资与分配等;从实质上看,酒店财务体现着酒店与各方面的关系,由此体现着一定的经济利润。酒店财务活动包括酒店由于筹集资金、运用资金、分配利润而产生的一系列经济活动,酒店财务活动的总和构成了酒店的资金运动。酒店财务管理的对象,就是资金的运动。

酒店财务管理是随着酒店规模不断扩大、管理不断深化而出现的一种管理职能,它主要解决酒店经营中的一些理财问题。管理者根据酒店的经营目标和经营需要,按照资金运动规律,对酒店的财务问题进行科学有效的管理,并正确处理酒店同社会各种利益关系团体和个人之间的经济关系。

"财务管理"英文为"Financial Management"或"Managerial Finance",是一门独立性、专业性很强的、与社会实践密切相关的经济管理学科。它最初产生于 17 世纪末,发展于 20 世纪,尤其在第二次世界大战后,随着企业生产经营规模的不断扩大和金融证券市场的日益繁荣,筹资越来越不容易,风险也逐渐加大,人们越来越认识到财务管理的重要性,其理论与方法得到不断的发展。西方国家每一企业都有专门从事财务管理的机构,设有财务副经理,直接向总经理报告并负责财务会计工作。这一工作在酒店经营管理中处于特别重要的地位。

9.1.2　酒店财务管理的主要职能、主要内容及财务关系

1) 酒店财务管理的主要职能

酒店财务管理从计划管理开始,通过对整个经营过程实施必要的控制,以求达到预定的目标,并且通过对酒店财务状况的分析,对整个酒店的经营状况作出评价。因此,酒店财务管理具有财务预算、财务控制和财务分析 3 项基本职能。

2) 酒店财务管理的主要内容

财务管理是有关资金的筹集、投放和分配的管理工作。财务管理的主要内容包括以下 6 个方面:

(1) 筹资管理

酒店为了保证正常经营或扩大经营的需要,必须具有一定数量的资金。酒店的资金可以从多种渠道,用多种方式来筹集,不同来源的资金,其可使用时间长短、附加条款的限制和资金成本的大小都各不相同。这就要求酒店在筹资时不仅需要从数量上满足经营的需要,而且要考虑筹资方式给酒店带来的资金成本的高低,财务风险的大小,以便选择最佳筹资方式。

(2) 投资管理

酒店筹集的资金要尽快用于经营,以便取得盈利。但任何投资决策都带有一定的风险性。因此,在投资时必须认真分析影响投资决策的各种因素,科学地进行可行性研究。对于新增的投资项目,一方面要考虑项目建成后给酒店带来的投资报酬,另一方面也要考虑投资项目给酒店带来的风险,以便在风险与报酬之间进行均衡,不断提高酒店价值。

(3) 营运资金的管理

酒店营运资金也称"营运资本"或"流动资金",一般是指流动资产减流动负债后的余额,即酒店存置于银行的现金、投放于易售有价证券的资金、占用于应收账款与应收票据和存货储备等项流动资产的总额,减去在经营过程中发生的流动负债(应付账款和应付票据等)。有时将此余额称为"净营运资金",而将"营运资金"称为流动资产。但是,如果提到营运资金的管理则包括对流动资产和流动负债的管理。酒店的经营活动无不涉及营运资金的

范围。因此,对营运资金进行管理显得相当重要。

（4）成本费用管理

酒店成本费用管理是酒店财务管理的重要内容。酒店成本费用的耗费是指经营活动中发生的各种资金耗费,因此,对成本费用的管理也就是对资金耗费的管理,降低成本费用是增加盈利的根本途径。

（5）股利管理

利润是酒店在一定时期的经营活动所取得的主要财务成果。当前我国国有酒店将其称为利润,而股份制酒店称为股利。从整个社会来看,利润是社会再生产的重要来源;从酒店来看,取得利润是酒店生存与发展的必要条件,也是评价一家酒店经营状况的一个重要指标。股利(利润)管理是酒店财务管理的一个主要内容,对提高酒店的经济效益具有重要意义。

（6）财务评价

提高经济效益是一切经济工作的出发点和归宿点。经济效益评价(财务评价)是经济工作中不可缺少的一部分。

合理的财务评价方法,是决策科学化的有力工具。任何一个经济管理干部、任何一个酒店领导、任何一个需要同资金使用打交道的主管人员,都应当懂得财务评价的基本原理和方法。

3) 酒店财务管理的财务关系

随着酒店经营活动的不断进行,财务活动也日益频繁。在进行财务活动的过程中,酒店必然与各方面发生经济联系,产生各种经济利益关系。酒店在财务活动中与有关各方面所发生的经济利益关系就称为财务关系(Financial Relations)。其主要包括以下3个方面:

（1）筹资活动中的财务关系

在筹资活动中,酒店是接受投资者,而向酒店出资的投资者可分为所有权投资者和债权投资者。因其对酒店的投资责任不同,享有权利也不同,具体表现在以下几个方面:

①投资者以其投入的资本承担财务风险而产生的经济责任。

②投资者对酒店获得的利润按投资份额享有分配权。

③投资者对企业破产承担责任。

在这些关系中,投资者要选择合理的投资方式和所要投资的酒店。相应地,酒店也要适当选择合理的筹资方式和投资者,最终实现投资者与酒店之间的利益均衡。

（2）投资经营中的财务关系

投资经营是将筹集的资金用于生产经营的各个方面。投资经营中的财务关系与筹资中的财务关系相同,只是酒店的角度由接受投资变成了投资者。酒店作为投资者,与受资者之间的关系,即投资与分配的关系,属于所有权关系。投资经营会使酒店的资金流动,资金流动既会带来资金收益,相应的也会带来投资经营风险,这就要求酒店在收益与风险之间进行权衡,以求以最小的风险获得最大的收益。酒店若作为债权人将其资金以购买债券,提供借款或商业信用等形式和他人形成的经济关系,在性质上属于债权债务关系。

(3)分配中的财务关系

参与企业分配的主体有:

①国家。以行政管理者的身份无偿参与社会剩余产品,包括企业利润的分配。酒店必须依法经营并按照税法规定缴纳各种税款,包括流转税、所得税和各种计入成本的税金。这种财务关系体现的是酒店同政府之间的一种强制和无偿的财务分配关系。

②所有者。所有者参与酒店分配的方式是按资分配,即按其对企业投资的多少进行分配。

③债权人。为酒店借入资金,以贷款者身份参与酒店分配,即酒店要按时以还本付息的方式向债权人偿还本金和支付利息。这是一种有偿分配,这种分配带有一定的强制性。

④职工。以其自身提供的劳动参与酒店分配,即按劳分配,也是一种有偿分配。酒店根据职工的劳动情况,向职工支付工资、津贴,用利润向职工支付奖金,提取公益金等。职工分配最终会导致所有者权益的变化。

酒店的上述财务关系是酒店在从事生产经营,进行资金的筹集、调拨、使用、分配、偿还等财务活动中产生的。酒店财务的本质就是酒店经营过程中的资金运动及其体现的财务关系,而财务管理的对象就是资金运作及财务关系。酒店财务管理则根据国家政策法规和资金运作规律,组织财务活动,处理各种财务关系,通过对资金的运用过程实施管理与控制,实现财务控制、促进经营发展、提高经营效益。

9.1.3 酒店财务管理的主要目标

1)以利润最大化为目标

利润代表了酒店新创造的财富,利润越多,则酒店的财富增加得越多。因此,股东把利润作为考核酒店经营情况的首要指标,把酒店员工的经济利益同酒店盈利的多少紧密地联系在一起。以利润最大化作为财务管理的目标,酒店必须讲求目标管理,以目标来指导和控制酒店的经营活动,以目标作为管理人、财、物等各要素的基础,使酒店管理行为始终围绕目标的实现而各司其职、各尽其责。

2)以财富最大化为目标

财富最大化是通过酒店的合理经营,采用最优的财务政策,在考虑资金的时间价值和风险报酬的情况下不断增加酒店财富,使酒店总价值达到最大化。在股份制酒店中,股东的财富由其所拥有的股票数量和股票市场价格两个方面来决定,当股票价格达到最高时,则股东财富也达到最大化,也就是说,酒店总价值最大化与股东财富最大化是一致的,所以,在股份制酒店中,财富最大化也可以表述为股东财富最大化。

以财富最大化作为酒店财务管理的目标,就是要正确权衡报酬增加与风险增加的得与失,努力实现两者之间的最佳均衡,使酒店价值达到最大即财富最大化。一般而言,财富最大化是财务管理的最优目标。

3)以社会责任为目标

酒店应承担对社会应尽的义务,如果每一家酒店都能够积极承担一定的社会责任,如维护消费者权益,合理雇用员工,为职工提供培训和深造的机会,消除环境污染,保护环境等,那将会为整个社会的繁荣和发展作出积极的贡献。但企业在追求利润及财富最大化时,往往与一些社会利益相矛盾,过多承担社会责任会影响酒店的收益和利润的增加,如酒店进行环境保护的投资,尽管由于保护生态环境而带来收入的减少,但酒店在承担这一社会责任的同时,也保持和改善了酒店在社会公众中的形象,提高了酒店在公众中的地位,从而获得长远的经济效益。

9.1.4 酒店财务管理的组织机构

建立健全酒店财务管理组织,是有效开展财务活动、调节财务关系、实现财务管理目标的重要条件。

酒店财务管理组织的机构设置一般有 3 种类型:

1)以会计为核心的财务管理机构

这种机构的特点是会计核算职能和财务管理职能不分,同时具备两种职能。在这种机构内部,是以会计核算职能为核心来划分内部职责的,设有存货、长期资产、结算、出纳、成本、收入、报表等部门。这种机构适用于中、小型酒店。

2)与会计机构并行的财务机构

这种机构的特点是会计核算与财务管理职能分离,财务管理职能由独立于会计机构以外的财务管理机构履行。财务管理机构专门负责筹资、投资和分配工作,组织资金运动。在该机构内部,按照职责的不同划分为规划部、经营部和信贷部 3 个部门。

（1）规划部（Planning Department）

规划部的主要职责是进行财务预测和财务计划。预测的内容是金融市场的利率与汇率、预期证券市场价格和现金流量,为筹资和投资提供依据。计划的主要内容是编制现金预算,确定筹资计划;编制利润计划,确定酒店生产经营目标;编制投资计划,确定酒店实物投资和金融投资的动向。

（2）经营部（Operating Department）

经营部的主要职责是寻找资金的筹措渠道,进行金融市场融资及投资,实施资金分配。

（3）信贷部（Loan Department）

信贷部的主要职责是调查客户资信状况,掌握其生产及经营状况和偿债能力,对拖欠款进行债务催收或清理,对还款情况进行后续跟踪调查。这种财务管理机构适用于大型酒店。

3)公司型的财务管理机构

公司型的财务管理机构的特点:它本身是一个独立的公司法人,能够独立对外从事财务活动,在公司内部,除了设置从事财务活动的业务部门以外,还设有一般的行政部门。这种财务管理机构一般设置在集团或跨国公司内部,其主要职责是负责集团公司或跨国公司的整体财务管理和各个成员之间的财务协调以及各企业成员的自身财务管理。这种财务管理机构适用于一些大型酒店集团或跨国公司。这种机构已不局限于发挥企业的财务管理,而是发挥对众多酒店集团进行整体财务管理的职能,这种财务机构通常又称作财务公司。采用法人形式的财务公司,有利于其对外履行筹资和投资的职能。

9.1.5　酒店财务管理的主要特点

酒店作为一个综合性的服务组织,它所提供的商品与其他企业生产、提供的商品不同,酒店的产品是为旅游者提供以食宿为主的各种服务,因而酒店财务管理又有其自身的特点。

1) 投资效益的风险性

酒店固定资产投资金额大,一般要占总投资额的 80% 左右。由于固定资产具有使用年限长的特点,一旦投入往往难以改变,如果酒店市场形势不好,必然导致投资效益低下。酒店的巨额固定资产投资在建成以后,要经过较长时期的经营活动才能逐步收回。所以其投资决策成功与否对酒店未来的发展方向、发展速度和长期获利能力都有重大影响。在投资决策之前,一定要对投资方案的预期经济效益作深入全面的评价,用审慎的态度、科学的方法选择最有利的投资方案,规避风险,获取最大利益。

2) 客房商品销售的时间性

酒店是通过提供服务或劳务直接满足宾客需要的,当宾客在酒店消费时,酒店设施与服务的结合才表现为商品。客房商品销售有着强烈的时间性,如果当天不能实现销售(出租给宾客),则当日的租金收入则永远失去,即客房商品无法实现库存。客房商品销售的时间性,要求酒店财务部门应积极支持营销部门的促销活动,提高客房出租率,增加客房收入。

3) 宾客结算的即时性

酒店为了方便宾客简便快捷的结账,一般在宾客离店时一次性结清付款,无论宾客何时离店,都应立即办理结账手续,防止出现错账、漏账和逃账。这就要求酒店财务部门必须昼夜提供值班服务,尤其是及时为客人提供入住、货币兑换、离店的各种业务。从这一方面讲,酒店财务管理工作的时间性比一般企业的财务管理时间性要强。

4) 更新改造的紧迫性

酒店的各类设备、设施是否新颖,对营业状况的影响很大,这种情况决定了酒店的资产设备更新周期短,需要经常进行更新和改造,以保持酒店的全新风貌。因此,酒店财务管理人员要注意研究各种资产设备的经济寿命周期,寻求最佳更新时机,适时装修改造,以获得更高的资产使用效益。

5)经济效益的季节性

酒店的经营具有明显的季节性,这导致了酒店经济效益也随之出现明显的季节性波动,结合季节性的特点,酒店应合理进行季节安排,尽量使淡季不淡,以取得最佳的经济效益。

9.2 酒店预算管理

9.2.1 酒店预算及预算管理的含义

1)酒店预算的含义

计划是企业管理的首要职能,是用文字说明企业未来经营活动的主要目标和实现目标必须完成的任务。预算就是对计划的数量说明,是把有关经济活动的计划用数量和表格形式反映出来,并以此作为控制未来行动和评价其结果的依据。对酒店而言,预算是用来帮助酒店管理人员规划和控制各项经济活动的重要工具,也是提高酒店管理水平和经济效益的主要工具。

要理解预算的含义必须注意以下两点:

(1)预算不等于预测

预测是对未来不可知的因素、变量以及结果不确定性的主观判断,预算则是根据预测的结果提出的对策性方案。

(2)预算不等于财务计划

①从预算的内容上看,预算是一个企业全方位的计划,而财务计划只是涉及财务方面,预算的范围大于财务计划。

②从预算的形式上看,预算的表现形式多种多样,而财务计划仅以货币表示。

③从预算的组织过程上看,预算是一个系统工程,而财务计划主要侧重于编制和执行。

2)酒店预算管理的含义

酒店预算管理是利用预算对酒店内部各部门、各单位的各种财务及非财务资源进行分配、考核、控制,以便有效地组织和协调企业的生产经营活动,完成既定的经营目标。酒店预算的职能与种类如下:

(1)酒店预算的职能

酒店预算包括预算编制和预算控制两个职能。

①预算编制职能。预算编制就是把有关企业全部经营活动的总体计划用数量或表格的形式反映出来,又称全面预算。在市场经济导向的环境下,全面预算是以利润为目标,以销

售预算为基础,综合协调其他预算的结果。

②预算控制职能。准确、合理的预算本身并不能改善经营管理、提高企业经营效益。要想提高企业经营效益,只有认真严格执行预算,使每一项业务的发生都与相应的预算项目联系起来,这就必须强化预算的控制职能。

企业预算管理的关键在于控制。在编制预算的活动中,为了控制利润目标的实现,不能仅关注目标利润或营业收入、成本费用指标,还必须把预算管理的重点延伸到经营过程和经营质量,这样才能真正控制住企业运行,真正实现利润目标。

(2)酒店预算的种类

根据不同的预算编制基础,可将酒店预算分为以下几类:

①根据预算涵盖的时间跨度不同,可将预算分为长期预算和短期预算。

长期预算又称战略性预算,是酒店各方面 1~5 年的预算,这种预算研究的是酒店的主要计划(开拓市场、筹资等)。短期预算可以是一天、一个星期、一个月、一个季度或者一年的预算,是短于一年的任何一个时期的预算。

②根据预算的对象不同,可将预算分为营业预算和资本预算。

营业预算是指对营业收入和支出项目的预测,或对损益表有影响的项目的预测,如客房月营业收入预算。资本预算是指对资产负债表有关项目的预测,如某餐厅半年的现金预算。

③根据预算包括的范围不同,可将预算分为部门预算和总预算。

部门预算是针对某个特定部门的,并为那个特定部门指出营业收入减去营业支出后余额的预测。酒店的有些部门并不直接创造收入,如维修部门,这些部门预算就只需作出用以详细说明某一时期费用的费用预算。

④根据预算所依据的业务是否单一,可将预算分为固定预算和弹性预算。

固定预算就是以一定的经济活动规模或销售水平为基础编制的预算。在这种预算里,不涉及销售水平的变动,因而也与各种费用高低无关。其缺点是当实际的销售水平与预算发生差异时,其支出只能凭主观判断在短期内加以调节。

弹性预算是以多个不同的经济活动规模为基础编制的预算,如客房部的营业收入可以根据 60%,70%,80%的客房出租率来预测。这种预算方法的实用性在于,当实际情况需要对预算进行调整时,管理人员早已作好了充分的准备。

⑤根据预算的起点不同,可将预算分为增量调整预算和零基预算。

增量调整预算是指在确定预算项目金额时,以基期该项目实际发生额为基础,然后再考虑预算期内可能会使该项目发生变动的有关因素,从而确定预算期该项目应增应减数额的预算方法。零基预算又称零底预算,是指在编制预算时,所有预算支出均不考虑基期的费用开支水平,而是以零为起点,从根本上分析每项预算是否有支出的必要和支出数额的大小。

⑥根据预算期是否固定,可将预算分为定期预算和滚动预算。

定期预算是指在编制预算时预算期固定的一种预算编制方法。一般全面预算的预算期是 1 年,从 1 月 1 日到 12 月 31 日,以便与会计年度、计划年度相配合。滚动预算又称永续预算,即编制预算时的预算期不是固定的,而是连续不断的,始终保持 12 个月的时间跨度,每过去 1 个月,就根据新的情况调整和修订后几个月的预算,并在原来的预算期末随时补充 1

个月的预算。

9.2.2 酒店预算的编制

对小酒店来说,预算可以由业主来编制。若要编制正式预算,可以请一个会计师来做。对于非正式预算的编制,业主仅在心中计划怎样做,然后日复一日的经营,以尽可能接近他心中的目标。

大型酒店预算的编制必须有一定的组织,按既定的程序,采用科学的方法,这样才能使预算的编制具有科学性和先进性。

同时,大型酒店的预算编制还需要从基层到高层多方面人员的参与。一般而言,部门经理必须参加,如果他们今后的业绩将以预算来评价,那么这些管理者就必须作出其部门的预算,也许还要与其所属职员一起讨论预算数字。采用这种自编方式编制的预算,能较好地得到预算执行人员的支持,提高他们完成预算的主动性和积极性。另外,基层管理人员和职工直接接触业务活动,熟悉情况,由他们自行编制的预算,一般更为准确可靠,更有利于提高酒店的经济效益。

1) 酒店预算的编制模式

酒店预算的编制模式有自上而下、自下而上和参与制预算 3 种模式。

(1) 自上而下编制模式

自上而下编制模式是指预算由最高管理层具体编制和下达,分部不参与预算编制,而只是预算执行主体。这种预算编制模式的缺点是可能会造成下级对预算的抵触情绪,导致执行预算波动;预算也可能偏离实际,使预算控制流于形式,达不到预期效果;或者造成下级弄虚作假,虚报成绩,造成信息失真。这种编制预算的模式一般只适用于规模较小、经营单一的集权型管理模式的酒店。

(2) 自下而上编制模式

自下而上编制模式是由基层开始,由基层提出成本费用控制指标、收入利润完成指标,逐级汇总形成整个企业收入、利润总目标。这种预算编制模式往往导致基层单位为自己"留了一手":一方面为了能比较轻松地完成预算指标,以获得较高的收益;另一方面为了防止预算期的某些不可预见的事件,导致无法预计的成本。这种基层预算逐级汇总上报后,很可能与整个企业的整体目标不一致,产生不良的预算行为。因此,这种预算编制模式一般只适合集团资本型控股母公司对其有独立法人地位的控股子公司编制预算时采用。

(3) 参与制预算编制模式

参与制预算编制模式是自上而下与自下而上相结合的预算编制模式。这种模式首先由企业最高管理层根据企业的战略目标,提出预算目标,然后自下而上编制部门预算,并层层汇总,形成总预算,再自上而下进行协调和调整,最后形成年度预算。参与制预算的关键在于上下级的沟通。上下达成共识,这样编制的预算与企业预算目标相一致,是积极、科学、稳妥的。目前,大多数企业都采取参与制预算编制模式。

下面就采用参与制预算编制模式具体介绍酒店预算的编制程序。

2) 酒店预算的编制

(1) 制订预算时间表

为了保证有充分的时间准备编制预算和确保它的及时批准,应制订一份预算时间表,并严格遵守。假定一家酒店的会计年度与日历年度相一致,该酒店在 2008 年第四季度编制下年的预算,可参照表 9.1 中列出的时间编制预算。

表 9.1　制订预算时间表

谁去做	做什么	什么时间做
总经理 财务总监 部门经理	酒店预算会议	10 月 1—31 日
部门经理	部门预算会议	11 月 1—10 日
财务部门	部门预算的综合	11 月 11—20 日
总经理 财务总监	总经理预算报告的准备	12 月 1—10 日
酒店所有者	审定和批准总经理预算报告	12 月 11—31 日

(2) 召开酒店预算会议

酒店预算会议要为部门经理编制详细的部门预算提供指导方向。在预算会议上需要完成的工作有审视当年的经营情况,分析整个经营条件,分析目前的竞争形势,分析价格以及计划客房出租率和总的销售额等。

(3) 制订预算总目标

预算委员会根据酒店预算会议上的预测,结合酒店的战略目标,提出预算总目标及具体的考核标准,如利润比去年增长多少,收入要达到什么水平,预算年度要发展的优势领域,并提出资本预算以及对各部门业绩的考核标准等。

(4) 编制部门预算

部门预算是整个预算过程的基础,它以销售预算为起点,具体过程如下:

①预测部门营业收入。

②营业收入减去各部门的预计直接经营费用。

③根据预测的部门经营利润减去预测的未分摊费用得出净利润。

(5) 部门预算的综合

各部门预算制订完成后送交财务部门,由财务部门将其进行汇总,上报预算委员会。

(6) 预算在上下级之间的协调

由于部门预算与总预算可能产生背离,这就需要不断进行上下级的交流与沟通,并在沟通过程中相互让步,使上下级对预算达成共识。

（7）预算的审核

总经理和财务总监要先审查各部门预算,确保所有项目是合理的,营业收入和费用目标是实际可行的,再交由董事长审批。

（8）预算的核定与分发

预算方案经董事会批准后,由预算委员会下发到各部门执行。

（9）对执行结果的反馈

预算管理的目的不在于编制预算,而在于控制。在酒店的经营活动中,要随时与预算进行对照,从而达到控制的目的。在年度终了,还要综合分析差异,找出原因,并严格执行预定的奖惩机制。

9.3　酒店财务控制

酒店制订了预算之后,就必须加强财务控制。只要预算没有控制,预算就没有实际的意义,预定目标的实现只能顺其发展。因此,酒店财务管理应对酒店经营的收支等各方面实施有效的控制以确保预算指标的完成。

9.3.1　建立酒店财务控制制度

酒店实施财务控制,必须首先建立起完善的财务控制制度,使财务控制工作能在组织机构、人事分工、岗位责任等诸方面得到保证。酒店应在各部门之间及部门内部建立起一套行之有效的管理制度,使各部门、各岗位的工作人员既相互联系、相互协作,又相互监督、相互制约,以预防舞弊等各种不正常行为的发生。

9.3.2　营业收入控制

1）一次性结账的收费办法

酒店一般采用一次性结账的收费办法,即宾客一旦入住酒店就可在酒店内部(除商场等个别消费点)签字赊账消费。酒店应建立起与之相配套的管理办法和控制制度,如宾客总账单上的每一笔账目都应附有宾客签字的原始附件,同时应规定欠款的最高限额,一旦超过限额,就应及时催促宾客付款,以免因欠款累计太多、太久而使酒店陷入被动。

2）营业收入稽核

为防止经营过程中作弊、贪污等不正常行为的发生,酒店应建立营业收入稽核制度,确保营业收入的回收,维护酒店的利益。为此,酒店应设立收入核算岗位,以便由收款员到夜审、到日审层层审核,层层把关,以保证营业收入不受损失。

夜审的目的主要是控制营业收入中的宾客签字挂账,一般在每个营业日结束时进行。日审是夜审工作的继续,需在夜审的基础上,对前一天营业收入的情况再深入进行全面的检查复核。例如,对餐饮收入的核对,需对餐厅服务员开出的点菜单、餐厅菜单、餐厅收款员开出的宾客账单三者进行复核,以防出错。

3) 收款的控制

酒店应加强对各收款点的控制,如对账单的管理,酒店应建立起专人负责账单发放的管理制度,对发出的账单进行编号登记,对账单存根逐笔逐号进行审核。

各营业点收款员当班结束后,都需填报"收入日报表"和"交款单",酒店据此检查收回的账单与交来的表单是否相符,账单是否连号,与上一天账单的编号是否相连。

4) 应收账款控制

应收账款是指酒店已经销售但款项尚未收回的赊销营业收入。酒店加强对应收账款的控制,可以确保营业收入款项的回收,防止坏账损失的产生。

酒店应收账款的大小,通常取决于企业外部的大环境和企业内部自身的方针政策。就酒店的外部环境而言,宏观经济情况会影响企业应收账款数额的大小,如在经济不景气时,就往往会有较多的客户拖欠付款。这种情况是酒店主观上无法加以控制的。但是,从另一方面看,酒店可以通过内部的管理,通过自身信用政策的变化,来改变或调节应收账款的数额,对应收账款的大小施以影响,加以控制。

酒店的政策包含了信用期限、现金折扣、信用标准和收款方针等内容。信用政策的松紧直接决定了企业赊销数额的大小和应收账款数额的大小。松弛的信用政策虽然能够刺激销售、增加收入,但同时也增加了应收账款的数额和一些信用管理上的费用;而紧缩的信用政策,虽然能减少应收账款,减少信用管理费用,但也相应地减少了收入。酒店信用政策的成功与否,关键在于这些增加(或减少)的收入和增加(或减少)的费用具体的幅度如何,两者相比的利润到底增加与否及幅度如何,即增量利润(增量收入–增量费用)的大小、正负如何。

一般采用赊销的酒店都有专门的信用管理部门,根据酒店的具体情况,这类部门可由总经理、总会计师、信用经理、前厅经理、餐饮经理等人员组成,由他们来研究决定酒店的信用政策。信用政策一旦确定,就应使与信用工作有关的人员对它充分理解和熟悉,并严格照章执行,以使酒店的应收账款控制有一个理想的结果。

9.3.3　成本费用控制

酒店成本控制是指按照成本管理的有关规定和成本预算的要求,对成本形成的整个过程进行控制,以使企业的成本管理由被动的事后算账转为比较主动的预防性管理。

酒店成本控制主要有预算控制、主要消耗指标控制和标准成本控制 3 种基本方法。

1) 预算控制

成本预算是酒店经营支出的限额目标。预算控制就是以分项目、分阶段的预算指标数据来实施成本控制。

这种方法的具体做法:以当期实际发生的各项成本费用的总额及单项发生额,与相应的预算数据相比较,在业务量不变的情况下,成本不应超过预算。这里,由于考虑了现实的情况与预算预计的情况有时并不绝对一致,因此就往往需要事先进行几个不同业务量水平上的预算数据的测算,编制出弹性预算,以使成本的实际发生额和预算数额两者便于比较,而不能仅仅只有某一种业务量水平上的预算数据。当然,在弹性预算中,只有业务量和变动成本的变化,固定成本仍保持不变。因此,一般就以变动成本随业务量变化而变化的幅度为依据,来确定弹性预算中业务量数值的档距。

2) 主要消耗指标控制

主要消耗指标是指对酒店成本具有决定性影响的指标。主要消耗指标控制也就是要对这部分指标实施严格的控制。只有控制住这些指标,才能确保成本预算的完成。例如,如果客房物料消耗失控,就很难再完成成本预算目标。

主要消耗指标控制,关键在于这些指标的定额或定率,不但定额或定率本身应当积极可行,而且一旦指标确定,就必须严格执行。此外,除这些主要消耗指标以外的其他指标,即非主要指标,也会对酒店的成本发生影响。因此,在对主要消耗指标进行控制的同时,也应随时注意非主要指标的变化,一旦主要指标相对稳定,或是非主要指标变化加大,那么控制非主要消耗指标的意义就更大。

3) 标准成本控制

标准成本是指正常条件下某营业项目的标准消耗(注:只包括营业成本与营业费用,不分摊到部门的管理费用、财务费用除外)。标准成本控制也就是以各营业项目的标准成本为依据,来对实际成本进行控制。采用标准成本控制,可将成本标准分为用量标准和价格标准,以便分清成本控制工作的责任。由于用量原因导致实际成本与标准成本产生差异,应主要从操作环节查找原因;由于价格原因导致实际成本与标准成本产生差异,则应主要从采购环节查找原因。例如,对某一时间段某一种餐饮原材料成本进行检查,就可从价格和用量两个方面进行考察。

从价格方面看,应检查标准价格(预计价格)和实际价格(采购价格)两者相比的差异情况,而后再进一步分析是何原因产生的差异,是工作失误(如事先估计不足、临时采购、市场行情了解不够等)还是不可避免的客观因素(如物价上涨、自然灾害等)。

从用量方面看,应将该种原材料的实际用量同按标准应消耗的用量进行比较,即先将某个时间段使用该种原材料的餐饮制品全部列出,根据每一种餐饮制品中该原材料的标准用量和这一时间段内该种餐饮制品的销售量,得出按实际销售情况,该种原材料应该消耗的用量。再用倒记成本的办法推算出该时间段内该种原材料的实际用量,即

本期实际用量=期初盘存+本期进料-期末盘存

最后通过实际用量同按标准应该消耗的用量相比,确定差异后再进一步分析其原因,是所定标准不当,还是操作失误或其他原因。当然,若采购的原材料规格不符合要求,也可能导致成本的差异。

以上是成本控制的主要方法。应当指出的是,酒店成本控制除了对消耗阶段的控制以外,还应注意加强材料物资采购、库存阶段的控制,即对材料物资的进货价格、到货验收、储存、盘点等一系列环节进行严格管理,以使酒店对成本的控制更加全面和完善。

9.3.4　酒店量—本—利分析法

酒店量—本—利分析法是酒店成本费用控制方法中常用的一种方法,也是管理者必须掌握的一种基本方法。

量—本—利分析又称"保本点分析"或"盈亏临界点分析"。其目的是确定酒店经营的盈亏临界点(即保本点)。所谓盈亏临界点是酒店营业收入和营业支出正好抵消,不盈也不亏的分界点。确定酒店盈亏临界点能预测酒店未来的经营情况,如酒店接待多少人数和收入达到什么水平才不盈不亏;当酒店收入达到一定水平时,能赢利多少;酒店要达到预测利润目标应有多少收入。

1)基本概念

边际成本通常是指产品生产中的直接成本或经营成本(费用)中的变动成本(费用)。

边际利润是指企业的营业收入扣除税金和边际成本以后的余额,其计算公式为:

$$边际利润=营业收入-边际成本$$

$$边际利润率=\frac{边际利润}{营业收入}\times100\%$$

$$=1-变动成本率$$

2)基本公式

盈亏临界点一般可通过计算求得,其计算公式为:

$$盈亏临界点接待量(保本销售量)=\frac{固定成本总额}{单位边际利润}$$

$$盈亏临界点收入(保本营业额)=\frac{固定成本总额}{边际利润率}$$

酒店经营不只是为了保本,而是要以收抵支取得赢利。在盈亏临界点公式的分子上加上目标利润,就可得到为实现目标利润所应有的营业额或接待量的计算公式,即

$$目标接待量=\frac{固定成本总额+目标利润}{单位边际利润}$$

$$目标营业额=\frac{固定成本总额+目标利润}{边际利润率}$$

【例9.1】　某酒店预期营业收入600万元,固定成本为300万元,变动成本为150万元,

目标利润 150 万元。不计税收,求盈亏临界点收入及目标营业额。

解 边际利润率 $=1-$ 变动成本率 $=1-\dfrac{150\ 万元}{600\ 万元}=0.75=75\%$

$$保本销售收入 = \dfrac{固定成本总额}{边际利润率} = \dfrac{300\ 万元}{0.75} = 400\ 万元$$

$$目标销售收入 = \dfrac{保本销售收入+目标利润}{边际利润率} = \dfrac{400\ 万元+150\ 万元}{0.75} \approx 733.33\ 万元$$

量—本—利分析在实际工作中运用广泛,尽管实际工作中未来众多的不确定因素不可能完全排除,但运用这一方法就能使不确定因素减少,使酒店管理工作具有一定的预见性和主动性,使管理更趋合理。

9.4　酒店财务分析

9.4.1　酒店财务分析的一般程序

财务分析是一项复杂的工作,所涉及的内容十分宽泛。不同的财务分析主体可能会运用不同的财务分析方法,达到不同的分析目的。一般而言,财务分析需要经过以下几个步骤:明确分析目的并制订分析方案、收集相关信息、分析各项指标、作出分析结论。

1)明确分析目的并制订分析方案

财务分析的目的依分析主体的不同而不同。投资者的分析目的主要是分析投入资金的安全性和盈利性;债权人的分析目的主要是分析供应资金的保障程度如何;政府的分析目的主要是分析酒店经营运作的情况和社会责任的履行情况等。在明确了分析目的之后,要根据实际情况,如分析问题的难度、分析工作的复杂程度等制订分析方案,是全面分析还是重点分析,是定量分析还是定性定量相结合分析;要列出具体需要分析的指标,安排工作进度,确定完成时间等。

2)收集相关信息

分析方案确定后,要根据具体的分析任务,收集分析所需的数据资料。前面已经指出,财务分析的依据包括内、外部资料。因此,一般收集的内容应包括财务报告、各种会计资料、市场占有率、宏观经济形势信息、行业情况信息等。

3)分析各项指标

根据制订的分析目标,运用所收集到的相关信息计算出各项指标。深入研究各项指标,并将每一指标与同行业标准、不同会计年度的指标进行对比,分析其中存在的问题。

4)作出分析结论

由于经济活动的复杂性和外部环境的多变性,在综合分析各项指标之后,需要对分析结果进行解释,并结合各项非财务信息,如宏观经济环境的变化、竞争对手的情况等,撰写分析报告,提供对决策者有帮助的会计信息。

9.4.2　酒店财务分析的方法

进行财务分析时,要讲究方式与方法。为了全面反映酒店的财务状况和经营成果,达到财务分析的目的,就要选择恰当的分析方法。常用的几种分析方法如下:

1)比较分析法

比较分析法是通过主要项目或指标数值变化的对比,确定出指标间的数量关系或数量差异,从而达到分析目的的一种方法。比较分析法是财务分析最基本的方法,也是运用范围最广泛的方法。比较分析法的意义在于,通过确定指标间的数量关系和存在的差距,从中发现问题,为进一步分析原因、挖掘潜力指明方向。比较分析法的形式多种多样,既可以是绝对额的比较,又可以是相对额的比较;既可以是某一酒店不同年度的比较,又可以是不同酒店同一年度之间的比较。不同的分析目的,有不同的比较标准,所采用的比较分析法的形式也是不同的。一般常见的比较标准有:

(1)实际指标与预算指标相比较

将本期的实际指标与预算指标相比较,由此可以看出预算指标的完成情况,考核酒店本期的经营业绩。但是,这种比较分析方法要求制订科学和切合实际的预算指标,否则在此基础上进行的财务分析是无意义的。

(2)实际指标与前期实际指标或历史最好水平相比较

通过这种动态对比,可以了解酒店经营过程中的规律和薄弱环节,有利于改善酒店经营管理。

适用比较分析法的指标有很多,计算方法基本上是相同的。以本期实际指标与前期实际指标比较为例,可按照以下两个公式进行计算分析:

①实际指标较前期指标的增减变动数额=本期实际指标−前期实际指标。

②实际指标较前期指标的增减变动率=增减变动量/前期实际指标×100%

【例9.2】　A酒店客房部 2015 年 12 月的实际收入为 120 000 元,2014 年 12 月的实际收入为 100 000 元,比较这两个月的收入情况:

①2015 年 12 月的实际收入比 2014 年 12 月的实际收入增加了 20 000 元,即

$$120\ 000\ 元-100\ 000\ 元=20\ 000\ 元$$

②2015 年 12 月的实际收入比 2014 年 12 月的实际收入增长了 20%,即

$$20\ 000÷100\ 000×100\%=20\%$$

这种分析方法计算简便,虽然可以直观地看出酒店的经营业绩或财务状况的变动情况,

但是,需要注意指标的可比性,即指标的时间长短和经济内容必须一致;否则,不具有可比性。

(3)本期的实际指标与同行业平均水平或先进水平相比较

将本期的实际指标与同行业平均水平或先进水平相比较分析,发现存在的差距,并分析差距产生的原因,进而提出解决问题的措施,有利于提高酒店的市场竞争力。

2)因素分析法

因素分析法是根据指标与其影响因素的关系,从数量上确定各因素对分析指标影响方向和影响程度的一种方法。采用这种方法的关键在于确定影响指标的各个因素,并确定各个因素对指标产生的影响程度。在分析时,假定其他各个因素不变,顺序确定每一因素单独变化对指标产生的影响。因素分析法又可具体分为:

(1)连环替代法

连环替代法是将指标分解为可计量的因素,并根据因素之间的依存关系,按顺序将各因素的标准值用分析值代替,据以测定各因素对分析指标的影响程度。其分析程序如下:

①将指标分解为若干个影响因素,分析指标与影响因素的关系,按照它们之间的依存关系排列,将主要因素排在前面,将次要因素排在后面。

②按照分解后各因素的顺序,计算标准值。

③以标准值为计算基础,按顺序用各因素的分析值分别替换标准值,每次只替代一个因素,替代后分析值被保留下来,替换过程直到所有的标准值都被分析值所替代为止。

④将每次替换结果与这一因素被替换前的结果相比较,其差额即为替换因素对指标的影响程度。

⑤检验分析结果,将所有因素的影响额加总,其代数和应等于分析值与标准值之差。

【例9.3】 A酒店餐厅部2015年12月某种油炸食品佐料费用的实际数额为5 760元,而其计划数为5 000元,实际数比计划数多支出760元,要求分析佐料费用增加的原因。佐料费用是由生产食品的数量、单位食品耗用量和佐料单位价格3个因素共同决定的。因此,在分析佐料费用增加的原因时,要将这一费用分解为3个因素,然后逐一分析它们对总费用的影响程度。假定这3个因素的数值,见表9.2。

表9.2 食品费用构成表

项 目	单 位	计划数	实际数
生产食品的数量	千克	100	120
单位食品耗用量	克	10	8
佐料单位价格	元	5	6
总费用	元	5 000	5 760

根据表9.4中的资料,运用连环替代法,计算分析各因素对佐料费用增加额的影响金额:

计划指标:100×10×5 元＝5 000 元　　　　　　　　　　　①

第一次替代:120×10×5 元＝6 000 元　　　　　　　　　　②

第二次替代:120×8×5 元＝4 800 元　　　　　　　　　　③

第三次替代:120×8×6 元＝5 760 元　　　　　　　　　　④

生产量增加的影响:②－①＝6 000 元－5 000 元＝1 000 元

材料节约的影响:③－②＝4 800 元－6 000 元＝－1 200 元

价格提高的影响:④－③＝5 760 元－4 800 元＝960 元

全部因素的影响:1 000 元－1 200 元＋960 元＝760 元

（2）差额分析法

差额分析法是连环替代法的一种简化形式,其分析原理与连环替代法相同,只是在分析过程中稍有不同。它直接利用各个因素的比较值与基准值之间的差额,计算各因素对分析指标的影响。

【例9.4】　以例9.4中的数据为例,运用差额分析法分析佐料费用增加的原因。

①生产量对总费用的影响为:

（120－100）×10×5 元＝1 000 元

②材料节约对总费用的影响为:

120×（8－10）×5 元＝－1 200 元

③价格提高对总费用的影响为:

120×8×（6－5）元＝960 元

④全部因素影响为:

1 000 元－1 200 元＋960 元＝760 元

3)趋势分析法

趋势分析法又称为水平分析法,将两期或连续数期财务报告中的相同指标进行比较,求出其增减变动的方向、数额和幅度的一种方法。采用这种方法,可以揭示酒店财务状况和经营成果的变化,分析引起变化的主要原因、变动的性质,并预测酒店未来的发展趋势。

趋势分析法主要用于重要财务指标的比较。它是将不同时期的财务报告中的主要相同指标或比率进行比较,直接观察其绝对额或比率增减变动情况及变动幅度,并考察其发展趋势。对不同时期财务指标的比较,可以采用以下两种方法:

（1）定基动态比率

它是以某一时期的数额为固定的基期数额而计算出来的动态比率。用公式表示为:

$$定基动态比率＝\frac{分析期数额}{固定期数额}×100\%$$

（2）环比动态比率

它是以某一分析期的前期数额为基期数额而计算出来的动态比率。用公式表示为:

$$环比动态比率＝\frac{分析期数额}{前期数额}×100\%$$

4）比率分析法

比率分析法是通过计算有内在联系的两项或多项指标之间的关系，来确定酒店经济活动变动程度的一种分析方法。比率分析法将分析的数值转化成相对数后进行比较，并从中发现问题。比率分析法相对其他分析方法而言，计算简便，计算结果比较容易判断，因而它是较为常用的一种分析方法。常见的比率指标有以下几类：

（1）构成比率

构成比率又称结构比率，用于计算某项财务指标的各组成部分占总体的比重，反映部分与总体的关系。用公式表示为：

$$构成比率 = \frac{某个组成部分数值}{总体数值} \times 100\%$$

（2）效率比率

效率比率是用来计算某项财务活动中所费与所得的比率，从而确定投入与产出的关系。如成本利润率是指一定时期的利润总额与成本费用总额的比率，表明酒店在一定时期为取得利润而付出的代价大小。

（3）相关比率

相关比率是用来计算除部分与总体、投入与产出关系之外的具有相关关系指标的比率。如资产负债率是指酒店负债总额与资产总额的比率，反映酒店长期偿债能力的大小；流动比率是指酒店流动资产与流动负债的比率，反映酒店短期偿债能力的大小。使用比率分析法时，需要注意以下几个问题：首先，对比指标应具有相关性，即在构成比率指标中，部分指标必须是总体指标这个大系统中的一个小系统，小系统同时是大系统的组成部分，相互之间具有相关性，才可以相互比较。对不相关的指标进行比较是无意义的。其次，对比指标的口径应一致，即在构成比率的指标中，必须在计算标准、计算时间、计算范围上保持一致。最后，衡量标准应具有科学性，即在进行财务分析时，需要选用科学合理的标准与比率相比较。通常科学合理的标准有：

①预定目标：如预算指标、定额指标等。
②历史标准：如上期实际水平、历史先进水平等。
③行业标准：如行业平均水平、国内同类酒店先进水平等。
④公认标准。

5）综合分析法

综合分析法是对企业的财务状况和经营业绩进行综合分析与评价。它包括以下两种主要方法：

（1）杜邦财务分析法

杜邦财务分析法就是利用几种主要的财务比率之间的关系来综合分析企业财务状况的方法。它将企业的财务状况作为一个系统进行综合分析，反映了企业财务状况的全貌。

（2）财务状况综合评价法

财务状况综合评价法是将若干财务比率综合在一起进行系统分析，据以评价企业的整体财务状况。

9.4.3　酒店财务报告分析的主要指标

酒店财务报告分析的内容主要集中在酒店偿债能力分析、酒店营运能力分析和酒店的盈利能力分析以及酒店分析常用的其他比率这几个方面。

1）酒店偿债能力分析

酒店偿债能力是指酒店偿还各种到期债务的能力。偿债能力分析包括短期偿债能力分析和长期偿债能力分析两个方面。

（1）短期偿债能力分析

短期偿债能力是指酒店以流动资产偿还流动负债的能力。通过分析流动资产与流动负债的关系，即酒店资产的流动状况可判断酒店短期偿债能力。这类比率主要包括流动比率、速动比率及现金比率。

①流动比率。它是指流动资产总额与流动负债总额之比。表示每元流动负债可由多少流动资产来偿还，其计算公式为：

$$流动比率=\frac{流动资产}{流动负债}\times100\%$$

公式中的流动资产指货币资金、应收账款净额、应收票据、存货、预付货款、短期投资以及其他应收款和待摊费用。流动负债指短期借款、应付账款、应付票据、应收货款、应付工资福利费、应付利润、应交税金等各种未交款、其他应付款、预提费用以及一年内到期的长期负债等。

这个比率反映了酒店的短期偿债能力，比值越高，偿债能力越大；反之，则小。一般而言，流动比率能达到 2:1 的水平，就表明该企业的财务状况是稳妥可靠的。因为这时企业的营运资金（流动资产减流动负债后的余额）是流动负债的 1 倍，一方面使债权人债务偿还有保证；另一方面又不至于使大量资金滞留在流动资产上。从另一个角度来看，在扣除了约占流动资产的一半，变现能力最差的存货金额之后，剩下的一半流动性较大的流动资产至少要等于流动负债，企业的短期偿债能力才会有保证。

但这个比率并非越大越好，因为流动比率大，可能是存货积压或滞销的结果，也可能是拥有过多的货币资金，未能很好地在经营中加以运用的缘故。因此，在评价流动比率时应注意：对债权人来说，流动比率越大越好，但对企业应该有个上限。

②速动比率。标志酒店偿债能力、反映流动资产的流动性指标，除上述流动比率外，还有速动比率。速动比率是指企业的速动资产对流动负债的比率。速动资产是那些可按其本身市值即时转换为现金、偿付流动负债的那些流动资产，它是流动资产中最具流动性的一部分。速动资产主要包括货币资金、应收账款、应收票据（扣除坏账准备）和可替代现金的短期投资，以及其他应收款；速动资产不包括存货。这是因为存货变现速动慢，要通过市场销售，

应收账款才能变为现金,并且其转换为现金的时间和数额都不好确定;部分存货可能已损失报废或抵押出去而未作处理;由于计价方法的影响,存货的估价存在着成本与市价的差距。

速动比率比流动比率更足以表明企业的短期偿债能力,流动比率只能表明企业的流动资产总额与流动负债总额之间的关系,如果流动比率较高,而流动资产总额的流动性都很低时,其偿还能力仍然是不高的。因此,在不希望酒店用变现存货的办法来还债,而又想了解比流动比率更进一步的酒店当前的变现能力,可计算速动比率。因为它抛开了变现力较差的存货。

速动比率的计算公式为:

$$速动比率=\frac{速动资产}{流动负债}\times100\%$$

分子中的速动资产的计算方法有二:一是用减法,即等于流动资产减存货,或等于流动资产减存货、待摊费用和预付费用;二是用加法,即从流动资产中去掉其他一些可能与当期现金流量无关的项目以计算进一步的变现能力,即用现金、可上市短期有价证券、应收账款净额3项作为速动资产与流动负债相比。第二种方法称为保守速动比率或超速动比率。这是因为预付款只能减少未来的现金支出,不能转换为现金,不属速动资产;待摊费用因缺乏市场价值而无变现价值可言,也不属速动资产。

速动比率反映假定企业面临财务危机或办理清算时,在存货、待摊费用、预付费用等无法立即变现的情况下,企业以速动资产支付流动负债的能力。即企业应付财务危机的能力。速动比率越大,其偿还能力就越高,一般认为速动比率以1:1为宜,这个比率也不是绝对不变的,应视每个酒店企业的速动资产构成等因素而定。如果速动资产过多又可能使企业丧失良好的投资获利机会。

③现金比率。它只把现金和可上市短期有价证券之和与流动负债进行对比,即

$$现金比率=\frac{现金+短期有价证券}{流动负债}\times100\%$$

这是衡量酒店短期偿债能力的一个最保守的指标,反映酒店的即刻变现能力。它表明酒店在财务状况最坏的情况下随时可以还债的短期偿债能力。

在企业把应收账款和存货都抵押出去或者已有证据可以肯定应收账款和存货的变现能力存在严重问题的情况下,可用现金比率分析企业的短期偿债能力。

现金比率过高,说明企业的资金闲置或尚未充分利用现金资源,投入经营赚取更多利润;现金比率过低则可能反映企业当前付款的困难。

(2)长期偿债能力分析

对酒店长期偿债能力的分析主要是为了确定该酒店偿还债务本金与支付债务利息的能力。这种分析可从资产负债表反映的资本结构的合理性和损益表反映的偿还借款本息的能力两方面进行。前者用负债经营比率表示,后者用利息保障倍数反映。这两个指标也称资本结构比率或杠杆比率。其用途:一是提供偿债能力指标,二是提供所有者所负风险程度的指数。通过这些指标可以分析权益与资产的关系、权益之间的关系和权益与收益之间的关系,从而最终评定企业资本结构的合理性,评价企业的长期偿债能力。

杠杆比率是衡量一个企业在与债权人提供的贷款相比之下的由所有者所供给的资金。其含义在于：

第一，债权人所提供贷款的安全程度，将由所有者提供的资金来保证。如果所有者提供的资金在资本总额中只占很小的比例，企业的风险将主要由债权人承担。

第二，通过举债筹资，所有者可以得到用有限的投资而保持企业的控制权的利益。

第三，如果企业所获得的利润多于所支付的借款利息，所有者的利润就随之扩大。

反映酒店长期偿债能力的指标主要有资产负债率、产权比率、利息保障倍数等几项。

①资产负债率（又称负债比率）。它是指酒店负债总额与资产总额的比值。它表明在酒店的总资产中，债权人提供资金所占的比例以及酒店资产对负债的保障程度，其计算公式为：

$$资产负债率 = \frac{负债总额}{资产总额} \times 100\%$$

一般情况下，资产负债率越低越好，因为它表明酒店的长期偿债能力较强。但是，并不是所有的财务分析主体都认为这个比率越低越好。例如，投资者认为，如果酒店资产负债率过低，则说明酒店对财务杠杆的利用程度不足。如果酒店适度地举债，则可较少地利用自有资金，较多地利用负债资金，充分利用财务杠杆的作用；但是，资产负债率也不宜过高，否则会使酒店背上沉重的债务负担；一般认为，资产负债率不应超过50%。

②产权比率。它是指酒店负债总额与所有者权益总额的比率，它反映了酒店资本结构中债权人提供的资本与所有者提供的资本的比例，其计算公式为：

$$产权比率 = \frac{负债总额}{所有者权益总额} \times 100\%$$

一般认为，产权比率越低，酒店的长期偿债能力越强，债权人的权益越有保障；反之，债权人的权益保障越小，债权人越不愿意向酒店借款。但是，这一比率也不宜过低，否则酒店不能充分利用财务杠杆的作用。

③已获利息倍数分析。已获利息倍数又称利息保障倍数，是指酒店息税前利润与利息费用的比率。它反映了酒店息税前利润是所需要支付利息的多少倍，其计算公式为：

$$已获利息倍数 = \frac{息税前利润}{利息费用}$$

公式中的"息税前利润"是指利润表中未扣除利息费用和所得税之前的利润，即利润总额加上利息费用。一般认为，已获利息倍数越大，酒店的长期偿债能力越强。在实践中，往往需要结合其他情况，如本行业的平均水平、酒店所处的市场环境等来确定合理的已获利息倍数。

2) 酒店营运能力分析

酒店营运能力是指酒店对其现有经济资源的利用效率。它反映了酒店管理人员配置生产资料的情况。酒店营运能力的强弱，也影响着酒店的偿债能力和盈利能力。衡量营运能力的主要指标有存货周转率、应收账款周转率、流动资产周转率和总资产周转率等。

（1）存货周转率

存货周转率是指一定时间内酒店销售成本与平均存货的比率。它是衡量和评价酒店购入存货、投入生产和销售等各环节管理状况的综合性指标。用时间表示的反映存货周转率的指标是存货周转天数，其计算公式为：

$$存货周转率 = \frac{销货成本}{平均存货} \times 100\%$$

$$存货周转天数 = \frac{360}{存货周转率} = \frac{平均存货 \times 360}{销售成本}$$

其中，平均存货=（存货年初余额+存货年末余额）/2。

存货周转率的高低，不仅反映出酒店经营环节中存货运营效率的好坏，而且也对酒店的偿债能力及盈利能力产生影响。一般认为，存货周转率越高，存货的平均占用水平越低，流动性越好，变现能力越强。通过存货周转率分析，及时发现存货管理中存在的问题，便于提高酒店经营效率。

存货是酒店流动资产中的重要组成部分，存货的质量和流动性对流动比率具有十分重要的影响，从而影响短期偿债能力。因此，管理层一定要加强存货管理，尽量使存货结构和质量合理。既不能使存货数量过多，否则会导致存货变质、积压；也不能使存货数量过少，否则可能会导致存货短缺。

在计算存货周转率时，应注意计算口径一致。如果前后两期对存货采用不同的计价方法，则可能对存货周转率的计算产生较大影响。此外，还应注意分子、分母计算时间上的对应性。

（2）应收账款周转率

应收账款周转率是指酒店一定时期内销售收入净额（销售收入扣除折让与折扣）与平均应收账款余额的比率。它反映了应收账款周转速度的大小。用时间表示的反映应收账款周转率的指标是应收账款周转天数，其计算公式为：

$$应收账款周转率 = \frac{销售收入净额}{平均应收账款} \times 100\%$$

$$应收账款周转天数 = \frac{360}{应收账款周转率} = \frac{平均应收账款 \times 360}{销售收入净额}$$

其中，平均应收账款=（应收账款年初余额+应收账款年末余额）/2。

一般认为，应收账款周转率越高，应收账款回收速度越快，平均收现期越短，酒店管理工作的效率越高，同时也反映出酒店资产流动性比较强，短期偿债能力比较强，坏账损失和坏账费用比较小。酒店管理者还可利用应收账款周转期与信用期相比较，评价客户的信用程度，判断信用标准的合理性等。

（3）流动资产周转率

流动资产周转率是指酒店在一定时期内的销售收入净额与全部流动资产平均余额的比率，其计算公式为：

$$流动资产周转率 = \frac{销售收入净额}{平均流动资产} \times 100\%$$

其中,平均流动资产=(年初流动资产+年末流动资产)/2。

流动资产周转率是反映酒店流动资产周转速度的指标。在一定时期内,流动资产周转率越高,周转速度就越快,流动资产周转次数就越多,表明以相同的流动资产完成的周转额越多,流动资产的流动效果越好,酒店盈利能力越强;反之,流动资产周转率过低,周转速度过慢,就会形成资金浪费,降低酒店盈利能力。

(4)总资产周转率

总资产周转率是指在一定时期内,销售收入净额与平均资产总额的比率,其计算公式为:

$$总资产周转率=\frac{销售收入净额}{平均资产总额}\times100\%$$

其中,平均资产总额=(年初资产总额+年末资产总额)/2。

总资产周转率反映酒店资产总额的周转速度。总资产周转率越高,说明总资产周转速度越快,总资产的经营效果越好,酒店的盈利能力就越强;反之,总资产周转率越低,说明总资产周转速度越慢,总资产周转效果越差,最终影响酒店的盈利能力。

各项资产的周转指标用于衡量和评价酒店运用资产赚取收入的能力,经常和反映盈利能力的指标结合在一起使用,可全面评价酒店的营运能力和盈利能力。

3) 酒店盈利能力分析

赚取利润是酒店投资者创办酒店的基本目的,也是酒店经营者的主要目标。所有的财务分析主体都十分重视和关心酒店的盈利能力。如果酒店的盈利能力比较强,投资者就会实现投资获利的目的,债权人的本息就能够得到保障,经营者的业绩也就会显现出来。对酒店盈利能力进行分析,也有助于发现经营管理中存在的问题,以便及时采取措施进行改正,提高酒店经济效益。

在进行盈利能力分析时,需要注意的是,酒店的盈利能力一般只应涉及正常的营业状况。非正常的营业状况,尽管有时也会给酒店带来收益或损失,但只是特殊情况下的个别结果,不能说明盈利能力。非正常的营业状况一般是指证券买卖项目、已经或将要停止的营业项目、重大事故或法律更改等特别项目、会计准则和会计制度变更带来的累积影响等。

衡量盈利能力的主要指标有销售利润率、资产收益率等。

(1)销售利润率

①销售毛利率。它是指毛利额与销售收入净额的比率,反映了每元销售收入所实现的毛利润额为多少,其计算公式为:

$$销售毛利率=\frac{毛利}{销售收入净额}\times100\%$$

其中,毛利=销售收入净额-销售成本。

毛利是酒店初始的或最基本的利润,毛利的多少决定着酒店的经营命运。销售毛利率是酒店盈利的基础,没有足够的毛利率酒店便不会有盈利。

②销售净利率。它是指酒店净利润与销售收入净额的比率,反映了每元销售收入净额

所实现的净利润额为多少,其计算公式为:

$$销售净利率=\frac{净利润}{销售收入净额}\times100\%$$

销售净利率代表着酒店经营业务的能力。该项比率越高,说明酒店经营业务的能力越强,酒店的效益越好;反之,销售净利率越低,说明酒店经营业务的能力越弱,酒店的经济效益越差。

从公式中可以看出,净利润与销售净利率成正比,而销售收入净额与销售净利率成反比。因此,酒店在增加销售收入的同时,必须采取措施,如节约成本、降低间接费用等,提高净利润,才能使销售净利率保持不变或有所提高。

(2)资产收益率

①净资产收益率(也称为净值报酬率或权益报酬率)。它是指净利润与平均净资产的比率,反映了自有资金的收益水平和酒店资本运营的综合效益,是酒店盈利能力的核心指标,其计算公式为:

$$净资产收益率=\frac{净利润}{平均净资产}\times100\%$$

其中,平均净资产=(年初所有者权益+年末所有者权益)/2。

净资产收益率指标的通用性很强,适用范围很广,不受行业限制,在国际上各类企业的综合评价中使用率很高。一般认为,净资产收益率越高,酒店自有资本获取收益的能力越强,资本运营效益越好,对酒店投资者、债权人的保障程度越高。为了正确评价酒店盈利能力的大小,可以将该指标与酒店前期水平、预算水平、同行业平均水平相比较,分析差异,挖掘提高利润水平的潜力,提高酒店的经济效益。

②资产净利率。它是指酒店净利润与平均资产总额的比率,反映了酒店资产利用的综合效果,其计算公式为:

$$资产净利率=\frac{净利润}{平均资产总额}\times100\%$$

其中,平均资产总额=(期初资产总额+期末资产总额)/2。

一般认为,资产净利率越高,表明酒店资产利用效果越好,说明酒店盈利能力比较强;反之,则说明酒店盈利能力比较弱。

4)酒店分析常用的其他比率

在酒店的日常经营管理中,除了使用基本财务报表数据外,还要使用一些其他统计数据进行更多的比率分析。下面简单介绍几种常用的比率。

(1)平均客房出租率

平均客房出租率是指酒店全年实际出租客房间天数与客房全年可出租间天数的比率。它是衡量酒店客房部销售业绩的主要指标,其计算公式为:

$$年平均客房出租率=\frac{酒店全年实际出租客房间天数}{酒店客房全年可出租间天数}\times100\%$$

其中,酒店全年实际出租客房间天数是反映酒店全年每天实际出租的客房间天数的总和。

（2）平均房价

平均房价是指酒店实际出租客房的平均价格,它是衡量酒店客房部经营业绩的关键指标,其计算公式为:

$$平均房价 = \frac{酒店客房收入}{酒店全年实际出租客房间天数} \times 100\%$$

（3）Rev PAR（Revenue of Per Available Room）

Rev PAR 意为平均每间可供出租的客房的收入,其计算公式为:

$$Rev\ PAR = \frac{客房收入}{可供出租客房数}$$

（4）房费收入比率

房费收入比率是指酒店房费收入占营业收入的比率,其计算公式为:

$$房费收入比率 = \frac{酒店房费收入}{营业收入净额} \times 100\%$$

（5）食品成本比率

食品成本比率是指酒店销售食品的成本与销售食品的收入的比率,它是酒店餐饮部经营管理者评价和控制食品成本的重要依据,其计算公式为:

$$食品成本比率 = \frac{销售食品的成本}{销售食品的收入} \times 100\%$$

（6）餐饮收入比率

餐饮收入比率是指酒店餐饮收入占营业收入的比率,其计算公式为:

$$餐饮收入比率 = \frac{酒店餐饮收入}{营业收入净额} \times 100\%$$

9.5　酒店综合实力评价指标体系

对一家酒店来说,其财务指标并不能完全反映其综合实力,对一家酒店综合实力的测评,需从下列因素考虑。

9.5.1　经营绩效指标

1）获利能力指标——利润

利润是酒店经营绩效评估最常用的指标,它可以考核酒店资本投资额所赚取的利润。

资本回报率等指标能体现酒店的发展状况。

①净资产收益率=净利润率/平均净资产×100%,本指标是评价酒店自有资本及其积累获取报酬水平的最具综合性与代表性的指标。

②资本回报率=利润/运用资本×100%,也称资本运用回报率、投资回报率(ROI)是一种评估酒店盈利的指标,指酒店利润占投资金额的百分比,说明酒店投入的资本能够创造的利润大小。

③主营业务利润率=主营业务利润/主营业务收入净额×100%,本指标体现了酒店主营业务利润对利润总额的贡献,以及对酒店全部收益的影响程度。

④市场增加值(MVA),是股东已经投资到酒店的金额与其他以今天的市价出售其股份收回的金额之间的差异,其是酒店当前市场价值与在整个酒店生命期中已投入资本的总和之差,即 MVA=总市值-投入资本。

2)营运收益指标——收入

经营绩效可以用主营收入或营业增长率来衡量,其充分体现了酒店发展成功与否的状况。

①客房收益率=实际客房销售额/潜在客房销售额=出租率×房价实现率。本指标从客房平均房价和平均出租率反映酒店收益水平及市场占有份额。

②营业增长率=本年主营业务收入增长额/上年主营业务收入总额×100%。本指标衡量酒店的经营状况和市场占有能力,不断增加主营业务收入是酒店生存的基础和发展的条件。

③餐饮毛利率=毛利额/主营业务收入×100%。本指标是通过食品原材料及饮料进货成本、验收、加工、烹饪、销售等各环节的餐饮成本控制,评价餐饮获利能力。

3)成本控制指标——成本

大多数酒店的财务计划有费用预算、产品、服务计划成本,绩效评估的一般方法是看其实际成本费用比预算成本费用高还是低,以此来判断成本费用控制是否失控。

①成本费用降低率=(实际成本费用-预算成本费用)/预算成本费用×100%。

②存货周转天数=平均存货×360/主营业务成本。本指标存货周转天数越少,资金占用水平越低,表示酒店由于销售顺畅而具有较高的流动性。

③应收账款周转天数=平均应收账款×360/主营业务收入净额。本指标周转天数越少,说明收回应收账款越快,收账费用和坏账损失越少。采用本指标的目的在于促进酒店通过合理制订赊销政策,严格销货合同管理,及时结算等途径,加强应收账款的前后期管理,加快应收账款回收速度,活化酒店营运资金。

④成本费用利润率=利润总额/成本费用总额×100%。本指标从耗费角度评价酒店收益状况,有利于促进酒店加强内部管理,节约支出,提高经营效益。

4）现金流量指标

酒店也应监控其现金流量,以确保酒店从经营中创造充分的现金去满足可预见的负债,测定现金流量能力的指标是酒店在某一期间赚取的自有现金流量金额。自有现金流量是指酒店管理层日常有权开销的现金。

①资产负债率=负债总额/资产总额×100%。本指标是衡量酒店债务偿还能力和财务风险的重要指标。

②速动比率=速动资产/流动负债×100%。本指标表明酒店偿还流动负债的能力。

③盈余现金保障倍数=经营现金净流量/净利润。本指标从酒店经营活动所产生的现金及其等价物的流入量与流出量的动态角度,对酒店收益的质量进行评价,充分反映出酒店净收益中有多少是有现金保障的。

④现金流动负债率=年经营现金净藏量/年末流动负债×100%。本指标从现金流入和流出的动态角度,充分体现酒店经营活动所产生的现金净流入可以在多大程度上保证当前流动负债的偿还,直观反映酒店偿还流动负债的能力。

9.5.2　顾客服务指标

1）市场份额指标

①全部市场占有率=企业的销售额/全行业的销售额×100%。市场份额指标反映出相对于竞争者,企业自身的经营状况,以及满足市场需求的能力。

使用这种测量方法必须作出两项决策:一是要以单位销售量或销售额来表示市场占有率;二是要正确认定行业范围。

②可达市场占有率=企业销售额/可达市场销售额×100%。所谓可达市场,一是企业产品最适合的市场;二是企业营销努力所及的市场。

③相对市场占有率=企业销售额/市场领先竞争者×100%。以企业销售额相对市场领先竞争者的销售额的百分比来表明企业的市场地位。

2）顾客满意度指标

用顾客满意度指数来度量企业经济运行的水平,弥补了经营指标的不足,为测评企业综合能力提供了科学依据。

①企业顾客总体满意度=顾客期望/服务实绩。通过可靠性、反应性、保证性、移情性和有形性5大服务质量标准,测定顾客期望与服务实绩之间的差异,计算企业顾客的满意度指数。

②总体顾客满意指数=企业顾客总体满意度度/行业外顾客平均满意度。总体顾客满意指数是本企业顾客总体满意度与行业外顾客平均满意度之间的比较,从而从服务质量的

角度确定它在市场上的位置。

③相对顾客满意指数=企业顾客总体满意度/企业竞争对手的顾客满意度。通过本企业顾客满意度与主要竞争对手的顾客满意度的对比,可确定在企业竞争中的地位。

3)顾客忠诚度指标

①顾客保留率=回头客人数/入住本酒店人数×100%。顾客忠诚度与企业利润和持续增长有密切的关系。回头客即重复购买的顾客。重复购买的人数越多,意味着企业忠诚顾客越多。

②顾客推荐率=愿意向他人推荐本酒店的客人数/入住本酒店人数×100%。

③顾客保持度=回头客维系时间总长度/回头客人数×100%。

所谓顾客保持度,是描述企业和顾客关系维系的时间长度,企业与顾客关系维系时间越长,酒店越能赢得顾客忠诚。

4)顾客抱怨度指标

化解顾客抱怨是赢得顾客忠诚的重要内容。通过顾客抱怨,企业可以了解顾客需求,改进企业工作。对顾客抱怨有一个满意的处理,可赢得顾客的好感与信任。

①顾客投诉率=投诉次数/入住本酒店人数×100%。

②重大投诉率=重大投诉次数/一般投诉次数×100%。

③抱怨处理满意率=对投诉处理感到满意的客人数/投诉的客人数×100%。

9.5.3 员工内部管理指标

1)员工满意度指标

①员工整体满意度指标=员工绩效/员工报酬。酒店员工满意与否,实际上取决于员工的劳动付出与劳动回报之间的比较,其差异的程度就是员工满意的程度。该指标探索员工满意度与管理工作之间的关系,了解员工满意度的改善重点,为酒店管理工作指明方向,同时也可用以考核中低层管理人员的管理水平。

②部门满意度指标=部门绩效/部门报酬。该指标主要考核各部门团队精神和凝聚力,以及高层管理人员的管理水平。

③激励力指标 $= [\sum(目标价值 \times 期望概率)]/n$。该指标反映了酒店员工的积极性和能动性。

2)员工忠诚度指标

①员工保留率指标 $= 1 - (年内员工流失人数/年内员工总人数)$。该指标反映了酒店对员工工作环境、前程发展等的关怀程度。

②员工勤奋度指标=1-（操作余裕时间/主体操作时间）。该指标是服务人员从事某项工作所必需的特定熟练程度和适应能力，用以评价员工的服务效率。

③员工流动率指标=年内新进员工人数/年内员工总人数。该指标反映了酒店的活力。

3) 劳动生产率指标

①全员劳动生产率=年内营业收入总额/年内员工总人数。该指标反映了酒店劳动效率的数量状况。

②人均创利指标=年内利润总额/年内员工总人数。该指标反映了酒店劳动效率的质量状况。

9.5.4　员工素质指标

1) 员工素质指标

①知识结构=f（知识深度×知识广度×知识时间度）。该指标反映了员工的学习能力、知识的变通能力、更新率、转化率，也反映了酒店的竞争优势。

②员工素质值=员工人数×[高学历员工人数/（管理人员数+服务人员数）]。该指标反映了酒店的员工队伍建设状况。

2) 员工培训指标

①员工培训率指标=受训员工数/员工总数。该指标反映了员工工作能力的获得与提高，是酒店实现人力资源质的飞跃的关键，是提高工作效率和工作质量的根本保证。

②培训时间率指标=[∑（店内累计受训时间+店外累计受训时间）]/在店工作时间。该指标反映了酒店培训的持续性，以及对时间、对人力进行分配与利用的合理性。

③培训费用率指标=年内培训费用/全年营业收入总额。该指标反映了酒店对培训的投入，也反映了酒店对人才的渴求程度与重视程度。

④培训达标率指标=培训后能胜任工作人数/受训员工总数。该指标反映了酒店的培训效果，以及员工的知识转化能力。

3) 员工能力指标

①人才储用率=大专以上学历人数/酒店员工总人数。该指标反映了酒店的可持续发展能力。

②法约尔参决率=主管参与决策次数/酒店完成管理项目次数。该指标反映了酒店的民主化程度和员工参政议政的能力。

③德鲁克成效率=酒店技术开发完成成果数/酒店技术开发计划项目数。该指标反映了酒店的科研开发能力和科研成果转化能力。

④泰罗激励率＝已实施激励政策条款数／酒店管理激励政策条款数。该指标反映了酒店的诚信程度和执行政策的能力。

本章小结

- 酒店财务管理是指对酒店财务活动的管理。财务活动即酒店财产物资方面的业务活动及事务活动,包括各种财产物资的取得、置配、耗用、回收、分配等活动。
- 酒店经营者运用投资者提供的资金进行经营。从形式上看,酒店财务是货币等财产资源的收支活动,它表现为酒店资源量增加与减少,其基本内容体现为筹资、投资与分配等;从实质上看,酒店财务体现出酒店与各方面的关系,由此体现出一定社会的经济利润。酒店财务活动包括酒店由于筹集资金、运用资金、分配利润而产生的一系列经济活动。酒店财务活动的总和构成酒店的资金运动。酒店财务管理的对象就是资金的运动。
- 酒店财务管理是随着酒店规模不断扩大,管理不断深化而出现的一种管理职能,它主要解决酒店经营中的一些理财问题,管理者根据酒店的经营目标和经营需要,按照资金运动规律,对酒店的财务问题进行科学有效的管理,并正确处理酒店同社会各种利益关系团体和个人之间的经济关系。在酒店财务管理中,资本运作是酒店经营管理的高级阶段。

参考文献

[1] 李伟清.酒店经营管理原理与实务[M].北京:中国旅游出版社,2013.

[2] 李伟清.酒店市场营销管理与实务[M].上海:上海交通大学出版社,2009.

[3] 段正梁.酒店投资决策分析方法与应用[M].北京:中国水利水电出版社,2011.

[4] 韩力军,李红.现代饭店财务管理[M].大连:东北财经大学出版社,2009.

[5] 李国茹,杨春梅.餐饮服务与管理[M].2版.北京:中国人民大学出版社,2007.

[6] 李雯.酒店营销部精细化管理与服务规范[M].2版.北京:人民邮电出版社,2011.

[7] 李翔迅.酒店经营与管理[M].北京:对外经济贸易大学出版社,2009.

[8] 李勇平.酒店餐饮业务管理[M].北京:旅游教育出版社,2011.

[9] 林志扬.管理学原理[M].4版.厦门:厦门大学出版社,2009.

[10] 祁欣.酒店经营与管理[M].北京:对外经济贸易大学出版社,2010.

[11] 盛鹏.饭店开业筹备管理实务[M].北京:旅游教育出版社,2008.

[12] 梭伦.宾馆酒店营销[M].北京:中国纺织出版社,2009.

[13] 孙佳成.酒店设计与策划[M].北京:中国建筑工业出版社,2010.

[14] 叶鹏.现代酒店经营管理实务[M].北京:清华大学出版社,2010.

[15] 叶秀霜,董颖蓉.客房服务与管理[M].北京:旅游教育出版社,2002.

[16] 余炳炎,朱承强.饭店前厅与客房管理[M].天津:南开大学出版社,2001.

[17] 袁继荣.饭店人力资源管理[M].北京:北京大学出版社,2006.

[18] 王起静.现代酒店成本控制[M].广州:广东旅游出版社,2009.

[19] 王群.酒店管理与经营[M].杭州:浙江大学出版社,2012.

[20] 王利平.管理学原理[M].3版.北京:中国人民大学出版社,2000.

[21] 吴文学,梁晔.旅游饭店投资与管理[M].北京:中国旅游出版社,2006.

[22] 赵嘉骏.现代饭店人力资源管理[M].北京:中国物资出版社,2012.

[23] 赵英林,李梦娟.酒店财务管理实务[M].广州:广东经济出版社,2006.

[24] 朱承强.现代饭店管理[M].2版.北京:高等教育出版社,2011.

［25］周三多,陈传明,鲁明泓.管理学——原理与方法［M］.5 版.上海:复旦大学出版社,2011.

［26］郑红.现代酒店市场营销［M］.广州:广东旅游出版社,2007.

［27］郑向敏.酒店管理［M］.2 版.北京:清华大学出版社,2010.

［28］陈文生.酒店经营管理案例精选［M］.北京:旅游教育出版社,2007.

［29］丁力.饭店经营管理原理［M］.天津:南开大学出版社,2001.

［30］黄崎,康建成,黄晨皓.基于传感器网络的智慧酒店系统研究［J］.计算机时代,2015(7):7-8.

［31］陈为新,黄崎,杨荫稚.酒店管理信息系统教程——Opera 系统应用［M］.2 版.北京:中国旅游出版社,2016.

［32］李伟清.旅游经济学［M］.上海:上海交通大学出版社,2011.